T0015265

LA SEMANA LABORAL DE 4 HORAS

LA SEMANA LABORAL DE 4 HORAS

Escapa la rutina del 9 a 5, vive donde quieras y como los ricos

TIMOTHY FERRISS

Título original: *The 4-Hour Workweek*
Esta edición es publicada bajo acuerdo con Harmony Books,
sello editorial de Random House, una división of Penguin Random House LLC

Primera edición: diciembre de 2022

Copyright © 2007, 2009, 2022, Carmenere One, LLC
© 2008, de la traducción: María de Vera * multilingualCreative
© 2010, de la ampliación de la traducción: Josep Escarré Reig
Copyright © 2022, Penguin Random House Grupo Editorial USA, LLC
8950 SW 74th Court, Suite 2010
Miami, FL 33156
Aguilar es una marca de Penguin Random House Grupo Editorial

Traducción utilizada bajo acuerdo con RBA Libros y Publicaciones S.L.U.
Traductores: María de Vera * multilingualCreative y Josep Escarré Reig

Agradecimientos especiales:

Amazon Publishing: Fragmento de *The 4-Hour Chef* de Tim Ferriss,
copyright © 2012, Timothy Ferriss (New Harvest, 2012). Reproducido bajo acuerdo de
Amazon Publishing y Harmony Books. Todos los derechos reservados.

David L. Weatherford: "Slow Dance" de David L. Weatherford.
Reproducido con permiso del autor a Harmony Books.

Penguin Random House Grupo Editorial apoya la protección del *copyright*.
El *copyright* estimula la creatividad, defiende la diversidad en el ámbito de las ideas
y el conocimiento, promueve la libre expresión y favorece una cultura viva. Gracias
por comprar una edición autorizada de este libro y por respetar las leyes del Derecho
de Autor y *copyright*. Al hacerlo está respaldando a los autores y permitiendo que PRHGE
continúe publicando libros para todos los lectores.
Queda prohibido bajo las sanciones establecidas por las leyes escanear, reproducir total
o parcialmente esta obra por cualquier medio o procedimiento, así como la distribución
de ejemplares mediante alquiler o préstamo público sin previa autorización.

Impreso en Colombia / *Printed in Colombia*

Información de catalogación de publicaciones disponible
en la Biblioteca del Congreso de los Estados Unidos

ISBN: 978-1-64473-698-2

22 23 24 25 26   10 9 8 7 6 5 4 3 2 1

Para mis padres, Donald y Frances Ferriss, quienes enseñaron a un pequeño demonio que marchar al son de otra música estaba bien. Los amo a los dos y les debo todo.

Ayuda a los profesores de tu zona:
El 10% de los derechos percibidos por el autor se donan a organizaciones educativas sin ánimo de lucro, como Donorschoose.org.

ÍNDICE

9

Paso III: A de Automatización

Paso IV: L de Liberación

Por último pero no menos importante

La semana laboral de 4 horas fue rechazado por 26 de los 27 editores a los que fue enviado.

Después de haber vendido el libro, el presidente de una empresa de marketing que podía convertirse en un socio potencial, un importante librero, me mandó un correo electrónico con antiguos estudios estadísticos para dejarme claro que no sería un éxito de ventas.

Entonces hice algo que se me daba muy bien. Lo escribí pensando en dos de mis mejores amigos, hablándoles directamente y abordando sus problemas —problemas que yo había tenido hacía tiempo—, y me concentré en las opciones que normalmente me habían funcionado a mí.

Sin duda alguna, intenté establecer las condiciones para convertir el libro en un éxito inesperado, aunque no era muy probable que lo fuera.

El 2 de mayo de 2007 recibí una llamada al celular de mi editora.

—Tim, figuras en la lista.

En Nueva York eran poco más de las cinco de la tarde y yo estaba exhausto. El libro había salido a la venta hacía cinco días y yo acababa de terminar una serie de más de veinte entrevistas radiofónicas seguidas que habían empezado a las seis de esa mañana. No quería hacer una gira con el libro; prefería «concentrar» las emisoras de radio en 48 horas.

—Te quiero, Heather, pero por favor, no $#%* conmigo.

—No, en serio, figuras en la lista. ¡Enhorabuena! ¡Eres un éxito de ventas del *New York Times*!

Me apoyé en la pared y me dejé caer hasta que me quedé sentado en el suelo. Cerré los ojos, sonreí y respiré profundamente. Las cosas estaban a punto de cambiar.

Todo estaba a punto de cambiar.

EL DISEÑO DE UN ESTILO DE VIDA, DE DUBAI A BERLÍN

A estas alturas, *La semana laboral de 4 horas* ha sido vendido para ser traducido a 35 idiomas distintos. Ha figurado en la lista de éxitos de ventas durante más de dos años y todos los meses es motivo de nuevas historias y descubrimientos. Desde la portada de *The Economist* al suplemento *New York Times Style*, desde las calles de Dubai a los cafés de Berlín, el diseño de un estilo de vida ha trascendido a todas las culturas y se ha convertido en un movimiento de alcance mundial. Las ideas originales del libro han sido desmontadas, mejoradas y probadas en entornos y en formas que yo nunca habría sido capaz de imaginar.

Entonces, ¿por qué una nueva edición si las cosas funcionan tan bien? Pues porque sé que pueden mejorar y porque faltaba un ingrediente: ustedes.

Esta edición ampliada y revisada ofrece más de 100 páginas con nuevos contenidos, incluidas las últimas y más innovadoras tecnologías, recursos y —lo más importante— historias reales que han sido un éxito, escogidas entre más de 400 páginas de casos enviados por los lectores.

¿Familias y estudiantes? ¿Gerentes y vagabundos profesionales? Escoge el que más te convenga. Seguro que hay alguien cuyo éxito puedes imitar. ¿Necesitas un modelo para abordar un negocio a distancia, quizás en Argentina? Esta vez, lo encontrarás aquí.

El blog de experimentos sobre cómo diseñar un estilo de vida (www.fourhourblog.com) fue lanzado al mismo tiempo que el libro, y al cabo de seis meses se convirtió en uno de los más populares del mundo, con más de 120 millones de visitas. Miles de lectores han compartido sus herramientas de trabajo y sus trucos, consiguiendo unos increíbles e inesperados resultados. El blog se ha convertido en el laboratorio que siempre había soñado, y los animo a sumarse a él.

La nueva sección «Lo mejor del blog» incluye algunos de los correos más populares de la página web, y en el propio blog también encontrarán recomendaciones de mucha gente, desde Warren Buffett (le localicé, y les explicaré cómo lo hice) hasta Josh Waitzkin, un genio del ajedrez. Es un campo de pruebas para quienes quieran conseguir mejores resultados en menos tiempo.

NO «REVISADA»

Que esta edición sea «revisada» no significa que el libro original ya no funcione. Las erratas y los pequeños errores han sido corregidos a lo largo de las más de 40 reediciones que se han publicado en Estados Unidos. Esta es la revisión más exhaustiva, pero no por las razones que podrían creer.

Las cosas han cambiado de forma muy dramática desde abril de 2007. Los bancos quiebran, los fondos de pensiones se están evaporando y el desempleo aumenta a pasos agigantados. Tanto los que han leído el libro como los escépticos se preguntan lo mismo: ¿siguen funcionando los principios y las técnicas expuestos en el libro en un momento de recesión o depresión económica?

Por supuesto que sí.

En realidad, las preguntas que me planteé durante las lecturas previas, incluida la de: «¿En qué cambiarían tus prioridades y decisiones si nunca pudieras retirarte?» ya no son hipotéticas. Millones de personas han visto cómo sus ahorros perdían un 40% o más y ahora están buscando la opción C o D. ¿Pueden redistribuir su pensión para que su vida sea más asequible? ¿Pueden trasladarse unos cuantos meses al año a lugares como Costa Rica o Tailandia para multiplicar el rendimiento de su estilo de vida con sus menguados ahorros? ¿Vender sus servicios a empresas del Reino Unido para ganar más con una divisa más fuerte? La respuesta a todos ellos es, más que nunca, sí.

El concepto de diseño de un estilo de vida como sustituto de la planificación de una carrera es sensato. Es más flexible y permite probar diferentes estilos de vida sin comprometerse con un plan de pensiones a 10-20 años que puede fallar a causa de unas fluctuaciones del mercado que escapan a nuestro control. La gente está abierta a explorar otras alternativas (y es más indulgente con otros que hacen lo mismo), cuando la mayoría de las otras opciones —las que en otros tiempos eran «seguras»— han fracasado.

Cuando todo y todos fracasan, ¿cuál es el coste de un pequeño experimento realizado al margen de la norma? En muchas ocasiones, nada. Hagamos un salto en el tiempo hasta 2011. ¿Les preguntan en una entrevista de trabajo acerca de ese año sabático?

—Despedían a todo el mundo, y se me presentó una oportunidad única para poder viajar por todo el mundo. Fue algo increíble.

Como mucho, les preguntarán cómo podrían hacer lo mismo. Los guiones que contiene este libro siguen funcionando.

Facebook y LinkedIn aparecieron en la «depresión» punto com post-2000. Entre los bebés nacidos durante una recesión se encuentran también Monopoly, Apple, Cliff Bar, Scrabble, KFC, Domino's Pizza, FedEx y Microsoft. No es una coincidencia, ya que las desaceleraciones económicas producen infraestructuras baratas, extraordinarios trabajadores por cuenta propia a precios de saldo y contratos publicitarios baratísimos..., cosas absolutamente imposibles cuando todo el mundo derrocha optimismo.

Tanto si se trata de tomarse un año sabático como de poner en marcha una idea para un negocio, rediseñar la vida de ustedes dentro de la bestia corporativa o llevar a cabo los sueños que siempre se dejan para «algún día», nunca ha habido un momento mejor para probar lo infrecuente.

¿Qué es lo peor que podría ocurrir?

Les animo a recordar esta a menudo olvidada pregunta cuando se empiezan a ver las infinitas posibilidades que existen fuera de esa comodidad habitual que suele rodearnos normalmente. Esta época de histeria colectiva puede ser su gran oportunidad para experimentar.

Ha sido un honor compartir estos últimos dos años con lectores de todo el mundo, y espero que disfruten de esta nueva edición tanto como yo he disfrutado escribiéndola.

Soy y seguiré siendo su humilde alumno.

Un abrazo fuerte,
TIM FERRISS
San Francisco (California), 21 de abril de 2009

EMPECEMOS POR EL PRINCIPIO

PREGUNTAS MÁS HABITUALES:
PARA LOS QUE DUDAN

¿Es el diseño de vida algo hecho para ti? Seguramente sí. Aquí van algunas de las dudas y miedos que suelen invadir a quienes están pensándose dar el salto y unirse a la liga de los Nuevos Ricos.

¿Tengo que dejar mi trabajo? ¿Tiene que gustarme correr riesgos?
No a las dos cosas. Tanto para desaparecer de la oficina usando trucos mentales de Jedi como para diseñar negocios que financien tu modo de vida, siempre habrá un camino con el que te sientas cómodo. ¿Cómo consigue un empleado de una megaempresa norteamericana desaparecer un mes para explorar los tesoros ocultos de China y borrar sus huellas con ayuda de la tecnología? ¿Cómo se crea un negocio que funciona solo y genera 80.000 dólares al mes sin necesidad de gestión alguna? Aquí está todo.

¿Tengo que ser un veinteañero soltero?
De ninguna manera. Este libro es para cualquiera que esté harto de aplazar su vida y quiera vivirla a tope en vez de posponerla. Entre los casos que veremos hay un chico de veintiún años que conduce un Lamborghini y una madre soltera que recorrió el mundo durante cinco meses con dos niños. Si estás harto del manido menú de posibilidades de

siempre y te sientes preparado para adentrarte en un mundo de opciones infinitas, este libro es para ti.

¿Tengo que viajar? Yo solo quiero tener más tiempo.
No. Viajar es una opción más. El objetivo es crear libertad de tiempo y espacio para usar ambos cuando *tú* quieras.

¿Tengo que haber nacido rico?
No. Mis padres nunca han ganado más de 50.000 dólares al año entre los dos y yo llevo trabajando desde los 14. No soy Rockefeller y tampoco tienes que serlo tú.

¿Tengo que ser licenciado de una universidad prestigiosa?
No. La mayoría de las personas que pongo como ejemplo en este libro no fueron a las Harvard del mundo y algunos nunca terminaron sus estudios. Las instituciones académicas de renombre son fantásticas, pero existen beneficios por no proceder de ellas que suelen pasar desapercibidos. Los licenciados de facultades prestigiosas se ven succionados hacia puestos con jornadas de 80 horas semanales con sueldos astronómicos, además de aceptar como la única vida posible pasar entre 15 y 30 años en un trabajo hiperdeprimente. ¿Cómo lo sé yo? He vivido para contarlo. Este libro le da la vuelta a la tortilla.

MI HISTORIA Y POR QUÉ NECESITAS ESTE LIBRO

«Siempre que te descubras en el lado de la mayoría, es hora de detenerse a reflexionar.»

MARK TWAIN

«Todo aquel que no viva por encima de sus posibilidades sufre de falta de imaginación.»

OSCAR WILDE, dramaturgo y novelista irlandés

Las manos me estaban sudando otra vez.

Ahí estaba, con los ojos fijos en el suelo para que no me deslumbrasen los potentes focos del techo. Supuestamente era uno de los mejores del mundo, pero yo no acababa de asimilarlo.

Mi pareja, Alicia, iba pasando el peso del cuerpo de un pie a otro mientras esperábamos en la cola junto a nueve parejas más, todos seleccionados de entre más de 1.000 contrincantes de más de 29 países de cuatro continentes. Era el último día de las semifinales del Campeonato Mundial de Baile de Tango e íbamos a actuar por última vez delante de jueces, cámaras de televisión y una muchedumbre que nos vitoreaba. Las demás parejas llevaban una media de 15 años juntos. Para nosotros, ese momento era la culminación de cinco meses de practicar 6 horas diarias. ¡Nuestro público nos reclamaba!

—¿Cómo estás? —me preguntó, en su español claramente argentino, Alicia, una bailarina con muchas tablas.

—Estupendamente. Genial. Disfrutemos de la música. Olvídate de la gente; como si no estuvieran.

Eso no era del todo verdad. Era difícil siquiera imaginarse a 50.000 espectadores y coordinadores en La Rural, aunque sea el mayor pabellón de exposiciones de Buenos Aires. A través de la densa cortina de humo de cigarrillo, casi no se distinguía a la enorme masa que se removía sinuosamente en las gradas. Por todos lados se veía claramente el suelo, menos el espacio sagrado de 75 cm × 1 metro justo en el centro. Me estiré el traje a rayas mientras jugueteaba con mi pañuelo de seda azul hasta que se hizo evidente que era un manojo de nervios.

—¿Estás nervioso?

—No, no estoy nervioso. Es la emoción. Voy a divertirme y dejar que el resto fluya.

—Número 152: al escenario.

Nuestro acompañante había cumplido con su parte y ahora nos tocaba a nosotros. Le susurré a Alicia una broma nuestra al oído mientras subíamos a la plataforma de madera: «Tranquilo». Soltó una risa y, justo en ese momento, pensé para mí mismo: «¿Qué demonios estaría haciendo ahora mismo si no hubiese dejado mi trabajo en Estados Unidos hace más de un año?».

El pensamiento se desvaneció tan rápido como había surgido cuando el presentador se acercó al altavoz y el público estalló en aplausos al unísono:

—Pareja número 152, ¡¡¡Timothy Ferriss y Alicia Monti, Ciudad de Buenos Aires!!!

Era nuestro momento y yo estaba exultante.

Hoy en día me es difícil responder a la pregunta más básica que se hace en Estados Unidos y gracias a Dios que es así. Si no lo fuese, no estarías leyendo ahora mismo este libro.

—Bueno, ¿y a qué te dedicas?

Suponiendo que pudieras encontrarme (difícil), y dependiendo de cuándo me lo preguntaras (preferiría que no lo hicieras) podría estar corriendo en moto por Europa, buceando en una isla privada en Panamá, descansando debajo de una palmera entre clases de kickboxing en Tailandia o bailando tango en Buenos Aires. Lo mejor de todo es que no soy multimillonario ni me hace especial ilusión serlo.

Nunca me ha gustado responder a estar preguntas de cóctel porque son el reflejo de una epidemia que me alcanzó también a mí durante mucho tiempo: identificar qué haces con quién eres.

Si alguien me pregunta ahora qué hago con la sincera intención de saberlo, explico los misteriosos medios que sustentan mi forma de vida en muy pocas palabras. Soy camello.

Con eso normalmente se acaba la conversación. Además, solo es verdad a medias. Tardaría demasiado en contar la verdad completa. ¿Cómo explicar que lo que hago con mi tiempo y lo que hago para ganar dinero son dos cosas completamente distintas? ¿Que trabajo menos de cuatro horas por semana y gano más al mes de lo que antes ganaba en un año?

Por primera vez, te voy a contar mi verdadera historia. Trata de una discreta subcultura de personas llamadas «Nuevos Ricos».

¿Qué hace un millonario residente en un iglú que el residente de un cubículo de oficina no hace? Regirse por una serie de reglas poco comunes.

¿Cómo consigue alguien que ha trabajado siempre para una empresa tecnológica escaparse para recorrer el mundo durante un mes sin que su jefe se dé cuenta? Se sirve de la tecnología para borrar sus huellas.

El dinero ya no se lleva. Los Nuevos Ricos (NR) dejan de aplazar su vida para crear formas de vida lujosas en el presente, sirviéndose de las divisas del Nuevo Rico: tiempo y movilidad. Esto es a la vez un arte y una ciencia que denominaremos diseño de vida (DV).

He pasado los últimos tres años viajando con quienes viven en mundos que actualmente no podemos imaginar. Deja de odiar la realidad. Yo te enseñaré a someterla a tu voluntad. Es más fácil de lo que parece.

Mi recorrido desde oficinista que pasaba media vida en el trabajo por cuatro monedas a miembro de los NR es al mismo tiempo novelesco en muchos sentidos y —ahora que he descifrado el código— fácil de duplicar. Existe una receta.

La vida no tiene que ser tan dura. De verdad que no. La mayoría de la gente, mi yo pasado incluido, se ha dedicado durante demasiado tiempo a convencerse de que la vida tiene que ser difícil, resignados a pasar día tras día en una cárcel laboral mortalmente aburrida a cambio de fines de semana (a veces) relajantes y ocasionales días de vacaciones (pocas, no sea que te despidan).

La verdad, al menos la verdad que yo vivo y que voy a contar en este libro, es muy distinta. Aprovechar a tu favor las diferencias entre divisas, subcontratar tu vida o desaparecer. Voy a mostrarte cómo un pequeño grupo clandestino utiliza la prestidigitación económica para hacer lo que la mayoría considera imposible.

Si has tomado este libro, es muy probable que no quieras estar sentado delante de una computadora hasta cumplir los 62. Tu sueño puede ser dejar de depender de un sueldo, hacer realidad tu fantasía de viajar, vagabundear por ahí mucho tiempo, batir récords mundiales o simplemente dar un giro de 180° a tu trayectoria profesional. Sea cual sea, este libro te ofrece todas las herramientas que necesitarás para hacerlo realidad aquí y ahora, en lugar de cuando llegue esa, a menudo, difícil de conseguir «jubilación». Existe una manera de obtener la recompensa a una vida de esforzado trabajo sin esperar hasta el final.

¿Cómo? Todo parte de una sencilla distinción que se le escapa a la mayoría, incluso a mí mismo durante 25 años.

La gente no quiere *ser* millonaria; lo que quiere es experimentar lo que cree que solo los millones pueden proporcionarles. Los chalés junto a estaciones de esquí, los mayordomos y los viajes a destinos exóticos suelen estar solicitados. ¿Quizás untarte manteca de cacao en la barriga tumbado en una hamaca mientras escuchas las olas chocar rítmicamente contra la cubierta de tu bungalow de techo de paja? Suena bien.

La fantasía no es tener un millón de dólares en el banco. La fantasía es la vida de completa libertad que supuestamente comporta ese millón. La cuestión es: *¿cómo conseguir esa vida de millonario, de completa libertad, sin tener primero el millón de dólares?*

En los últimos cinco años he dado respuesta a esa pregunta para mí, y este libro te la responderá a ti. Te enseñaré cómo he separado ingresos de tiempo para crear el estilo de vida ideal para mí, viajando por el mundo y disfrutando de lo mejor que este planeta puede ofrecer. ¿Cómo diablos pasé de trabajar 14 horas al día y ganar 40.000 dólares al año a hacer semanas de 4 horas y ganar 40.000 al mes?

Se entiende mejor si sabes dónde empezó todo. Por extraño que parezca, fue en una clase de futuros gestores bancarios de inversiones.

En 2002, Ed Zschau, mentor entre los mentores y antiguo profesor mío de Habilitación con Tecnología Punta en la Universidad de Princeton, me invitó a regresar para hablar a la misma clase sobre mis aventuras empresariales en el mundo real. Me quedé perplejo. Decamillonarios habían dado charlas a esos mismos alumnos y, aunque había montado una empresa de suplementos alimenticios para deportistas muy rentable, yo marchaba al son de una música bien distinta.

Sin embargo, durante los días que siguieron me di cuenta de que lo que a todo el mundo le interesaba era cómo levantar empresas grandes y exitosas, venderlas y luego pegarse la gran vida. Nada que objetar. La pregunta que nadie parecía hacer o responder era: ¿por qué hacer todo eso? ¿Cuál es el cuerno de oro que justifica pasar los mejores años de tu vida esperando a ser feliz cuando ya te quede poco para el final?

Las ponencias que terminé redactando, tituladas «Cómo ser camello para ganar dinero pasándotelo bien» partían de una premisa muy sencilla: replantearse los supuestos en los que se basa la ecuación vida-trabajo.

- ¿Cómo cambiarían tus decisiones si no existiese la jubilación?
- ¿Qué pasaría si pudieras probar cómo se siente esa recompensa por aplazar tu vida antes de trabajar 40 años para conseguirla mediante una minijubilación?
- ¿Realmente es necesario trabajar como un esclavo para vivir como un millonario?

Ni me imaginaba dónde me llevarían estas preguntas.

¿La inusual conclusión? Las reglas de sentido común del «mundo real» son una frágil colección de ilusiones reforzadas por la sociedad. Este libro te enseñará a detectar y a aprovechar las opciones que otros no ven.

¿Por qué este libro es diferente?

Primero, no voy a detenerme mucho en el problema. Voy a dar por sentado que estás hambriento de tiempo, que un temor sigiloso se apodera lentamente de ti o —aún peor— que llevas una existencia cómoda y tolerable haciendo algo que no te llena. Lo último es lo más habitual y lo más insidioso.

Segundo, este libro no trata de cómo ahorrar, y no voy a recomendarte que abandones tu copa de vino tinto diaria a cambio de un millón de dólares dentro de 50 años. Prefiero beberme el vino. No voy a pedirte que elijas entre pasarlo bien hoy y tener dinero en el futuro. Creo que se pueden tener las dos cosas. El objetivo es divertirse y ganar dinero.

Tercero, este libro no va de cómo encontrar el «trabajo de tus sueños». Voy a partir de que, para la mayoría, entre seis y siete mil millones, el trabajo perfecto es el que se tarda menos tiempo en acabar.

La amplia mayoría no encontrará nunca un trabajo que sea una fuente inagotable de realización personal, así que ése no es nuestro objetivo; es liberar tiempo y automatizar nuestros ingresos.

Empiezo todas las clases explicando la importancia fundamental de saber «llegar a tratos». El abecé del buen negociador es simple: la realidad es negociable. Aparte de las reglas que rigen la ciencia y el derecho, todas las normas pueden plegarse o romperse, sin que haya que faltar a la ética.

Así, el **DEAL** norteamericano (el trato) forma las siglas del proceso de convertirse en miembro de los Nuevos Ricos. Son pasos y estrategias capaces de producir resultados increíbles, tanto si trabajas por cuenta ajena como si eres emprendedor. ¿Se puede hacer todo lo que yo he hecho teniendo un jefe? No. ¿Puedes usar esos mismos principios para doblar tus ingresos, reducir las horas que trabajas a la mitad o, por lo menos, doblar lo que duran normalmente tus vacaciones? Sin lugar a dudas.

Aquí tienes el proceso que necesitas para reinventarte paso a paso:

D de Definición, para darle la vuelta al erróneo sentido común e introducir las reglas y objetivos de otro juego. Aquí se erradican supuestos frustrantes y se explican conceptos como riqueza relativa y *eustrés*.[1] ¿Quiénes son los NR y cómo operan? Este apartado explica la receta general del diseño de vida —los fundamentos— antes de añadir los ingredientes.

E de Eliminación, para mandar al diablo de una vez por todas la obsoleta noción de administración del tiempo. Se te muestra exactamente cómo usé las palabras de un economista italiano, a menudo olvidado, para transformar días de trabajo de 12 horas en jornadas de dos horas... en 48 horas. Multiplica tus resultados por hora por diez o más con técnicas de NR contrarias al sentido común, destinadas a cultivar la ignorancia selectiva, abrazar la dieta hipoinformativa y hacer caso omiso de lo accesorio. De este apartado se extrae el primero de los ingredientes del diseño de una vida de lujo: el tiempo.

A de Automatización, para poner la entrada de efectivo en piloto automático con ayuda del arbitraje geográfico, la externalización y de normas de no decisión. Desde cómo precisar el blanco a las costumbres de los NR megaexitosos: todo está aquí. En este apartado aparece el segundo ingrediente necesario para diseñar una vida de lujo: los ingresos.

L de Liberación es el manifiesto promovilidad para aquellos cuyo país es el mundo. Se presenta el concepto de las minijubilaciones, así como los medios para dirigir a distancia sin fallo alguno y escapar del jefe. Liberarse no es viajar a lo pobretón, sino derribar para siempre los muros que te confinan a una única ubicación. En este apartado entra en escena el último ingrediente del diseño de una vida de lujo: la movilidad.

---

1. A medida que se introduzcan nuevos conceptos a lo largo del libro se irán definiendo los términos más inusuales.

Si no te queda clara alguna cosa o necesitas repasar rápidamente algo, visita www.fourhourblog.com, donde encontrarás un glosario detallado y otros materiales.

Quisiera apuntar aquí que a la mayoría de los jefes no les hace mucha ilusión que te pases una hora al día en la oficina, por lo que los trabajadores a sueldo deberán leer los pasos indicados por las siglas DEAL en el orden pensado para el emprendedor, pero llevarlos a la práctica en otro orden: DELA. Si decides seguir en tu trabajo actual, tendrás que conseguir liberarte de una ubicación fija antes de reducir tus horas en un 80%. Aunque no te hayas planteado nunca convertirte en emprendedor en el sentido moderno de la palabra, el proceso DEAL te convertirá en emprendedor en el sentido más puro del término, tal como fue acuñado en 1800 por el economista francés J. B. Say: alguien que traslada recursos económicos desde un ámbito donde producen menos a otro donde rindan más.

Para terminar, quiero decir que muchas de las cosas que recomiendo te parecerán imposibles y hasta contrarias al sentido común más elemental. Soy totalmente consciente. Decídete a probar estas ideas como un ejercicio de pensamiento lateral. Si lo intentas, verás lo profunda que es la madriguera del conejo, y nunca mirarás atrás.

Respira hondo y déjame mostrarte mi mundo. Y recuerda: *tranquilo*. Es hora de divertirse y dejar que el resto fluya.

TIM FERRISS
Tokio, Japón
29 de septiembre de 2006

CRONOLOGÍA DE UNA PATOLOGÍA

«Un experto es una persona que ha cometido todos los errores que pueden cometerse en un campo muy reducido.»

NIELS BOHR, médico danés ganador
de un Premio Nobel

«De costumbre estaba loco, pero tenía momentos de lucidez donde era simplemente estúpido.»

HEINRICH HEINE, crítico y poeta alemán

Este libro te enseñará exactamente los mismos principios que yo he aplicado para convertirme en lo siguiente:

- Ponente invitado como experto en habilitación en la Universidad de Princeton.
- Primer norteamericano de la historia que detenta un récord Guinness mundial de tango.
- Asesor de entrenamiento de más de 30 deportistas con récords mundiales.
- Según la revista *Wired*, «El Mejor Promotor de Sí Mismo 2008».
- Campeón nacional en China de kickboxing.
- Arquero a caballo (*yabusame*) en Nikko, Japón.
- Investigador y activista en materia de asilo político.
- Bailarín de breakdance en la MTV de Taiwán.

- Competidor de lanzamiento en Irlanda.
- Actor en una serie de TV de máxima audiencia emitida en China y Hong Kong.

Cómo llegué a ese punto es un poquito menos glamuroso:

1977 Nacido prematuro por 6 semanas. Me dan un 10% de posibilidades de sobrevivir.
La cosa es que sobrevivo y me pongo tan gordo que no puedo dar volteretas.
Un desequilibrio muscular en los ojos hace que cada uno mire por su lado. Mi madre me llama cariñosamente «mi atunito».
Hasta el momento, todo bien.

1983 Por poco suspendo la guardería porque me niego a aprender el alfabeto. Mi profesora se opone a explicarme por qué tengo que aprendérmelo y opta en su lugar por soltarme: «Porque soy la profesora; por eso». Le digo que eso es una chorrada y le pido que me deje en paz para poder concentrarme en dibujar tiburones. Me manda a la «mesa de los malos» y me hace comerme una pastilla de jabón. Inicio de mi desprecio por la autoridad.

1991 Mi primer trabajo. ¡Ay, qué recuerdos! Me contratan con el salario mínimo como friegaplatos en una heladería. Rápidamente me doy cuenta de que los métodos del jefe exigen hacer el doble de esfuerzo. Hago las cosas a mi manera, termino en una hora en lugar de en ocho y me paso el resto del tiempo leyendo revistas de kung-fu y practicando fuera patadas de karate. Me despiden en el plazo récord de tres días, con la frase de despedida: «Tal vez algún día aprendas a valorar el trabajo duro». Parece que el día aún no ha llegado.

1993 Me ofrezco voluntario para un intercambio de un año en Japón, donde la gente se mata de tanto trabajar —un fenómeno llamado *karooshi*— y se dice que quieren ser sintoístas al nacer, cristianos al casarse y budistas al morirse. Extraigo a modo de conclusión que la mayoría de la gente no tiene claro de qué va la vida. Una noche, tratando de pedir a la señora de la casa donde vivo que me despierte al día siguiente *(okosu)*, le pido que me viole salvajemente *(okasu)*. La dejo sumida en la confusión.

1996 Consigo colarme en Princeton, a pesar de puntuar en las pruebas de razonamiento crítico un 40% peor que la media y de que el asesor preuniversitario del instituto me aconseje ser más «realista». Pienso que se me da mal la realidad. Me licencio en neurociencias y luego me paso a Estudios de Asia Oriental para evitar poner tomas de impresora en cabezas de gatos.

1997 ¡Hora de hacerse millonario! Produzco un audiolibro llamado *How I Beat the Luy League*, empleando todo el dinero ganado en tres trabajos de verano en fabricar 500 cintas para vender exactamente ninguna. No dejaré a mi madre tirarlas a la basura hasta 2006, justo nueve años de negación más tarde. Ésas son las alegrías del exceso de confianza en uno mismo sin fundamento.

1998 Después de que cuatro lanzadores de peso le pateen la cabeza a un amigo, dejo de hacer de portero matón en las fiestas, el trabajo mejor pagado del campus, y monto un cursillo de lectura rápida. Empapelo el campus con cientos de horrendos carteles verde fosforito que rezan: «¡Triplica tu velocidad de lectura en 3 horas!». Los típicos alumnos de Princeton proceden a escribir «Y una mierda» en todos ellos. Vendo 32 plazas a 50 dólares cada una por el curso de 3 horas y 533 dólares por hora me convencen de que buscar un mercado antes de idear un producto es más inteligente que lo contrario. Dos meses después, estoy que me muero de aburrimiento de la lectura rápida y cierro el chiringuito. Detesto los servicios y necesito un producto que vender y ya.

Otoño de 1998 Una descomunal pelea con mi director de tesis y el pánico a convertirme en gestor bancario de inversiones me empujan a cometer suicidio académico e informar al secretario de que dejo la facultad hasta nueva orden. Mi padre está convencido de que nunca regresaré y yo estoy convencido de que mi vida se ha acabado. Mi madre piensa que no es para tanto y que no hace falta ponerse tan melodramático.

Primavera de 1999 En tres meses, acepto y dejo un trabajo seleccionando contenidos para cursos en Berlitz, la mayor editorial del mundo de material de aprendizaje de idiomas, y otro como analista en una consultoría especializada en asilo político. Naturalmente, después me voy a Taiwán para montar una cadena de gimnasios de la nada y las tríadas, la mafia china, me la cierran. Regreso a Estados Unidos derrotado y decidido a aprender kickboxing. Cuatro semanas después gano el campeonato nacional con el estilo más feo y menos ortodoxo jamás visto.

Otoño de 2000 Con mi confianza repuesta y la tesis completamente sin hacer, vuelvo a Princeton. Mi vida no se acaba y parece que el retraso de un año ha obrado en mi favor. Los veinteañeros ahora tienen habilidades portentosas. Un amigo mío vende una empresa por 450 millones y yo decido dirigirme al oeste, a la cálida California, para ganar mis miles de millones. A pesar de encontrarme en el mercado laboral con más movimiento de la historia del mundo, consigo permanecer en el paro durante tres meses tras haberme licenciado, hasta que me saco mi as de la manga y mando al consejero delegado de una empresa recién montada 32 correos electrónicos consecutivos. Termina por rendirse y me pone en ventas.

Primavera de 2001 TrueSAN Networks ha pasado de ser una don nadie de 15 personas a la «empresa de almacenamiento de datos de capital privado número uno» (¿cómo se mide eso?) con 150 empleados (¿qué es lo que hacen?). El recién nombrado director de ventas me ordena «empezar por la A» de la guía y facturar a golpe de llamada telefónica. Le pregunto con el mayor tacto posible por qué actuamos como retrasados mentales. Contestación: «Porque lo digo yo». Empezamos mal.

Otoño de 2001 Después de un año de jornadas de 12 horas, me entero de que soy la segunda persona que menos cobra en la empresa, después de la recepcionista. Me decanto por navegar por internet a lo bestia a tiempo completo. Una tarde que me había quedado sin vídeos obscenos que mandar, investigo si sería complicado empezar una empresa de suplementos dietéticos. Resulta que se puede externalizar todo, desde la fabricación hasta el diseño de los anuncios. Dos semanas y 5.000 dólares menos en mi tarjeta de crédito, tengo el primer lote fabricándose y una web colgada. Mejor, porque me echan a la calle exactamente una semana más tarde.

2002-2003 BrainQUICKEN LLC ha despegado y ahora gano más de 40.000 dólares al mes en lugar de 40.000 al año. El único problema es que quiero morirme porque ahora trabajo más de 12 horas al día 7 días por semana. Como que estoy acorralado. Me tomo una semana de «vacaciones» en Florencia, Italia, con mi familia y me paso 10 horas al día en un cibercafé tirándome de los pelos. Hay que joderse.

Empiezo a enseñar a alumnos de Princeton cómo crear empresas «de éxito» (o sea, que den dinero).

Invierno de 2004 Ocurre lo imposible. Una empresa de producción de publirreportajes y un conglomerado israelí (¿qué?) se interesan por comprar mi niño, BrainQUICKEN. Simplifico, elimino y organizo la casa para hacerme prescindible.

Milagrosamente, BQ no se derrumba, pero ambos tratos sí. Vuelta a empezar. Poco después, ambas empresas tratan de copiar mi producto y pierden en ello millones de dólares.

Junio de 2004 Decido que, aunque mi empresa implosione, necesito escapar antes de convertirme en un clon de Howard Hughes. Le doy la vuelta a todo y —mochila al hombro— salgo para el aeropuerto JFK de Nueva York, donde compro el primer billete a Europa que encuentro. Aterrizo en Londres, desde donde tengo intención de continuar hacia España para quedarme cuatro semanas recargando las pilas antes de volver a las minas de sal. Empiezo a relajarme y sufro inmediatamente una crisis nerviosa la primera mañana.

Julio 2004-2005 Las cuatro semanas se convierten en ocho y decido quedarme en el extranjero indefinidamente para pasar un examen final en automatización y vida experimental, sin tocar el correo electrónico más que durante una hora los lunes por la mañana. En cuanto me quito de en medio, el embotellamiento que provoco desaparece y los beneficios aumentan un 40%. ¿Qué diablos haces cuando ya no tienes la excusa del trabajo para ser hiperactivo y evitar las grandes preguntas? Al parecer, quedarte petrificado de miedo y apretar bien el culo.

Septiembre de 2006 Regreso a Estados Unidos en un extraño estado de «oom» perpetuo tras destruir metódicamente todo lo que antes daba por sentado sobre lo que es o no posible hacer. «Cómo ser camello para ganar dinero pasándotelo bien» ha evolucionado hasta convertirse en una asignatura que enseña cómo diseñar tu vida ideal. El nuevo mensaje es sencillo: he visto la tierra prometida y traigo buenas noticias. Se puede tener todo.

PASO I: D DE DEFINICIÓN

«La realidad es una mera ilusión, aunque muy persistente.»
ALBERT EINSTEIN

I. ADVERTENCIAS Y COMPARACIONES: CÓMO PERDER UN MILLÓN DE DÓLARES EN UNA NOCHE

«Esos individuos poseen riquezas de la misma manera que decimos que "tienen fiebre", cuando en realidad la fiebre nos posee a nosotros.»

SÉNECA (4 a.C.-65 d.C.)

«También pienso en esa clase aparentemente rica, aunque en realidad la más terriblemente empobrecida de todas, que ha acumulado escoria, pero no sabe cómo usarla, ni cómo deshacerse de ella, por lo que ha forjado sus propios grilletes de oro y plata.»

HENRY DAVID THOREAU (1817-1862)

Una de la madrugada, hora central estadounidense, 30.000 pies sobre Las Vegas

Sus amigos, borrachos hasta el punto de hablar lenguas extranjeras, estaban dormidos. Éramos los únicos que quedábamos en primera clase. Extendió la mano para presentarse y un enorme —enorme de dibujos animados— anillo de diamantes apareció del aire cuando sus dedos cruzaron el haz de mi luz de lectura.

Mark era un magnate de los de verdad. En distintas épocas, había dirigido prácticamente todas las gasolineras, tiendas de 24 horas y casas de apuestas de Carolina del Sur. Confesó con una media sonrisa que, en un viaje normal a Sin

43

City, él y sus guerreros de fin de semana podían perder entre medio y un millón de dólares por término medio. Cada uno. Precioso.

Se enderezó en su asiento a medida que la conversación fue derivando hacia mis viajes, pero yo estaba más interesado en su sorprendente habilidad para imprimir billetes.

—Y, de todos tus negocios, ¿cuál te ha gustado más?

No se lo pensó ni un segundo antes de contestar.

—Ninguno de ellos.

Me explicó que se había pasado más de 30 años con gente que le caía mal para comprar cosas que no necesitaba. La vida se había convertido en una sucesión de esposas trofeo —iba por el número de la suerte, el tres—, automóviles caros y otros motivos vacíos para presumir. Mark era un muerto viviente.

Así es exactamente como no queremos acabar.

Manzanas y naranjas: comparemos

Veamos dónde radica la diferencia. ¿Qué separa a los Nuevos Ricos, que se caracterizan por su abanico de opciones, de los aplazadores (A), los que lo guardan para el final para descubrir que la vida les ha dejado de lado?

La causa radica en el origen. Los Nuevos Ricos se distinguen de la masa en sus metas, que reflejan prioridades y filosofías de vida claramente diferenciadas.

Fíjate en cómo sutiles diferencias en la formulación de una frase cambian completamente las acciones necesarias para alcanzar metas que a primera vista parecen iguales. No se escucha solo a los empresarios. Incluso la primera frase, como te explicaré más adelante, se da entre los empleados.

A: Trabajar para mí mismo.

NR: Que otros trabajen para ti.

A: Trabajar cuando tú quieras.

NR: No trabajar por trabajar, y hacer lo mínimo necesario para obtener resultados máximos («volumen mínimo eficaz»).

A: Jubilarme pronto o joven.

NR: Distribuir períodos de recuperación y aventura (minijubilaciones) periódicamente a lo largo de la vida y admitir que la meta no es la inactividad, sino hacer lo que te ilusiona.

A: Comprar todo lo que quieras tener.

NR: Hacer todo lo que quieras hacer y ser todo lo que quieras ser. Si esto implica adquirir algunas herramientas y artilugios, sea, pero serán siempre medios para conseguir un fin o una bonificación, pero no el objetivo en sí.

A: Ser el jefe en lugar del empleado; estar al mando.

NR: No ser el jefe ni el empleado, sino el dueño. Ser el propietario de los trenes y tener a otro que se ocupe de que salgan a tiempo.

A: Ganar un montón de dinero.

NR: Ganar un montón de dinero por razones específicas y sueños bien definidos que perseguir, plazos para hacerlos realidad y pasos que dar incluidos. ¿Para qué trabajas?

A: Tener más.

NR: Tener más calidad y menos trastos. Tener enormes reservas económicas pero saber que casi todos los deseos materiales son justificaciones para dedicar tiempo a las cosas que realmente no importan, como comprar cosas y prepararte para comprar cosas. ¿Te has pasado dos semanas regateando con el concesionario para conseguir finalmente tu nuevo Infiniti 10.000 dólares más barato? ¡Estupendo! ¿Tu vida tiene sentido? ¿Estás aportando algo útil a este mundo o te limitas a revolver papeles, golpear un teclado y volver a casa para vivir una existencia de embriaguez de fin de semana?

A: Lograr la gran recompensa final, ya sea salir a bolsa, vender, jubilarte u otro cuerno de oro cualquiera.

NR: Pensar a lo grande pero cuidando de que el dinero entre todos los días: liquidez primero, facturar toneladas de golpe después.

A: Libertad para no hacer lo que te disgusta.

NR: Libertad para no hacer lo que te disgusta, pero también libertad y determinación para luchar por tus sueños sin retroceder y trabajar por trabajar (TxT). Después de años de trabajo repetitivo, muchas veces tendrás que excavar hondo hasta encontrar lo que te apasiona, saber cuáles son tus sueños y revivir aficiones que hayas dejado atrofiar hasta casi extinguirse. El objetivo es eliminar lo malo, que solo sirve para dejar un vacío, para buscar y vivir las mejores experiencias que el mundo puede ofrecer.

Saltar del tren equivocado

> «El primer principio es no engañarte a ti mismo, y tú eres la persona más fácil de engañar.»
> RICHARD P. FEYNMAN, físico ganador de un Premio Nobel

Basta ya. Se acabó la carrera de los ratoncillos campestres. La búsqueda de dinero a ciegas es una empresa descabellada.

He alquilado aviones privados para volar sobre los Andes; he catado muchos de los mejores vinos del mundo entre descensos por las mejores pistas de esquí y he vivido a cuerpo de rey, tumbado junto a la piscina infinita de una mansión privada.

Aquí va el secreto que rara vez desvelo: todo eso cuesta menos que el alquiler en Estados Unidos. Si puedes liberar tu tiempo y desvincularte de una ubicación, tu dinero valdrá automáticamente entre 3 y 10 veces más.

Esto no tiene nada que ver con los cambios de divisa. Ser rico en términos de dinero poseído y ser capaz de vivir como un millonario son en esencia dos cosas muy distintas.

El dinero se multiplica en valor práctico dependiendo de la cantidad de variables primarias que domines en tu vida: **qué** haces, **cuándo** lo haces, **dónde** lo haces y **con quién** lo haces. Yo llamo a esto el «multiplicador de libertad».

Según este criterio, el gestor de banca de inversiones que trabaja 80 horas por semana y gana 500.000 dólares al año es menos «poderoso» que el **NR** empleado por cuenta ajena que trabaja una cuarta parte de esas horas a cambio de 40.000 dólares, pero tiene libertad completa sobre cuándo, dónde y cómo vivir. Los 500.000 del primero quizá valgan menos de 40.000 y los 40.000 del segundo más de 500.000 cuando hacemos números y miramos el tipo de vida que su dinero costea a cada uno. Tener opciones —poder escoger— es el verdadero poder. Este libro trata de cómo ver y crear esas opciones con el menor esfuerzo y coste posible. El resultado es paradójico: puedes ganar dinero —mucho más dinero— haciendo la mitad de lo que haces ahora.

¿Quiénes son los NR?

- El empleado que reorganiza su horario y negocia un acuerdo para trabajar a distancia para lograr el 90% de los resultados en la décima parte del tiempo, lo que le libera para practicar esquí de fondo y hacer viajes en automóvil con su familia dos semanas al mes.

- La propietaria de negocio que elimina los clientes y proyectos menos rentables, subcontrata todas las tareas y viaja por el mundo en busca de documentos peculiares mientras trabaja a distancia en una web donde expone sus ilustraciones.

- El estudiante que escoge arriesgarlo todo —que es nada— para montar un servicio de alquiler de vídeo por internet que produce 5.000 dólares al mes de beneficios procedentes de un pequeño nicho de aficionados al HDTV, un proyecto menor que le lleva dos horas por semana y que le permite dedicarse a tiempo completo a la defensa de los derechos de los animales.

Las opciones son infinitas, pero todos los caminos empiezan dando el mismo paso: cambiando lo que das por supuesto.

Para unirte al movimiento tendrás que aprender un léxico nuevo y recalibrar la dirección con ayuda de una brújula que te guíe por un mundo fuera de lo corriente. Dar la vuelta a la responsabilidad y echar por la borda el concepto de «éxito», con todo lo que ello implica: las reglas han de cambiar.

Nuevos jugadores para un nuevo juego: global y sin restricciones

TURÍN, ITALIA

«La civilización tenía demasiadas normas para mí, así que me esforcé al máximo por reescribirlas.»

BILL COSBY

Al tiempo que rotaba 360° en el aire, el ruido ensordecedor se transformó en silencio. Dale Begg-Smith ejecutó la voltereta hacia atrás con una perfección absoluta —con los esquís cruzados en equis por encima de su cabeza— y aterrizó en los libros de récords tras deslizarse sobre la línea de meta.

Era el 16 de febrero de 2006 y ya era un magnate esquiador y medalla de oro olímpica en los Juegos de Invierno de Turín. Al contrario que otros atletas a tiempo completo, él nunca tendrá que volver a un trabajo sin futuro tras vivir su momento de gloria, ni recordará este día como la cúspide de la única pasión de su vida. Después de todo, solo tenía 21 años y conducía un Lamborghini negro.

Nacido canadiense y con un talento, pudiera decirse, de manifestación tardía, Dale encontró su vocación, una empresa de informática en internet, a los 13 años. Por suerte, tenía a su lado un mentor y compañero más experimentado para guiarle: su hermano de 15 años, Jason. La empresa, creada para financiar sus sueños de subirse en lo más alto del podio olímpico, se convertiría, en tan solo dos años, en la tercera compañía más grande del mundo de su sector.

Mientras los compañeros de equipo de Dale se lanzaban por las laderas practicando fuera de horas, él estaba muchas veces invitando a sake a clientes en Tokio. En un mundo regido por el «trabaja más, no con más cabeza», llegó a un punto en que sus entrenadores pensaron que estaba dedicando demasiado tiempo a sus negocios y demasiado poco a entrenar, a pesar de sus logros.

En lugar de elegir entre su negocio o su sueño, Dale decidió salirse por la tangente en ambas cosas, pasando de una u otra a las dos. No estaba dedicando demasiado tiempo a su negocio; él y su hermano estaban pasando demasiado tiempo con los canadienses.

En 2002 se mudó a la capital mundial del esquí, Australia, que tenía un equipo más pequeño, más flexible y un entrenador que era una leyenda.

Tres años después recibió la ciudadanía, se enfrentó cara a cara a sus antiguos compañeros y se convirtió en el tercer «australianito» de la historia en ganar un oro en las olimpiadas de invierno.

En la tierra de los walabíes y meca del surf, Dale está ahora hasta en los sellos de correos.

Literalmente. Justo al lado de la edición conmemorativa de Elvis Presley, se encuentran sellos con su cara. La fama tiene sus ventajas, igual que mirar más allá de las opciones que te presentan. Siempre puedes salirte por la tangente.

NUEVA CALEDONIA, SUR DEL OCÉANO PACÍFICO

«Cuando dices que vas a conformarte con ser segundo, eso es lo que la vida te da.»

JOHN F. KENNEDY

Hay personas que se pasan la vida convencidas de que, con ganar un poquito más, todos sus problemas se resolverían. Sus metas son objetivos que van variando arbitrariamente: 300.000 en el banco, 1.000.000 en la cartera, 100.000 al año en lugar de 50.000, etc. La meta de Julie era de lo más rudimentario: regresar con la misma cantidad de niños con la que había salido de casa.

Julie echó su asiento hacia atrás y dirigió la mirada al otro lado del pasillo, por encima de su marido, Marc, para contar, como había hecho miles de veces: uno, dos, tres. Hasta el momento, todo bien. En 12 horas estarían todos de vuelta en París, sanos y salvos. Eso siempre y cuando el avión de Nueva Caledonia aguantase, claro.

¿Nueva Caledonia?

Nueva Caledonia, escondida en los trópicos del mar de Coral, fue territorio francés. Allí Julie y Marc acababan de vender el velero con el que habían recorrido 15.000 millas alrededor del mundo. Recuperar la inversión inicial era parte del plan. Dicho y hecho; su viaje de exploradores por el mundo de 15 meses, desde los canales surcados por góndolas de Venecia a las costas tribales de la Polinesia, había costado entre 18.000 y 19.000 dólares. Menos que el alquiler y las *baguettes* en París.

La mayoría de la gente piensa que esto es imposible. También es verdad que la mayoría no sabe que más de 300 familias se hacen a la vela desde Francia todos los años con las mismas intenciones.

El viaje había sido un sueño durante casi dos décadas, relegado al último puesto al final de una lista de responsabilidades que no paraba de alargarse. Cada minuto surgían más razones para postergarlo.

Un día, Julie se dio cuenta de que, si no lo hacía ya, no lo haría nunca. Las racionalizaciones, legítimas o no, seguirían acumulándose, de forma que cada vez sería más difícil convencerse a sí misma de que la huida era posible.

Un año de preparativos y una prueba de 30 días con su marido, y se hicieron a la mar para llevar a cabo el viaje de su vida. Julie se dio cuenta en cuanto izaron el ancla de que, lejos de ser un motivo para no viajar y correr aventuras, los niños eran quizás el mejor motivo para hacer ambas cosas.

Antes del viaje, sus tres niños pequeños se peleaban como leones por cualquier nimiedad. Mientras se adaptaban a coexistir en un dormitorio flotante, aprendieron a ser pacientes, tanto por ellos mismos como en bien de la cordura de sus padres. Antes del viaje, los libros les llamaban tanto como caminar sobre brasas al rojo vivo.

Ante la alternativa de mirar a una pared en alta mar, los tres aprendieron a amar los libros. Sacarles del colegio durante un año y darles a conocer nuevos ambientes resultó ser la mejor de las inversiones en su educación.

Sentada ahora en el avión, Julie miraba las alas atravesar las nubes, pensando ya en sus planes para el futuro: buscar una casa en las montañas para esquiar todo el año y financiar el descenso de pistas y más viajes con los ingresos producidos por un cursillo de aparejos de vela.

Ahora que lo había hecho una vez, le había entrado el gusanillo.

DISEÑO DEL ESTILO DE VIDA

Ya estaba acostumbrado a conducir a través de la ciudad para recoger a mi hijo de la guardería y deslizarme por autopistas heladas intentando volver al trabajo con él a remolque para acabar mi trabajo. Mi minirretiro nos llevó a ambos a vivir en un internado alternativo en un bosque de Florida con un estanque de agua natural y con mucho sol, lleno de personal y niños con estilos de vida creativos. Es fácil encontrar escuelas alternativas que puedan acoger a tus hijos durante tu estancia. Estas escuelas a menudo son como ciudades muy acogedoras. Incluso puedes trabajar en la escuela donde disfrutarás de un entorno nuevo con tu hijo.

Tim,

Tu libro y blog me ha inspirado para dejar mi trabajo, escribir 2 e-books, hacer paracaidismo, cruzar Sudamérica con una mochila y hospedar una convención anual de los instructores de datos más importantes del mundo (mi primera aventura en el mundo de los negocios, lleva 3 años funcionando). ¿La mejor parte? Aún puedo comprarme una bebida. ¡Muchas gracias, hermano!

ANTHON

2. REGLAS QUE CAMBIAN LAS REGLAS: TODO LO COMÚNMENTE ACEPTADO COMO CIERTO ES FALSO

> «No puedo dar una fórmula segura para tener éxito, pero te puedo ofrecer una fórmula para fracasar: intentar contentar siempre a todo el mundo.»
>
> HERBERT BAYARD SWOPE, periodista norteamericano; primer ganador del Premio Pulitzer

> «Todo lo comúnmente aceptado como cierto es falso.»
>
> OSCAR WILDE, *La importancia de llamarse Ernesto*

Vencer en el juego, no jugarlo

En 1999, poco después de dejar mi segundo trabajo frustrante y comer bocadillitos de mantequilla de cacahuete para sentirme mejor, gané la medalla de oro en los Campeonatos Nacionales Chinos de kickboxing. No gané porque fuera muy bueno dando puñetazos y patadas. Ni por asomo. Eso parecía algo peligroso, teniendo en cuenta que lo hice porque me desafiaron y solo me preparé durante un mes. Además, tengo una cabeza que parece un buque: un blanco fácil. Gané porque me leí las reglas y busqué vacíos legales que pudiesen beneficiarme. Encontré dos:

1. Se pesaba a los participantes la víspera del campeonato: utilizando técnicas de deshidratación que ahora enseño a levantadores de pesas, perdí 14 kilos en 18 horas, hasta que me pesaron (resultado: 82 kilos), y luego me hiperhidraté hasta volver a los 96 kilos y medio.[2] Es difícil luchar contra alguien que pertenece a tres categorías de peso por encima de la tuya. Pobres chiquititos.

2. Había un detalle técnico en la letra pequeña: si un combatiente se caía de la plataforma elevada tres veces en una ronda, su oponente ganaba por incomparecencia del adversario. Decidí que este detalle sería mi única técnica y me limité a empujar a la gente hasta tirarla abajo. Como te puedes imaginar, al final los jueces no eran los chinos más felices del mundo.

¿Resultado? Gané todas mis peleas por fuera de combate técnico y me fui a casa con el campeonato nacional bajo el brazo, algo que el 99% de los participantes con entre 5 y 10 años de experiencia fueron incapaces de hacer.

Pero, ¿empujar a la gente fuera del ring no es cruzar los límites de la ética? En absoluto... No significa más que hacer algo que no es habitual y que está más allá de las normas. La distinción que importa es la que existe entre las normas oficiales y las autoimpuestas.

Fíjense en el siguiente ejemplo, sacado de la página web oficial del movimiento olímpico (www.olympic.org).

Los Juegos Olímpicos de 1968, celebrados en México D.F., supusieron el debut internacional de Dick Fosbury y de su célebre

---

2. Mucha gente da por sentado que manipular tu peso de esta manera es imposible, así que en mi web www.fourhourblog.com incluyo fotos que lo prueban. No intentes hacer esto en casa. Yo lo hice todo bajo supervisión médica.

«estilo Fosbury», que revolucionó los saltos de altura. En aquella época, los saltadores [...] giraban la parte externa de los pies en el aire y por encima de la barra [se parecía a un salto de valla, y permitía aterrizar sobre los pies]. Con su técnica, Fosbury empezaba con una carrera hacia la barra a gran velocidad y luego saltaba con el pie derecho (o con la parte externa de este); después, giraba el cuerpo y pasaba la cabeza por encima de la barra, de espaldas a eésta. Mientras los jueces internacionales negaban con la cabeza, incrédulos, el público quedó absolutamente cautivado por Fosbury y exclamó: «¡Bravo!» cuando el atleta saltó la barra. Fosbury saltó 2,22 metros limpiamente y luego superó su récord personal, con 2,24 metros, consiguiendo la medalla de oro.

En 1980, 13 de los 16 finalistas olímpicos saltaron imitando el «estilo Fosbury».

Las técnicas rápidas para perder peso y de lanzamiento fuera de la plataforma son ahora parte integrante de las competiciones de sanshou. No fui yo el responsable; solo lo vi como algo inevitable, como hicieron otros que comprobaron este enfoque. Ahora es algo habitual.

Los deportes evolucionan cuando se acaba con las costumbres sagradas, cuando se ponen a prueba supuestos elementales.

Y lo mismo ocurre con la vida y los estilos de vida.

Diferencias entre ir en contra de lo establecido y ser tonto

La mayoría de la gente camina por la calle con los pies. ¿Significa esto que camino con las manos? ¿Llevo los calzoncillos por fuera de los pantalones para ser diferente? Normalmente no. La cuestión es que caminar con los pies y mantener los calzoncillos dentro de los pantalones me ha funcionado bien hasta ahora. No arreglo lo que no está roto.

Lo diferente es mejor cuando es más efectivo o más divertido. Si todo el mundo plantea o resuelve un problema de una determinada manera con resultados deficientes, es hora de preguntarse: ¿qué pasaría si hiciera lo contrario?

No sigas un modelo que no funcione. Si la receta es una porquería, no importa lo buen cocinero que seas.

Cuando me dedicaba a vender almacenamiento de datos, mi primer trabajo tras salir de la facultad, me di cuenta de que, en mis llamadas comerciales, no conseguía hablar con la persona que buscaba casi nunca por una razón: los cancerberos. Si hacía las llamadas de 8 a 8:30 de la mañana y de 6 a 6:30 de la tarde, dedicando a ello una hora en total, me quitaba de encima a las secretarias y concertaba más del doble de citas que los directivos de ventas que llamaban de 9 a 5. En otras palabras, conseguía el doble de resultados invirtiendo 1/8 del tiempo.

De Japón a Mónaco, de madres solteras trotamundos a conductores de autos de carreras multimillonarios, las reglas básicas de los NR de éxito son sorprendentemente uniformes y prediciblemente divergentes de lo que hace el resto del mundo.

Las siguientes reglas son los diferenciadores fundamentales que deberás tener presentes mientras lees este libro.

1. La jubilación es un seguro por si ocurre lo peor.

Planear la jubilación es como hacerse un seguro de vida. Debería verse únicamente como una valla protectora frente a la peor situación posible: en este caso, quedarse físicamente incapaz de trabajar y necesitar una reserva de capital para sobrevivir.

Considerar la jubilación como la meta o redención final es erróneo, al menos por tres razones de peso:

a. Parte del supuesto de que no te gusta lo que vas a hacer durante los años de mayor capacidad física de tu vida.

Esta idea es inaceptable: nada justifica este sacrificio.

b. Tras la jubilación, la mayoría de la gente nunca podrá mantener un nivel de vida ni de cenas a base de perritos calientes. Incluso un millón un puñado de monedas en un mundo en el que la jubilación entendida como hasta ahora puede durar 30 años y la inflación recorta tu capacidad adquisitiva un 2-4% anual. Las cuentas no salen.[3] Los años dorados se convierten así en la vuelta a la clase media-baja. Un final agridulce.

c. Si las cuentas salen, significará que eres una máquina de trabajar ambiciosa. Si es así, ¿sabes qué? Una semana después de jubilarte, estarás tan aburrido que querrás hacerte el harakiri. Probablemente terminarás buscando otro trabajo o montando otra empresa. ¿A qué ahora esperar empieza a perder sentido?

No estoy diciendo que no preveas lo peor: yo tengo planes de pensiones e inversiones para mi jubilación, sobre todo por cuestiones fiscales. Pero no te engañes: la meta no es la jubilación.

2. El interés y la energía son cíclicos.

Si te ofreciera 10.000.000 por trabajar 24 horas al día durante 15 años y luego jubilarte, ¿lo harías? Claro que no; no podrías. Es insostenible, exactamente igual que lo que la mayoría describe como carrera profesional: hacer lo mismo durante más de 8 horas al día hasta caer rendido o tener suficiente dinero para dejarlo para siempre.

¿Cómo si no mis amigos treintañeros parecen un cruce entre Donald Trump y Joan Rivers? Horroroso: envejecimiento prematuro fomentado por *frapuccinos* triples en vena y horarios de trabajo imposibles.

Alternar períodos de actividad y de descanso es necesario para sobrevivir, no digamos para crecer. La capacidad, el

3. «Vivir bien» (artículo aparecido en *Barron's,* 20 de marzo de 2006, Suzanne McGee).

interés y la resistencia mental son como la luna: crecen y después menguan. Organízate en consecuencia.

Los NR aspiran a repartir «minijubilaciones» a lo largo de la vida, en lugar de acumular la recuperación y el disfrute para la quimera del retiro dorado. Trabajando solo cuando eres más eficaz, serás más productivo y disfrutarás más de la vida. Es el ejemplo perfecto de cómo nadar y guardar la ropa.

Personalmente intento ahora pasar un mes en el extranjero o inmerso en el aprendizaje de algo (tango, lucha, lo que sea) por cada dos meses que dedico a proyectos de trabajo.

3. Hacer menos no es vagancia.

Hacer menos trabajo fútil para concentrarse en cosas de mayor importancia personal para uno NO es pereza. Esto nos resulta difícil de aceptar a la mayoría porque nuestra cultura recompensa el sacrificio personal en lugar de la productividad personal.

Pocos escogen (o pueden) medir los resultados de sus acciones y, por consiguiente, cuantificar su contribución en tiempo. Más tiempo equivale a mayor autovaloración y más refuerzo por parte de los superiores y de quienes te rodean. Los NR, a pesar de estar menos horas en la oficina, producen más resultados importantes que una docena de no NR juntos.

Definamos de nuevo «vagancia»: soportar una existencia de lo más normal, dejando que las circunstancias u otros decidan tu vida por ti, o amasar una fortuna mientras pasas por la vida como un espectador, desde la ventana de una oficina. El volumen de tu cuenta corriente no cambia esto, ni la cantidad de horas que fiches, contestando a correos triviales o resolviendo tonterías.

Concéntrate en ser productivo, no en estar ocupado.

4. Nunca es buen momento.

Una vez le pregunté a mi madre cómo decidió tener su primer hijo, el pequeño yo. Su respuesta fue sencilla: «Era algo que queríamos y decidimos que no tenía sentido retrasarlo. Nunca es buen momento para tener un bebé». Y así es.

Para la mayoría de las cosas importantes, el momento siempre es pésimo.

¿Estás esperando un buen momento para dejar tu trabajo? Las estrellas nunca se alinearán y los semáforos de la vida nunca se pondrán todos verdes al mismo tiempo. El universo no conspira contra ti, pero tampoco se volverá loco para apartarte obstáculos del camino. Las condiciones nunca serán las ideales. «Algún día» es una enfermedad que hará que te lleves tus sueños a la tumba. Hacer listas de pros y contras tampoco ayuda.

Si algo es importante para ti y quieres hacerlo «algún día», hazlo y corrige el rumbo mientras caminas.

5. Mejor pedir perdón que pedir permiso.

Si no va a destrozar a quienes te rodean, inténtalo y luego justifícate. La gente —ya sean padres, parejas o jefes— te niega cosas por razones emocionales que pueden llegar a aceptar cuando sean un hecho consumado. Si el daño potencial es moderado o reversible, no des a los demás la oportunidad de decirte que no. La mayoría de la gente se apresurará a detenerte antes de empezar, pero dudarán en meterse si ya te estás moviendo. Aprende a montar follones y a disculparte cuando la fastidies de verdad.

6. No te esfuerces por corregir tus debilidades; potencia tus fortalezas.

La mayoría somos buenos en unas cuantas cosas y desastrosamente malos en muchas otras. A mí se me da fenomenal idear productos y pensar cómo promocionarlos, pero fatal hacer todo lo que viene después.

Mi cuerpo está hecho para levantar objetos pesados y lanzarlos. Eso es todo. Hice caso omiso de esta verdad durante mucho tiempo. Probé a nadar y parecía un mono ahogándose. Probé el baloncesto y parecía un troglodita. Luego me hice luchador y despegué.

Es de lejos mucho más lucrativo y divertido aprovechar tus fortalezas en lugar de tratar de arreglar todos tus puntos débiles. Se trata de elegir entre *multiplicar* resultados ayudándote de tus fortalezas o *incrementar* el grado de mejora fortaleciendo debilidades para, como mucho, alcanzar un nivel mediocre. Concéntrate en utilizar con mayor destreza tus mejores armas en vez de repararte continuamente.

7. Las cosas llevadas al exceso se convierten en lo contrario.
Es posible tener demasiado de algo bueno. En exceso, muchos empeños y posesiones adquieren las características de sus opuestos. De esta manera:

- Los pacifistas se convierten en militantes.
- Los que luchan por la paz, en tiranos.
- Las bendiciones se vuelven maldiciones.
- La ayuda se transforma en molestia.
- Y más en menos.[4]

Lo que quieres, en demasiada cantidad y demasiado a menudo se convierte en lo que no quieres. Esto es cierto de las posesiones e incluso del tiempo.

Por consiguiente, cuando hablamos de diseño de vida no nos interesa crear un exceso de tiempo ocioso, algo venenoso, sino utilizar el tiempo libre de forma positiva, es decir, sencillamente hacer lo que quieras frente a hacer lo que te sientes obligado a hacer.

4. De *Less is More*. Goldian VandenBroeck.

8. El dinero por sí mismo no es la solución.

Mucho se podría decir del poder del dinero como moneda (yo mismo soy un gran fan), pero tener más no es la solución tan a menudo como se podría pensar. En parte, el problema es que somos vagos. «Si tuviera más dinero» es la manera más fácil de posponer realizar una autocrítica profunda que te lleve a tomar las decisiones necesarias para crear una vida de la que disfrutar: ahora y no después. Usar el dinero como chivo expiatorio y dejar consumir toda tu energía en la rutina del trabajo hace que te niegues el tiempo para hacer algo más. «John, me gustaría quedarme a hablar del vacío enorme que siento en mi vida, la desolación que me da una patada en el estómago cada vez que enciendo la computadora por la mañana, ¡pero tengo un montón de trabajo por hacer! Me esperan al menos 3 horas contestando correos sin importancia antes de llamar a los clientes potenciales que me dijeron ayer que nones. ¡Me voy corriendo!»

Mantente ocupado con la rutina de la rueda del dinero, finge que así se cura todo y crearás artificialmente una distracción constante que te impedirá ver que lo que haces no tiene ningún sentido. En el fondo sabrás que es una ilusión, pero con todo el mundo jugando a hacer que las cosas son así, es fácil olvidarse.

El problema va más allá del dinero.

9. Importan más los ingresos relativos que los absolutos.

Existe un debate abierto entre dietistas y nutricionistas acerca del valor de una caloría. ¿Es una caloría una caloría, igual que una rosa es una rosa? ¿Para perder grasa hay que gastar más calorías de las que se consumen y ya está o importa de dónde provengan esas calorías? Basándome en mi experiencia con deportistas de elite, me decanto por la segunda opción.

¿Qué ocurre con los ingresos? ¿Es un dólar siempre un dólar? Los Nuevos Ricos creen que no.

Miremos la cuestión como un problema de matemáticas de quinto de primaria. Dos muchachotes trabajadores se dirigen el uno hacia el otro. El muchachote A se mueve a un ritmo de 80 horas por semana y el muchachote B a 10 horas por semana.

Los dos ganan 50.000 dólares al año. ¿Quién será más rico cuando se crucen en mitad de la noche? Si contestaste que el B, has acertado y ésa es la diferencia entre ingresos **absolutos** y **relativos**.

Los ingresos absolutos se miden usando una variable sagrada e inalterable: el todopoderoso dólar en estado puro. Fulanita gana 100.000 dólares al año y, por lo tanto, es el doble de rica que Fulanito, que gana 50.000 al año.

Los ingresos relativos se calculan usando dos variables: el dólar y el tiempo, normalmente expresado en horas. El concepto «al año» es arbitrario, lo que hace muy fácil engañarse a uno mismo. Veamos cuál es la realidad. Fulanita gana 100.000 dólares al año, 2.000 cada una de las 50 semanas que trabaja al año, y cada semana trabaja 80 horas. Por tanto, Fulanita gana 25 dólares la hora.

Fulanito gana 50.000 dólares al año, 1.000 cada una de las 50 semanas que trabaja al año, pero trabaja 10 horas por semana, por lo que gana 100 dólares la hora. Considerando sus ingresos relativos, Fulanito es *cuatro veces* más rico.

Por supuesto, los ingresos relativos tienen que llegar al mínimo necesario para hacer realidad tus metas. Si gano 100 dólares por hora pero solo trabajo una hora por semana, me va a resultar muy difícil vivir la vida loca. Suponiendo que mis ingresos absolutos totales son los que necesito para vivir la vida de mis sueños (no una cantidad arbitraria para quedar por encima de otros), los ingresos relativos son la verdadera medida de riqueza para los Nuevos Ricos.

Los inconformistas Nuevos Ricos más avezados ganan por lo menos 5.000 dólares por hora.

Recién salido de la facultad, empecé ganando 5. Con mi ayuda te parecerás más a ellos.

10. El *distrés* es malo, el *eustrés* es bueno.

Pocos bípedos amantes de la diversión lo saben, pero no todo el estrés es malo. Pues sí, los Nuevos Ricos no buscan eliminar todo el estrés. En absoluto. Existen dos clases distintas de estrés, tan diferentes entre ellas como la euforia y su raramente mencionada emoción opuesta, la *disforia*.

Por *di*strés se entiende un conjunto de estímulos dañinos que te debilitan, te restan confianza en ti mismo y fuerza para actuar. Ejemplos son la crítica destructiva, los jefes ofensivos y romperte la cara contra el canto de una acera. Este tipo de cosas hay que evitarlas.

*Eu*strés, por otro lado, es una palabra que la mayoría probablemente nunca haya escuchado. *Eu-*, el prefijo griego que significa «saludable», se usa en el mismo sentido en la palabra «euforia». Los ejemplos a seguir que nos impulsan a superar nuestras limitaciones, el entrenamiento físico gracias al que nos deshacemos de nuestros michelines y correr los riesgos que nos sacan de nuestra cómoda esfera de actuación son ejemplos de *eustrés*: estrés sano que constituye un estímulo para crecer.

Quienes evitan las críticas fracasan. Hay que evitar la crítica destructiva, no toda forma de crítica. De igual manera, no se puede avanzar sin *eustrés*, y cuanto más *eustrés* podamos crear o aplicar a nuestra vida, antes haremos nuestros sueños realidad.

El secreto es saber distinguir uno de otro.

Los Nuevos Ricos se esfuerzan tanto en eliminar el *distrés* como en producir *eustrés*.

P y A: PREGUNTAS Y ACCIONES

1. ¿De qué manera ser «realista» o «responsable» ha impedido que tengas la vida que quieres?

2. ¿De qué manera hacer lo que «debías» se ha traducido en experiencias insatisfactorias o arrepentimiento por no haber hecho otras cosas?

3. Fíjate en lo que haces actualmente y pregúntate: «¿Qué pasaría si hiciera lo contrario que los que me rodean? ¿Qué voy a sacrificar si continúo así durante 5, 10 o 20 años más?».

3. ESQUIVAR BALAS: IDENTIFICAR MIEDOS Y SACUDIRSE LA PARÁLISIS

«Muchos pasos en falso se han dado por quedarse quieto.»

en GALLETA DE LA FORTUNA

«Nombrado tu miedo debe ser antes de que desterrarlo puedas.»

YODA, de *La guerra de las galaxias:*
El imperio contraataca

Río de Janeiro, Brasil

Seis metros y aproximándonos.

«¡Run! ¡Ruuuuuuuuuun!» Hans no hablaba portugués pero el significado estaba bastante claro: a toda velocidad. Con las zapatillas firmemente agarradas a la roca dentada, lanzó el pecho hacia adelante hacia 3.000 pies de nada.

Contuvo el aliento antes de dar el último paso y el pánico casi le dejó inconsciente. Su visión periférica se volvió borrosa, hasta concentrarse en un solo punto de luz, y luego... empezó a flotar. El azul celeste del horizonte entró de golpe en su campo visual inundándolo todo un instante después de darse cuenta de que la corriente de aire caliente ascendente le sujetaba, llenando la tela del parapente. El miedo se había quedado a su espalda, en la cima de la montaña, y miles de pies por encima del bosque tropical de un verde resplandeciente y de las prístinas playas blancas de Copacabana... Hans Keeling había visto la luz.

Eso fue un domingo.

El lunes, Hans volvió a su oficina en un bufete de abogados en Century City, sede de las empresas pijas de Los Ángeles, y se apresuró a entregar su aviso de dimisión con tres semanas de antelación. Llevaba casi cinco años enfrentándose al despertador atemorizado por el mismo pensamiento: ¿Tengo que hacer *esto* durante 40 o 45 años más?

Una vez había dormido debajo de la mesa de su oficina como castigo por no haber terminado un proyecto, para seguir con él al despertar por la mañana.

Esa misma mañana se prometió algo a sí mismo: dos veces más y me largo. Le asestaron el golpe número tres el día antes de marcharse de vacaciones a Brasil.

Todos nos hacemos este tipo de promesas, y el propio Hans ya lo había hecho antes, pero ahora las cosas eran diferentes. Él era diferente.

Mientras descendía lentamente hacia el suelo haciendo círculos, se había dado cuenta de algo: los riesgos no daban tanto miedo cuando te decidías a correrlos. Sus compañeros le dijeron lo que esperaba oír. Lo estaba echando todo por la borda. Era un abogado de camino hacia lo más alto: ¿qué diablos quería?

Hans no sabía exactamente lo que quería, pero por un momento lo había probado.

Por otro lado, sabía lo que le aburría mortalmente y estaba harto. Vivir como un muerto viviente, las cenas donde sus colegas de profesión comparaban automóviles, colocados con el chute del nuevo BMW que se habían comprado hasta que alguien apareciese con un Mercedes más caro, se habían acabado. Agua pasada.

Inmediatamente empezó a notar un extraño cambio: Hans se sintió por primera vez en mucho tiempo en paz consigo mismo y con lo que estaba haciendo. Siempre le habían aterrorizado las turbulencias en los aviones, como si fuera a morirse sin haber disfrutado de la vida, pero ahora podía atravesar la más violenta de las tormentas durmiendo como un angelito. Qué cosa más extraña.

Más de un año después, todavía le llegaban ofertas de trabajo espontáneas de bufetes, pero entonces ya había montado Nexus Surf,[5] una empresa de surf de aventura de primera con sede en el paraíso tropical de Florianópolis, Brasil. Había conocido a la chica de sus sueños, una carioca con piel color caramelo llamada Tatiana, y se pasaba casi todo el tiempo relajándose a la sombra de las palmeras o proporcionándoles a sus clientes diversión como en su vida.

¿Esto es lo que le daba tanto miedo?

Ahora ve a menudo a su antiguo yo en los amargados y estresados profesionales con los que sale a galopar sobre las olas. Mientras esperan el oleaje, sus verdaderas emociones salen a la luz: «Dios, ¡ojalá pudiera hacer lo que tú!». Su respuesta es siempre la misma: «Puedes».

El sol poniente reflejado en la superficie del agua crea un escenario zen ideal para el mensaje que reconoce como cierto: hacer una pausa indefinida en el camino que estás siguiendo no es darse por vencido. Podría retomar la abogacía exactamente donde la dejó si quisiera, pero eso es lo último que le pasa por la cabeza.

Mientras reman hacia la orilla tras una sesión increíble, los clientes se dominan y recobran la compostura. Ponen un pie en la arena y la realidad les hinca los dientes. «Lo haría, pero no puedo tirarlo todo a la basura sin más.»

Hans no puede evitar reírse.

5. www.nexussurf.com

El poder del pesimismo: ¿cuál es tu pesadilla?

> «Quizá la acción no traiga siempre consigo la felicidad, pero no hay felicidad sin acción.»
>
> BENJAMIN DISRAELI, ex primer ministro británico

¿Hacerlo o no hacerlo? ¿Intentarlo o no intentarlo? La mayoría votaría que no, se consideren valientes o no. La incertidumbre y la posibilidad de fracasar son voces en las tinieblas que dan mucho miedo. Muchos prefieren la infelicidad a la incertidumbre. Durante años me marqué metas, tomé la resolución de cambiar de rumbo y no sirvió de nada. Era tan inseguro y estaba tan asustado como el resto del mundo.

La solución, realmente sencilla, vino a mí de forma accidental hace cuatro años. En esa época, tenía tanto dinero que no sabía qué hacer con él —ganaba 70.000 dólares o así al mes— y me sentía fatal, peor que nunca. No tenía tiempo y me estaba matando a trabajar.

Había empezado mi propia empresa, para darme cuenta después de que era casi imposible de vender.[6] ¡Vaya! Me sentía atrapado y estúpido al mismo tiempo.

Tengo que ser capaz de solucionar esto, pensaba. ¿Por qué soy tan imbécil?

¿Por qué no consigo que esto funcione? ¡Concéntrate de una vez y deja de comportarte como un (insertar improperio)! ¿Qué me pasaba? La verdad era que no me pasaba nada, no era yo el que había llegado a su límite: había llegado al límite de mi modelo de negocio de la época. El problema no era el conductor, sino el vehículo.

Errores básicos cometidos en su infancia no me dejarían

---

6. Esto resultó ser otra limitación impuesta y falsa. BrainQUICKEN fue adquirida por una firma de capital privado en 2009. El proceso se describe en www.fourhourblog.com

nunca venderla. Podía contratar a duendecillos y conectarme el cerebro a una supercomputadora: no serviría de nada. Mi hijito tenía graves taras de nacimiento. La cuestión se transformó en: ¿cómo me deshago de este Frankenstein y consigo que se autogestione? ¿Cómo soltarme de los tentáculos de la adicción al trabajo y del miedo de que todo se derrumbara si dejaba de hacer jornadas de 15 horas? ¿Cómo escapar de la cárcel que yo mismo había construido? Un viaje, pensé.

Un año sabático recorriendo el mundo.

Así que hice el viaje, ¿no? Bueno, ya llegaremos a eso. Primero, me pareció prudente regodearme en mi vergüenza, bochorno y enfado durante seis meses, al tiempo que le daba vueltas a un bucle infinito de razones por las que mi fantasía del viaje de evasión nunca funcionaría. Con seguridad, uno de mis períodos más productivos.

Luego, un día, inmerso en la dicha de imaginarme el sufrimiento que se me avecinaba, se me ocurrió una idea brillante. Sin duda fue el punto álgido de mi fase «no seas feliz, preocúpate»: ¿por qué no imaginar con pelos y señales la pesadilla, o sea, lo peor que podía pasarme si hacía ese viaje?

Bueno, el negocio podría irse a pique estando yo en el extranjero, eso seguro. Seguramente. Por accidente, un aviso enviado por el juez se perdería y me demandarían. Me cerrarían la empresa y el inventario se pudriría en las estanterías mientras me hurgaba entre los dedos de los pies solo y desgraciado en una fría playa de Irlanda. Me imaginaba llorando bajo la lluvia. Mi cuenta corriente se reduciría de golpe en un 80% y por supuesto mi auto y mi moto serían robados del garaje. Me imaginaba que alguien probablemente dejaría caer un escupitajo sobre mi cabeza desde un balcón mientras daba de comer sobras a un perro sarnoso, que después se pondría nervioso y me mordería en toda la cara. ¡Qué vida perra! ¡Oh, mundo cruel!

Definir tus miedos = Vencer tus miedos

«Aparta varios días en los que te contentarás con el mínimo y más sencillo sustento, un solo plato y ropas toscas, mientras te dices: "¿Es esto lo que tanto temía?"»

SÉNECA

De pronto sucedió algo muy raro. En mi incansable búsqueda de cómo sentirme como una piltrafa, sin saber cómo empecé a ir marcha atrás. En cuanto acabé con el vago malestar y la ansiedad ambigua definiendo claramente mi pesadilla más temida, lo peor que podía pasar, ya no me preocupó tanto hacer el viaje. De repente, empecé a pensar en medidas sencillas que podría tomar para salvar los recursos que me quedasen y volver a ponerme en marcha si todas las desgracias vinieran juntas. Siempre podía tomar un trabajo temporal durante un tiempo para pagar el alquiler si fuese necesario. Podría vender algunos muebles y comer menos fuera. Podría robar el dinero del refrigerio a los niños de la guardería que pasaban por delante de mi casa todas las mañanas. Las opciones eran muchas. Me di cuenta de que no sería tan difícil volver a donde estaba y mucho menos sobrevivir. Nada de lo que pudiera ocurrir me mataría, ni mucho menos. Meras piedrecitas en el zapato en el viaje de la vida.

Me di cuenta de que, en una escala del 1 al 10, siendo el 1 nada y el 10 algo que me cambiase la vida para siempre, la peor situación que había imaginado tendría unas consecuencias *temporales* del orden de 3 o 4. Creo que esto puede aplicarse a la mayoría de la gente y a casi todos los desastres del tipo «m**rda, estoy acabado».

No olvides que ésta es la pesadilla de esa catástrofe, que es una entre un millón.

Por otro lado, si conseguía hacer realidad la mejor situación imaginada, tendría fácilmente un efecto positivo *permanente* en mi vida del orden de 9 o 10.

En otras palabras, estaba arriesgando un improbable y temporal 3 o 4 por un permanente 9 o 10, y además podría recuperar la cárcel de adicto al trabajo de la que había escapado con un poco más de esfuerzo, si quería.

Así fue como llegué a una conclusión fundamental: el riesgo era prácticamente nulo; el potencial de cambiar mi vida de arriba abajo era enorme, y siempre podría retomar mi rumbo anterior sin más esfuerzo del que ya estaba haciendo.

Ahí fue cuando tomé la decisión de hacer el viaje y compré un billete de ida a Europa. Empecé a planear mis aventuras y a eliminar equipaje físico y psicológico. Ninguno de los desastres temidos sucedió y desde entonces mi vida ha sido casi un cuento de hadas. La empresa funcionó mejor que nunca, y yo prácticamente me olvidé de ella mientras financiaba mis viajes alrededor del mundo a todo trapo durante 15 meses.

Desenmascarar el miedo disfrazado de optimismo

«No hay diferencia entre un pesimista que dice: "Oh, es inútil, así que no te molestes en hacer nada" y un optimista que dice: "No te molestes en hacer nada, las cosas van a salir bien". De cualquiera de las dos formas, no va a pasar nada.»

YVON CHOUINARD,[7] fundador de la Patagonia

El miedo tiene muchas caras, y normalmente no lo llamamos por su nombre de pila. El miedo en sí da bastante miedo. La mayoría de los inteligentes del mundo entero lo disfraza de otra cosa: negación optimista.

Casi todos los que evitan dejar su trabajo acarician el pensamiento de que su día a día mejorará con el tiempo o cuando

7. http://www.tpl.org/tier3_cd.cfm?content_item_id=5307&folder_id=1545.

ganen más dinero. Esto parece válido y es una alucinación tentadora cuando tu trabajo es aburrido o desmotivador y no un puro infierno. El puro infierno te obliga a actuar, pero si la cosa no llega a tanto, se puede aguantar con una dosis suficiente de racionalización ingeniosa.

¿Sinceramente crees que mejorará o son sólo ilusiones y excusas para no hacer nada al respecto? Si confiases de verdad en que las cosas van a mejorar, ¿te estarías cuestionando así tu vida? Por lo general, no. Esto es miedo a lo desconocido disfrazado de optimismo.

¿Estás mejor que hace un año, un mes o una semana?

Si no es así, las cosas no se van a arreglar solas. Si te estás engañando a ti mismo, es hora de parar y planear cómo dar el salto. Descartando un final al estilo James Dean, tu vida va a ser LARGA. Tus ocho horas o más diarias durante 40 o 50 años de vida laboral es demasiado tiempo para esperar si nadie viene a rescatarte. Aproximadamente 500 meses de trabajo puro y duro.

¿Cuántos más te quedan por delante? Puede que sea hora de batirse en retirada.

Que alguien llame al *maître*, por favor

«Eso es confort. No es lujo. No me digas que eso lo da el dinero. El lujo que yo defiendo no tiene nada que ver con el dinero. No se compra. Es la recompensa de quienes no temen a la incomodidad.»

JEAN COCTEAU, poeta, novelista, agente de boxeadores y cineasta francés, de cuya obra surgió el término «surrealismo»

A veces uno parece tener el don de la oportunidad. Hay cientos de autos dando vueltas por un parking y alguien sale de un sitio a 300 metros de la entrada justo cuando tú estás a la altura de su parachoques. ¡Un milagro navideño!

Otras veces se dan cosas más bien inoportunas. El teléfono suena mientras estás haciendo el amor durante lo que parece media hora. El mensajero llega 10 minutos tarde. La falta de oportunidad puede provocar auténticos desastres.

Jean-Marc Hachey aterrizó en África Occidental como voluntario, con esperanzas sinceras de servir de ayuda. En ese sentido, fue más que oportuno.

Llegó a Ghana a principios de la década de 1980 en medio de un golpe de Estado, con la inflación por las nubes y justo a tiempo de pasar la peor sequía de la década. Por esas mismas razones, muchos considerarían que fue inoportuno desde un punto de vista de supervivencia más egoísta.

Tampoco se enteró del comunicado. El menú nacional había cambiado y lujos como el pan y el agua potable habían desaparecido del mapa. Sobreviviría durante cuatro meses a base de un mejunje hecho de maíz y espinacas con pinta de fango. No las típicas golosinas para comer en el cine, precisamente.

«VAYA, ¡PUEDO SOBREVIVIR!»

Jean-Marc había atravesado el punto sin retorno, pero no le importaba.

Después de dos semanas adaptándose a desayunar, almorzar y cenar lo mismo (papilla al estilo de Ghana) ya no sentía deseos de escapar. Resultó que sus únicas necesidades eran un sustento de lo más básico y buenos amigos. Lo que desde fuera parecería un desastre supuso en realidad una epifanía de afirmación de la vida que jamás había experimentado. Lo peor no estaba tan mal. Para disfrutar de estar vivo no se necesitan tonterías estrambóticas, pero sí ser dueño de tu vida y darte cuenta de que la mayoría de las cosas no son tan serias como uno las hace parecer.

Hoy, a los 48 años, Jean-Marc vive en una preciosa casa en Ontario, pero podría vivir sin ella. Tiene dinero en el banco, pero si cayera en la pobreza mañana no le importaría. Algunos de sus recuerdos más preciados consisten aún en nada más que amigos y papillas. Está volcado en crear momentos especiales para él mismo y su familia y no le preocupa lo más mínimo jubilarse. Ya ha vivido 20 años de jubilación parcial con una salud perfecta.

No lo guardes todo para el final. Hay demasiadas razones para no hacerlo.

P y A: PREGUNTAS Y ACCIONES

«Soy un viejo y he conocido innumerables desdichas, pero la mayoría nunca sucedieron.»

MARK TWAIN

Si te inquieta pensar en dar el salto o simplemente lo estás posponiendo por miedo a lo desconocido, aquí tienes el antídoto. Anota las respuestas y recuerda que pensar mucho no será tan fructífero ni tan prolífico como sencillamente vomitarlo todo sobre el papel. Escribe de corrido y no revises lo escrito: buscamos cantidad, no calidad. Detente unos minutos en cada pregunta.

1. Define claramente tu peor pesadilla, lo más terrible que podría pasar si hicieras lo que estás pensando. ¿Qué dudas, miedos y «qué pasaría si» te surgen cuando piensas en hacer los grandes cambios que puedes —o necesitas— hacer? Imagínatelos hasta en el más ínfimo detalle. ¿Te morirías? ¿Qué gravedad tendrían las consecuencias permanentes, si las hubiera, en una escala del 1 al 10? ¿Serían permanentes? ¿Qué probabilidad crees que hay de que de verdad ocurran?

2. ¿Qué medidas podrías tomar para reparar los daños causados o enderezar las cosas, aunque fuese con efectos temporales? Es muy posible que sea más fácil de lo que te imaginas. ¿Cómo podrías volver a dominar la situación?

3. ¿Cuáles serían los resultados o beneficios, tanto temporales como permanentes, de lo que es más probable que ocurra? Ahora que tienes claro cuál sería esa pesadilla hecha realidad, ¿cuáles serían los resultados más probables o claramente positivos, tanto interiores (confianza en ti mismo, autoestima) como exteriores? ¿Qué repercusiones tendrían estas consecuencias más probables en una escala del 1 al 10? ¿Qué probabilidad tienes de conseguir resultados moderadamente buenos? ¿Hay gente menos inteligente que tú que haya conseguido hacer esto antes?

4. Si te despidiesen hoy de tu trabajo, ¿qué harías para seguir financiando tu vida? Ponte en esta situación y vuelve a contestar a las preguntas 1, 2 y 3. Si dejas tu trabajo para probar otras opciones, ¿cómo podrías retomar el mismo rumbo profesional si fuese absolutamente necesario?

5. ¿Qué estás retrasando por miedo? Normalmente, lo que nos da más miedo hacer es lo que más necesitamos hacer. Esa llamada telefónica, esa conversación, cualquier acción; el miedo al resultado desconocido nos impide hacer lo que necesitamos hacer. Decide qué es lo peor que puede pasar, acéptalo y hazlo. Voy a repetir algo que podrías tatuarte en la frente: *Normalmente, lo que nos da más miedo hacer es lo que más necesitamos hacer.* Una vez oí que el éxito de una persona en la vida se mide por la cantidad de conversaciones incómodas que está dispuesto a mantener. Decide hacer todos los días una cosa que te dé miedo. Adquirí este hábito intentando contactar con celebridades y personas de negocios famosas para pedirles consejo.

6. ¿Cuánto te está costando —en dinero y en desgaste físico y emocional— retrasar pasar a la acción? No valores únicamente las desventajas potenciales de hacer algo. Es igual de importante cuantificar el coste atroz de no hacerlo. Si no intentas hacer realidad lo que te ilusiona, ¿dónde estarás dentro de un año, cinco o diez?

¿Cómo te sentirás sabiendo que te dejaste aplastar por las circunstancias y permitiste que diez años más de tu finita vida transcurriesen haciendo algo que sabes que no te llena? Si pudieses teletransportarte 10 años hacia el futuro y supieras con una seguridad del 100% que te espera un camino sembrado de desilusión y arrepentimiento (y si definimos riesgo como «probabilidad de un resultado negativo irreversible»), no actuar es el mayor riesgo que existe.

7. ¿A qué estás esperando? Si no puedes contestar a esta pregunta sin recurrir al concepto anteriormente rechazado de que no es un buen momento, la respuesta está muy clara: estás asustado, como el resto del mundo.

Mide el coste de no actuar, date cuenta de que la mayoría de los errores son improbables y reparables y forja el hábito más importante de los que destacan sobre los demás y disfrutan haciéndolo: pasar a la acción.

4. REINICIAR EL EQUIPO:
SER POCO RAZONABLE Y TOTALMENTE DIRECTO

«—¿Podría decirme qué camino debo tomar?

—Eso depende en gran medida de adónde quieras ir —dijo el gato.

—No me importa mucho... —respondió Alicia.

—Entonces no importa hacia dónde vayas.»

LEWIS CARROLL, *Alicia en el país de las maravillas*

«El hombre razonable se adapta al mundo; el irrazonable persiste en intentar adaptar el mundo a él. Por consiguiente, todo progreso depende del hombre irrazonable.»

GEORGE BERNARD SHAW, *Máximas para revolucionarios*

Primavera de 2005, Princeton, Nueva Jersey

Tuve que sobornarles. ¿Qué otras opciones tenía?

Formaron un círculo a mi alrededor y, aunque la formulaban de distintas maneras, la pregunta siempre era la misma: «¿Cuál es el desafío?». Todas las miradas estaban fijas en mí.

Mi clase en la Universidad de Princeton acababa de terminar, despertando ilusiones y entusiasmo. Al mismo tiempo, yo sabía que la mayoría de los estudiantes saldrían de allí y harían de inmediato lo contrario de lo que yo había predicado.

La mayoría acabaría trabajando 80 horas semanales llevando y trayendo cafés a cambio de un buen sueldo a menos que yo les demostrase que los principios de la clase podían aplicarse a la vida real.

Ahí es donde entra el desafío.

Ofrecí un billete de ida y vuelta a cualquier lugar del mundo a cualquiera que llevase a cabo un «desafío» indefinido de la forma más personal posible. Resultados y originalidad. Les dije que los interesados se reuniesen conmigo después de clase y allí estaban, casi 20 de una clase de 60.

La tarea estaba pensada para sondear los límites de su zona de comodidad, obligándoles a aplicar algunas de las tácticas que enseño. Era sencillísimo: contactar con tres personas a las que aparentemente fuese imposible llegar —Jennifer López, Bill Clinton, J. D. Salinger, me daba igual— y conseguir que al menos uno respondiese a tres preguntas.

De 20 estudiantes, todos ellos salivando por ganar un garbeo gratis por el mundo, ¿cuántos aceptaron el desafío?

Exacto... ninguno. Ni uno.

Hubo excusas de todo tipo: «No es tan fácil conseguir que alguien...», «Tengo un trabajo importante que terminar, y...», «Me encantaría, pero no puedo hacerlo...». Sin embargo, la razón de no hacerlo era una, aunque repetida con distintas palabras. Era un desafío difícil, quizás imposible, y los demás estudiantes les ganarían. Como todos sobrevaloraron a la competencia, ninguno apareció.

Según las reglas que yo había fijado, si alguien me hubiese enviado aunque fuese un papel con un párrafo ilegible, habría estado obligado a darle el premio. Este resultado me dejó a la vez fascinado y deprimido.

Al año siguiente las cosas fueron muy diferentes.

Conté lo ocurrido el curso anterior a modo de advertencia y 6 de 17 estudiantes finalizaron la misión en menos de 48 horas. ¿El segundo grupo era mejor? No. De hecho, en el primero había estudiantes más brillantes, pero no hicieron nada. Mucho ruido y pocas nueces.

El segundo grupo se creyó a pies juntillas lo que les dije antes de empezar, que era...

Hacer lo insensato es más fácil que hacer lo sensato

Desde contactar con multimillonarios a confraternizar con celebridades —el segundo grupo de estudiantes hizo las dos cosas—... si crees que puedes hacerlo, lo harás.

Se está solo en la cima. El noventa y nueve por ciento de la gente de este mundo está convencida de que es incapaz de lograr grandes cosas, así que aspiran a ser mediocres. El grado de competencia para alcanzar metas «realistas» es, por tanto, feroz, lo que paradójicamente hace que conseguirlas exija más tiempo y más energía. Es más fácil reunir 10.000.000 que 1.000.000. Es más fácil ligar con la chica espectacular del bar que con las cinco guapas.

Si eres inseguro, ¿sabes qué? El resto del mundo también. No sobrevalores a la competencia y te minusvalores a ti. Eres mejor de lo que crees.

Las metas insensatas y poco razonables son más fáciles de conseguir por otra razón más.

Una meta enormemente grande supone un chute de adrenalina que te proporciona el aguante necesario para superar las inevitables dificultades y tribulaciones que acompañan a la consecución de cualquier meta. Las metas realistas, las encuadradas en el grado de ambición medio, no motivan y no te impulsarán más allá del primer o segundo problema, momento en el que tirarás la toalla. Si la recompensa potencial es mediocre o media, no te esforzarás. Yo saltaría montañas por un viaje en catamarán por las islas griegas, pero quizá no cambiase de cereal de desayuno por un fin de semana en Columbus, Ohio. Si me decanto por lo segundo porque es «realista», no tendré el entusiasmo suficiente para derribar el menor obstáculo para conseguirlo. Pensando en las cristalinas y límpidas aguas y el vino delicioso de Grecia, estoy preparado para batallar por un sueño que merece la pena ser soñado. Aunque la dificultad de consecución en una escala del 1 al 10 parece ser 10 y 2, respectivamente, es más probable que Columbus se quede por el camino.

La pesca es mejor donde hay menos pescadores y la inseguridad colectiva del mundo hace más fácil ganar por goleada si todos los demás quieren empatar. Es así: hay menos competencia para alcanzar grandes metas.

Hacer cosas grandes empieza por pedirlas correctamente.

¿Qué quieres? Antes que nada, que formules mejor la pregunta

La mayoría de la gente nunca sabrá lo que quiere. Yo no sé lo que quiero. Pero si me preguntas qué quiero hacer en los próximos cinco meses en cuanto a aprender idiomas, sí que lo sé.

El quid está en ser específico. «¿Qué quieres?» es demasiado vago para producir una respuesta con sentido y que te empuje a actuar. Olvídalo.

«¿Cuáles son tus objetivos?» se presta inevitablemente a confusión y conjeturas. Para reformular la pregunta, necesitamos dar un paso atrás y mirar la situación en su conjunto.

Supongamos que tenemos diez metas y las conseguimos: ¿cuál es el resultado buscado que hace que todo ese esfuerzo haya merecido la pena? La respuesta más habitual, que yo mismo habría apuntado hace cinco años: ser feliz. Ya no pienso que esta sea la respuesta acertada. La felicidad puede comprarse con una botella de vino y se ha vuelto un término ambiguo de tanto usarlo. Hay una alternativa más precisa que refleja el que creo que es el objetivo real.

Te pido un poco más de paciencia. ¿Qué es lo contrario de la felicidad? ¿La tristeza? No.

Igual que el amor y el odio son dos caras de la misma moneda, la felicidad y la tristeza también lo son. Llorar de felicidad lo ilustra perfectamente.

Lo contrario del amor es la indiferencia, y lo contrario de la felicidad —y este es el quid de la cuestión— es el aburrimiento.

Ilusión es el sinónimo llevado a la práctica de felicidad y es precisamente lo que deberías aspirar a conseguir. Es el curalotodo. Cuando te aconsejan que te dediques a tu «pasión» o a «lo que te haga feliz», en mi opinión se están refiriendo al mismo concepto: ilusión.

Lo que nos devuelve a donde partimos. La pregunta que debes hacerte no es «¿Qué quiero?» o «¿Cuáles son mis objetivos?», sino «¿Qué me hace ilusión?».

TDA del adulto: Trastorno Deficitario en Aventura

Entre el momento de acabar la facultad y el segundo trabajo, una matraquilla se cuela en tu diálogo interior. Sé realista y deja de aparentar que la vida es como las películas.

Si tienes cinco años y dices que quieres ser astronauta, tus padres te dicen que puedes ser lo que tú quieras. Es inofensivo, como contarle a un niño que existe Papá Noel. Si tienes 25 y anuncias que quieres montar un circo, la reacción es distinta. Pon los pies en el suelo, hazte abogado, contable o médico, ten niños y críalos para que repitan el ciclo.

Si consigues ignorar a quienes dudan de ti y empiezas tu propio negocio, por ejemplo, el TDA no desaparece. Eso sí, adopta otra forma.

Cuando empecé BrainQUICKEN LLC en 2001, lo hice con un objetivo claro en mente: ganar 1.000 dólares al día, ya estuviera dándome de cabezazos con la laptop o cortándome las uñas de los pies en la playa. Iba a ser una fuente automatizada de dinero. Si repasas mi cronología, es obvio que esto no ocurrió hasta que me vi forzado a ello por un fallo irrecuperable del sistema, a pesar de que el requisito ingresos se había cumplido. ¿Por qué? La meta era demasiado general. No había precisado *actividades alternativas* que sustituyesen al trabajo que me ocupaba antes.

Por consiguiente, seguí trabajando aunque ya no necesitase el dinero. Necesitaba sentirme productivo, y trabajar era mi único vehículo para conseguirlo.

Esta es la razón por la que la mayoría trabaja hasta morir: «Trabajaré hasta que tenga X dólares y luego haré lo que quiera». Si no defines las actividades alternativas que constituyen «lo que quiera», la cifra X crecerá infinitamente para evitar la temible incertidumbre de ese vacío.

Entonces es cuando tanto empleados como emprendedores se convierten en gordos al volante de un BMW rojo.

El gordo al volante del BMW rojo descapotable

Ha habido varios momentos en mi vida —uno de ellos, justo antes de que me echaran de TrueSAN y justo antes de que huyese de Estados Unidos para no acabar entrando con una metralleta en un McDonald's— en que me vi en el futuro como otro gordo al volante del BMW fruto de su crisis de mediana edad. No tuve más que mirar a quienes iban por el mismo camino que yo 15 o 20 años por delante, ya fuesen directores de ventas o emprendedores del mismo sector, y se me pusieron los pelos de punta.

La fobia era tan aguda y una metáfora tan perfecta de la suma de todos los miedos, que se convirtió en una forma de romper ciertas pautas de conducta entre mi colega emprendedor y diseñador vital Douglas Price y un servidor. Doug y yo hemos recorrido sendas paralelas durante casi cinco años, afrontando los mismos retos e inseguridades, por lo que hemos seguido de cerca el estado psicológico del otro. Parece que nuestras épocas de bajón se alternan, así que formamos un buen equipo.

Siempre que uno de los dos empieza a aspirar a logros más modestos, a perder la fe o a «aceptar la realidad», el otro interviene raudo por teléfono o correo electrónico como un padrino de Alcohólicos Anónimos: «Tío, ¿te estás convirtiendo en el gordo calvo del BMW rojo descapotable?». La visión es tan terrorífica que siempre volvemos al buen camino con nuestras prioridades claras en un segundo. Lo peor que podría pasarte no sería estrellarte y arruinarte, sino aceptar el aburrimiento terminal como estado tolerable indefinido.

Recuerda: el aburrimiento es el enemigo, no el «fracaso» en abstracto.

Corregir el rumbo: vuélvete insensato

Hay un proceso que yo he utilizado, y aún utilizo, para dar emoción a mi vida o corregir el rumbo cuando el gordo del BMW asoma su desagradable cabeza. De una forma u otra, es el mismo proceso que aplican los NR más admirables que he conocido en todo el mundo: el *onirograma*.

El *onirograma* se llama así porque consiste en poner plazos de consecución a lo que muchos considerarían sueños.

Se parece mucho a fijarse metas, aunque difiere de ello en varios aspectos fundamentales:

1. Las metas pasan de ser deseos ambiguos a pasos bien definidos.
2. Para ser eficaces, las metas no pueden ser realistas.
3. Pretende encontrar actividades que llenen el vacío que se crea al eliminar el trabajo. *Vivir* como un millonario exige *hacer* cosas interesantes, no solo poseer cosas envidiables. Ahora te toca pensar a lo grande.

Cómo conseguir hablar por teléfono con George Bush padre o el gerente de Google

El artículo incluido a continuación, titulado «Fracasar mejor», escrito por Adam Gottesfeld, analiza cómo enseño a los estudiantes de Princeton a contactar con grandes directivos del mundo de los negocios o con celebridades de diversa índole. Debido a su extensión, he recortado algunos fragmentos.

La gente es muy aficionada a usar el dicho que reza «no es importante lo que sabes, sino a quién conoces» como excusa para no hacer nada, como si todo aquel que ha alcanzado el éxito hubiera nacido teniendo amigos muy poderosos.

Tonterías.

Aquí se demuestra cómo la gente normal construye redes fuera de lo normal.

Fracasar mejor
por ADAM GOTTESFELD

A la mayoría de los alumnos de Princeton les gusta postergar el momento de escribir los trabajos que les encarga un profesor. Ryan Marrinan, de Los Ángeles, no era una excepción. Sin embargo, mientras la mayoría de los estudiantes universitarios dedicaban su tiempo a actualizar sus perfiles de Facebook o a ver vídeos en YouTube, Marrinan hablaba de budismo soto zen por correo electrónico con Randy Komisar, un socio de la empresa Kleiner Perkins Caufield and Byers, y, también por correo electrónico, le preguntaba a Eric Schmidt, gerente de Google, cuál había sido el momento más feliz de su vida (respuesta de Schmidt: «Mañana»).

Antes de mandarle ese correo electrónico, Marrinan nunca había hablado con Komisar, y solo había visto brevemente a Schmidt, que pertenecía al consejo de administración de Princeton, cuando asistió a una reunión académica de los miembros de dicho consejo celebrada en noviembre. Marrinan, que se definía a sí mismo como «un muchacho tímido por naturaleza», dijo que nunca se hubiera atrevido a mandar un correo electrónico a dos de los hombres más poderosos de Silicon Valley de no haber sido por Tim Ferriss, que dio una charla en la clase «Empresa y altas tecnologías» del profesor Ed Zschau. Ferriss desafió a Marrinan y a sus compañeros a contactar con famosos y gerentes de grandes empresas para conseguir las respuestas a lo que siempre habían deseado preguntarles.

Como incentivo extra, Ferriss prometió un billete de avión de ida y vuelta a cualquier lugar del mundo al estudiante que hablara con la persona más difícil de contactar y le planteara la pregunta más complicada.

«Creo que el éxito puede medirse según el número de conversaciones incómodas que estás dispuesto a mantener. Tengo la sensación de que si puedo ayudar a los estudiantes a superar el miedo al rechazo con correos electrónicos y llamadas telefónicas no solicitadas, eso les será útil siempre —dijo Ferris—. Es fácil venderse barato, pero cuando ves que tus compañeros de clase reciben respuestas de gente como [el ex presidente] George Bush o los gerentes de Disney, Comcast, Google o HP y de docenas de personas muy difíciles de contactar, eso te obliga a replantearte las limitaciones que tú mismo te has impuesto.» Ferriss instruye a los alumnos de «Empresa y altas tecnologías» cada semestre sobre cómo crear un punto de partida y diseñar un estilo de vida ideal.

«Participo en este concurso todos los días —afirma Ferriss—. Hago lo que hago siempre: si es posible, localizo una dirección de correo electrónico de alguien, a menudo a través de blogs personales poco conocidos; mando un mensaje de dos o tres párrafos en el que explico que conozco su trabajo y planteo una pregunta fácil de responder pero que le haga reflexionar acerca de su profesión o su filosofía de vida. El objetivo es iniciar un diálogo a fin de que puedan responder a futuros mensajes..., no para pedir ayuda. Eso solo puede ocurrir después de al menos dos o tres intercambios de mensajes.»

Con la «puesta en práctica de la técnica de Tim Ferriss», como la llama él, Marrinan pudo establecer un vínculo con Komisar. En su primer correo electrónico comentaba que había leído uno de los artículos de Komisar publicados en la *Harvard Business Review* y que eso le impulsó a preguntarle: «¿Cuál ha sido el momento más feliz de su vida?». Después de que Komisar le respondiera con referencias al budismo tibetano, Marrinan dijo: «De la misma forma que no se puede explicar con palabras la verdadera felicidad, no tengo palabras para expresarle mi agradecimiento». Este correo electrónico incluía una traducción del francés hecha por el propio Marrinan de un poema de Taisen Deshimaru, antiguo maestro europeo de soto zen. Se había establecido una relación por correo electrónico, y Komisar incluso le mandó un mensaje a Marrinan unos días después con un vínculo de un artículo sobre la felicidad publicado en el *New York Times*.

Contactar con Schmidt era un desafío más grande. Para Marrinan, la parte más difícil fue conseguir la dirección de correo personal de Schmidt. Le mandó un mensaje a una profesora de Princeton solicitándosela, pero no obtuvo respuesta. Dos semanas después, volvió a mandarle otro mensaje a esa misma profesora, y defendió su solicitud diciéndole que ya conocía a Schmidt. La profesora no se la dio, pero Marrinan se negó a tirar la toalla. Le escribió un tercer mensaje: «¿Nunca hace excepciones?», le preguntó. Finalmente, la profesora cedió y le pasó la dirección de correo electrónico de Schmidt.

«Sé que algunos compañeros de clase prefirieron seguir la técnica de mandar correos de forma indiscriminada, y con cierto éxito, pero ése no es mi estilo —dijo Marrinan, explicando su perseverancia—. Me enfrento al rechazo con la insistencia, no apuntando en muchas direcciones. Mi máxima se la debo a Samuel Beckett, uno de mis héroes personales: "Lo has intentado. Has fracasado. No importa. Inténtalo de nuevo. Fracasa otra vez. Fracasa mejor". No os creerán lo que uno es capaz de conseguir al intentar lo imposible si tiene valor para fracasar mejor repetidamente.»

Nathan Kaplan, otro participante en el concurso, estaba muy orgulloso de la forma en que pudo contactar con el antiguo alcalde de Newark, Sharpe James. Teniendo en cuenta que había hecho una campaña para colaborar con Al Sharpton, en la página web www.fundrace.org figuraba la dirección del domicilio de James. Entonces, Kaplan escribió la dirección de James en un buscador de números de teléfono por direcciones y allí consiguió el del ex alcalde. Kaplan dejó un mensaje para James y unos días después pudo preguntarle cómo fue su educación cuando era un niño.

Ferriss se siente muy orgulloso del esfuerzo que los estudiantes han dedicado a este concurso. «La mayoría de la gente es capaz de hacer cosas absolutamente impresionantes —dijo—. A veces, lo único que necesitan es un empujoncito.»

P y A: PREGUNTAS Y ACCIONES

«El vacío existencial se manifiesta principalmente a través de un estado de aburrimiento.»

VIKTOR FRANKL, superviviente de Auschwitz, fundador de la logoterapia y autor de *El hombre en busca de sentido*

«La vida es demasiado corta para ser pequeña.»

BENJAMIN DISRAELI

Trazar tus *onirogramas* será divertido y también difícil. Si te cuesta mucho, es signo de que realmente necesitas hacerlos. Para ahorrar tiempo, recomiendo utilizar las calculadoras automáticas y formularios que encontrarás en www.fourhourblog.com.

Básate en la hoja de cálculo modelo de la página 90 para completar los siguientes pasos:

1. ¿Qué harías si no pudieses fracasar de ninguna manera?

¿Y si fueses diez veces más listo que el resto del mundo?

Fija dos fechas futuras —una 6 meses hacia adelante y otra, 1 año— y escribe cinco cosas como máximo que sueñas con *tener* (pueden ser materiales o no: casa, automóvil, ropa, etc.), *ser* (un gran cocinero, conversador decente en chino, etc.) y *hacer* (visitar Tailandia, investigar tus orígenes en el extranjero, correr encima de un avestruz, etc.) en ese orden. Si te resulta difícil saber qué quieres en alguna categoría, como le ocurrirá a casi todo el mundo, piensa en cosas que detestas o temes en cada una y escribe lo contrario. No te pongas límites y no te preocupes pensando en cómo vas a conseguir lo que anotes. Por ahora eso no tiene importancia.

Es un ejercicio de antirrepresión.

Ten cuidado de no criticarte o engañarte a ti mismo. Si lo que quieres de verdad es un Ferrari, no escribas «acabar con el hambre en el mundo» porque te sientes culpable. El sueño de algunos será la fama; para otros, la fortuna o el prestigio. Todos tenemos vicios e inseguridades. Si hay algo que te haría sentirte más valioso, ponlo. Yo tengo una moto de carreras y aparte del hecho de que amo la velocidad, me hace sentir que soy genial cuando la conduzco. No hay nada de malo en ello. Escríbelo todo.

2. ¿Que te has quedado en blanco?

A pesar de echar infinitas pestes sobre los obstáculos que no les dejan avanzar, a la mayoría de gente le resulta muy difícil saber cuáles son los sueños concretos que se les está impidiendo realizar. El bloqueo aparece sobre todo en la categoría «hacer». Si este es tu caso, hazte estas preguntas:

a. ¿Qué harías, en tu día a día, si tuvieras 100 millones de dólares en el banco?

b. ¿Con qué te levantarías ilusionado cada mañana para vivir un nuevo día?

No te apresures; piénsatelo unos minutos. Si sigues blo-
queado, completa los cinco puntos de «hacer» con esto:
- Un lugar que visitar.
- Una cosa que quieras hacer antes de morirte (un recuer-
do para toda la vida).
- Una cosa que hacer todos los días.
- Una cosa que hacer todas las semanas.
- Una cosa que siempre hayas querido aprender.

3. ¿Qué tienes que hacer para «ser»?
Transforma cada «ser» en un «hacer» para poder llevarlo a
la práctica. Identifica una acción que caracterice este estado
de ser o una tarea que significaría que lo has logrado. Suele
ser más fácil pensar en cosas que quieras «ser» antes, pero
esta columna no es más que un almacén temporal de cosas
para «hacer» más adelante. Algunos ejemplos:
- Gran cocinero, preparar la cena de Navidad sin ayuda.
- Conversador decente en chino, mantener una charla de
cinco minutos con un compañero de trabajo chino.

4. ¿Cuáles son los cuatro sueños que lo cambiarían todo?
Centrándote en el plazo de 6 meses, marca con un asterisco
o señala de alguna forma los sueños más emocionantes o
importantes de cada una de las columnas. Repite el proceso
con el plazo de 1 año si así lo deseas.

**5. Determina el coste de estos sueños y calcula tus IMO
(Ingresos Mensuales Objetivo) para ambos plazos.**
Si fuesen financiables, ¿cuánto costaría mensualmente cada
uno de los cuatro sueños (alquiler, hipoteca, cuotas de un
pago aplazado, etc.)? Empieza a pensar en tus ingresos y
gastos en términos del dinero que entra cada mes —dólares
que entran y dólares que salen— en lugar de en sumas totales. Las cosas a menudo cuestan muchísimo menos de lo que
te esperas. Por ejemplo, un Lamborghini Gallardo Spyder,

Ejemplo de *onirograma*

INGRESOS MENSUALES OBJETIVO =
A + B + C + (1,3 × gastos mensuales) =

IMO: 3.337 dólares + (2.600 dólares) = 5.937 dólares
÷ 30 =

IDO: 197,90 dólares

**EN
6
MESES
SUEÑO
CON:**

PASO 1: TENER
*1. Aston Martin DB9
2. Tablero de Go del siglo XIX
*3. Asistente personal
4. Armadura de *kendo* completa
5.

PASO 2: SER
1. Flexible
→*2. Escritor superventas
→3. Buen conversador en griego
4. Excelente cocinero
→5.

PASO 3: HACER
1. Vender un programa de TV
2. Visitar la costa croata
3. Buscar una novia inteligente y
*guapísima
4.
5.

PASO 5: COSTE
1. 2.003 dólares/mes
2.
3. 5 dólares/h. × 80 = 400 dólares
4.
5.

A = 2.403 dólares

PASO 4: HACER
→1. *Spagat* lateral
→2. Vender 20.000 por semana
3. Mantener conversación de
15 minutos con nativo
→4. Preparar cena de Acción de
Gracias para seis
5.

PASO 5: COSTE
1.
2. 0 dólares (3 becarios gratis
para llamar a los medios y
tiempo propio)
3.
4.
5.

B = 0 dólares

y PASO 5: COSTE
1.
2. Billete de ida y vuelta a
514 dólares, 420 dólares de
alquiler
3.
4.
5.

C = 934 dólares

PASOS QUE DAR AHORA
1. Buscar concesionario, fijar prueba de conducción
2. Colgar descripción de trabajo de varios puntos en 3 webs grandes
3. Enviar 3 preguntas importantes a 3 escritores
superventas de hace 2-3 años
4. Visitar Virtual Tourist y decidir mejor época y
5 cosas por hacer preferidas

MAÑANA
1. Hacer prueba de conducción
2. Asignar tarea de 1 o 2 horas a los primeros 3
3. Idear plan basado en respuestas (promoción/
RRPP)
4. Buscar billetes y alojamiento para 3 semanas
e invitar a un amigo a venir conmigo

PASADO MAÑANA
1. Decidir detalles y extras
2. Contratar al mejor por 20 h a la semana
3. Enviar un correo electrónico de búsqueda de
becarios a departamentos de filología de facultades cercanas
4. Reservar billetes (para ti, aunque tu amigo
diga que no)

Onirograma

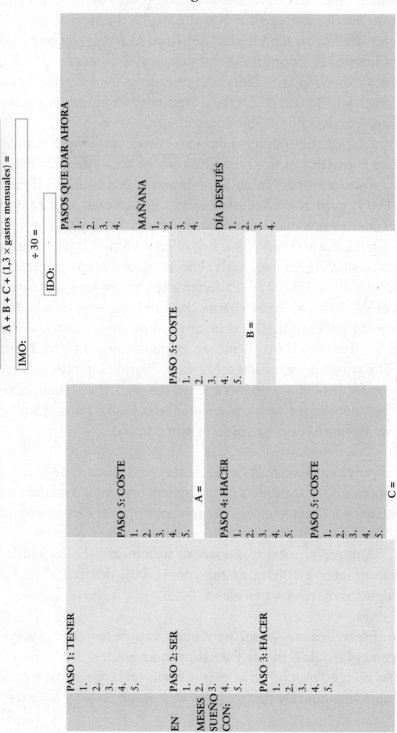

recién salido del concesionario a un precio de 260.000 dólares, puede conseguirse por 2.897,80 dólares al mes. Yo encontré mi auto preferido, un Aston Martin DB9 con 1.000 millas en eBay por 136.000, o sea, 2.003,10 al mes. ¿Qué tal suena un viaje alrededor del mundo (Los Ángeles, Tokio, Singapur, Bangkok, Delhi o Bombay, Londres, Frankfurt, Los Ángeles) por 1.399 dólares?

Para calcular algunos de estos costes, los *Trucos y utensilios* reseñados al final del Capítulo 14 serán de gran ayuda.

Para terminar, calcula tus Ingresos Mensuales Objetivo (IMO) para hacer realidad estos *onirogramas*. Así se hace: primero suma cada una de las columnas A, B y C, contando solo los cuatro sueños que has seleccionado. El total de algunas será cero; no pasa nada. Luego añade tus gastos mensuales totales × 1,3 (el 1,3 equivale a tus gastos más un colchón del 30% en ahorros o simplemente por seguridad). Esta suma total es tu IMO y el objetivo que debes recordar durante el resto del libro. A mí me gusta dividir este IMO entre 30 para llegar a mi IDO (Ingresos Diarios Objetivo). Me es más fácil trabajar con un objetivo diario. Las calculadoras en línea de nuestra web complementaria harán todo el trabajo por ti, por lo que este paso es pan comido.

Es muy posible que la cifra resultante sea menor de lo que te esperabas y a menudo disminuye con el tiempo a medida que sustituyas cada vez más «tener» por «hacer» una vez en la vida. La movilidad fomenta esta tendencia.

Aunque el total te asuste, ni te inmutes. He ayudado a estudiantes a conseguir más de 10.000 dólares al mes de ingresos extras en tres meses.

6. Especifica *tres pasos* para cada uno de los *cuatro sueños* en el plazo de 6 meses y da el primero *ya*.

Yo no creo mucho en la planificación a largo plazo y en las metas lejanas. De hecho, hago *onirogramas* a 3 y a 6 meses.

Cálculo de un *onirograma* – Otra buena opción

Puede que haya una manera distinta de abordar los objetivos a un mes vista y los más específicos. Aplicaré tu ejemplo para el pago mensual de un Aston Martin, del sueldo de un mes de un ayudante personal y de un viaje a la costa de Croacia. Mientras que los dos primeros deberían incluirse en su totalidad en los ingresos mensuales previstos, el viaje debería dividirse entre el número de meses que transcurrirán entre ahora y el tiempo total del *onirograma*.

Esto es lo que correspondería a un *onirograma* de 6 meses:

Aston Martin = 2.003 al mes
Ayudante personal = 400 al mes
Viaje a Croacia = 934 en total, esto es, 934/6 al mes

Ahora, en el libro y en la hoja de cálculo tenemos (2.003 + 400 + 934) × 1,3 gastos mensuales = Ingresos Mensuales Objetivo (IMO).

Sin embargo, creo que debería ser (2.003 + 400 + 934/6) × 1,3 gastos mensuales = IMO.

O, en general: [Objetivos mensuales + (Objetivos específicos/Meses totales)] × 1,3 gastos mensuales = IMO.

JARED, *presidente de SET Consulting*

Las variables cambian demasiado y la distancia en el futuro se convierte en una excusa para retrasar pasar a la acción. Así pues, el objetivo de este ejercicio no es detallar cada paso de principio a fin, sino fijar la meta final, el medio necesario para alcanzarla (IMO, IDO) e ir tomando impulso dando esos cruciales primeros pasos. A partir de ese punto, es cuestión de liberar tiempo y generar el IMO, tema que trataremos en los siguientes capítulos.

Primero centrémonos en esos cruciales primeros pasos. Decide qué tres pasos darás para que cada sueño esté más cerca de convertirse en realidad.

Piensa en acciones —sencillas y bien definidas— que llevar a cabo ahora, mañana (antes de las 11 de la mañana) y al día siguiente (de nuevo, antes de las 11 de la mañana).

Cuando tengas tres pasos para cada uno de los cuatro objetivos, realiza las acciones de la columna «ahora». Ya. Todas deben ser lo suficientemente sencillas como para finalizarlas en cinco minutos como máximo. Si no, táchalas. Si es de noche y no puedes llamar a alguien, haz otras cosas, como enviar un correo electrónico y programa la llamada para primera hora de la mañana.

Si la fase siguiente es algún tipo de investigación, llama a alguien que sepa la respuesta en lugar de perder demasiado tiempo buscando en libros o en internet, lo que puede provocarte parálisis por exceso de análisis.

El mejor primer paso, lo que yo recomiendo hacer, es encontrar a alguien que haya hecho ya lo que tú quieres y pedirle que te cuente cómo lo hizo. No es difícil.

Otras opciones son concertar una reunión o una llamada con un entrenador, mentor o vendedor para ir tomando impulso. ¿Puedes programar una clase particular o comprometerte a asistir a una reunión que te avergüence cancelar? Utiliza la culpa a tu favor.

Mañana se convierte en nunca. No importa cuán pequeña sea la tarea, ¡da el primer paso ya!

RETO ANTICOMODIDAD

Las acciones más importantes nunca son cómodas.

Afortunadamente, es posible condicionarte a la incomodidad y vencerla. Yo me he entrenado para proponer soluciones en lugar de pedirlas, obtener las respuestas que deseo en lugar de reaccionar y ser asertivo sin quemar puentes. Para vivir de forma distinta al resto, *necesitas practicar el hábito poco extendido de tomar decisiones, para ti y para los demás.*

A partir de este capítulo, te conduciré a través de ejercicios progresivamente más incómodos, muy sencillos. Algunos te parecerán engañosamente fáciles e incluso irrelevantes (como el siguiente) hasta que los pruebas. Tómatelo como un juego y espera sentir nervios y sudor frío: de eso se trata. La mayoría de los ejercicios tienen que practicarse durante dos días. Anota el ejercicio del día en tu calendario para no olvidarlo y no trates de hacer frente a más de un reto anticomodidad a la vez.

Recuerda: existe una correlación directa entre una esfera de comodidad más amplia y conseguir lo que quieres.

Allá vamos.

Aprende a mirar fijamente a los ojos (2 días)

Mi amigo Michael Ellsberg inventó unas reuniones de solteros llamadas «Mírame a los ojos».

Es igual que las citas rápidas pero diferente en un aspecto fundamental: no se permite hablar. Consiste en mirar fijamente a los ojos de tu pareja durante tres minutos. Si vas a una de esas reuniones, te queda muy claro que la mayoría de la gente se siente incomodísima haciendo esto. Los próximos dos días, mira fijamente a los ojos de los demás —puede ser gente que te cruces por la calle o con quien estés hablando— hasta que ellos aparten la mirada. Consejos:

1. Concéntrate en un ojo y no olvides pestañear de vez en cuando para no parecer un psicópata o que te den una golpiza.

2. Mientras hables con alguien, mantén el contacto visual cuando tengas la palabra. Mientras escuchas es más fácil.

3. Practica con gente más mayor o más segura de sí misma que tú. Si un transeúnte te pregunta qué demonios miras, sonríe y dile «Lo siento, te he confundido con un viejo amigo».

PASO II: E DE ELIMINACIÓN

«No has de acumular, sino eliminar.
No se trata de aumentar cada día, sino de disminuir cada día. Cultivarse a uno mismo culmina siempre en la simplicidad.»

BRUCE LEE

5. EL FIN DE LA ADMINISTRACIÓN DEL TIEMPO: ILUSIONES E ITALIANOS

«La perfección no es no tener más que añadir, sino nada que eliminar.»

ANTOINE DE SAINT-EXUPÉRY, pionero del vuelo postal internacional y autor de *El Principito*

«Es vano hacer con más lo que se puede hacer con menos.»

GUILLERMO DE OCKHAM (1300-1350), pensador al que se atribuye la «navaja de Ockham»

Solo dos palabras sobre administración del tiempo: olvídate de ella.

En el más estricto de los sentidos, no deberías tratar de meter más cosas en tu día, intentando llenar cada segundo con una especie de baile de San Vito laboral. Tardé mucho tiempo en darme cuenta de esto. Antes me encantaba evaluar los resultados de lo que hacía por el volumen generado.

Estar ocupado suele ser un pretexto para evitar unas pocas acciones incómodas que son las que de verdad importan. Si quieres convencerte de que estas agobiadísimo, tus opciones son casi ilimitadas: puedes llamar a cientos de potenciales clientes que nunca se interesarán por lo que vendes, organizar tus contactos del Outlook, cruzar la oficina para pedir documentos que no necesitas, o trastabillar con tu teléfono celular unas cuantas horas cuando deberías estar estableciendo prioridades.

De hecho, si quieres ascender en la mayoría de las empresas estadounidenses, y partiendo de que nadie supervisa realmente lo que haces (seamos sinceros), limítate a corretear por la oficina con un celular junto a la oreja y papeles en la mano. ¡Eso sí que es un empleado ocupado!

Que le asciendan. Desgraciadamente para los NR, comportarte así no te sacará de la oficina ni te pondrá en un avión rumbo a Brasil. Perro malo. Pégate con el periódico y corta con eso.

Después de todo, hay una opción muchísimo mejor que hará algo más que aumentar tus resultados: los multiplicará varias veces. Puedes creértelo o no, pero no solo es posible conseguir más haciendo menos; es obligatorio.

Bienvenido al mundo de la eliminación.

Cómo usar la productividad

Ahora que has decidido lo que quieres hacer con tu tiempo, tienes que liberar ese tiempo. El truco, claro está, es hacerlo conservando o aumentando tus ingresos.

La intención de este capítulo, y lo que experimentarás si sigues las instrucciones, es un aumento de tu productividad personal de entre un 100 y un 500%. Los *principios* son los mismos tanto para empleados como para emprendedores, pero el *propósito* de esta mayor productividad es completamente distinto.

Primero, el empleado. El empleado aumentará su productividad para desarrollar su capacidad de negociación con vistas a dos objetivos al mismo tiempo: aumentos de sueldo y un acuerdo de teletrabajo.

Recuerda que, como indiqué en el Capítulo 1 de este libro, el proceso general para convertirse en un nuevo rico es el **D-E-A-L**, en ese orden, pero que los empleados que deseen seguir siéndolo por el momento tienen que aplicar el proceso alternando las vocales: **D-E-L-A**. La razón tiene que ver con el entorno.

Necesitan **liberarse** del entorno de la oficina antes de trabajar 10 horas por semana, por ejemplo, porque en dicho entorno se espera de ti que te estés moviendo continuamente desde que entras hasta que sales. Aunque produzcas el doble de resultados que antes, si trabajas una cuarta parte de las horas que tus compañeros, tienes muchas papeletas para recibir una carta de despido. Aunque trabajes 10 horas por semana y produzcas el doble de resultados que la gente que trabaje 40, la exigencia colectiva será: «Trabaja 40 horas por semana y produce 8 veces esos resultados». Esto es el cuento de nunca acabar en el que no quieres entrar. De ahí que primero necesites **liberarte**.

Si eres asalariado, este capítulo te hará más valioso, de forma que a tu empresa le dolerá más despedirte que concederte un aumento y acceder a un acuerdo de teletrabajo. Ése es tu objetivo. Una vez consigas ese acuerdo, puedes trabajar menos horas sin interferencias burocráticas y usar el tiempo libre resultante para hacer realidad tus *onirogramas*.

Las metas del emprendedor son menos complejas, pues suele ser generalmente el beneficiario directo del aumento de beneficios. El objetivo es disminuir la cantidad de trabajo que realizas aumentando al mismo tiempo lo que ganas. Esto preparará el terreno para sustituirte con ayuda de la **automatización**, que a su vez posibilita la **liberación**.

Antes de emprender ambas sendas, debes definir algunos conceptos.

Ser eficaz frente a ser eficiente

Ser eficaz es hacer cosas que te acerquen a tus metas.

Ser eficiente es llevar a cabo una tarea determinada (independientemente de que sea importante o no) de la manera más económica posible. Ser eficiente sin pensar en la eficacia es el modo en que el universo funciona por defecto.

Yo consideraría al mejor vendedor a puerta fría eficiente

—es decir, refinado y excelente vendiendo libros a puerta sin perder tiempo— pero completamente ineficaz. Vendería más utilizando un medio mejor, como el correo electrónico o los envíos directos.

Lo mismo ocurre con la persona que mira su correo 30 veces al día e inventa un elaborado sistema de reglas de carpetas y técnicas sofisticadas para asegurarse de que cada uno de esos pedos mentales se coloca en su sitio lo más deprisa posible. Yo era especialista en mantener ruedas girando con gran profesionalidad. Es eficientemente perverso, pero absolutamente ineficaz.

Aquí van algunas obviedades que no debes olvidar:

1. Hacer algo intrascendente bien no lo convierte en importante.
2. Exigir mucho tiempo no convierte una tarea en importante.

A partir de este momento, recuerda esto: *lo que* haces es infinitamente más importante que *cómo* lo haces. La eficiencia sigue importando, pero es inútil si no la aplicas a lo correcto.

Para averiguar de qué estamos hablando, tenemos que salir al jardín.

Pareto y su jardín: el 80/20 y liberarse de la futilidad

«Lo que puede medirse, puede manejarse.»
PETER DRUCKER, teórico en materia de gestión empresarial, autor de 31 libros y galardonado con la Medalla Presidencial de la Libertad

Hace cuatro años, un economista cambió mi vida para siempre. Es una pena que nunca tuviera la oportunidad de pagarle una cerveza. Mi querido Vilfredo murió hace casi 100 años.

Vilfredo Pareto fue un astuto y controvertido economista-sociólogo que vivió entre 1848 y 1923. Ingeniero de formación, empezó su variopinta trayectoria profesional como administrador de minas de carbón, para más tarde suceder a Léon Walras como catedrático de Economía Política en la Universidad de Lausana, Suiza. En su obra fundamental, *Cours d'economie politique,* aparece una «ley» de distribución de los ingresos, poco estudiada por entonces, que más tarde llevaría su nombre: la «ley de Pareto» o «distribución de Pareto», en la última década también conocida como el «principio del 80/20».

La fórmula matemática que utilizó para demostrar una distribución extremadamente desequilibrada pero predecible de la riqueza en la sociedad —el 80% de la riqueza y los ingresos los producían y estaban en manos del 20% de la población— se aplica también en ámbitos distintos al económico. De hecho, puede encontrarse casi en cualquier parte. El 80% de los guisantes del jardín de Pareto salían del 20% de las vainas que había plantado, por ejemplo.

La ley de Pareto puede resumirse así: el 80% de la producción procede del 20% de los insumos. Otras maneras de formular esto mismo, dependiendo del contexto, pueden ser:

El 80% de las consecuencias se deriva del 20% de las causas.

El 80% de los resultados procede del 20% de los esfuerzos realizados y del tiempo invertido.

El 80% de los beneficios de una empresa proviene del 20% de sus productos y clientes.

El 80% del total de ganancias obtenidas en la Bolsa va a parar al 20% de los inversores y tiene su origen en el 20% de los valores de una cartera individual.

La lista es infinitamente larga y variada, y la proporción suele inclinarse aún más en una dirección: no es extraño encontrar 90/10, 95/5 o 99/1, pero lo mínimo que hay que buscar es 80/20.

Cuando me topé con la obra de Pareto una noche, llevaba matándome a trabajar como un esclavo 15 horas al día, siete días por semana, sintiéndome completamente abrumado y normalmente impotente. Me levantaba antes del amanecer para llamar al Reino Unido, ocuparme de Estados Unidos durante la jornada normal de 9 a 5 y después me quedaba hasta casi las 12 de la noche para telefonear a Japón y Nueva Zelanda. Estaba atrapado en un tren de mercancías desbocado y sin frenos, echando paletadas de carbón en la caldera por falta de algo mejor que hacer. Entre dejar que me diese un ataque o darle una oportunidad a las ideas de Pareto, decidí optar por lo segundo. A la mañana siguiente empecé a diseccionar mi vida personal y profesional mirando a través de dos lentes de aumento:

1. ¿Qué 20% de causas son responsables del 80% de mis problemas e infelicidad?
2. ¿Qué 20% de causas producen el 80% de mi felicidad y deseos cumplidos?

Durante todo el día puse a un lado todo lo aparentemente urgente y me dediqué a hacer el análisis más revelador e intenso en busca de la verdad que pude, haciéndome estas preguntas con relación a todo, desde mis amigos a mis clientes o la publicidad, pasando por lo que hacía para relajarme. No esperes descubrir que lo estás haciendo todo bien: a menudo, la verdad duele. El propósito es encontrar dónde están tus ineficiencias para eliminarlas y detectar tus fortalezas para multiplicarlas. En las 24 horas siguientes, tomé varias decisiones sencillas pero emocionalmente difíciles que cambiaron mi vida para siempre e hicieron posible la forma de vida de la que ahora disfruto.

La primera decisión que tomé es un ejemplo estupendo de

lo rápido y contundente que puede ser el retorno sobre la inversión de esta liposucción analítica: no contacté más con el 95% de mis clientes y despedí al 2%, lo que me dejó con el 3% de los productores de mis ingresos para estudiarlos y conseguir otros similares.

De más de 120 mayoristas, solamente 5 estaban proporcionándome el 95% de mis ingresos. Estaba dedicando el 98% de mi tiempo a perseguir al resto, pues esos 5 hacían pedidos regulares sin ningún tipo de llamadas de seguimiento, persuasión o engatusamiento. En otras palabras, estaba trabajando porque sentía que tenía que hacer algo de 9 a 5. No me había dado cuenta de que trabajar todas las horas que van de 9 a 5 no es el objetivo, sino sencillamente la estructura horaria que la mayoría aplica, sea necesario o no. Había enfermado de gravedad de trabaja por trabaja (T×T), las siglas más detestadas del vocabulario de los NR.

Todos, y quiero decir el 100%, mis problemas y quejas procedían de esta mayoría improductiva, con la excepción de dos clientes grandes, expertos de categoría estratosférica en hacer negocios declarando incendios para que otro los apague. Puse a todos estos clientes improductivos en modo pasivo: si hacían pedidos, genial. Que manden un correo electrónico. Si no, no iba a perseguirlos: ni llamadas, ni correos electrónicos, nada. Eso me dejó con dos clientes grandes de los que ocuparme, que eran *tocapelotas* profesionales, pero que en aquel entonces producían más o menos el 10% de la facturación.

Siempre vas a tener algunos de estos, y es un apuro que ocasiona toda clase de problemas, entre ellos odio a uno mismo y depresión.

Hasta ese momento había aceptado su tiranía, sus insultos, sus peleas de días y sus diatribas como el coste inevitable de hacer negocio.

Haciendo el análisis 80/20 me di cuenta de que estas dos personas eran la fuente de casi toda la infelicidad e ira que sentía a lo largo del día, que normalmente se colaba en mi tiempo libre, desvelado por la noche, flagelándome, pensando lo típico: «Tendría que haberle dicho tres verdades a ese idiota». Al final llegué a una conclusión obvia: la ganancia económica no compensaba las repercusiones en mi autoestima y tranquilidad mental. No necesitaba el dinero por una razón específica; simplemente había dado por sentado que tenía que aguantarlo. El cliente siempre tiene razón, ¿no? Es lo que tiene hacer negocios, ¿no? ¡Qué diantres!, no. No para un NR, en cualquier caso. Les despedí con cajas destempladas y lo disfruté. La primera conversación fue así:

Cliente: ¿Qué &#@$ pasa? Pedí dos cajas y han llegado dos días tarde. (Nota: Había enviado el pedido a la persona equivocada a través del medio incorrecto, pese a haberle recordado varias veces cómo hacerlo bien.) Son el puñado de idiotas más desorganizados con los que he trabajado. Tengo 20 años de experiencia en este ramo y esto es lo peor.

Cualquier NR (en este caso, yo): Voy a matarte. Ten mucho, mucho miedo.

Ojalá. Lo ensayé un millón de veces en el teatro de mi mente, pero la verdad es que fue más bien algo así: «Siento mucho oírlo. Ya sabe que llevo aguantando sus insultos hace un tiempo y desgraciadamente parece que no vamos a poder seguir trabajando juntos. Le sugiero que reflexione seriamente sobre cuál puede ser la causa de tanta infelicidad y enfado. En cualquier caso, le deseo lo mejor. Si desea hacer un pedido de producto, se lo serviremos encantados, pero solo si puede comportarse sin blasfemar ni dirigirnos insultos innecesarios. Ya tiene nuestro número. Mucha suerte y que tenga un buen día». [Click.] Hice esto una vez por teléfono y otra por correo electrónico. ¿Qué pasó?

Perdí uno de los clientes pero el otro hizo examen de conciencia y se limitó a enviar pedidos una vez y otra y otra.

Problema resuelto, pérdida de ingresos mínima. En un momento era 10 veces más feliz.

Luego identifiqué los rasgos comunes de mis mejores cinco clientes y conseguí tres o cuatro compradores con el mismo perfil durante la semana siguiente. Recuerda: más clientes no significa automáticamente más entradas. Tener más clientes no es el objetivo y a menudo se traduce en un 90% más que limpiar y abrillantar y un raquítico aumento del 1-3% en lo facturado.

No te equivoques: el objetivo número uno es obtener el máximo de ingresos del mínimo esfuerzo necesario (y esto incluye el mínimo número de clientes). Dupliqué mis fortalezas, en este caso mis productores estrella, y me centré en aumentar el volumen y frecuencia de sus pedidos.

¿Resultado final? Pasé de perseguir y apaciguar a 120 clientes a recibir tranquilamente pedidos grandes de 8, libre de llamadas telefónicas suplicantes o arengas vía correo electrónico. Mis ingresos mensuales pasaron de 30.000 a 60.000 dólares en cuatro semanas y mis horas semanales disminuyeron inmediatamente de más de 80 a aproximadamente 15. Y lo que es más importante, me sentí feliz conmigo mismo, optimista y liberado por primera vez en más de dos años.

Durante las semanas que siguieron, apliqué el principio 80/20 a docenas de áreas, incluidas las siguientes:

1. Publicidad

Descubrí qué publicidad estaba generando el 80% o más de la facturación, extraje qué tenían en común y lo multipliqué, a la vez que eliminé el resto. Mi gasto en publicidad bajó más de un 70% y los ingresos derivados de la venta directa se duplicaron: de 15.000 a 25.000 dólares mensuales en 8 semanas. Se habrían multiplicado por dos inmediatamente si me hubiera anunciado en radio, periódicos o televisión en lugar de en revistas, donde los plazos de entrega son más largos.

2. Afiliados y socios para ventas por internet

Despedí a más de 250 afiliados con bajos resultados o los puse en espera para concentrarme en los *dos* afiliados que me estaban generando el 90% de mis ganancias. El tiempo que dedicaba a administración pasó de 5-10 horas por semana a 1 hora al mes. Los ingresos producidos por mis socios de venta electrónica aumentaron más de un 50% ese mismo mes.

Párate a pensar y recuerda esto: la mayoría de las cosas que hacemos no cambian nada.

Mantenerse ocupado es una forma de pereza: pensamiento perezoso y acciones indiscriminadas.

Sentirse abrumado suele ser tan improductivo como no hacer nada, y es mucho más desagradable. Ser selectivo —hacer menos— es el camino hacia la productividad. Céntrate en lo poco importante e ignora el resto.

Por supuesto, antes de que puedas separar el trigo de la paja y eliminar actividades en un entorno nuevo (ya sea un nuevo trabajo o un proyecto empresarial), tendrás que esforzarte para descubrir qué es lo que tiene más peso. Tíralo contra la pared para ver qué se queda pegado. Esto forma parte del proceso, aunque no debería llevarte más de un mes o dos.

Es fácil dejarse arrastrar por un aluvión de nimiedades; la clave para no agobiarse es tener siempre presente que *carecer de tiempo es realmente carecer de prioridades.* Tómate tiempo para detenerte a oler las rosas, o —como en este caso— a contar las vainas.

La ilusión de 9 a 5 y la ley de Parkinson

«Vi un banco que ponía "banca 24 horas", pero yo no tengo tanto tiempo.»

STEVEN WRIGHT, cómico

Si trabajas por cuenta ajena, dedicar tiempo a hacer tonterías no es, hasta cierto punto, culpa tuya. No suele haber incentivo alguno para aprovechar bien el tiempo, salvo que te paguen a comisión. El mundo se ha puesto de acuerdo para revolver papeles de 9 de la mañana a 5 de la tarde y, dado que estás atrapado en la oficina cumpliendo tu pena en esas horas, estás obligado a inventarte actividades para llenarlas. El tiempo se pierde porque hay demasiado. Es comprensible. Ahora que tu nuevo objetivo es negociar un acuerdo de teletrabajo en lugar de limitarte a cobrar una nómina, es hora de cuestionar el *statu quo* y volverte eficaz.

Los mejores empleados son los que sacan el máximo partido de sus recursos.

Para el emprendedor, malgastar el tiempo es una cuestión de malos hábitos e imitación. En esta piedra también tropecé yo. La mayoría de los emprendedores fueron en su día empleados, por lo que proceden de la cultura de 9 a 5. Por consiguiente, adoptan el mismo horario, tanto si funcionan a las 9 de la mañana como si no o si necesitan 8 horas para ganar la cantidad de dinero que se han propuesto. Este horario es una convención social y un legado anacrónico de medir resultados empresariales por volumen. ¿Cómo es posible que toda la gente del mundo necesite exactamente 8 horas para hacer su trabajo? Es imposible. El horario de 9 a 5 es arbitrario.

No te hacen falta 8 horas al día para convertirte en millonario con todas las letras; ni para poseer los medios para vivir como tal. Ocho horas por semana suele ser demasiado, aunque no espero que todo el mundo me crea ahora.

Sé que seguramente te sentirás como yo me sentí durante mucho tiempo. El día no tiene suficientes horas.

Pero examinemos un par de cosas en las que probablemente estemos de acuerdo.

Como tenemos 8 horas que llenar, llenamos 8 horas. Si tuviésemos 15, llenaríamos 15. Si tenemos una emergencia y tenemos que salir del trabajo en 2 horas, pero tenemos cosas pendientes, milagrosamente logramos terminar esas tareas en 2 horas.

Esto tiene que ver con una ley de la que Ed Zschau me habló en la primavera de 2000.

Había llegado a clase nervioso e incapaz de concentrarme. En 24 horas debía entregar la tesina final de curso, que valía un 25% de la nota global del semestre. Una de las opciones, por la que yo me había decantado, era entrevistar a los directivos de una empresa de reciente creación y analizar en profundidad su modelo de negocio. Los poderes fácticos de la empresa habían decidido en el último minuto que no podía entrevistar a dos figuras clave ni hablar de ellos por cuestiones de confidencialidad y precauciones pre-OPA.

Mi gozo en un pozo. Me acerqué a Ed al terminar la clase para darle la mala noticia.

—Ed, creo que voy a necesitar que me alargues el plazo para darte la tesina.

Le expliqué la situación y Ed se sonrió antes de contestarme sin un atisbo de preocupación:

—Creo que saldrás de esta. Los emprendedores son gente que consigue sacar cosas adelante, ¿no?

Veinticuatro horas más tarde, y un minuto antes del final del plazo, mientras su ayudante estaba echando la llave a la oficina, entregué mi tesina final de 30 páginas.

Era sobre otra empresa, que había encontrado, entrevistado y diseccionado en una intensa noche en blanco y suficiente cafeína como para que un equipo de atletismo olímpico entero quedase descalificado. Al final resultó uno de los mejores trabajos que redacté en los cuatro años de carrera y conseguí un sobresaliente.

Antes de irme el día anterior, Ed me había dado un consejo de despedida: la ley de Parkinson.

La ley de Parkinson reza que una tarea crecerá en importancia y complejidad (percibidas) en relación con el tiempo asignado para llevarla a cabo. Es la magia del fin inminente del plazo. Si te doy 24 horas para terminar un proyecto, el poco tiempo te forzará a concentrarte en la ejecución y no tendrás más remedio que hacer únicamente lo esencial. Nada más. Si te doy una semana para realizar la misma tarea, serán seis días de hacer montañas de un grano de arena. Si te doy dos meses, no lo quiera Dios, se convertirá en un monstruo mental. El producto final confeccionado en el plazo más corto será casi invariablemente de igual o mayor calidad porque tu concentración habrá sido mayor.

Esto nos plantea un fenómeno muy curioso. Existen dos métodos para aumentar la productividad que son iguales entre sí, pero dados la vuelta:

1. Limita tus tareas a las importantes, para trabajar menos tiempo (80/20).

2. Acorta el tiempo de trabajo para limitar tus tareas a las importantes (ley de Parkinson).

La mejor solución es usarlas juntas. Detecta cuáles son las pocas tareas fundamentales que te generan más ingresos y establece plazos claros y *muy cortos* para realizarlas.

Si no sabes cuáles son las tareas que van a propulsarte hacia adelante en tu negocio y fijas momentos de inicio y fin inamovibles, lo fútil se convertirá en importante. Incluso aunque sepas qué es lo esencial, sin plazos que te hagan concentrarte, las pequeñeces que te obliguen a hacer (o que te inventes, en el caso del emprendedor) se hincharán hasta consumir tu tiempo, hasta que llegue otra minucia a sustituirlas, haciendo que al final de la jornada no hayas terminado nada. ¿Cómo se explica si no que enviar un paquete por UPS, fijar unas cuantas reuniones y leer el correo electrónico consuma una jornada de 9 a 5 completa? No te sientas mal. Yo me pasé meses saltando de una interrupción a la siguiente, sintiendo que mi negocio me llevaba a mí en lugar de al contrario.

El principio 80/20 y la ley de Parkinson son las dos piedras angulares que recordaremos a lo largo de todo este apartado. Casi toda la información que te llega es inútil y el tiempo se pierde según la cantidad que se tiene del mismo.

Rendirse sin cargar pesados michelines y aumentar el tiempo libre empieza por reducir la ingestión excesiva. En el capítulo siguiente te contaré cuál es el desayuno de los verdaderos campeones: la dieta hipoinformativa.

Una docena de magdalenas y una pregunta

«El gusto por el ajetreo no es diligencia.»
SÉNECA

MOUNTAIN VIEW, CALIFORNIA

«El sábado es mi día libre», espeté al montón de desconocidos que me miraban fijamente, amigos de un amigo. Era verdad. ¿Tú puedes comer All-Bran y pollo todos los días de la semana? Yo tampoco. No seas criticón.

Entre la décima y la duodécima magdalena, me desplomé en el sofá para deleitarme en el subidón de azúcar hasta que el reloj dio la medianoche y me envió de vuelta a mi dieta de domingo a lunes, allá en Adultolandia. Había otro invitado a la fiesta sentado a mi lado en una silla, acariciando una copa de vino, no la duodécima, pero tampoco la primera. Empezamos a hablar.

Como siempre, me costó responder a la pregunta «¿A qué te dedicas?» y, como siempre, la respuesta dejó a alguien preguntándose si yo era un mentiroso patológico o un delincuente.

¿Cómo era posible dedicar tan poco tiempo a ganar dinero?

Una buena pregunta. De hecho, es LA pregunta con mayúsculas.

En casi todos los aspectos, Charney lo tenía todo. Estaba felizmente casado, con un hijo de dos años y otro que llegaría al cabo de tres meses. Se ganaba bien la vida trabajando como vendedor en una empresa de tecnología y, aunque quería ganar 500.000 dólares más al año, como todos, su economía estaba saneada.

También era agudo preguntando. Yo acababa de regresar de otro viaje al extranjero y andaba planeando otra aventura en Japón. Me volvió loca la cabeza durante dos horas con la misma cantinela: ¿cómo es posible dedicar tan poco tiempo a ganar dinero?

—Si te interesa, podemos hacer un experimento contigo. Te contaré cómo —le ofrecí.

Charney dijo que sí. Lo único que no tenía era tiempo.

Un correo electrónico y cinco semanas de práctica más tarde, Charney tenía buenas noticias. Había sacado adelante más cosas en la última semana que en las cuatro anteriores juntas. Lo había hecho tomándose libres los lunes y los viernes y pasando como mínimo 2 horas más al día con su familia. De 40 horas por semana había bajado a 18 produciendo cuatro veces más resultados.

¿Se había recluido en la cima de una montaña practicando kung-fu en secreto?

En absoluto. ¿Sería entonces un nuevo secreto de gestión japonés o mejor *software*?

Nein. Solo le pedí que hiciera una cosita muy sencilla con constancia y sin decaer.

Al menos tres veces al día, a horas previamente programadas, tenía que hacerse la siguiente pregunta:

¿Estoy siendo productivo o solamente activo?

Charney captó la esencia de esto, poniéndolo en palabras menos abstractas:

¿Me estoy inventando cosas que hacer para no hacer lo importante?

Eliminó todas las actividades que utilizaba como distracciones y empezó a centrarse en mostrar resultados en lugar de aparentar dedicación. La dedicación suele ser trabajo sin sentido enmascarado. Sé despiadado. Elimina la grasa. Puedes comerte la magdalena y guardarla.

P y A: PREGUNTAS Y ACCIONES

«Te creas la sensación de estrés porque sientes que tienes que hacerlo. *Tienes* que hacerlo. Ya no siento esa necesidad.»
OPRAH WINFREY, actriz y presentadora de un programa de entrevistas, *El programa de Oprah Winfrey*

El secreto para tener más tiempo es hacer menos cosas; hay dos maneras de llegar a esa situación, que deben ponerse en práctica al mismo tiempo:

1) Escribe una lista de cosas que hacer.
2) Escribe una lista de cosas que no hacer.

Aquí van unos cuantos casos hipotéticos para ayudarnos a empezar:

1. Si tuvieras un ataque al corazón y te vieras obligado a trabajar dos horas al día, ¿qué harías?

No cinco horas, no cuatro, ni tres. Dos horas. No es adonde quiero que llegues, pero es un comienzo. Además, ya puedo oír tu mente murmurando: eso es absurdo. ¡Es imposible!

Lo sé, lo sé. Si te dijera que podrías sobrevivir durante meses, funcionando bastante bien, con cuatro horas de sueño por noche, ¿me creerías? Seguramente no. Sin embargo, millones de madres de recién nacidos lo hacen continuamente. Este ejercicio no es optativo. El médico te ha advertido, tras tu tercera operación a corazón abierto, que si no reduces tus horas de trabajo a dos al día durante los tres primeros meses del postoperatorio, te morirás. ¿Cómo lo harías?

2. Si tuvieras un segundo ataque al corazón y te vieras obligado a trabajar dos horas por _semana_, ¿qué harías?

3. Si te pusieran una pistola en la sien y _tuvieses_ que dejar de hacer 4/5 de las actividades que ocupan tu tiempo, ¿cuáles eliminarías?
Simplificar exige ser despiadado. Si tuvieras que abandonar 4/5 de las actividades que consumen tu tiempo —correo electrónico, llamadas telefónicas, conversaciones, papeleo, reuniones, publicidad, clientes, proveedores, productos, servicios, etc.—, ¿qué eliminarías buscando que tus ingresos se redujeran lo mínimo? Si te haces esta pregunta aunque sea una vez al mes, puede mantenerte cuerdo y en el buen camino.

4. ¿Cuáles son las tres actividades que utilizo para llenar el tiempo y sentir que estoy siendo productivo?
Normalmente sirven para retrasar otras más importantes (que suelen resultar incómodas porque conllevan la posibilidad de fracasar o de ser rechazado).

Sé sincero contigo mismo. Todos caemos en esto alguna vez.

¿Cuáles son tus distracciones?

5. ¿Quién es el 20% de la gente responsable del 80% de tu placer y la que te impulsa hacia adelante, y quién el 20% causante del 80% de tus depresiones, enfados y dudas?

Identifica:

- Amigos positivos frente a amigos que te hacen perder el tiempo: ¿Quién te ayuda y quién te hace sufrir? ¿Cómo aumentas el tiempo que pasas con los primeros mientras disminuyes o prescindes del que pasas con los segundos?
- ¿Quiénes me provocan un estrés desproporcionado teniendo en cuenta el tiempo que paso con ellos? ¿Qué ocurrirá si simplemente dejo de relacionarme con esta gente? En este caso, conviene controlar los miedos.
- ¿Cuándo tengo la sensación de que me falta tiempo? ¿De qué obligaciones, ideas y gente puedo prescindir para solucionar este problema?

No hace falta una cifra exacta para darnos cuenta de que pasamos demasiado tiempo con gente que nos contamina con su pesimismo, su pereza y sus pocas expectativas con respecto a ellos mismos y al mundo. A menudo hay que desechar a determinados amigos o alejarse de algunos círculos sociales para vivir la vida que deseas. Eso no significa ser malo; significa ser práctico. La gente dañina no merece nuestro tiempo. Pensar de otra forma es ser masoquista.

La mejor manera de abordar una posible ruptura es sencilla: díselo abiertamente pero con tacto y explícales tus inquietudes. Si se muerden la lengua, tus conclusiones se habrán visto confirmadas. Prescinde de ellos como de una mala costumbre. Si te prometen que van a cambiar, aléjate de ellos durante al menos dos semanas para desarrollar otras influencias positivas y disminuir la dependencia psicológica. El siguiente período de prueba debería tener una duración determinada y basarse en un criterio de aprobado o suspenso.

Si este enfoque te resulta demasiado polémico, niégate simplemente a relacionarte con ellos con educación. Cuando te llamen, di que estás ocupado y ten preparado otro compromiso cuando quieran quedar contigo. Una vez hayas comprobado los cada vez mayores efectos benéficos que supone no relacionarte con esa gente, te resultará más fácil dejar de estar en contacto con ella.

No pienso mentir: es un asco. Duele como quitarse una astilla. Sin embargo, tú eres el promedio de las cinco personas con las que más te relacionas, de modo que no subestimes los efectos de tus amigos pesimistas, poco ambiciosos y desorganizados. Si no hay alguien que te haga ser más fuerte, ellos te convertirán en alguien más débil.

Quítate las astillas y te darás las gracias por ello.

6. Aprende a preguntarte: «Si esto fuera lo único que hiciera hoy, ¿me sentiría satisfecho de lo logrado en este día?».
No llegues nunca a la oficina o te sientes delante dla computadora sin una lista clara de prioridades. Terminarás leyendo correos electrónicos sin conexión alguna y te dejarás la mente hecha un lío para todo el día. Escribe tu lista de cosas que hacer mañana esta noche como máximo. No recomiendo utilizar el Outlook o listas de cosas pendientes informatizadas, porque en ellas se puede añadir un número infinito de puntos. Yo utilizo un folio normal doblado en tres hasta dejarlo en un tamaño de 6 × 10 cm, que cabe perfectamente en el bolsillo y te limita a unos cuantos temas.

No debería haber más de 2 asuntos cruciales para conseguir tus objetivos diarios. Nunca. Si de verdad tienen una gran importancia, es innecesario. Si te bloqueas intentando decidirte entre varios temas que te parecen fundamentales, como nos pasa a todos, examina cada uno por separado y pregúntate: «*Si esto es lo único que hago hoy, ¿me sentiré satisfecho de lo logrado en este día?*».

Para rebatir lo aparentemente urgente, pregúntate: «¿Qué pasaría si no hiciera esto?» y «¿Vale la pena retrasar lo importante para hacerlo?». Si no has terminado al menos una tarea importante a lo largo del día, no dediques la última hora de trabajo a devolver un DVD para no pagar 5 dólares por retrasarte. Haz la tarea importante y paga la multa de 5 dólares.

7. Pega un *post-it* en la pantalla de la computadora o programa un recordatorio de Outlook que te pregunte por lo menos tres veces al día: «¿Estoy inventándome cosas que hacer para evitar hacer las importantes?».
También utilizo un software libre de seguimiento de tiempo, llamado RescueTime (www.rescuetime.com) que me avisa cuando me paso del tiempo asignado en ciertos sitios web. Además resume el tiempo invertido en ellos y hace comparativas con las otras semanas.

8. No hagas varias cosas a la vez.
Voy a decirte algo que ya sabes. Intentar cepillarse los dientes, hablar por teléfono y contestar el correo electrónico a la vez no funciona. ¿Comer mientras buscas cosas en internet y charlas por el Messenger? Lo dicho.

Si estableces bien tus prioridades, no tendrás que hacer varias cosas al mismo tiempo. Estás sufriendo de urgencia por saltar de una cosa a otra sin acabar la primera; haces más para sentirte productivo, aunque la verdad es que terminas menos. Otra vez: deberías tener, como máximo, dos tareas u objetivos que cumplir por día. Hazlos uno después de otro, de principio a fin, sin distraerte. Si divides tu atención, sufrirás interrupciones con más frecuencia, te costará concentrarte, obtendrás peores resultados netos y el trabajo te resultará menos gratificante.

9. Aplica la ley de Parkinson a nivel micro y macro.

Ayúdate de la ley de Parkinson para sacar adelante más en menos tiempo. Acorta horarios y plazos para forzarte a concentrarte en hacer algo y evitar retrasarlo.

A nivel macro, semanal y diario, intenta salir de trabajar a las 4 de la tarde y tómate el lunes o el viernes (o ambos) libres. De esta manera te obligarás a priorizar y, posiblemente, a crearte una vida social. Si tienes a tu jefe ojo avizor, hablaremos de los entresijos de cómo huir de la oficina en próximos capítulos.

A nivel micro, en cada tarea, reduce los puntos de tu lista de cosas por hacer y establece plazos imposibles para obligarte a actuar de inmediato y a ignorar las pequeñeces.

Si estás haciendo el trabajo en línea o cerca de una computadora en línea, http://e.ggtimer.com/ es un temporizador de cuenta atrás conveniente. Teclea justo el límite de tiempo deseado directamente en el campo de dirección URL y pulsa enter. La http:// a menudo puede ser omitida. Por ejemplo:

http://e.ggtimer.com/5minutes (o solo «e.ggtimer.
   com/5min» en algunos navegadores)
http://e.ggtimer.com/1hora30minutos30segundos
http://e.ggtimer.com/30 (si pones solo un número, lo asu-
   me como segundos)

RETO ANTICOMODIDAD

Aprende a proponer (2 días)

Deja de pedir opiniones y empieza a proponer soluciones. Empieza con cosas pequeñas. Si alguien va a preguntar, o pregunta: «¿Dónde comemos?», «¿Qué película vemos?», «¿Qué hacemos esta noche?» o cosas por el estilo, NO devuelvas la pelota diciendo: «Bueno, ¿qué quieres tú...?». *Propón una solución.* Deja el tira y afloja y toma una decisión. Practica esto en tu vida profesional y en la personal. Aquí van algunas frases que ayudan (mis preferidas son la primera y la última):

«¿Puedo hacer una sugerencia?».

«Propongo...»

«Me gustaría proponer...»

«Sugiero que... ¿Qué te parece?»

«Probemos... y, si no nos gusta, probamos otra cosa.»

DISEÑO DE UN ESTILO DE VIDA EN ACCIÓN

Soy músico y compré tu libro porque Derek Sivers lo recomendaba en CD Baby. Apliqué la ley de Pareto y me di cuenta de que el 78% de las descargas de internet procedían de solo uno de mis CD y que el 55% del total de mis ingresos por esas descargas provenían de tan solo cinco canciones; así pude ver qué era lo que buscaban mis fans y eso me llevó a incluirlas en mi página web. iTunes vende la canción y CD Baby me ingresa directamente el dinero en mi cuenta. La grabación se efectúa de forma totalmente automática. Desde hace algunos meses, puedo vivir de los ingresos de las descargas. Una vez haya acabado de pagar mis deudas, podría viajar, conseguir nuevos fans en todo el mundo y vivir de mis ciberingresos.

VÍCTOR JOHNSON

En cuanto a «externalizar» tu banco, cualquier empresa que deba recibir cheques debería considerar la opción de una caja de seguridad. Todos los bancos disponen de ellas. Los cheques llegan a un apartado de correos del banco, la entidad los comprueba, los ingresa y, siguiendo tus instrucciones, puede mandarte un archivo con todos los cheques que han sido depositados. Normalmente, esto puede hacerse con Excel o con otro tipo de archivo compatible con cualquier sistema contable, desde Excel a Quicken o SAP. Es muy rentable.

ANÓNIMO

6. LA DIETA HIPOINFORMATIVA:
CULTIVAR LA IGNORANCIA SELECTIVA

«Lo que la información consume es bastante evidente: consume la atención de sus receptores. Así pues, la profusión de información produce una merma de atención, a la vez que crea la necesidad de dividir esa atención de manera eficiente entre una superabundancia de fuentes de información capaces de consumirla.»

HERBERT SIMON, laureado con el Premio Banco de Suecia en Economía en memoria de Alfred Nobel y ganador del Premio A.M. Turing, el «Nobel de la Informática»[8]

«Leer, después de una cierta edad, distrae demasiado a la mente de su actividad creativa. Cualquiera que lea demasiado y utilice poco su propio cerebro cae en hábitos de pereza mental.»

ALBERT EINSTEIN

Espero que estés sentado. Sácate ese sándwich de la boca para que no te atragantes. Tápale las orejas al niño. Te voy a contar algo que molesta a mucha gente.

Nunca veo las noticias y me he comprado un solo perió-

---

8. Simon recibió el Premio Nobel en 1978 por su contribución en materia de toma de decisiones en organizaciones: no es posible contar en ningún momento con información completa y perfecta para tomar una decisión.

dico en los últimos cinco años, en el aeropuerto de Stansted, en Londres, y solamente porque así me salía más barata una Pepsi Light.

Me gustaría declararme amish, pero la última vez que miré, no se podía beber Pepsi.

¡Qué obscenidad! ¿Y yo me llamo ciudadano informado y responsable?

¿Cómo me mantengo al día sobre lo que pasa en el mundo? Voy a contestar a eso enseguida, pero espera; hay más. Miro mi correo profesional más o menos una hora todos los lunes, pero nunca escucho mi buzón de voz cuando estoy en el extranjero. Jamás de los jamases.

¿Pero qué pasa si alguien tiene una emergencia? No pasa. Mis contactos saben que no atiendo emergencias, así que las emergencias por alguna razón no existen o no llegan hasta mí. Los problemas, por regla general, se resuelven solos o desaparecen si quitas de en medio el cuello de botella que tú ocasionas y otorgas a otros el poder para actuar.

Cultivar la ignorancia selectiva

> «Hay muchas cosas que un hombre sabio deseará desconocer.»
>
> RALPH WALDO EMERSON (1803-1882)

A partir de este momento, voy a proponerte que ejercites la extraordinaria habilidad de ser un ignorante selectivo. Quizás en el desconocimiento esté la felicidad; no lo sé, pero con seguridad resulta muy práctico. Es fundamental que aprendas a hacer caso omiso o a redirigir toda la información e interrupciones que sean irrelevantes, intrascendentes o que no sirvan para hacer algo. La mayoría son las tres cosas.

El primer paso consiste en elaborar y seguir una dieta hipoinformativa.

Igual que el hombre moderno consume demasiadas calorías y calorías sin valor nutritivo, los trabajadores del conocimiento tragan datos en exceso y procedentes de las fuentes erróneas.

El diseño de vida se basa en la acción masiva: en producir. Para producir más hay que consumir menos. Casi toda la información consume tu tiempo, es negativa, irrelevante de cara a tus objetivos y está fuera de tu radio de influencia. Te desafío a que repases lo que hayas leído o visto hoy y me digas que no era por lo menos dos de esas cuatro cosas.

Leo los titulares de la prensa mirando las máquinas de venta de periódicos por las que paso de camino al almuerzo todos los días y nada más. En cinco años, no he tenido ni un solo problema por ser un ignorante selectivo. Te da algo distinto que preguntar al resto de la población en vez de hablar del tiempo: «Dime, ¿qué hay de nuevo en el mundo?». Y si pasa algo importantísimo, oirás a los demás hablar de ello. Aplicando mi método de la chuleta para enterarme de lo que ocurre en el mundo, también retengo más que alguien que no ve el bosque por ir mirando los árboles, braceando en un mar de detalles que le son ajenos.

Por lo que respecta a información que pueda poner en práctica, consumo un máximo de un tercio de una revista especializada del sector *(Response)* y otra de negocios *(Inc.)* al mes, durante un total de aproximadamente cuatro horas. Ésas son todas mis lecturas destinadas a producir. Antes de irme a la cama leo novelas durante una hora para relajarme.

¿Cómo demonios consigo ser un ciudadano responsable? Voy a darte un ejemplo de cómo yo y otros NR vemos la información y cómo nos mantenemos informados. Aunque estaba por aquel entonces en Berlín, voté en las últimas elecciones presidenciales.[9] Tomé mi decisión en unas horas. Primero mandé correos electrónicos a amigos universitarios residentes en Estados Unidos cuyos valores comparto y les

9. 2004 en el momento en que esto fue escrito.

pregunté a quién iban a votar y por qué. En segundo lugar, juzgo a la gente por sus acciones y no por sus palabras; así pues, pregunté a amigos berlineses, que ven las cosas con más perspectiva al no afectarles la propaganda de los medios estadounidenses, qué opinión les merecían los candidatos, teniendo en cuenta su comportamiento hasta la fecha. Para terminar, vi los debates presidenciales. Eso fue todo. Dejé que otros en quienes confiaba sintetizasen cientos de horas y miles de páginas impresas para mí.

Fue como tener docenas de ayudantes personales recabando información sin tener que pagarles ni un duro.

Este es un ejemplo sencillo, pensarás, ¿pero qué pasa si tienes que aprender a hacer algo que tus amigos no han hecho nunca? Como, a ver, ¿vender un libro a la editorial más grande del mundo siendo escritor primerizo? Qué curioso que lo preguntes. Utilicé dos métodos:

1. Escogí un libro entre docenas de ellos, a partir de las opiniones de los lectores y de si los autores habían hecho lo que yo quería hacer. Si para la tarea en cuestión necesito pasos concretos («cómo...»), leo solo relatos que cuentan «cómo lo hice» y autobiografías. Los especuladores y los «quiero y no puedo» no merecen mi tiempo.

2. Tras redactar preguntas específicas e inteligentes basándome en el libro, me puse en contacto con 10 de los escritores y agentes más importantes del mundo por vía telefónica y correo electrónico, con un índice de respuesta del 80%.

Solo leí los capítulos del libro necesarios para dar los siguientes pasos inmediatos, lo que me llevó menos de dos horas. En crear una plantilla para el correo electrónico y un guión para las llamadas tardé aproximadamente cuatro horas, y enviar los correos y llamar me ocupó menos de una hora. Optar por el contacto personal es más eficaz y más eficiente que abalanzarse sobre esos bufés informativos de tragar hasta hartarte, además de proporcionarme alianzas y mentores de primera división que necesitaba para vender este libro. Redescubre el poder de una olvidada habilidad llamada «hablar». Funciona.

Otra vez, menos es más.

Cómo leer un 200% más rápido en 10 minutos

Habrá momentos en que, es cierto, tendrás que leer. Aquí van cuatro consejos muy sencillos que aminorarán el daño y aumentarán tu velocidad por lo menos un 200% en 10 minutos sin pérdida de comprensión.

1. *Dos minutos:* **Subraya con un bolígrafo o el dedo cada línea mientras la lees lo más rápido que puedas.** Leer es ir tomando con los ojos una serie de instantáneas a saltos (movimientos oculares llamados sacádicos) y el uso de una guía visual evita las regresiones.

2. *Tres minutos:* **Empieza cada línea enfocando la tercera palabra empezando por la izquierda y termínala enfocando la tercera empezando por el final.** De esta manera se utiliza la visión periférica que, si no, se malgasta en los márgenes. Por ejemplo, aunque tus puntos focales de inicio y fin en la siguiente línea sean las palabras en negrita, «leerás» la línea entera con un solo movimiento del ojo.

«Érase una **vez**, un adicto a la **información** que decidió desintoxicarse.»

Ve cada vez más hacia el centro desde ambos lados a medida que se haga más fácil.

3. *Dos minutos:* **Cuando te sientas cómodo entrando tres o cuatro palabras por ambos lados, intenta enfocar solo dos veces —o sea, hacer dos fijaciones— por línea en esas dos palabras-ancla.**

4. *Tres minutos:* **Practica leer demasiado deprisa como para comprender pero con buena técnica (las tres técnicas anteriores) cinco páginas y después pasa a una velocidad cómoda.** Esto intensificará tu percepción y reajustará tu límite de velocidad, de forma muy parecida a comparar 80 km/h, que normalmente te parece rápido, con alcanzar 130 en la autopista: a 80, la sensación es de cámara lenta.

Para calcular tu rapidez de lectura en palabras por minuto (ppm) —y así progresar— en un libro concreto, suma las palabras que hay en 10 líneas y divide el resultado entre diez para extraer la media de palabras por línea. Multiplica esa cifra por el número de líneas por página y obtendrás la media de palabras por página. Ahora es fácil. Si al empezar leías 1,25 páginas en un minuto a una media de 330 palabras por página, ahora son 412,5 palabras por minuto. Si después de practicar lees 3,5 páginas, son 1.155 palabras por minuto y entrarías en el 1% de los lectores más rápidos del mundo.

P y A: PREGUNTAS Y ACCIONES

«Aprender a ignorar cosas es un magnífico camino para llegar a la paz interior.»

ROBERT J. SAWYER, *El cálculo de Dios*

1. Empieza inmediatamente un ayuno informativo de una semana.

El mundo no se va a inmutar, mucho menos acabarse, si cortas el cordón umbilical de la información. Para darte cuenta, lo mejor es el método de la tirita; un tirón rápido: un ayuno informativo de una semana. La información se parece demasiado al helado para hacerlo de otra forma.

«Bueno, me comeré media cucharadita» es tan realista como «Voy a conectarme un minutito».

Si luego quieres volver a tu dieta de 15.000 calorías informativas a base de papas fritas, muy bien, pero a partir de mañana y por lo menos durante cinco días completos, estas son las reglas:

Nada de periódicos, revistas, audiolibros o radio que no sea música.

La música se permite a todas horas.

Nada de webs de noticias (cnn.com, marca.com, elmundo.es,[10] etc.).

Nada de televisión, excepto una hora de visionado por placer todas las noches.

Nada de leer libros, excepto éste y una hora de novelas[11] por placer antes de irme a la cama.

Nada de navegar por internet en el trabajo salvo que sea necesario para llevar a cabo una tarea *para ese día*. Necesario significa necesario, no que estaría bien saber.

La lectura innecesaria es el enemigo público número uno durante este ayuno de una semana.

¿Qué haces con todo ese tiempo que te sobra? Sustituye el periódico durante el desayuno por hablar con tu marido o tu mujer, acercarte más a tus hijos o aprender los principios de este libro. De 9 a 5 dedícate a realizar tus prioridades como

10. LOL.
11. Leí exclusivamente divulgación y ensayo durante casi 15 años y te puedo decir dos cosas: no es productivo leer dos libros basados en hechos al mismo tiempo (este es uno) y las obras de ficción son mejores que las pastillas para dormir para dejar atrás los sucesos del día.

dijimos en el capítulo anterior. Si te queda tiempo después de acabarlas, haz los ejercicios de este libro.

Recomendar este libro puede parecerte hipócrita, pero no lo es. La información contenida en estas páginas cumple las dos condiciones: es importante y debe ser aplicada de inmediato, no mañana ni pasado.

Todos los días, en la pausa para comer, no antes, métete tu dosis de cinco minutos.

Pregunta a un compañero bien informado o al camarero: «¿Ha pasado algo importante en el mundo hoy? No he podido comprarme el periódico». Deja de hacerlo en cuanto te des cuenta de que la respuesta no va a afectar a tus actividades en lo más mínimo. Casi nadie se acuerda de lo que se pasó una o dos horas absorbiendo por la mañana.

Sé estricto contigo mismo. Yo puedo recetar la medicina, pero tienes que tomártela.

Descárgate el navegador Firefox (www.firefox.com) y utiliza **LeechBlock** para bloquear totalmente algunas páginas que consideres deben ser bloqueadas por períodos determinados. Desde esa página (http://www.proginosko.com/leech-block.html):

Puedes especificar hasta seis grupos de páginas que bloquear, con distintas horas y días para cada uno de ellos. Puedes bloquear sitios durante períodos preestablecidos (por ejemplo, entre las 9 de la mañana y las 5 de la tarde), después de un tiempo límite (por ejemplo, 10 minutos cada hora) o con una combinación de horas y tiempos límite (por ejemplo, 10 minutos cada hora entre las 9 de la mañana y las 5 de la tarde). También puedes establecer una contraseña para opciones avanzadas... ¡para relajarse en momentos de debilidad!

2. Adquiere el hábito de preguntarte: «¿Voy a usar esta información en algo inmediato e importante?».

No es suficiente utilizarla para «algo»; tiene que ser inmediato e importante. Si no cumple estas dos condiciones, no la consumas. La información es inútil si no se aplica a algo importante o si se te olvida antes de que puedas hacerlo.

Antes tenía la costumbre de leer un libro o una web para prepararme para algo que iba a suceder semanas o meses en el futuro; al final tenía que releer el mismo material al acercarse el momento de actuar. Esto es tonto y redundante. Guíate por tu listita de cosas que hacer y rellena las lagunas informativas sobre la marcha.

Centrar el foco de atención en lo que Kathy Sierra denomina «información justo a tiempo» en lugar de «información solo en caso de».

3. Practica el arte de no terminar.
Esta es otra regla que tardé bastante tiempo en aprender. Empezar algo no justifica automáticamente terminarlo.

Si estás leyendo un artículo que es una bazofia, suéltalo y no vuelvas a cogerlo. Si vas a ver una película y es peor que *The Matrix Revolutions*, sal de ahí corriendo antes de que mueran más neuronas. Si estás lleno después de media bandeja de costillas, pon el maldito tenedor sobre el plato y no pidas postre.

Más no es mejor, y dejar algo a medias suele ser 10 veces mejor que terminarlo. Acostúmbrate a no terminar lo que sea aburrido o improductivo si un jefe no te lo pide.

RETO ANTICOMODIDAD

Pide números de teléfono (2 días)

Cuidando siempre de mantener el contacto visual, pídele el número de teléfono al menos a dos (cuanto más lo hagas, menos nervioso te pondrás) miembros atractivos del sexo opuesto cada día. Señoras: esto significa que ustedes también juegan. No importa si tienen 50 años o más. Recuerda que el verdadero objetivo no es conseguir los números, sino superar el miedo a pedirlos, así que no importa si te los dan o no. Si tienes pareja, di que estás recogiendo información para Greenpeace. Tíralos si los consigues.

Si quieres calentar motores rápido —mi método preferido para sentirme cómodo en poco tiempo—, vete a un centro comercial y proponte pedir el teléfono a tres personas en cinco minutos. Tienes mi permiso para variar el siguiente guión a tu gusto:

«Perdona. Ya sé que esto va a sonarte raro, pero si no te lo digo me voy a pegar de bofetadas lo que queda del día. He quedado con un amigo y llego tarde [o sea, tengo amigos, así que no soy un acosador], pero creo que eres realmente [increíblemente, para morirse de] guap@/atractiv@/impresionante. ¿Me das tu teléfono? Te prometo que no soy un psicópata. Si no te interesa, dame uno inventado».

7. INTERRUMPIR LAS INTERRUPCIONES Y EL ARTE DE LA NEGATIVA

«Piensa con independencia. Sé el jugador de ajedrez, no la pieza sobre el tablero.»

RALPH CHARELL

«Las reuniones son una actividad adictiva y en gran medida autoindulgente que las empresas y otras organizaciones llevan a cabo como sustituto de la masturbación.»

DAVE BARRY, humorista estadounidense
ganador del Premio Pulitzer

Primavera de 2000, Princeton, Nueva Jersey

13:35
—Creo que lo entiendo. Pasemos a otra cosa. En el siguiente párrafo se explica que...

Lo llevaba todo por escrito y no quería saltarme nada.

15:45
—Vale. Tiene sentido lo que dices, pero si miramos este ejemplo... —Me detuve a mitad de frase. El ayudante del profesor tenía la cara tapada con las dos manos.

—Tim, vamos a dejarlo aquí por ahora. Tendré en cuenta lo que has apuntado. —Estaba harto. Yo también, pero sabía que solo tendría que hacerlo una vez.

Durante los cuatro años de carrera mantuve una norma. Si me ponían menos de un sobresaliente en el primer examen o control de preguntas abiertas en una asignatura, llevaba una lista de preguntas de 2 a 3 horas de duración a la tutoría del evaluador y no me iba hasta que me hubiese respondido a todas ellas o parase por agotamiento.

Esta estratagema cumplía dos importantes objetivos:

1. Me servía para enterarme de cómo evaluaba el trabajo, incluidos sus prejuicios y lo que le ponía de los nervios.
2. El evaluador se pensaría muy mucho volver a ponerme menos de un sobresaliente. Nunca se plantearía ponerme una mala nota sin haber razones excepcionales para ello porque me plantaría en su puerta para otra visita de tres horas.

Aprende a ser difícil cuando importe. En la universidad, como en la vida, tener fama de asertivo te ayudará a recibir trato preferente sin tener que luchar o pedirlo de rodillas.

Recuerda tus días de jardín de infancia. Había siempre un abusón e innumerables víctimas, pero también un niño pequeñajo que daba patadas a tutiplén, retorciéndose y columpiándose en las vallas. A lo mejor no ganaba, pero después de una o dos agotadoras interacciones, el abusón decidía no molestarle más. Era más fácil ir a buscar a otro.

Sé ese niño.

Hacer lo importante y no hacer caso a lo trivial cuesta, porque casi todo el mundo parece conspirar para echarte porquería encima. Afortunadamente, unos sencillos cambios en tu rutina harán que molestarte sea mucho más doloroso que dejarte en paz.

Es hora de poner fin al abuso informativo.

No todos los males fueron creados iguales

Para el propósito que nos ocupa, una interrupción es cualquier cosa que impide completar una tarea crucial de principio a fin. Tres clases de delincuentes suelen cometer el delito:

1. **Malgastadores de tiempo:** cosas de las que se puede hacer caso omiso con pocas consecuencias o sin ellas. Las más normales son: reuniones, conversaciones, llamadas telefónicas y correos electrónicos *intrascendentes*.

2. **Consumidores de tiempo:** tareas o peticiones repetitivas que tienen que realizarse o atenderse pero que suelen interrumpir el trabajo de importancia superior. Aquí hay algunos que seguro que conoces íntimamente: leer y contestar al correo, hacer y devolver llamadas telefónicas, servicio al cliente (estado de pedidos, asistencia sobre el uso del producto, etc.), informes financieros o de ventas, recados personales, todo tipo de acciones y quehaceres necesarios que se repiten en el tiempo.

3. **Falta de delegación de responsabilidades:** casos en los que alguien necesita de una aprobación para permitir que se haga una nimiedad. Algunos ejemplos: arreglar problemas de los clientes (envíos perdidos, envíos dañados, mal funcionamiento, etc.), contactos con los clientes, pagos de toda índole.

Examinemos ahora cómo curarnos de estos tres males.

Malgastadores de tiempo: convertirse en un Ignoramus

> «La mejor defensa es un buen ataque.»
> DAN GABLE, medallista de oro olímpico en lucha libre y el entrenador de más éxito de la historia; récord personal: 299-6-3, con 182 derribos.

Los malgastadores de tiempo son los más fáciles de eliminar y desviar. El quid radica en dificultar el acceso a ti y canalizar toda comunicación hacia la acción inmediata.

Para empezar, reduce el consumo y la producción de correo electrónico. Esta es la interrupción más importante con diferencia que se da en el mundo moderno.

1. Desactiva la alerta sonora del Outlook o del programa de correo que tengas, si la utilizas, además del enviar/recibir automático, que coloca el correo electrónico en la bandeja de entrada en cuanto alguien lo envía.

2. Mira el correo dos veces al día: una vez a las 12 del mediodía o justo antes de comer y otra vez a las 4 de la tarde. Las 12 y las 4 son las horas en que la mayoría de la gente habrá contestado ya a los correos que les hayas mandado. Nunca mires el correo al empezar la jornada de trabajo.[12] En vez de eso, termina la tarea más importante marcada para el día

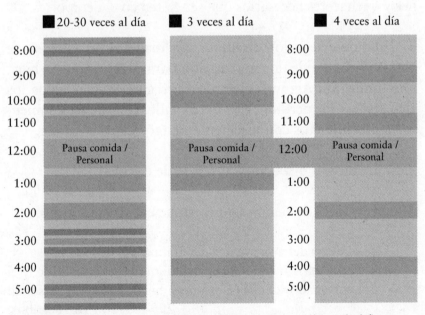

Antes de programar el e-mail/teléfono   Después de programar el e-mail/teléfono

El color gris claro indica el tiempo disponible para tareas de alta prioridad

12. Este hábito por sí solo puede cambiarte la vida. Parece pequeño pero tiene un efecto enorme.

antes de las 11 para evitar utilizar la comida o leer el correo electrónico como excusa para retrasarla.

Antes de poner en marcha la rutina de dos veces al día, tienes que crear una respuesta automática, que se encargará de enseñar a tu jefe, compañeros, proveedores y clientes a ser más eficaces.

Te recomiendo que no pidas permiso para poner esto en funcionamiento. Recuerda uno de nuestros diez mandamientos: suplica perdón. No pidas permiso.

Si te dan palpitaciones, habla con tu superior inmediato y proponle probar esta idea de uno a tres días.

Justifícalo aduciendo proyectos pendientes y desesperación por las interrupciones constantes. Siéntete libre de echarle la culpa al correo basura o a alguien de fuera de la oficina.

Aquí tienes una sencilla plantilla que puedes usar:

Hola amigos [o Estimados compañeros]:

Debido al gran volumen de trabajo que tengo actualmente, estoy contestando al correo dos veces al día, a las 12 de la mañana y a las 4 de la tarde (hora Madrid, por ejemplo).

Si necesitas hablar conmigo con urgencia (por favor, valora si realmente es urgente) y no puedes esperar hasta las 12 o las 4, no dudes en llamarme al teléfono celular, 555 5555.

Gracias por comprender este cambio, con el que busco ser más eficiente y más eficaz. Así podré atenderte mejor.

Un saludo cordial,
Tim Ferriss

Pasa a una vez al día lo antes posible. Las emergencias no suelen serlo. Somos malos jueces de la importancia de las cosas e inflamos nimiedades para rellenar el tiempo y sentirnos alguien. Esa respuesta automática es una herramienta que, lejos de disminuir la eficacia colectiva, obliga a la gente a reevaluar la razón por la que va a interrumpirte, ayudándoles a rebajar los contactos sin sentido que malgastan tu tiempo.

Al principio estaba muerto de miedo pensando que perdería solicitudes importantes y que sería un desastre, seguramente igual que tú te sientes al leer esta recomendación.

No pasó nada. Atrévete a probarlo y ve salvando los pequeños obstáculos del camino a medida que aparezcan.

Si quieres ver un ejemplo radical de respuesta automática personal que nunca ha recibido una queja y que me permite mirar mi correo una vez por semana, mándame un correo electrónico a: template@fourhourworkweek.com.

Lo he ido adaptando a lo largo de tres años; funciona de maravilla.

El segundo paso es filtrar las llamadas entrantes y reducir las salientes.

1. Si es posible, ten dos números de teléfono: una línea profesional (no urgente) y un celular (urgente). También podrían ser dos celulares, o la línea no urgente podría ser un número en internet que redirige llamadas a un buzón de voz en línea (www.skype.com, por ejemplo).

Contesta al celular que pones en el mensaje de respuesta automática siempre, salvo que quien llame no se identifique o que sea alguien con quien no quieras hablar. Si dudas, deja que conteste el buzón de voz y escúchalo inmediatamente después, para valorar la importancia del mensaje.

Si puede esperar, que espere. Los culpables tienen que aprender a esperar.

El teléfono de la oficina debe silenciarse y redirigirse al buzón de voz siempre que suene. La grabación debe sonar conocida:

Este es el puesto de Tim Ferriss.

Debido al gran volumen de trabajo que tengo actualmente, estoy contestando al correo dos veces al día, a las 12 de la mañana y a las 4 de la tarde (hora Madrid, por ejemplo).

Si necesitas hablar conmigo con urgencia (por favor, valora si realmente es urgente) y no puedes esperar hasta las 12 o las 4, no dudes en llamarme al teléfono celular, 555 5555. También puedes dejarme un mensaje y te contestaré en alguna de esas dos horas. No olvides dejarme tu correo electrónico, porque normalmente puedo responder antes por ese medio.

Gracias por comprender este cambio, con el que busco ser más eficiente y más eficaz. Así podré atenderte mejor.

Que tengas un buen día.

2. Si alguien te llama al celular, presumiblemente será urgente, así que trata el asunto como tal. Si no es así, no le dejes consumir tu tiempo. La clave está en el saludo. Compara estas dos posibilidades:

Jane (destinataria): Diga.
John (el que llama): Hola, ¿eres Jane?
Jane: Sí, soy Jane.
John: Hola, Jane, soy John.
Jane: Oh, hola, John. ¿Cómo estás? (o) Oh, hola, John. ¿Qué tal?

John se irá por las ramas y te enrollará en una conversación sobre nada, de la que tendrás que salir y volver en ti para investigar cuál es el propósito de la llamada. Este planteamiento es mejor:

Jane: Al habla Jane.
John: Hola, soy John.
Jane: Hola, John. Estoy ocupada. ¿En qué puedo ayudarte?

Posible continuación:

John: Ah, puedo llamarte más tarde.

Jane: No, tengo un momentito. ¿Qué puedo hacer por ti?

No fomentes la cháchara y córtala en cuanto surja. Ve directo al grano. Si la gente se va por las ramas o intenta retrasar el asunto hasta otra llamada en un futuro indefinido, recoge carrete y consigue que no se anden con rodeos. Si se ponen a describir detalladamente del problema, corta diciendo: «[nombre], perdona que te interrumpa pero espero una llamada dentro de cinco minutos. ¿Qué puedo hacer para ayudarte?». O también puedes decirle: «[nombre], perdona que te interrumpa pero espero una llamada dentro de cinco minutos. ¿Me lo escribes en un correo electrónico?».

El tercer paso es dominar el arte de la negativa y aprender a evitar las reuniones.

El primer día que nuestro nuevo vicepresidente de ventas llegó a TrueSAN en 2001, entró en la reunión general e hizo un anuncio en más o menos este número de palabras: «No estoy aquí para hacer amigos. Me han contratado para formar un equipo de ventas y vender producto, y eso es lo que tengo intención de hacer. Gracias». Suficiente.

A continuación procedió a cumplir lo prometido. A los sociables de la oficina les caía mal por su estilo comunicativo directo y práctico, pero todo el mundo respetaba su tiempo. No era antipático sin razón, pero era franco y mantenía a su gente centrada. Algunos no le consideraban carismático, pero nadie le tenía por menos de espectacularmente eficaz.

Me acuerdo de la primera vez que acudí a su despacho para nuestra primera reunión a solas. Recién salido de cuatro años de riguroso adiestramiento académico, enseguida me puse a explicar la vida y milagros de los potenciales clientes, los sesudos planes que había trazado, los logros realizados hasta la fecha y esto y lo otro. Había estado por lo menos dos horas preparándome para que su primera impresión sobre mí fuese buena. Me escuchó con una sonrisa durante no más de dos minutos y luego levantó la mano. Me paré. Se rió con amabilidad y me dijo: «Tim, no quiero saber la historia. Dime qué tenemos que hacer y ya está».

Durante las semanas siguientes, me enseñó a darme cuenta de cuándo perdía la concentración o me concentraba en cosas incorrectas, lo que quería decir cualquier cosa que no empujase a nuestros dos o tres mayores clientes a dar un paso más hacia firmar una orden de pedido. Ahora nuestras reuniones no duraban más de cinco minutos.

A partir de este momento, toma la determinación de mantener a quienes te rodean centrados y de evitar todas las reuniones, ya sea en persona o a distancia, que no tengan objetivos claros. Es posible hacer esto con tacto, aunque espera que algunos malgastadores de tiempo se ofendan las primeras veces que rechaces sus avances. Cuando dejes claro que tu norma es no dispersarte de tus tareas y que no está sujeta a cambios, lo aceptarán y seguirán con su vida. Los rencores se olvidan. No sufras a imbéciles o te convertirás en uno de ellos.

Es tu trabajo enseñar a quienes te rodean a ser eficaces y eficientes.

Nadie lo hará por ti. Aquí tienes algunas recomendaciones:

1. Decide que, dada la naturaleza no urgente de la mayoría de los temas, conducirás a la gente hacia los siguientes vehículos de comunicación, en orden de preferencia: correo electrónico, teléfono y reuniones en persona. Si alguien te propone una reunión, pídele que te mande un correo electrónico u ofrécele hablar por teléfono como segunda opción, si fuese necesario. Justifícalo aduciendo trabajo pendiente y urgente.

2. Siempre que puedas, responde a los mensajes de voz por correo electrónico. Esto entrena a la gente a ser concisa. Ayúdales a adquirir ese hábito.

De igual forma que tu saludo telefónico, la comunicación por correo electrónico debe optimizarse para evitar correos que van y vienen para nada.

Así pues, un correo electrónico que diga: «¿Podemos vernos a las 4 de la tarde?» se convertiría en: «¿Podemos vernos a las 4 de la tarde? Si puedes... Si no, dime tres posibles horas que te vengan bien».

Esta estructura «si...» adquiere mayor importancia a medida que miras tu correo menos a menudo. Como yo solo miro el correo electrónico una vez por semana, es crucial que nadie necesite respuesta a un «¿qué hago si?» u otra información en los siete días siguientes a enviar un determinado correo electrónico. Si sospecho que un pedido de fabricación no ha llegado a la planta de envío, por ejemplo, le mando un correo al jefe de la planta de envío de este estilo: «Estimada Susan... ¿Ha llegado el último envío de facturación? Si ha llegado, dime por favor... Si no, contacta con Fulanito Detal llamando al 55555555 o por correo electrónico, fulanito@detal.com (le pongo en copia), y dile la fecha de entrega y datos de seguimiento. Fulanito, si hay algún problema con el envío, coordínate con Susan, que está en el teléfono 554444444, y que tiene autoridad para tomar decisiones en mi nombre hasta un valor de 500 dólares. En caso de emergencia, llámenme al celular, pero confío en los dos. Gracias». Esto evita prácticamente preguntas subsiguientes, mantener dos diálogos paralelos y me elimina a mí de la ecuación de resolución de problemas.

Adquiere el hábito de plantearte qué acciones del tipo «si... entonces» puedes proponer en un correo electrónico cada vez que preguntes algo.

3. La finalidad de las reuniones debería ser tomar una decisión sobre una situación previamente definida, no definir el problema. Si alguien te propone quedar o «fijar una hora para hablar por teléfono», pídele que te mande un correo electrónico con los puntos por tratar para especificar el objetivo de la charla:

> Creo que puedo. Para prepararme mejor, ¿me mandas un correo electrónico con los puntos que quieres tratar? O sea, los temas e interrogantes que hay que responder. Sería estupendo. Gracias por adelantado.

No le des oportunidad de zafarse. El «gracias por adelantado» antes de que replique aumenta tus posibilidades de recibir ese correo electrónico.

Tener que ponerlo en un correo electrónico te obliga a especificar qué quieres conseguir con esa reunión o llamada. Nueve de cada diez veces, la reunión no es necesaria y los interrogantes, una vez precisados, se pueden responder vía correo electrónico. Impón este hábito a los demás. Yo no he tenido una reunión en persona relativa a mi negocio en más de cinco años y he mantenido menos de una docena de conferencias, ninguna de ellas de más de 30 minutos.

4. Hablando de 30 minutos, si te resulta absolutamente imposible impedir que tenga lugar una llamada o una reunión, *fija la hora de finalizar*. No dejes los debates abiertos, y hazlos breves. Si lo que se pretende está bien definido, tomar una decisión no debería durar más de 30 minutos.

Arguye otros compromisos para hacerlo más creíble (por ejemplo, a las 15:20 en lugar de a las 15:30) y obliga a los demás a centrarse en el tema en lugar de hacer vida social, contarse sus penas o irse por las ramas. Si tienes que asistir a una reunión prevista para mucho rato o que no se sabe cuándo acabará, pide al organizador permiso para exponer tu parte el primero, porque tienes un compromiso al cabo de 15 minutos.

Si es necesario, finge una llamada urgente. Sal de allí a la velocidad del rayo; que otro te haga un resumen más tarde. La otra opción es ser completamente transparente y expresar en alto que crees que la reunión no es necesaria. Si escoges esta senda, prepárate para enfrentarte a los leones y ofrecer alternativas.

5. El despacho es tu templo: no permitas visitas intempestivas. Hay gente que recomienda poner un cartel muy directo de «no molestar», pero, por mi experiencia, la gente suele hacer caso omiso, salvo que tengas un despacho. Mi método era ponerme auriculares, aunque no estuviese escuchando nada. Si, a pesar de esta estratagema disuasoria, alguien se me acercaba, fingía estar al teléfono. Me ponía un dedo en los labios, decía algo así como «Te escucho» y luego en el micro: «¿Esperas un segundo?». Luego me giraba hacia el invasor y le decía: «Hola, ¿qué puedo hacer por ti?». No dejaba que «volviesen en otro momento», sino que les obligaba a hacerme un resumen en cinco segundos y mandarme un correo electrónico si era necesario.

Si los jueguecitos de auriculares no te van, la reacción refleja a un invasor debería ser la misma que al atender el celular: «Hola, invasor. Estoy ocupada. ¿Cómo puedo ayudarte?». Si no está claro en 30 segundos, pídele que te mande un correo electrónico sobre el tema; no le ofrezcas enviarle tú un correo electrónico primero: «Te ayudo encantada, pero primero tengo que acabar esto. ¿Me mandas un correo electrónico en un momento para recordármelo?».

Si el invasor persiste, otórgale un tiempo máximo para hablar contigo, lo que también sirve para conversaciones telefónicas: «Vale, tengo dos minutos antes de que me llamen, ¿cuál es el problema y qué puedo hacer para ayudarte?».

6. Sírvete del «cierre del cachorrito» para ayudar a tus superiores y a otros a acostumbrarse a no hacer reuniones. El cierre del cachorrito en ventas se llama así porque se basa en la táctica que utilizan las tiendas de animales de compañía: si a alguien le gusta un perrito pero duda si hacer esa compra que le cambiará la vida, se le ofrece llevárselo a casa y devolverlo si cambia de opinión. Por supuesto, raramente llegan a devolverlo.

El cierre del cachorrito no tiene precio cuando te enfrentas a alguien que se resiste a un cambio permanente. Mete el pie con una prueba reversible: «Probémoslo una vez».
    Compara estas dos variantes:

«Creo que le encantará este cachorrito. Será una responsabilidad más sumada a las que ya tiene hasta que se muera, dentro de 10 años. Se acabó irse de vacaciones cuando le apetezca y, además, podrá recoger caca por toda la ciudad, ¿qué le parece?».

«Creo que le encantará este cachorrito. ¿Por qué no se lo lleva y ve qué le parece? Nos lo puede devolver cuando quiera, si cambia de idea.»

Ahora imagina ir hacia tu jefe en el vestíbulo y ponerle una mano en el hombro: «Me gustaría ir a la reunión, pero tengo una idea mejor. Mejor no hacemos más reuniones, porque lo único que hacemos es perder el tiempo y no decidir nada útil».

Compara eso con: «Me encantaría ir a la reunión, pero estoy agobiadísima de trabajo y necesito sacar adelante un par de temas importantes. ¿Me puedo quedar fuera hoy? Si voy, estaría distraída. Te prometo que luego me pondré al día preguntándole al compañero X. ¿Te parece bien?».

Las segundas alternativas parecen menos permanentes. Repite esta rutina y esfuérzate por lograr más quedándote fuera de las reuniones que los que sí asisten; repite el acto de desaparición tan a menudo como puedas, aduciendo ser más productivo para, poco a poco, transformar esto en un cambio permanente en la forma de actuar.

Aprende a imitar a cualquier niño que se precie: «¡Solo esta vez! ¡¡¡Por favor!!! ¡Prometo que haré X!». Los padres caen porque los niños están ayudando a los adultos a engañarse a sí mismos. Funciona con jefes, proveedores, clientes y con el resto del mundo.

Úsalo tú, pero no caigas en la trampa. Si un jefe te pide que te quedes más tarde «solo esta vez», esperará que lo hagas siempre.

Consumidores de tiempo: haz tandas y no vaciles

«Un horario te defiende del caos y del capricho.»
ANNIE DILLARD, ganadora del Premio Pulitzer en
la categoría de ensayo, 1975

Si nunca has necesitado los servicios de una imprenta, puede que te sorprendan los precios y plazos de producción.

Supongamos que serigrafiar 20 camisetas personalizadas con logos a 4 colores cuesta 310 dólares y se tarda una semana. ¿Cuánto costaría serigrafiar 3 de camisetas y cuánto llevaría?

310 dólares y tardarían una semana.

¿Cómo es posible? Muy sencillo: el coste de montaje es fijo. A la imprenta le cuesta lo mismo en materiales para preparar las planchas (150 dólares) y lo mismo en mano de obra que maneje la máquina (100 dólares). El montaje es lo que de verdad lleva tiempo, así que el encargo, por pequeño que sea, tiene que programarse como cualquier otro; de ahí el mismo plazo de entrega de una semana. La nula economía de escala explica el resto: el coste de 3 camisetas es 20 dólares por camiseta ×

3 camisetas en lugar de 3 dólares por camiseta × 20 camisetas.

La solución rentable y más económica, por tanto, es esperar a tener un pedido más grande, la táctica que llamaremos «hacer tandas». Hacer tandas también es la solución para luchar contra esos molestos, aunque necesarios, **malgastadores de tiempo**: esas labores repetitivas que interrumpen las tareas importantes.

Si lees el correo y pagas facturas cinco veces por semana, cada vez puedes dedicarle 30 minutos y contestarás a un total de 20 cartas. Si lo haces una vez por semana, quizás tardes 60 minutos en total y seguirás respondiendo a un total de 20 cartas en dos horas y media. La gente hace lo primero por miedo a las emergencias. En primer lugar, raramente hay verdaderas emergencias. Segundo, si ese mensaje urgente que recibes indica un plazo, retrasarse no suele tener importancia y, si la tiene, el coste de solucionarlo es mínimo.

Todas las tareas, grandes o minúsculas, exigen un tiempo de preparación. A menudo es igual para una unidad que para cien. Hay un cambio de marchas psicológico, de forma que se puede tardar hasta 45 minutos en reanudar una tarea complicada que se ha interrumpido. Estas interrupciones consumen más de la cuarta parte de cada período de 9 a 5 (28%).[13]

Es cierto en el caso de todas las labores recurrentes y precisamente por eso hemos decidido mirar nuestro correo y escuchar las llamadas dos veces al día a *horas específicas* (entre las cuales dejamos acumular los mensajes).

Durante los últimos tres años, he mirado mi correo electrónico una vez a la semana, no más. En muchas ocasiones

13. *The Cost of Not Paying Attention: How Interruptions Impact Knowledge Worker Productivity*. [El coste de las distracciones: cómo afectan las interrupciones a la productividad del trabajador del conocimiento], Jonathan B. Spira y Joshua B. Feintuch, Basex, 2005.

he estado hasta cuatro semanas sin verlo. No ha ocurrido nada irreparable y no me ha costado arreglar nada más de 300 dólares. Hacer tandas me ha ahorrado cientos de horas de trabajo duplicado. ¿Cuánto vale tu tiempo?

Veamos este hipotético ejemplo:

1. 20 dólares por hora es lo que cobras o en lo que valoras tu tiempo. Este sería tu caso si, por ejemplo, cobras 40.000 dólares al año y tienes dos semanas de vacaciones (40.000 dividido por 40 horas por semana x 50 = 2.000] = 20 dólares/hora).

2. Calcula la cantidad de tiempo que ahorrarías si agrupases tareas similares, haciendo tandas, y después, lo que has ganado multiplicando esta cifra por tu tarifa por hora (20 dólares en este caso):

    1 × por semana: 10 horas = 200 dólares
    1 × por dos semanas: 20 horas = 400 dólares
    1 × por mes: 40 horas = 800 dólares

3. Prueba a hacer tandas con cada una de las frecuencias anteriores y determina el coste de arreglar los problemas que surjan en cada período. Si el coste es menor que las cifras anteriores en dólares, espacia aún más las tandas.

Por ejemplo, siguiendo el cálculo anterior, si yo miro el correo una vez por semana y por eso pierdo dos ventas por semana, lo que asciende a 80 dólares en beneficios perdidos, seguiré mirándolo una vez por semana porque 200 dólares (10 horas de tiempo) menos 80 me siguen suponiendo una ganancia neta de 120, por no hablar de los enormes beneficios de llevar a cabo otras tareas importantes en esas 10 horas. Si calculas el beneficio económico y emocional de terminar una única tarea fundamental (como captar un cliente de peso o realizar un viaje que te cambie la vida), verás que funcionar con tandas vale mucho más que el mero ahorro en horas.

Si los problemas cuestan más que las horas que te ahorras, vuelve a la anterior frecuencia de tandas. En este caso, bajaría de una vez por semana a dos veces por semana (no a diario) y buscaría la forma de arreglar el sistema para volver a una vez por semana cuanto antes. No trabajes más cuando la solución es trabajar con más cabeza. He ido espaciando cada vez más mis tandas de labores personales y profesionales a medida que me daba cuenta de los pocos problemas que realmente surgen. Algunos ejemplos de mi programa de tandas actuales: correo electrónico (lunes a las 10), teléfono (eliminado por completo), lavar la ropa (cada dos domingos a las 22), tarjetas de crédito y recibos (casi todos se abonan automáticamente, pero reviso los extractos cada dos lunes después del correo electrónico), entrenamiento de fuerza (cada 4 días durante 30 minutos), etc.

Fallos de traspaso de responsabilidades: reglas y reajuste

> «La visión consiste en entregar la responsabilidad a los trabajadores, darles toda la información sobre lo que ocurre para que puedan hacer más de lo que han hecho hasta el momento.»
>
> BILL GATES, cofundador de Microsoft, el hombre más rico del mundo

Hay un fallo de traspaso de responsabilidades cuando tienes que obtener permiso o información de otra persona para llevar a cabo tu cometido. Suele darse cuando no tienes autonomía si trabajas para otro o controlas demasiado de cerca a tus subordinados. Ambos casos consumen *tu* tiempo.

El objetivo del empleado es tener acceso a toda la información necesaria y a una mayor capacidad de decisión independiente.

El emprendedor debe aspirar a conceder a sus empleados

o colaboradores la mayor información y capacidad de decisión independiente posible.

El servicio al cliente suele ser el ejemplo paradigmático del fallo de traspaso de responsabilidad. Con un ejemplo personal extraído de la historia de BrainQUICKEN voy a demostrar lo grave y a la vez fácil de resolver que puede ser el problema.

En 2002 había subcontratado el servicio al cliente en materia de seguimiento de pedidos y devoluciones, pero seguía ocupándome de responder a preguntas sobre el producto. ¿Resultado? Me llegaban más de 200 correos electrónicos al día, pasaba todas mis horas, de 9 a 5, contestándolos, ¡y su volumen crecía a un ritmo de más del 10% semanal! Tuve que cancelar la publicidad y disminuir los envíos, pues más clientes que atender hubiera sido la estocada final. No era un modelo *escalable*. Grábate esta palabra porque más tarde tendrá mucha importancia. No era escalable porque el paso de información y las decisiones se atascaban en un cuello de botella: yo.

¿El argumento decisivo? El grueso del correo que aterrizaba en mi bandeja de entrada no tenía que ver con el producto; era de los responsables de atención al cliente subcontratados pidiéndome permiso para hacer un montón de cosas:

El cliente dice que no ha recibido el envío. ¿Qué hacemos?

Al cliente le han retenido un frasco en la aduana. ¿Podemos mandárselo otra vez a una dirección de Estados Unidos?

El cliente necesita el producto para una competición en dos días.

¿Podemos hacer envíos de un día para otro? Si podemos, ¿cuánto cobramos?

No terminaban nunca. Cientos y cientos de distintas situaciones hacían poco práctico redactar un manual y yo tampoco tenía tiempo ni experiencia para hacerlo.

Afortunadamente, alguien tenía experiencia: los responsables de atención al cliente que había subcontratado. Mandé un único correo electrónico a todos sus superiores que inmediatamente convirtió 200 correos al día en menos de 20 por semana:

Hola a todos:

Quiero establecer una nueva norma para mi cuenta que anula todas las demás.

Hagan feliz al cliente. Si resolver el problema cuesta menos de 100 dólares, apliquen su buen juicio y resuélvanlo ustedes mismos.

Esto es un permiso oficial por escrito para arreglar cualquier problema si hacerlo cuesta menos de 100 dólares sin contactarme a mí. Ya no soy su cliente; mis clientes son sus clientes.

No me pidan permiso. Hagan lo que consideren correcto e iremos haciendo ajustes por el camino.

Gracias,

Tim

Tras examinar detenidamente la situación, quedó claro que más del 90% de los problemas que causaban los correos se podían resolver por menos de 20 dólares. Revisé los resultados financieros de las decisiones tomadas por ellos mismos todas las semanas, luego una vez al mes y, más tarde, una vez cada tres meses.

Es sorprendente cómo el CI de alguien parece doblarse en cuanto le otorgas responsabilidades y le haces saber que confías en él. El primer mes costó quizás 200 dólares más que si me hubiese ocupado yo.

Ese mes me ahorré más de 100 horas de mi propio tiempo, los clientes fueron atendidos más rápido, las devoluciones bajaron hasta menos del 3% (la media del sector es 10-15%) y los responsables de servicio al cliente dedicaron menos tiempo a mi cuenta, todo lo cual se tradujo en un crecimiento más rápido, márgenes de beneficio más elevados y gente más feliz en ambos lados.

La gente es más inteligente de lo que crees. Dales una oportunidad para demostrarlo.

Si eres un empleado sin autonomía, ten una charla sincera con tu jefe y explícale que quieres ser más productivo e interrumpirle menos. «No me gusta tener que interrumpirte tanto y apartarte de cosas más importantes que sé que tienes entre manos. He estado leyendo y tengo algunas ideas sobre cómo ser más productivo. ¿Tienes un minutito?»

Antes de tener esta conversación, elabora una serie de «reglas», como en el ejemplo anterior, que te permitan trabajar con más autonomía sin necesitar su aprobación tan a menudo. En las etapas iniciales, el jefe puede revisar el resultado de tus decisiones diaria o semanalmente. Sugiere probar la idea una semana y termina con: «Me gustaría probarlo. ¿Te parece que lo hagamos durante una semana?», o mi preferido: «¿Te parece razonable?». A la gente le es difícil calificar las cosas de irrazonables.

Date cuenta de que los jefes son supervisores, no capataces de esclavos. Preséntate como alguien que desafía constantemente el *statu quo* y casi todo el mundo aprenderá a no desafiarte, sobre todo si es en interés de una mayor productividad horaria.

Si eres un emprendedor que tiene que hacerlo todo, entérate de que, aunque haya algo que puedas hacer tú mejor que el resto del mundo, eso no significa que tengas que hacerlo, si es intrascendente. Delega responsabilidades para que otros puedan actuar sin interrumpirte.

La esencia que quiero transmitirte es que solo tienes los derechos por los que luchas.

Crea reglas que te favorezcan. Protege tu tiempo, obliga a los demás a definir qué desean antes de dedicarles tu tiempo y acumula las tareas rutinarias sin importancia en tandas para evitar que retrasen la realización de proyectos más significativos. No dejes que te interrumpan. Aprende a centrarte y conseguirás la vida que quieres.

En el siguiente apartado, **Automatización**, veremos cómo los Nuevos Ricos generan dinero sin administrar ellos sus negocios y eliminan el obstáculo restante y el más grande: ellos mismos.

P y A: PREGUNTAS Y ACCIONES

«La gente cree que debe ser divertido ser un supergenio, pero no se dan cuenta de lo difícil que es aguantar a todos los idiotas que hay en el mundo.»

CALVIN, de *Calvin and Hobbes*

Culpar a los idiotas de las interrupciones es como culpar a los payasos por asustar a los niños... No pueden evitarlo. Ellos son así. Yo también fui famoso (a quién quiero engañar: aún lo soy) en algún momento por interrumpir. Si eres como yo, eso nos convierte a ambos en idiotas ocasionales. Aprende a reconocer y combatir el impulso interrupción.

Resulta infinitamente más fácil cuando tienes una serie de reglas, formas de reaccionar y rutinas que te guían. Depende de ti cuidar de que ni tú ni otros dejen que lo trivial e innecesario impida la realización de principio a fin de lo importante.

Este capítulo se distingue del anterior en que las acciones necesarias, por haberse incluido ejemplos y plantillas, ya han aparecido repartidas por las páginas anteriores. Así que estas P y A servirán de resumen: la perfección está en los detalles, así que relee este capítulo para interiorizarlos.

La gestión vertical desde una altura estratosférica se basa en:

1. Crea sistemas que dificulten contactar contigo vía correo electrónico o teléfono y desvía toda comunicación improcedente.

Usa el guión del mensaje de respuesta automática y el del contestador, y practica los distintos métodos de evasión hasta que los domines. Acostúmbrate a no decir «¿Cómo estás?» sino «¿En qué puedo ayudarte?». Sé específico y recuerda: no dejes que la gente se enrolle. Céntrate en la acción inmediata y aplica normas que eliminen las interrupciones.

Evita las reuniones siempre que sea posible.

- Resuelve los problemas por correo electrónico en lugar de en reuniones cara a cara.
- Suplica para no ir (esto se consigue con el cierre del cachorrito).
- Si la reunión es inevitable, ten esto presente: entra con una lista clara de objetivos.
- Fija una hora para finalizar o vete antes.

2. Agrupa las actividades en tandas para reducir el coste de preparación y liberar tiempo para hacer realidad los sueños de tu *onirograma*.

¿Qué tareas puedo convertir en periódicas, agrupándolas en tandas? Es decir, ¿qué labores (ya sea la colada, comprar comida, enviar el correo, pagar recibos o redactar informes de ventas, por ejemplo) puedo programar para una hora específica al día, a la semana, al mes, al trimestre o al año, de modo que no desperdicie tiempo repitiéndolas con más frecuencia de la estrictamente necesaria?

3. Establece o solicita reglas y directrices autónomas cuyos resultados se revisarán de vez en cuando.

Elimina el cuello de botella decisorio para todo aquello que no ocasione una catástrofe si se hace mal. Si trabajas para otro, cree en ti mismo lo suficiente como para pedir más independencia, a ver qué tal funciona. Ten preparadas «reglas» prácticas y pídele al jefe que te compre la propuesta tras sorprenderle con una presentación espontánea. Recuerda el cierre del cachorrito; que sea una prueba aislada y reversible.

Para el emprendedor o el directivo: dale a los demás la oportunidad de demostrar lo que valen. La probabilidad de que se produzcan problemas irreversibles o costosos es mínima y el ahorro de tiempo está garantizado. Recuerda que los beneficios solo te beneficiarán en la medida en que puedas disfrutar de ellos.

Para eso necesitas tiempo.

TRUCOS Y HERRAMIENTAS

Eliminar el engorro del papel, capturarlo todo

- Evernote (www.evernote.com)

Puede que esta sea la herramienta más increíble que descubrí el año pasado; me la dieron a conocer algunos de los técnicos más productivos del mundo. Evernote ha eliminado más del 90% del papel que había en mi vida y también casi todas las notas que utilizaba para dejar abiertos los navegadores de internet; ambos me distraían constantemente. Es capaz de limpiar totalmente tu despacho en un plazo de entre una y tres horas.

Evernote te permite de forma muy sencilla capturar información de cualquier sitio utilizando el aparato que tengas más a mano y luego buscarla (es decir: encontrarla) desde cualquier lugar. La uso para:

— Tomar fotografías de todo lo que quiero recordar o encontrar en otro momento —tarjetas profesionales, notas escritas a mano, etiquetas de vino, recetas, anuncios y muchas cosas más. Evernote identifica el texto de esas fotos automáticamente, de modo que todo se puede buscar, ya sea desde un iPhone, la laptop o en internet. Por ejemplo: puedo almacenar y encontrar la información de una tarjeta profesional en solo unos segundos (a menudo utilizando la cámara iSight del Mac para capturarla), en lugar de pasarme horas rastreando todos los contactos o buscando en los correos electrónicos ese número de teléfono que había perdido. Es increíble el tiempo que ahorra.

— Escanear todos los papeles, artículos, etc. que estarían guardados en carpetas que se amontonarían en mi mesa. Utilizo el mini escáner ScanSnap Fujitso de Mac (http://bit.ly/scansnapmac), el mejor que he encontrado, que lo escanea todo directamente a Evernote en segundos con tan sólo pulsar un botón.

— Tomar fotos instantáneas de páginas web, capturando todo el texto y los vínculos, de modo que puedo leerlos sin estar conectado cuando viajo o hago búsquedas en otro momento. Líbrate de todos los marcadores, favoritos y etiquetas.

Rastrear y evitar llamadas no deseadas

• GrandCentral (www.grandcentral.com) y YouMail (www.youmail.com)

En un mundo donde tu domicilio puede cambiar más a menudo que el número de tu teléfono celular (o tu dirección de correo electrónico), puede ser un desastre que tu número sea público o caiga en unas manos equivocadas. Entra en GrandCentral, que te dará un número con un prefijo de tu elección y que luego desviará a tu(s) teléfono(s). Ahora le doy a todo el mundo el número de Grand-Central, salvo a mi familia y a mis amigos íntimos. Estas son algunas de las ventajas:

— Identifica cualquier llamada de un número no deseado; la persona que llama escucha un mensaje que dice «número fuera de servicio» cuando quiere ponerse en contacto contigo.

— Personaliza el mensaje de tu buzón de voz para cada llamada (la esposa, el jefe, un colega, un amigo, etc.) y permite escuchar los mensajes mientras se están grabando, de modo que se puede «atender» si merece la pena. También permite la opción de grabar las llamadas.

— Usa un prefijo de fuera de tu ciudad para evitar que la gente y también las empresas localicen y hagan un mal uso de direcciones que prefieres que sean privadas.

— Establece horas en las que no deseas ser molestado: las llamadas son enviadas directamente sin que suenen a un buzón de voz.

— Puedes tener un buzón de voz que manda los mensajes como SMS a tu teléfono celular.

La otra opción, YouMail, también puede transcribir mensajes de voz y enviarlos a tu teléfono como mensajes de texto. ¿Recibes una llamada mientras estás en una reunión? No hay problema: puedes responder a los mensajes de voz con un SMS durante la reunión y así no hay que contestar luego a las llamadas.

Planificar sin correo electrónico

Evitar los rodeos

Hay pocas cosas que exijan tanto tiempo como planificar a través del correo electrónico. Persona A: «¿Qué te parece el martes a las tres?». Persona B: «A mí me viene bien». Persona C: «Yo tengo una reunión. ¿Qué tal el viernes a las 10 de la mañana?». Utiliza estas herramientas para que planificar sea algo rápido y sencillo y no una parte más de tu trabajo.

- **Doodle (www.doodle.com)**

Es la mejor herramienta que he encontrado para quedar con gente sin enviar muchos correos electrónicos. Crea un vínculo en 30 segundos con las opciones y mándalo a todos los invitados. Compruébalo unas horas más y tarde y tendrás el día y la hora que más les conviene a todos.

- **TimeDriver (www.timedriver.com)**

Deja que sean los colegas y los clientes quienes planifiquen contigo a partir de tu disponibilidad, que quedará establecida a través de

Outlook o Google Calendar. Incluye un botón para «planificar ahora» en los mensajes de correo electrónico y nunca tendrás que informar a la gente sobre cuándo puedes llamar o quedar. Dales a conocer las opciones y que elijan.

Escoger los mejores horarios para el correo electrónico

- **Xobni (www.xobni.com/special)**

Xobni —*inbox* (bandeja de entrada) escrito al revés— es un programa gratuito para mejorar el rendimiento de Outlook. Tiene muchas opciones, pero la más relevante para este capítulo es su capacidad para identificar «momentos conflictivos» o períodos de tiempo en los que recibes el grueso de correos electrónicos de tus contactos más importantes. Estos «momentos conflictivos» son los que te permitirán mantener contactos decisivos (clientes, jefes, etc.) reduciendo la revisión del correo a 1-3 veces al día. También agregará automáticamente a tus contactos números de teléfono, direcciones, etc. de los distintos mensajes guardados en la bandeja de entrada.

Enviar correos electrónicos sin acceder a la bandeja de entrada

No revises la bandeja de entrada fuera de las horas de trabajo por miedo a haber olvidado algo. Utiliza estos servicios para concentrarte en el proyecto en el que estás trabajando o simplemente para disfrutar del fin de semana.

- **Jott (www.jott.com)**

Graba ideas, tareas pendientes, etc. con una simple llamada telefónica gratuita. Este servicio transcribe tu mensaje (15-30 segundos) y lo manda por correo electrónico a quien quieras, incluido tú, o a tu Google Calendar. Jott también permite colgar vínculos con mensajes de voz en Twitter (www.twitter.com), Facebook (www.facebook.com) y otros servicios que exigen tiempo si se visitan directamente.

- Copytalk (www.copytalk.com)

Puedes dictar un mensaje de hasta cuatro minutos que recibirás por correo electrónico al cabo de unas horas. Es muy útil para los *brainstormings*, y su precisión es increíble.

Evitar completamente navegar por la red

- Freedom (http://www.ibiblio.org/fred/freedom/)

Freedom es una aplicación gratuita que desactiva la opción de navegar en una computadora Apple entre 1-480 minutos (hasta ocho horas). Freedom te evitará la distracción de internet y te permitirá concentrarte en tu trabajo.

Freedom fortalece tu libertad; reiniciar la computadora es la única forma de invalidar Freedom antes del período de tiempo que has establecido. El hecho de reiniciar significa que estarás menos dispuesto a engañarte a ti mismo y serás más productivo. Al principio puedes probar el programa durante breves períodos de tiempo (30-60 minutos).

DISEÑO DE UN ESTILO DE VIDA EN ACCIÓN

Una herramienta útil: un apartado de correos. Puede que sea constatar algo que es obvio, pero una forma sencilla de seleccionar tu correo es alquilar un apartado en lugar de recibirlo en tu domicilio. Alquilamos un apartado de correos para limitar el acceso a nuestra dirección, y eso también nos permite seleccionarlo mejor. Nuestra oficina de correos tiene papeleras de reciclaje, de modo que al menos el 60% del correo no entra en casa. Durante un tiempo solo revisaba el correo una vez a la semana, y no solo me ahorraba tiempo, sino que lo seleccionaba en mejores condiciones, ya que lo desechaba en ese mismo momento en vez de dejarlo para más adelante.

LAURA TURNER

Para las familias, la semana laboral de cuatro horas no tiene por qué significar pasarse cuatro meses a bordo de un velero en el Caribe, a menos que ese sea tu sueño, sino algo más simple, como tener tiempo para dar un paseo por el parque todas las tardes o pasar los fines de semana juntos; esas cosas hacen que merezca la pena tomar decisiones para implementar este programa.

[Hay muchos enfoques distintos para hacer que funcione]: los niños tienen que prometer que no molestarán a mamá por la tarde mientras está trabajando frente a la computadora, y a esa hora los cuida el marido; los padres planifican una vez a la semana que alguien se encargue de los niños, etc. Para la familia, la r   e   -compensa es poder pasar más tiempo juntos.

ADRIENNE JENKINS

¿Por qué no combinar un minirretiro con un geoarbitraje odontológico (o médico) y financiar un viaje con lo que te has ahorrado? Viví en Tailandia durante cuatro meses y me sometí a un tratamiento con raíces y me pusieron una corona por una tercera parte de lo que eso cuesta en Australia. Hay muchas clínicas de lujo para «expatriados» y gente que viaja por cuestiones de salud en Tailandia, Filipinas, Vietnam, Goa, etc., con dentistas que hablan inglés. Y en Europa, mucha gente se desplaza a Polonia o a Hungría. Para buscar, basta con entrar en Google y escribir «dentista» y el país y te aparecerán los anuncios de médicos para extranjeros. Habla con expatriados cuando estés en el país o por internet a través de los foros para que te hagan alguna recomendación. Ahora estoy en Australia y sigo combinando mis viajes con revisiones dentales anuales; a menudo, con lo que me ahorro, me costeo el billete de avión. Incluso en países desarrollados hay diferencias de precio muy significativas. Por ejemplo: Francia es mucho más barato que el Reino Unido, y Australia más que Estados Unidos. [Nota de Tim: Consigue más información sobre el

increíble mundo del turismo médico y el geoarbitraje en http://
en.wikipedia.org/wiki/Medical_tourism. A veces, algunas grandes
compañías aseguradoras, como AETNA, cubren a menudo trata-
mientos e intervenciones quirúrgicas en el extranjero.]

ANÓNIMO

RETO ANTICOMODIDAD

Regreso a los terribles dos (2 días)

Durante los próximos dos días, compórtate como todo buen
niño de dos años y di «no» a todo lo que te pidan. No seas
selectivo. Niégate a hacer cualquier cosa por la que no te
despidan inmediatamente. Sé egoísta. Igual que en el ejercicio anterior, el objetivo no es conseguir algo concreto —en
este caso, eliminar las cosas que te hacen perder el tiempo—,
sino el proceso: sentirte cómodo diciendo «no». Potenciales
preguntas a las que negarse serían, por ejemplo:
«¿Tienes un minutito?».
«¿Quieres ver una película esta noche/mañana?»
«¿Puedes ayudarme con X?»
«No» deberá ser tu respuesta por defecto a todo lo que
te pidan. No te inventes mentiras complicadas o te pedirán
cuentas. Una respuesta sencilla como: «De verdad que no
puedo. Lo siento. Ahora mismo estoy hasta arriba» servirá
para todo.

PASO III: A DE AUTOMATIZACIÓN

SCOTTY: Es toda suya, señor. Todos los sistemas automatizados y listos. ¡Un chimpancé y dos aprendices podrían pilotarla!
CAPITÁN KIRK: Gracias, señor Scott. Intentaré no tomármelo como algo personal.

STAR TREK

8. SUBCONTRATAR TU VIDA: LIBRARSE DEL RESTO Y UNA MUESTRA DE GEOARBITRAJE[14]

«Un hombre es rico en proporción al número de cosas que puede permitirse desatender.»

HENRY DAVID THOREAU, naturalista

Si yo te contara esta historia, no me creerías, así que dejaré que la cuente A. J. Servirá para calentar motores a la espera de cosas aún más increíbles que están por venir, cosas que tú experimentarás en carne propia.

Mi vida subcontratada

Un relato cierto escrito por A. J. Jacobs, redactor *freelance* de la revista *Esquire* (los asteriscos entre párrafos indican que ha pasado tiempo).

Todo empezó hace un mes. Iba por la mitad del libro *El mundo es plano*, el superventas de Tom Friedman. Me cae bien Friedman, a pesar de su misteriosa decisión de llevar bigote. En su libro habla de que subcontratar en India y China no es solo para asistencia técnica y fabricantes de automóviles, sino que va a transformar todos los sectores de la economía

14. Explotar las diferencias de precios y divisas entre distintos países para ganar dinero o vivir mejor.

estadounidense, desde la abogacía hasta la banca o la contabilidad.

Yo no tengo una empresa; ni siquiera tengo una tarjeta de visita actualizada. Soy un escritor y periodista que trabaja desde su casa, normalmente en calzoncillos o, si me siento formal, con mis pantalones de pijama con estampado de pingüino.

Pero, por otro lado, pienso, ¿por qué solo pueden divertirse las megaempresas? ¿Por qué no puedo sumarme a una de las tendencias empresariales más importantes del nuevo siglo? ¿Por qué no puedo subcontratar mis tareas menores? ¿Por qué no puedo subcontratar mi vida?

Al día siguiente mando un correo electrónico a Brickwork, una de las empresas que Friedman menciona en su libro. Brickwork —con sede en Bangalore, la India— ofrece «ayudantes ejecutivos a distancia», en su mayoría a empresas financieras y sanitarias que necesitan procesar datos. Explico que deseo contratar a alguien que me ayude con los menesteres relacionados con *Esquire*: documentación, maquetación de memorandos, cosas así. El consejero delegado de la empresa, Vivek Kulkarni, me contesta: «Sería un gran placer tratar con una persona de su talla».

Esto ya me está gustando. Nunca he tenido talla. En Estados Unidos, ni siquiera inspiro respeto al que toma las comandas en una cervecería, así que está bien saber que en la India tengo talla.

Un par de días después, me llega un correo de mi flamante «ayudante ejecutiva a distancia».

«Estimado Jacobs:
Me llamo Honey K. Balani. A partir de ahora le ayudaré en su trabajo editorial y personal. ... Intentaré adaptarme a sus necesidades para alcanzar así su satisfacción deseada.»

Satisfacción deseada. Esto es genial. Cuando trabajaba en

oficinas, tenía ayudantes, pero nunca se habló de *satisfacción deseada*.

De hecho, si alguien hubiera utilizado la expresión «satisfacción deseada», hubiésemos terminado todos reunidos con mucha solemnidad con Recursos Humanos.

* * *

Salgo a cenar con mi amigo Misha, que se crió en la India, fundó una empresa de *software* y seguidamente se hizo tan rico que dan ganas de vomitar. Le hablo de la Operación Subcontratación. «Llama a Your Man in India», me aconseja. Misha me explica que es una empresa para hombres de negocios indios que viven en el extranjero pero cuyos padres están en Nueva Delhi o Mumbai. YMII es su servicio de recados a distancia: compran entradas de cine y celulares y objetos diversos para madres abandonadas.

Perfecto. Esto abre otras posibilidades en mi estrategia de subcontratación. Puedo definir claramente una división de tareas: Honey se encargará de mis asuntos profesionales y YMII atenderá mi vida personal: pagar recibos, hacer reservas para vacaciones o comprar cosas por internet. Felizmente, a YMII le gusta la idea, y así, sin más, el equipo auxiliar de Jacobs Inc. se multiplica por dos en un santiamén.

* * *

Honey ha terminado su primer proyecto para mí: documentarse acerca de la persona que *Esquire* ha elegido como «mujer viva más sexy». Me han asignado para escribir un reportaje sobre esta mujer y la verdad es que no me apetece sudar tinta recorriendo las lúbricas webs que sus fans le han dedicado. Cuando abro el archivo de Honey, lo primero que me viene es: Estados Unidos está j*dido. Hay gráficos. Hay cabeceras en los apartados. Sus mascotas, medidas y comidas favoritas (por ejemplo, el pez espada) están desglosadas ordenadamente. Si todos los bangaloreños son como Honey, me compadezco de los estadounidenses a punto de acabar la carrera.

Van a tener que enfrentarse a un ejército hindú cortés, hambriento y experto en Excel.

* * *

De hecho, los siguientes días subcontrato una auténtica maraña de recados digitales a Asha (de YMII, mi servicio personal): pagar recibos, comprar cosas de drugstore.com y buscar un peluche Elmo con cosquillas para mi hijo (la verdad es que los Elmos con cosquillas se habían agotado, así que Asha le compró un Elmo pollo bailarín: decisión acertada). Le pedí que llamara a Cingular para preguntar sobre el plan de mi celular. Solo es una suposición, pero me apuesto algo a que su llamada fue dirigida de Bangalore a Nueva Jersey y luego a otro empleado de Cingular en Bangalore, lo que me pone contento no sé por qué.

* * *

Es la cuarta mañana de mi nueva vida subcontratada; cuando enciendo la computadora, veo la bandeja de entrada llena de mensajes de mis ayudantes extranjeros. Es una sensación extraña tener gente trabajando para ti mientras duermes. Extraña pero estupenda. Mientras babeo sobre la almohada, no estoy perdiendo el tiempo: las cosas se están haciendo.

* * *

Honey es mi protectora. Fíjate en esto: por alguna razón que desconozco, el Comité Turístico de Colorado me manda constantemente correos electrónicos. (Últimamente me han mandado información acerca de un festival celebrado en Colorado Springs donde actuó el arlequín más famoso del mundo.) Le pido a Honey que les pida con delicadeza que dejen de mandarme sus notas de prensa. Este es el mensaje que envió:

Estimados todos:

Jacobs recibe con frecuencia correos con noticias sobre Colorado; con demasiada frecuencia. Los temas que tratan son, sin duda, interesantes. Sin embargo, dichos temas no son apropiados para *Esquire*.

Asimismo, entendemos que han emprendido ustedes muchas iniciativas trabajando en la elaboración de estos artículos y enviándonoslos. Lo comprendemos. Por desgracia, leer estos artículos y correos llevaría demasiado tiempo.

Actualmente, estos correos no cumplen una función adecuada para ustedes ni nosotros. Por consiguiente, les pedimos que dejen de mandar dichos correos electrónicos.

Haciéndolo no pretendemos minusvalorar la labor de documentación que ellos conllevan.

Esperamos que ustedes también nos entiendan.

Agradeciéndoselo,

Honey K. B.

Esta es la mejor carta de rechazo de la historia del periodismo. Es sumamente cortés, pero con un sutil fondo de indignación. Honey parece casi ultrajada de que Colorado sea capaz de hacer perder a Jacobs su valioso tiempo.

* * *

Decido probar con mi próxima relación lógica: mi matrimonio. Estas peleas con mi mujer me están matando, en parte porque Julie es mucho mejor debatiendo que yo. Quizás a Asha se le dé mejor.

Hola Asha:

Mi mujer se ha enfadado conmigo porque me olvidé de sacar dinero del cajero automático... Quizá podrías decirle que la quiero, pero a la vez recordarle suavemente que a ella también se le olvidan cosas: perdió su cartera dos veces el mes pasado. Y se olvidó de comprar un cortaúñas para Jasper.

A. J.

No puedo expresar la ilusión que me hizo mandar esa nota. Es bastante difícil tener un comportamiento más pasivo-agresivo que reñir con tu mujer por correo electrónico desde un subcontinente situado al otro lado del mundo.

A la mañana siguiente, Asha me puso en copia el correo electrónico que mandó a Julie.

Julie:

Entiendo que te enfadases porque me olvidé de sacar dinero del cajero. He estado olvidadizo y lo siento.

Pero eso no cambia el hecho de que te quiero mucho...

Te quiero

A. J.

PD: Asha en nombre del señor Jacobs.

Por si fuera poco, también le mandó a Julie una postal electrónica. Pincho para verla: dos ositos de peluche abrazándose. Debajo dice: «Cuando necesites un abrazo, ya sabes que tengo uno para ti... Lo siento».

¡Mecachis! ¡Estos empleados externos sí que son simpáticos! ¡Recórcholis! Conservaron lo de las disculpas pero quitaron mi pequeña puntita. Intentan salvarme de mí mismo.

Están enfrentando mi superego a mi ello. Me siento castrado.

Julie, por otro lado, parece muy complacida. «Qué bonito, cariñín. Te perdono.»

Pese a llevar tres semanas con mi equipo de auxiliares, sigo estresado. Quizá sea culpa del Elmo pollo bailarín, a quien mi hijo quiere hasta el punto del refrotamiento, pero que me está volviendo loco poco a poco.

Sea cual sea la razón, me figuro que es hora de conquistar una frontera más: subcontratar mi vida interior.

Primero intento delegar mi terapia. Mi plan es dar a Asha una lista de mis neurosis y un par de anécdotas de la infancia, mandarla a hablar con mi loquero 50 minutos y que luego me transmita sus consejos. Inteligente, ¿verdad? El loquero no quiso. Un rollo sobre ética o algo así. Pues vale. En su defecto, hice que Asha me enviase un informe meticulosamente documentado sobre cómo aliviar el estrés. Tenía un agradable toque hindú, con un par de posturas de yoga y algo de visualización.

No estaba mal, pero no me parecía suficiente. Decidí que tenía que subcontratar mis preocupaciones. Llevo unas cuantas semanas arrancándome pelo porque un trato de negocios está tardando demasiado en cerrarse. Le pregunté a Honey si le interesaría arrancarse el pelo ella en mi lugar. Solo unos minutos al día. Le pareció una idea estupenda. «Me preocuparé de esto todos los días —me escribió—. Usted no se preocupe.»

Subcontratar mis neurosis ha sido uno de los experimentos más exitosos del mes. Cada vez que empezaba a rumiar sobre el asunto, me recordaba que Honey ya estaba en ello, y me relajaba. No es broma. Sólo por eso ya mereció la pena.

Echa una ojeada a tu futuro

«El futuro está aquí. Lo que pasa es que aún no se ha distribuido a todos.»

WILLIAM GIBSON, autor de *Neuromancer*; acuñó el término «ciberespacio» en 1984

Aquí va una mirada furtiva a la automatización total. Me levanté esta mañana y, como es lunes, miré mi correo durante una hora después de un exquisito desayuno porteño.

Sowmya desde la India había encontrado a un antiguo compañero mío de colegio, al que había perdido la pista hace años, y Anakool, de YMII, había confeccionado informes de investigación en Excel acerca de la felicidad de los jubilados y la media de horas trabajadas al año en diversos campos. Un tercer ayudante remoto indio había concertado las entrevistas de esta semana, además de localizar las mejores escuelas de *kendo* de Japón y los profesores de salsa más renombrados de Cuba.

En la siguiente carpeta de correo me enteré complacido de que mi gestora de distribución y entregas, ubicada en Tennessee, Beth, había resuelto casi dos docenas de problemas en la última semana —haciendo así felices a nuestros mayores clientes chinos y sudafricanos—, además de coordinar la declaración de impuestos relativa a las ventas en California con mis contables, que están en Michigan. Los impuestos se habían pagado con mi tarjeta de crédito insertada en el sistema, y un rápido vistazo a mis cuentas bancarias confirmó que Shane y el resto del equipo de la empresa de cobro electrónico que utilizo estaba depositándome más dinero que el mes pasado. Todo transcurría plácidamente en el mundo de la automatización.

Hacía un precioso día de sol. Cerré la laptop con una sonrisa.

Por un bufé libre de desayuno con café y zumo de naranja pagué 4 dólares estadounidenses. Los empleados indios subcontratados cuestan entre 4 y 10 dólares la hora. Los que tengo en Estados Unidos cobran por resultados o cuando se envía el producto. Esto crea un curioso fenómeno empresarial. El flujo de efectivo negativo es imposible.

Te lo pasas bien si ganas dólares, vives con pesos y pagas en rupias, y no hemos hecho más que empezar.

¡Pero yo trabajo en una empresa! ¿Esto a mí de qué me sirve?

> «Nadie puede darte la libertad. Nadie te puede dar igualdad, justicia ni nada. Si eres hombre, lo coges tú.»
>
> MALCOLM X, *Habla Malcolm X*

Contratar a un ayudante personal a distancia es un enorme punto de partida que marca el momento en que aprendes a dar órdenes y a mandar en vez de ser tú el mandado. Es el triciclo donde aprender a pequeña escala antes de ir a dos ruedas, la habilidad primordial de un NR: cómo dirigir y comunicarte a distancia.

Es hora de aprender a ser el jefe. No lleva mucho tiempo. Cuesta muy poco y el riesgo es reducido. En este punto, que «necesites» o no a alguien es indiferente. Es un ejercicio.

También es la prueba de fuego del carácter emprendedor: ¿puedes gestionar (dirigir y castigar) a otros? Con el adiestramiento y la práctica adecuados, yo creo que sí. Muchísimos emprendedores fracasan porque se tiran por la parte honda de la piscina sin aprender primero a nadar. Usar un ayudante virtual (AV) es un ejercicio sencillo sin desventajas; aprendes las bases de la gestión en una prueba de 2 a 4 semanas con un coste de entre 100 y 400 dólares. Es una inversión, no un gasto y el RSI es asombroso. Lo amortizarás en un máximo de 10-14 días, después de los cuales será puro beneficio en ahorro de tiempo.

Para convertirse en miembro de los NR, hay que trabajar con más cabeza, pero además saber montar un sistema que te sustituya.

Este es el primer ejercicio.

Aunque no tengas intención de convertirte en un emprendedor, esta es la continuación de los procesos 80/20 y de eliminación llevados a sus últimas consecuencias: al preparar a otra persona para reemplazarte (aunque nunca llegue a ocurrir) establecerás una serie de normas ultrarrefinadas que eliminarán la grasa sobrante y todo resquicio de tareas repetitivas de tu jornada. Esas labores sin importancia eternamente pendientes desaparecerán en cuanto te plantees pagarle a otro para hacerlas.

Pero ¿cuánto me va a costar?

Para la mayoría, es un obstáculo difícil de sortear. Si yo puedo hacerlo mejor que un ayudante, ¿por qué voy a pagar uno? *Porque el objetivo es liberar tu tiempo para dedicarte a cosas mejores y mayores.*

Este capítulo es un ejercicio barato destinado a romper esta barrera que te constriñe a una vida peor de la que podrías tener. Es absolutamente necesario que tengas muy claro que siempre habrá algo que te salga más barato si lo haces tú; pero eso no significa que tú tengas que dedicar tu tiempo a hacerlo.

Si dedicas tu tiempo, que vale 20-25 dólares/hora, a hacer algo que otro puede hacer por 10 dólares, estás desaprovechando recursos. Es importante empezar poco a poco a pagar a otros para que saquen adelante trabajo por ti. Pocos lo hacen, una razón más por la que tan poca gente vive la vida que desea.

Aunque el coste por hora sea de vez en cuando superior a lo que tú ganas por ahora, suele compensar. Supongamos que tú ganas 50.000 dólares, que serían 25 por hora (trabajando de 9 a 5, de lunes a viernes, 50 semanas al año). Si pagas a un ayudante de primera fila 30 dólares por hora y te ahorra un turno de 8 horas completo por semana, el coste de esa persona (restando lo que tú cobras) son 40 dólares por liberarte un día de trabajo.

¿Pagarías 40 dólares por semana por trabajar de lunes a jueves? Yo sí, y de hecho lo hago. Recuerda que esta es la hipótesis más sombría de todas.

¿Pero qué pasa si a tu jefe le da un ataque?

La probabilidad es mínima. En cualquier caso, mejor prevenir que curar. No existe razón ética o legal alguna para que tu jefe se entere si escoges tareas accesorias. La primera opción es delegar cuestiones personales. El tiempo es el tiempo y si estás dedicándolo a hacer labores básicas o recados en lugar de cosas más productivas, un AV mejorará tu vida sin afectar a tu curva de aprendizaje. En segundo lugar, puedes delegar tareas profesionales para las que no sea preciso facilitar información financiera ni identificar a tu empresa.

¿Listo para formar un ejército de ayudantes? Examinemos primero el lado oscuro de delegar. Se impone una revisión del proceso para prevenir abusos de poder y derroche de dinero.

Peligros de delegar: antes de empezar

> «La primera regla que se aplica a la tecnología utilizada en un negocio es que la automatización aplicada a una actividad eficiente acrecentará su eficiencia. La segunda es que la automatización aplicada a una actividad ineficiente acrecentará su ineficiencia.»
>
> BILL GATES

¿Te han hecho alguna vez un encargo ilógico; te han mandado realizar trabajo banal o te han indicado que hagas algo de la manera más ineficiente posible? No es divertido ni productivo.

Ahora te toca a ti demostrar que puedes hacerlo mejor. Consideraremos que delegar es el paso siguiente dentro del proceso de reducción, no como disculpa para dar fuelle a la máquina de añadir menudencias.

Recuerda: salvo que algo sea importante y esté bien definido, nadie debería hacerlo.

Antes de delegar, elimina.

Nunca automatices lo que pueda eliminarse y nunca delegues algo que pueda automatizarse o racionalizarse.

De lo contrario, estarás malgastando el tiempo de otro, en lugar del tuyo; un otro que ahora está desperdiciando el dinero que tanto te ha costado ganar. ¿Qué te parece como incentivo para ser más eficiente y eficaz? Ahora te estás jugando tu propio dinero.

Quiero que te sientas cómodo haciéndolo, así que iremos poco a poco, de un riesgo muy pequeño hasta hacer apuestas más fuertes.

¿Ya he mencionado que elimines antes de delegar?

Por ejemplo, ¿suele ser normal que los directivos manden a sus ayudantes leer su correo? En algunos casos, resulta útil. En mi caso, utilizo filtros de correo basura, respuestas automáticas para las preguntas más frecuentes y reenvío automatizado a mis subcontratados para reducir el correo al que tengo que responder a 10-20 mensajes por semana. No tardo más de 30 minutos por semana, porque me sirvo de sistemas: eliminación y automatización.

Tampoco recurro a un ayudante para que fije reuniones o conferencias porque he eliminado las reuniones. En el caso remoto de que necesite programar una llamada de 20 minutos en un mes, mando un correo electrónico de dos líneas y ya está.

El principio número 1 consiste en depurar reglas y procesos antes de incorporar personas. Utilizar personas para explotar un proceso depurado multiplica la producción; utilizarlas para arreglar un proceso mal montado multiplica los problemas.

A la carta: un mundo de posibilidades

> «No me interesa recoger las migajas de compasión caídas de la mesa de alguien que se considera mi amo. Quiero la carta completa de derechos.»
> OBISPO DESMOND TUTU, clérigo y activista sudafricano

La siguiente gran pregunta que se plantea es: «¿Qué debo delegar?».

Es una buena pregunta, pero no quiero responderla. Quiero ver *Padre de familia*.

La verdad sea dicha, escribir sobre no trabajar cuesta muchísimo. Ritika de Brickwork y Venky de YMII pueden escribir este apartado mucho mejor que yo, así que voy a limitarme a dar dos directrices y les dejaré a ellos que se hernien mentalmente explicando todos los detalles.

Regla de oro n.º 1: Todas las tareas delegadas deberán requerir bastante tiempo *y estar claramente definidas*. Ambas cosas. Si andas por ahí dando vueltas como un pollo sin cabeza y pides a tu AV que lo haga por ti, te aseguro que no vas a mejorar el orden del universo.

Regla de oro n.º 2: Echémosle ahora un poquito de humor, pásatelo bien.

Haz que alguien, desde Bangalore o Shangai, envíe correos electrónicos a tus amigos diciendo que es tu recadero personal y concierte tus citas o cosas sencillas por el estilo. Incordia a tu jefe con llamadas extrañas desde números desconocidos con acentos infumables. Ser eficaz no significa ser serio todo el rato. Es divertido dominar la situación por una vez. Sacúdete de encima la represión para que no se transforme en un complejo.

Cómo ser personal al estilo Howard Hughes

Howard Hughes, el archirrico cineasta y excéntrico cuya vida plasmó la película *El aviador*, era famoso por asignar tareas extrañas a sus ayudantes.

Aquí tienes unas cuantas de Donald Bartlett's *Howard Hughes: His Life and Madness* que quizá te plantees emular:

1. Tras su primer accidente de avión, Hughes le confesó a un amigo que estaba convencido de que su recuperación se debía a las propiedades sanadoras del zumo de naranja que tomaba. Pensaba que las propiedades del zumo se diluían al contacto con el aire, así que exigía naranjas frescas que tenían que cortarse y exprimirse en su presencia.

2. Cuando Hughes salía a divertirse de noche en Las Vegas, hacía que sus ayudantes fuesen a hablar con cualquier chica que le gustase. Si se invitaba a una de ellas a sentarse a la mesa de Hughes, uno de sus ayudantes se sacaba del bolsillo un acuerdo de renuncia para que lo firmase.

3. Hughes tenía un barbero de guardia permanentemente, aunque solo se cortaba el pelo y las uñas más o menos una vez al año.

4. En los años que estuvo confinado en un hotel, se rumoreaba que Hughes había indicado a sus ayudantes que colocasen una única hamburguesa con queso en un árbol concreto situado fuera de su habitación, en el ático, a las 4 de tarde todos los días, estuviera él o no.

¡Las posibilidades son infinitas! Igual que el Ford Modelo T llevó el transporte a las masas, los ayudantes virtuales ponen las excentricidades de los multimillonarios al alcance de todo hombre, mujer y niño. Eso sí que es progreso.

Sin más dilación, paso el micrófono. Recuerda que YMII realiza tareas personales y profesionales y Brickwork se centra exclusivamente en proyectos profesionales. Empecemos por la parte aburrida, aunque importante, para pasar rápidamente de lo sublime hasta lo ridículo.

Para que te hagas una idea lo más realista posible, no he corregido el palpable sabor extranjero de su forma de expresarse.

Venky: No se limite. Pregúntenos si algo es posible. Hemos preparado fiestas, organizado *caterings*, buscado cursos de verano, ordenado libros de cuentas, creado bosquejos en 3D a partir de planos... No dude en pedirnos lo que desee. Podemos encontrar el restaurante más cercano a su domicilio que admita niños para celebrar el cumpleaños de su hijo, enterarnos de cuánto costaría y organizar la fiesta. De esta manera usted tendrá tiempo para trabajar o pasar un rato con su hijo.

¿Qué no podemos hacer? No podemos hacer nada que requiera nuestra presencia física. Pero se sorprendería al saber qué pocas tareas lo exigen actualmente. Estas son las labores más habituales de las que nos ocupamos:

- Programar entrevistas y reuniones.
- Documentación en internet.
- Hacer el seguimiento de citas, recados y tareas varias.
- Compras por internet.
- Redactar documentos jurídicos.
- Mantenimiento de una web (diseño web, edición, subir archivos) que no exija ser diseñador profesional.
- Supervisar, revisar y publicar comentarios para debates en línea.
- Colgar anuncios de empleo en internet.
- Redactar documentos, revisarlos y editarlos (corregir faltas de ortografía y maquetarlos).
- Investigación en internet para escribir en bitácoras.
- Actualizar bases de datos de programas CRM.
- Llevar procesos de selección.
- Actualizar facturas y realizar cobros.

- Transcribir mensajes de voz.

Ritika, de Brickwork, añade lo siguiente:

- Investigación de mercado.
- Investigación financiera.
- Planes de negocio.
- Análisis sectorial.
- Informes de valoración de mercado.
- Preparar presentaciones.
- Informes y boletines de noticias.
- Investigación jurídica.
- Análisis.
- Creación de webs.
- Optimización para motores de búsqueda.
- Mantenimiento y actualización de bases de datos.
- Valoración de riesgo crediticio.
- Gestión de procesos de compra.

Venky: Tenemos un cliente despistado que nos pide que le llamemos continuamente para recordarle distintas cosas. Uno de nuestros clientes con un plan a medida nos pide que le despertemos todas las mañanas. Hemos hecho trabajo de campo buscando gente que desapareció con el *Katrina*. ¡Encontramos trabajo a los clientes! Mi preferido hasta ahora: uno de nuestros clientes tiene un par de pantalones que le gustan mucho que ya no se fabrican. Los manda a Bangalore (desde Londres) para hacer réplicas exactas por una pequeñísima fracción de su precio.

Algunas otras peticiones habituales a YMII:

- Recordar a un cliente entusiasta en exceso pagar sus multas de aparcamiento, así como las de no demasiada velocidad y recoger las de aparcamiento.

- Disculparnos y enviar flores y tarjetas a cónyuges de clientes.
- Hacer menús para dietas de adelgazamiento, recordar al cliente periódicamente que la siguiera, hacer la compra según la dieta.
- Conseguir un trabajo para una persona que había perdido el suyo debido a la subcontratación externa un año antes. Buscamos anuncios relativos al puesto, redactamos las cartas de presentación, adaptamos su currículum a cada oferta y le conseguimos un trabajo al cliente en 30 días.
- Arreglar un cristal de ventana de una casa en Ginebra, Suiza.
- Recopilar información sobre deberes del buzón de voz de un profesor y mandárselos por correo electrónico al cliente (padres del niño).
- Documentarnos sobre cómo atar el cordón de un zapato para un niño (hijo del cliente).
- Encontrar una plaza de aparcamiento para su automóvil en otra ciudad antes de que haga el viaje.
- Encargar cubos de basura para su casa.
- Conseguir una previsión e informes meteorológicos acreditados relativos a una hora, lugar y día concretos de hace cinco años, para presentarlas como prueba en un juicio.
- Hablar con padres en nombre de nuestro cliente.

He aquí otro ejemplo real de relaciones internacionales de un lector, David Cross, que contrató un chef a domicilio por menos de 5 dólares el menú. Basta con pensar en las posibilidades para que a uno se le haga la boca agua. Esto es lo que cuenta David:

> Quería encontrar a alguien que preparara la comida que me gusta. Estudié para ser chef, pero normalmente estoy muy

ocupado y soy el único miembro de la familia que cocina de verdad; sin embargo, no tengo tiempo para preparar los platos que me sientan bien, de modo que escribí el anuncio que incluyo a continuación y lo mandé a Craigslist.

Era un anuncio muy específico y en dos meses solo recibí dos solicitudes. El cocinero al que contratamos había sido seguidor de Hare Krishna durante muchos años, había vivido en la India y su menú degustación demostró que sabía lo que se hacía.

La comida es absolutamente increíble. El precio por hora es muy razonable, vive a cinco minutos de mi casa y ahora disfruto de una exquisita comida india por menos de 5 dólares el menú, y es excelente.

Ahora quiero iniciarme en otras cocinas... La tailandesa, la italiana, la china, etc., y eso significa que cuando dispongo de tiempo para cocinar disfruto mucho más que antes, ya que no soy el único en hacerlo.

Se busca cocinero de comida vegetariana india/asiática

Fecha: 7/06/2007, 12:25 PM PDT (hora de la costa oeste)

Hola.

Somos una familia a la que le gusta la comida vegetariana india y asiática. Estamos buscando un cocinero que tenga experiencia en esta maravillosa cocina para preparar comida sana, fresca y deliciosa, auténticos platos vegetarianos indios y asiáticos.

Si has preparado un curry en un par de ocasiones o tienes que consultar una receta, seguramente el puesto no sea para ti, pero si conoces la cocina vegetariana india en profundidad, entonces nos gustaría contactar contigo. Esta podría ser una gran oportunidad si eres hindú, pakistaní, punjabi, etc., estás buscando una buena ocasión para poner en práctica tu experiencia y te gusta la cocina vegetariana india y la cultura de ese país. Los conocimientos de Ayurveda y la forma en que este se relaciona con la comida y la dieta es un plus, aunque no es imprescindible.

Por favor, responde con detalles acerca de tu experiencia y algunos de los platos que podrías cocinar. Si nos gusta lo que propones, podemos quedar para que prepares un menú degustación por el que te pagaríamos y ver si llegamos a un acuerdo.

Este es un trabajo a tiempo parcial. Tendrías que ser autónomo y ser responsable de tus impuestos, etc. Te pagaríamos un precio por hora que decidiríamos de común acuerdo, más cupones por la comida que prepares. Puedes cocinar en tu casa y podemos ir a recoger la comida, que luego congelaríamos. Decidiríamos juntos los menús y los horarios que más nos convengan.

Gracias por tu interés.

La elección fundamental: ¿Nueva Delhi o Nueva York?

Existen decenas de miles de AV. ¿Cómo encontrar al idóneo? Al final del capítulo apunto una serie de webs donde buscar, pero si no estableces algunos criterios por adelantado, pronto te sentirás abrumado y confundido.

A menudo resulta útil empezar preguntándose: «¿En qué parte del mundo?».

¿Cerca o lejos?

El «fabricado en Estados Unidos» ha perdido el glamour de antaño. Las ventajas de saltar husos horarios para funcionar con divisas tercermundistas son dos: tu gente trabaja mientras tú duermes y el coste por hora es menor. Ahorro en tiempo y en dinero. Ritika explica el primer beneficio con un ejemplo.

Puede entregar el encargo a su ayudante personal a distancia en la India cuando salga de la oficina por la tarde de Nueva York y tendrá la presentación lista cuando vuelva por la mañana. Debido a la diferencia horaria, los ayudantes pueden trabajar mientras el cliente duerme y tenerlo por la mañana. Cuando se levantan, tienen el trabajo hecho en su buzón de correo. Estos ayudantes pueden ayudar también a leer los libros que les interesan, por ejemplo.

Los AV hindúes y chinos, así como los de casi todos los países en vías de desarrollo, cuestan entre 4 y 15 dólares la hora; los más baratos sirven para realizar labores sencillas y los más caros equivalen a licenciados en administración de empresas o licenciaturas de ciencias de Harvard o Stanford. ¿Necesitas un plan de negocio para un posible inversor? Brickwork puede hacerte uno por un precio que oscila entre 2.500 y 5.000 dólares, en lugar de 15.000 o 20.000. La ayuda extranjera no se circunscribe a pequeñeces. Sé de primera mano que directivos de consultorías contables y de gestión muy potentes suelen cobrar a sus clientes cifras de seis dígitos por informes de investigación que ellos encargan a la India por casi diez veces menos.

En Estados Unidos o Canadá, el rango por hora está entre 25 y 100 dólares. Está claro qué elegir, ¿no? De cabeza a Bangalore. No tan rápido.

El parámetro de medida que importa aquí es el coste por tarea finalizada, no el coste por hora.

El mayor problema de trabajar con auxiliares extranjeros es la barrera del idioma, que suele cuadruplicar el número de correos electrónicos para allá y para acá, además del coste final. La primera vez que contraté a un AV indio cometí el error de no fijar un máximo de horas para realizar tres sencillos encargos. Pregunté qué tal iba unos días después y descubrí que se había tardado 23 horas.

Enfrascado en la tarea para no avanzar prácticamente nada. Había concertado una entrevista (sin confirmar) para la semana siguiente, ¡a una hora que yo no podía! Inconcebible. ¿Veintitrés horas? Al final me salió, a 10 dólares la hora, 230 dólares. El mismo encargo, hecho más tarde a un hablante nativo de inglés, ubicado en Canadá, se llevó a cabo en dos horas a 25 dólares la hora. Cincuenta dólares por el resultado anterior multiplicado como mínimo por cuatro.

Dicho esto, más tarde pedí otro AV hindú a la misma empresa que fue capaz de igualar los resultados del hablante nativo.

¿Cómo saber a quién escoger? Ahí está el quid: no se puede saber. Tienes que probar unos cuantos ayudantes para depurar tus habilidades comunicativas, al tiempo que vas viendo a quién merece la pena contratar y quién merece ser despedido. Ser un jefe que se guíe por los resultados no es tan fácil como parece.

Hay varias lecciones que aprender.

Primero: el coste por hora no es lo que determina el coste final. Fíjate en el coste por tarea. Si tienes que dedicar tiempo a reformular el encargo o a dirigir al AV de alguna forma, determina el tiempo que necesitas dedicarle y añádelo (aplicando tu tarifa por hora, que calculamos algunos capítulos atrás) al precio final del encargo. Puede que te sorprendas. Aunque disfrutes un montón contar que tienes gente trabajando para ti en tres países, no es tan placentero pasar tiempo haciendo de niñera de gente que se supone que has contratado para hacerte la vida más fácil.

Segundo: obras son amores, y no buenas razones. Es imposible predecir si estarás a gusto con un determinado AV sin probarlo. Afortunadamente, se pueden hacer cosas que aumenten tus probabilidades de éxito; una de ellas es recurrir a una empresa de AV en lugar de a un autónomo.

Lobos solitarios frente a equipos

Supongamos que encuentras al AV perfecto. Se ocupa de todas tus labores secundarias, así que decides tomarte esas bien merecidas vacaciones en Tailandia.

Reconforta saber que otra persona que no eres tú estará al timón y apagando fuegos por una vez.

¡Por fin te sientes aliviado! Dos horas antes de coger el vuelo de Bangkok a Phuket, te llega un correo electrónico. Tu AV está fuera de combate y se pasará toda la semana próxima en el hospital. Nada bueno. Vacaciones al cubo de la basura.

No me gusta depender de una sola persona y no lo recomiendo. En el mundo de la alta tecnología, esta clase de dependencia se denominaría «contar con un único punto de fallo», un elemento frágil del que depende el resto. En TI,[15] se utiliza el término «redundancia» como argumento de venta referido a equipos que siguen funcionando aunque se produzca un fallo mecánico en alguno de sus componentes o deje de funcionar. Aplicado a los AV, redundancia significa contar con una red de apoyo.

Yo recomiendo contratar una empresa de AV o ayudantes con equipo auxiliar en lugar de autónomos que trabajen solos. Abundan los ejemplos, por supuesto, de personas que han tenido un único ayudante durante décadas sin sufrir incidente alguno, pero yo me atrevería a decir que tales casos son más bien la excepción que la regla. Más vale prevenir que curar. Además de la mera prevención de catástrofes, la estructura en grupo te proporciona una reserva de talento combinado que te permite asignar distintas tareas sin molestarte en buscar a otra persona con las cualificaciones que necesitas.

Tanto Brickwork como YMII son ejemplos de esta clase de estructura. Ambas ofrecen un único punto de contacto, tu gestor de cuenta personal, que distribuye los encargos a las personas más capacitadas del grupo en turnos distintos. ¿Que necesitas diseño gráfico? Te lo hacen. ¿Gestión de bases de datos? Te lo hacen. No me apetece tener que lla-

15. Tecnologías de la información.

mar y coordinar a un montón de gente. Quiero tenerlo todo junto y estoy dispuesto a pagar un 10% por ello. Te animo a no regatear unos centimillos para luego verte obligado a gastar más.

Que prefiera un equipo no significa que más grande sea mejor, sino que varias personas son mejores que una sola. El mejor AV que he tenido hasta la fecha era un hindú que trabaja con cinco auxiliares. Con tres suele ser más que suficiente, pero con dos se queda justo.

El miedo n.º 1: «Cariño, ¿has comprado un Porsche en China?»

Estoy seguro de que tienes tus miedos. A. J. los tenía:

Mis ayudantes subcontratados saben ahora una cantidad alarmante de cosas sobre mí —además de mi horario, mi colesterol, mis problemas de fertilidad, mi número de la Seguridad Social, mis contraseñas (incluida una que es un taco prototípico de adolescentes)—. A veces me preocupa pensar que nunca voy a poder darles la patada porque, si lo hago, me encontraré un cargo de 12.000 dólares en mi Master-Card del Louis Vuitton de Anantapur.

La buena noticia es que los casos de uso indebido de datos financieros o información confidencial son aislados. En todas las entrevistas que mantuve para escribir esta sección, sólo pude encontrar un caso de abuso de información y tuve que esforzarme mucho. El problema era achacable a un AV ubicado en Estados Unidos hasta arriba de trabajo que subcontrató a un ayudante externo en el último momento.

Grábate esto en la memoria: nunca elijas al último en llegar. Prohíbe a los AV pequeños que subcontraten a autónomos que no hayas probado sin tu previa autorización por escrito. Las empresas más establecidas y prestigiosas, Brickwork, en el ejemplo siguiente, cuentan con medidas de protección que rayan en lo excesivo, que hacen que sea muy fácil detectar al culpable en caso de problemas:

- Se les hace firmar un acuerdo de confidencialidad, pues es política de la empresa salvaguardar la información de los clientes.
- Tarjeta de acceso electrónica para entrar y salir.
- Solamente supervisores seleccionados introducen datos de tarjetas de crédito.
- Está prohibido llevarse documentos de las oficinas.
- Restricción de acceso por VLAN para otros equipos: de esta manera garantizan que personas de otros equipos de la empresa no accedan sin autorización a la información que uno maneja.
- Informes periódicos que registran quién utiliza la impresora.
- Unidades de disquete y puertos USB desactivados.
- Certificación BS779 de cumplimiento de medidas de seguridad internacionales.
- Cifrado de 128 bits de todas las transmisiones de datos.
- Conexión VPN segura.

Me apuesto a que hay muchas probabilidades de que tu información confidencial esté 100 veces más segura en manos de Brickwork que en tu propia computadora.

En cualquier caso, es mejor pensar en el robo de información como un mal inevitable en un mundo digital, así que deberán tomarse medidas cautelares para minimizar posibles daños. Aquí van dos reglas que yo utilizo para reducir los daños al mínimo y poder recuperarme rápidamente:

1. No usar nunca tarjetas de débito para transacciones electrónicas ni dárselas a ayudantes a distancia. Reclamar

cargos no autorizados realizados en una tarjeta de crédito, sobre todo con American Express, no cuesta nada y es casi instantáneo. Recuperar dinero sacado de tu cuenta fraudulentamente con una tarjeta de débito lleva docenas de horas solo de papeleo y, si se autoriza la devolución, tarda meses.

2. Si el AV va a entrar en webs en tu lugar, crea un nombre de usuario y una contraseña especial para que la use en ellas. La mayoría utilizamos el mismo usuario y contraseña en varias webs, así que tomar esta precaución previene posibles daños. Indícales que con esos datos creen cuentas en otras webs si lo necesitan.

Esto tiene mucha importancia si tus ayudantes entran en sitios comerciales en funcionamiento (desarrolladores, programadores, etc.).

Si aún no has sufrido robo de información o de identidad, ya te llegará. Guíate por estas directrices y, cuando ocurra, verás que, como casi en todas las pesadillas, no es para tanto y es reversible.

El complicado arte de la simplicidad: quejas habituales

¡Mi ayudante es idiota! ¡Ha tardado 23 horas en concertar una entrevista!

Esta fue mi primera gran queja. Está claro por qué. ¡23 horas!

Estaba tan enfurecido que le iba a romper los tímpanos a berridos. Mi correo electrónico a este primer ayudante me parecía que estaba clarísimo.

Estimado Abdul:

Aquí están mis primeros encargos, que necesito que hagas para el próximo jueves, final del día.

Si necesitas alguna aclaración, llámame o mándame un correo.

1. Ve a este artículo: http://www.msnbc.msn.com/id/12666060/site/newsweek, coge el correo electrónico, web y teléfono de Carol Milligan y Marc y Julie Szekely. Busca lo mismo de Rob Long aquí: http://www.msnbc.msn.com/id/12652789/site/newsweek/.

2. Concierta entrevistas de 30 minutos con Carol, Marc/Julie y Rob. Mételas en www.myevents.com (nombre de usuario: mentira, contraseña: no lo metas) en mi calendario de la semana próxima a cualquier hora de 9 a 9 hora oriental de Estados Unidos.

3. Busca el nombre, correo electrónico y teléfono (el teléfono es lo menos importante) de trabajadores estadounidenses que hayan negociado acuerdos para trabajar a distancia (teletrabajo) a pesar de que sus jefes se hayan resistido en un principio. Lo ideal sería que hubieran viajado fuera de Estados Unidos.

Otras palabras clave podrían ser «teletrabajo» y «trabajo a distancia». El factor importante es que negociaran con jefes difíciles. Envíame por favor enlaces a sus presentaciones o escribe un párrafo describiendo por qué encajan en lo que busco.

Espero expectante ver de lo que eres capaz. Mándame un correo electrónico si no entiendes algo o tienes dudas.

Un saludo,
Tim

La verdad era que la culpa era mía. Este no es un buen correo electrónico para empezar. Había cometido errores de base antes incluso de redactarlo. Si eres una persona eficaz pero no estás acostumbrado a dar órdenes, da por sentado que la mayoría de los problemas que te encontrarás al inicio son culpa tuya. Es tentador señalar inmediatamente con el dedo a otro y cogerse una rabieta, pero la mayoría de los jefes novatos cometen el mismo error que yo.

1. Acepté a la primera persona que la empresa me ofrecía y no pedí nada en especial antes de empezar.
Pide a alguien que «domine» el idioma en que vayas a comunicarte con él y subraya que tendrá que hablar por teléfono

(aunque no vaya a ser así). Pide rápidamente otra persona si los malentendidos son continuos.

2. No di instrucciones precisas.

Le pedí que concertase entrevistas pero no señalé que eran para escribir un artículo. Por su experiencia con otros clientes, el ayudante supuso que quería contratar a alguien, así que malgastó tiempo creando hojas de cálculo y revisando webs de anuncios de empleo para recabar información complementaria que yo no necesitaba.

Las frases deberían tener una única interpretación posible y ser comprensibles por lectores con nivel de segundo de primaria. También si van dirigidas a hablantes nativos; lo que quieres quedará mucho más claro. Las palabras rimbombantes disfrazan la imprecisión.

Fíjate que le pedí que me escribiera *si* no entendía algo o tenía dudas. Mal hecho. Pide a los AV extranjeros que repitan el encargo en sus propias palabras para confirmar que lo entienden antes de ponerse a ello.

3. Le di licencia para perder el tiempo.

Esto nos trae de vuelta a cómo minimizar daños. Pídele que te cuente qué tal va la cosa tras unas horas de trabajar en un encargo para asegurarte de que lo ha entendido bien y que es factible. Algunas tareas, tras algunos intentos, resultan imposibles de hacer.

4. Fijé el plazo de finalización una semana antes.

Aplica la ley de Parkinson y asigna tareas que deban completarse en 72 horas como máximo. Lo que me ha funcionado mejor son plazos de 48 y de 24 horas. Esta es otra razón de peso para usar un grupo pequeño (tres o más) en lugar de un individuo que puede verse inundado de solicitudes de última hora de varios clientes.

Aplicar plazos cortos no significa que no encargues tareas

más largas (un plan de negocio, por ejemplo), sino que las divides en hitos de menor envergadura que pueden realizarse en plazos más breves (esbozo, resúmenes de investigación de la competencia, capítulos, etc.).

5. Le di demasiado que hacer sin establecer un orden de importancia.
Recomiendo enviar una tarea cada vez si es posible y nunca más de dos. Si quieres que se te cuelgue la computadora, abre 20 ventanas y aplicaciones al mismo tiempo. Si quieres que le pase lo mismo a tu ayudante, asígnale una docena de tareas sin dar prioridad a ninguna. Recuerda nuestro mantra: antes de delegar, elimina.

¿Cómo es un buen correo electrónico asignando una tarea a un AV? El siguiente ejemplo es un correo que mandé hace poco a una AV hindú cuyos resultados han sido francamente espectaculares:

Estimada Sowmya:
Gracias. Me gustaría empezar con el siguiente encargo.
ENCARGO: Necesito encontrar nombres y correos electrónicos de redactores de revistas masculinas de Estados Unidos (por ejemplo: *Maxim, Stuff, GQ, Esquire, Blender*, etc.) que también hayan escrito libros. Un ejemplo de alguien así sería A. J. Jacobs, redactor *freelance* de *Esquire* (www.ajjacobs.com). Ya tengo información sobre él y necesito más gente como él.
¿Puedes hacer esto? Si no, dímelo. **Contéstame confirmando qué vas a hacer para llevar a cabo este encargo.**

PLAZO DE ENTREGA: Como tengo prisa, empieza después de escribirme el correo electrónico de confirmación; déjalo a las 3 horas y dime qué has conseguido. Por favor, ponte con esto ahora mismo, si puedes. El plazo para esas 3 horas y contarme qué has encontrado es el final de la jornada laboral del lunes, hora oriental de Estados Unidos.

Te agradecería que me respondieras lo antes posible,

Tim

Breve, directo y al grano. Para escribir frases claras y, por consiguiente, instrucciones claras, hay que pensar con claridad. Piensa con sencillez.

* * *

En los próximos capítulos aplicaremos las habilidades comunicativas que adquieras con el experimento del ayudante virtual a un campo de juegos mayor, cuya rentabilidad ofende al pudor: la automatización. Dentro de poco estarás subcontratando hasta el punto de que delegar te parecerá pintar con los dedos.

En el mundo de la automatización, no todos los modelos de negocio se han creado iguales. ¿Cómo se monta un negocio y se coordinan todas sus partes sin levantar un dedo? ¿Cómo lograr que el dinero se deposite automáticamente en tu cuenta bancaria evitando los problemas más habituales? Todo empieza por conocer tus opciones, dominar el arte de esquivar el flujo de información y lo que llamaremos «musas». En el siguiente capítulo esbozaremos el anteproyecto del primer paso: hacerte con un producto.

DÉJATE LLEVAR

He aquí un organigrama de una semana laboral de cuatro horas de un lector, Jed Wood, que lo utilizó para tomar decisiones rápidas, aumentar el rendimiento y poder pasar más tiempo con su mujer y sus hijos.

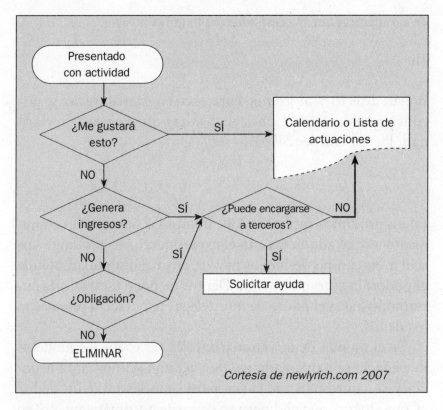

Cortesía de newlyrich.com 2007

P y A: PREGUNTAS Y ACCIONES

1. Búscate un ayudante, aunque no lo necesites.

Practica sentirte cómodo mandando a alguien y no siendo tú el mandado.

Empieza con un proyecto puntual a modo de prueba o una tarea repetitiva pequeña (mejor diaria).

Las siguientes webs, repartidas por distintos husos horarios, te serán útiles.

EE.UU. y Canadá (más de 20 dólares/hora)

http://www.iavoa.com (International Association of Virtual Office Assistants). Directorio global que incluye Estados Unidos.

http://www.cvac.ca (Canadian Virtual Assistant Connection)

http://www.canadianva.net/files/va-locator.html (en Canadá)

www.onlinebusinessmanager.com

Norteamérica y resto del mundo (más de 4 dólares/hora)

www.elance.com (busca «*virtual assistants*», «*personal assistants*» y «*executive assistants*»). Gracias a las opiniones de clientes satisfechos colgadas en Elance encontré a mi mejor AV hasta el momento, que cuesta 4 dólares la hora. Mercados similares con comentarios positivos se encuentran en: www.guru.com y www.rentacoder.com.

India

www.tryasksunday.com (entre 20 y 60 dólares al mes por 24 horas diarias de conserjería, con una semana de prueba). Asksunday es una de las empresas más sofisticadas en outsourcing personal. Este sitio fue nominado como la segunda mejor web del año 2007 por el Times. Basta con marcar un código de área y pone en marcha los mejores asistentes en India y en Filipinas. Yo utilizo este servicio el 80 % del tiempo, para las tareas que requieren menos de diez minutos para completarlas. Para proyectos más largos, hay equipos disponibles por 12 dólares la hora.

www.b2kcorp.com (más de 15 dólares/hora). Desde petroleras enormes y empresas de gran facturación, financieras y congresistas norteamericanos, Brickwork puede con todo. Esto se refleja en los costes de esta empresa de puro traje y corbata: solo empresas. No envían flores a tu tía.

www.taskseveryday.com (6,98 dólares/hora por un asistente personal virtual). Con sede en Mumbai, disponible a través de teléfono y de e-mail en Estados Unidos, Reino Unido y australia. Se puede elegir entre 20 y 40 horas por semana y se puede contratar unas horas antes.

www.yourmaninindia.com (más de 6,25 dólares/hora). YMII acepta encargos personales y profesionales. Pueden trabajar contigo en tiempo real (tienen gente las 24 horas) y hacer el trabajo mientras duermes. El nivel de inglés y de eficacia varía enormemente de unos ayudantes a otros, así que entrevístales antes de empezar o de asignar tareas importantes.

2. Empieza pequeño, pero piensa a lo grande.

Tina Forsyth, una gerente virtual (una AV de alto nivel) que ayuda a clientes que facturan más de un millón de dólares a multiplicar sus ingresos rediseñando sus modelos de negocio, recomienda lo siguiente:

- Echa un vistazo a tu lista de asuntos pendientes. ¿Qué lleva muerto de risa más tiempo?
- Cada vez que te interrumpan o cambies de tarea, pregúntate: «¿Podría dar esto a un AV?».
- Examina los puntos dolorosos: ¿qué te causa más aburrimiento y agobio?

Estas son algunas de las cosas que llevan más tiempo a los negocios pequeños con presencia en internet:

- Enviar artículos para atraer tráfico a su web y engordar sus listas de suscriptores.
- Participar en moderar foros de debate y tablones de mensajes.
- Administrar programas de afiliados.
- Crear contenidos y escribir revistas electrónicas y entradas de blogs.
- Recabar datos y documentarse con vistas a nuevas labores de promoción o analizar los resultados de las campañas de marketing ya realizadas.

No esperes milagros de un único AV, pero tampoco esperes demasiado poco. Afloja un poco las riendas. No asignes tareas basura que terminan malgastando tu tiempo en vez de ahorrártelo. No tiene sentido pasarse 10 o 15 minutos mandando un correo a la India para que te consigan precios de billetes de avión si tú puedes hacer lo mismo en internet en 10 minutos y evitar la retahíla de correos electrónicos de acá para allá que seguro seguirán.

Sal de tu zona de comodidad: ese es precisamente el objetivo del ejercicio. Siempre podrás ocuparte tú de la tarea si el AV demuestra que es incapaz de hacerla, así que sondéale para conocer de qué es capaz.

3. Decide cuáles son las cinco tareas de trabajo y otras cinco personales que te llevan más tiempo y que podrías asignar a un ayudante por pura diversión.

4. Estar al día: planificación y calendarios.
Si decides contar con un ayudante para planificar reuniones y añadirlas a tu calendario, es importante asegurarse de que todo esté al día. Para ello existen varias opciones:

BusySync (www.busysync.com). Yo tengo dos cuentas en Gmail: una es privada y la otra es para mi ayudante, que es a la que llega el correo electrónico general. Utilizo BusySync para sincronizar su Google Calendar con el iCal (Mac Calendar) de mi laptop. También he utilizado **SpanningSync** (www. spanningsync.com) con el mismo objetivo y con excelentes resultados.

WebEx Office (www.weboffice.com). Comparte tu calendario online mientras conciertas tus reuniones de trabajo. Puede sincronizarse con Outlook y también ofrece la posibilidad de compartir documentos y otras aplicaciones. Te sugiero que lo compares para sincronizar tu Outlook con el Google Calendar de tu ayudante.

RETO ANTICOMODIDAD

Practica la crítica sandwich (2 días y luego una vez por semana)

Seguramente hay alguien —un compañero de trabajo, tu jefe, un cliente o tu pareja— que hace algo que te irrita o peor de lo que lo harías tú. En lugar de evitar el tema por miedo al enfrentamiento, cubrámoslo de chocolate antes de pedirles que lo arreglen. Una vez al día durante dos días y luego todos los jueves (de lunes a miércoles la gente está demasiado tensa y los viernes demasiado relajada) durante las próximas semanas, proponte practicar lo que yo llamo la crítica sandwich con alguien. Escríbetelo en el calendario.

Se llama crítica sandwich porque primero *alabas* a la persona por algo, luego *la criticas* y luego cierras con otra *alabanza* para cambiar de tema y dejar atrás el asunto delicado. Un ejemplo con un superior o jefe, con las frases y palabras clave en cursiva:

Tú: Hola, Mara. ¿Tienes un segundo?
Mara: Claro. ¿De qué se trata?
Tú: *Primero quería agradecerte que* me ayudases con la cuenta de la Lombriz Amelia [o lo que sea]. *Te agradezco mucho* que me enseñases cómo lidiar con el asunto. *Se te da muy bien* arreglar problemas técnicos.
Mara: No hay de qué.
Tú: *Esto es lo que ocurre.*[16] Va a entrar mucho trabajo para todos, y *me siento*[17] un poco abrumado. *Normalmente tengo claras las prioridades,*[18] pero últimamente me está costando

16. No uses la palabra problema si puedes evitarlo.
17. Nadie puede discutirte lo que sientes. Esto te servirá para evitar un debate sobre las circunstancias externas.
18. Repara en que he quitado «tú» de la frase para no señalar con el

saber qué tareas son las primeras de la lista. *¿Podrías ayu-darme* señalando los temas más importantes cuando haya que ocuparse de varios? *Es culpa mía, lo sé,*[19] *pero te lo agra-decería mucho y creo que sería muy útil.*
Mara: Ehhmm... Veré qué puedo hacer.
Tú: *Significa mucho para mí. Gracias. Antes de que se me olvide,*[20] la presentación de la semana pasada te salió genial.
Mara: ¿De verdad? Bla, bla, bla...

dedo, aunque está implícito. «Normalmente indicas claramente las prio-ridades» suena a insulto disfrazado de cumplido. Si estás hablando con tu pareja, puedes saltarte esta formalidad, aunque nunca digas «siempre haces X», pues con seguridad iniciarás una pelea.

19. Distiende un poco el ambiente metiendo esto. Ya has dejado claro qué quieres.

20. «Antes de que se me olvide» es la progresión ideal del halago de cierre, que además sirve para cambiar de tema y dejar atrás el asunto deli-cado sin que ninguno de los dos se sientan incómodos.

DISEÑO DE UN ESTILO DE VIDA EN ACCIÓN

Las mejores horas para mandar correos electrónicos

Recomiendo que la gente revise su correo electrónico pocas veces al día. He aquí otra propuesta: contesto a los correos electrónicos cuando me conviene, pero también los programo para que me lleguen cuando me conviene. Outlook te permite retrasar la entrega de los mensajes hasta cualquier hora del día. Por ejemplo: cuando contesto mensajes a las 3 de la tarde, no quiero que mi personal me bombardee instantáneamente con sus respuestas o me plantee preguntas. (Esto también evita los chats a través del correo electrónico.) Así pues, yo mando los mensajes pero retraso la llegada de las respuestas hasta la tarde o hasta las 8 de la mañana del día siguiente, cuando llegan mis empleados. ¡Así debería funcionar el correo electrónico! Se trata de mensajes, no de un chat.

JIM LARRANAGA

9. INGRESOS EN PILOTO AUTOMÁTICO I: BUSCA TU MUSA

«¡Móntalo y olvídate!»

RON POPEIL, fundador de RONCO, que ha vendido más de
1.000 millones de dólares en asadores para pollo

«Métodos puede haber un millón y alguno más, pero principios hay pocos. El hombre capaz de captar principios puede luego escoger sus propios métodos. El que aplica métodos ignorando los principios con seguridad encontrará problemas.»

RALPH WALDO EMERSON

El minimalista renacentista

Douglas Price acababa de despertarse otra hermosa mañana de verano en su casa de arenisca color chocolate de Brooklyn. Lo primero es lo primero: café.

Casi no sentía los efectos del *jet lag*, teniendo en cuenta que acababa de llegar de hacer una excursión por las islas de Croacia. Ese era solo uno de los seis países que había visitado en el último año. El próximo programado era Japón.

Tatareando una cancioncilla mientras sonreía, y con la taza de café en la mano, caminó parsimonioso hasta su Mac para ver primero su correo electrónico personal. Había 32 mensajes, todos ellos portadores de buenas noticias.

Uno de sus amigos y socio empresarial, también cofundador de Limewire, tenía algo nuevo que contarle: Last Bamboo, su empresa de internet, llamada a reinventar la tecnología de comunicación entre usuarios, estaba ultimando las postreras fases de desarrollo. Ese hijito podría valer algún día miles de millones, pero Doug estaba dejando que los técnicos se volvieran locos por ahora.

Samson Projects, una de las galerías de arte contemporáneo más en boga de Boston, le felicitaba por sus últimas obras y mostraba interés por colaborar más estrechamente montando más exposiciones en calidad de comisario de sonido.

El último correo de la bandeja de entrada era una carta de un fan dirigida a «Demon Doc» alabando su último álbum instrumental de hip-hop: *onliness v1.0.1*. Doug había lanzado el álbum como lo que él había bautizado como «música de código abierto»: cualquiera podía descargarse el álbum gratis y usar sonidos de cualquier pista en sus propias composiciones.

Sonrió de nuevo, se terminó su oscuro café tostado de un trago y abrió otra ventana para ocuparse del correo de negocios en segundo lugar. Le llevaría mucho menos tiempo.

De hecho, menos de 30 minutos ese día y 2 horas por semana.

¡Cómo cambian las cosas!

Dos años antes, en junio de 2004, estaba en al apartamento de Doug leyendo mi correo electrónico por lo que yo esperaba que fuese la última vez en mucho tiempo. En cuestión de horas me marcharía al aeropuerto JFK de Nueva York desde donde partiría de excursión indefinida por el mundo. Doug me miraba divertido por encima del hombro. Tenía planes parecidos para sí mismo. Por fin se estaba liberando de una empresa de internet financiada por capital riesgo que en su día había ocupado portadas de revistas y que le había apasionado, pero que ahora no era más que un trabajo.

Hacía mucho que la euforia de la era punto-com se había acabado, llevándose casi todas las probabilidades de venderla o sacarla a bolsa.

Movió la mano a modo de despedida mientras tomaba una determinación al ver al taxi girando en la esquina: se acabaron los rollos complicados. Era hora de volver a lo esencial.

Prosoundeffects.com, lanzada en enero de 2005 tras una semana de pruebas de venta en eBay, estaba diseñada para hacer una sola cosa: proporcionar a Doug toneladas de dinero con una inversión de tiempo mínima.

Esto nos devuelve a su buzón de correo profesional en 2006.

Hay 10 pedidos de bibliotecas de sonidos, CD que productores de cine, músicos, diseñadores de videojuegos y otros profesionales utilizan para añadir sonidos difíciles de encontrar —el ronroneo de un lémur o un instrumento exótico— a sus propias creaciones. Estos son los productos de Doug, aunque no le pertenecen, pues ello exigiría poseer un inventario físico y poner dinero por adelantado. Su modelo de negocio es mucho más elegante.

Aquí tienes una de sus fuentes de ingresos:

1. Un cliente potencial ve su publicidad de pago por clic (PPC) en Google u otro motor de búsqueda y pincha para entrar en su web: www.prosoundeffects.com.
2. Pide un producto que vale 325 dólares (el precio medio de compra, aunque los precios oscilan entre 29 y 7.500 dólares) a través de un carro de compra de Yahoo. En ese momento, un pdf con todos sus datos de facturación y envío se manda por correo electrónico automáticamente a Doug.
3. Tres veces por semana, Doug pulsa un único botón en la página de gestión de Yahoo para hacer los cargos en las tarjetas de crédito de todos sus clientes y trasladar el dinero a su cuenta bancaria. Luego guarda los pdf como hojas de pedido

de Excel y se las envía a los fabricantes de las bibliotecas en CD. Esas empresas envían por correo los productos a los clientes de Doug —esto se denomina venta al por menor sin existencias o *drop-shipping*— y Doug paga a los fabricantes solamente el 45% del precio de venta al público de los productos 90 días después (pago a 90 días).

Examinemos la belleza matemática de su sistema para captar todo su esplendor.

Por cada pedido de 325 dólares con un coste del 55% del precio minorista, Doug se queda con 178,75 dólares Si restamos el 1% del precio total de venta al público (1% de 325 = 3,25) que cuesta la transacción en la tienda de Yahoo y el 2,5% de la tasa de procesamiento de la tarjeta de crédito (2,5% de 325 = 8,13), Doug se queda con un beneficio antes de impuestos de 167,38 dólares por esta única venta.

Multiplica esto por 10 y obtenemos 1.673,80 dólares de beneficio por 30 minutos de trabajo. Doug gana 3.347,60 dólares la hora sin comprar productos por adelantado. Sus costes iniciales fueron 1.200 dólares por el diseño de la página web, que recuperó la primera semana. La publicidad de pago por clic le sale aproximadamente a 700 dólares al mes y paga a Yahoo 99 al mes por el alojamiento y el carrito de compra.

Trabaja menos de dos horas por semana, se suele sacar más de 10.000 dólares al mes y el riesgo financiero en que incurre es completamente nulo.

Ahora Doug dedica su tiempo a hacer música, viajar y montar otros negocios porque le parece emocionante. Prosoundeffects.com no es el culmen de sus aspiraciones, pero ha eliminado todas sus preocupaciones económicas y liberado su mente para prestar atención a otras cosas.

¿Qué harías si no tuvieses que pensar en el dinero? Si sigues los consejos de este capítulo, pronto tendrás que dar respuesta a esa pregunta.

Es hora de buscarte una musa.

Hay un millón y una maneras de ganar un millón de dólares. Desde franquiciar a ser consultor independiente, la lista no acaba nunca. Afortunadamente, casi ninguna encaja con nuestro propósito. Este capítulo no es para gente que quiera *llevar* negocios, sino para quienes quieran *poseer* negocios y no dedicarles tiempo.

La reacción más o menos universal que me encuentro al presentar esta idea es: ¿cómo?

La gente no se cree que casi todas las empresas megaexitosas del mundo no fabrican los productos que venden, no cogen sus teléfonos, no envían los productos ni se ocupan de atender a sus clientes.

Hay cientos de empresas que existen para fingir que trabajan para otro y ocuparse de estas cuestiones, proporcionando una estructura rentable a cualquiera que sepa dónde localizarlas.

¿Te crees que Microsoft fabrica la Xbox 360 o que Kodak diseña y distribuye sus cámaras digitales? Pues nones. Flextronics, una empresa de ingeniería y producción con sede en Singapur, instalaciones en 30 países y 15.300 millones de dólares de facturación actual, hace las dos cosas.

La mayoría de las marcas conocidas de bicicletas de montaña vendidas en Estados Unidos las fabrica la misma empresa en las mismas tres o cuatro plantas de China. En docenas de centros de llamadas se pulsa un botón para atender a los clientes de los Corte Ingleses del mundo, otro para los de las computadoraes Dell del mundo y otro para las llamadas de los Nuevos Ricos, como yo.

Es todo maravillosamente transparente y barato.

Antes de crear esta estructura virtual necesitamos un *producto* que vender. Si prestas un servicio, en este apartado aprenderás a transformar tus habilidades en una mercancía que se pueda enviar para escapar de las limitaciones que impone el modelo de ganancia por horas. Si empiezas desde cero, olvida por ahora los servicios, pues el contacto continuo con el cliente hace muy difícil ausentarse.[21]

Para delimitar aún más nuestro objetivo, diremos que el producto que buscamos no puede costarnos más de 500 dólares en probarlo, debe prestarse a automatizarse *en cuatro semanas* y —cuando esté funcionando— no debe exigirnos más de un *día por semana* para gestionar su venta.

¿Puede servir un negocio para cambiar el mundo, como The Body Shop o Patagonia? Sí, pero eso no es lo que estamos buscando ahora.

¿Puede servir un negocio para hacer dinero vendiéndolo o sacándolo a bolsa? Sí, pero ése tampoco es nuestro objetivo.

Nuestro objetivo es simple: crear un vehículo automatizado de generación de dinero sin que nos lleve tiempo. Eso es todo.[22] Siempre que pueda llamaré a este vehículo «musa» para distinguirlo del ambiguo término «negocio», que puede referirse a un puesto de limonada o a un conglomerado petrolero de miles de millones; nuestro objetivo es más limitado, por lo que requiere de un vocablo más preciso.

Así que primero lo primero: flujo de caja y tiempo. Con estas dos divisas, todo lo demás es posible. Sin ellas, nada es posible.

Por qué empezar con el fin en mente: un relato preventivo

Sarah está ilusionada.

Hace dos semanas que colgó en internet sus divertidas camisetas para golfistas y está vendiendo una media de 5 al

21. Existen algunas excepciones, como las webs de miembros que no exigen que crees contenidos, pero, por regla general, los productos exigen menos mantenimiento y te ayudarán a lograr tu IMO más rápido.

22. Las musas serán tu fuente de tiempo y libertad financiera para hacer realidad tus *onirogramas* en un tiempo récord, después de lo cual uno (y suele ser el caso) emprende otras empresas para cambiar el mundo con ellas o para venderlas.

día, a 15 dólares cada una. El coste por unidad es de 5 dólares, así que su beneficio bruto está siendo de 50 dólares (menos 3% en tasas de tarjetas de crédito) cada 24 horas, pues los gastos de envío y manipulación corren por cuenta de los clientes. Pronto recuperará lo que le costó su pedido inicial de 200 camisetas (incluidos el precio de las planchas, el montaje, etc.), pero Sarah quiere ganar más.

Parece que la suerte se ha puesto de su lado, si pensamos en el destino de su primer producto. Se gastó 12.000 dólares en idear, patentar y fabricar un cochecito de última tecnología para mamás con bebés (ella no tiene hijos), para luego descubrir que no le interesaba a nadie.

Las camisetas, por el contrario, se estaban vendiendo, pero las ventas empezaban a ralentizarse.

Parecía que había tocado techo vendiendo por internet, ahora que competidores con más dinero pero menos formación estaban gastándose demasiado en publicidad, lo que hacía subir los costes. De pronto se hizo la luz: ¡las tiendas!

Sarah va a ver al gerente de la tienda de golf de su ciudad, Bill, que inmediatamente expresa su interés en vender sus camisetas. Sarah está encantada.

Bill solicita el habitual descuento mínimo del 40% para venta al por mayor. Eso significa que ahora las está vendiendo a 9 dólares en lugar de a 15 y que su beneficio ha pasado de 10 a 4 dólares. Sarah decide probar suerte y ofrece lo mismo a otras tres tiendas de las ciudades vecinas. Las camisetas vuelan de los estantes, pero pronto se da cuenta de que su pequeño margen de beneficio se lo comen las horas extra que pasa haciendo facturas y otras tareas administrativas.

Decide acudir a un distribuidor[23] para quitarse ese trabajo de encima, una empresa que actúa como almacén de envíos y vende productos de distintos fabricantes a tiendas de golf de todo el país. El distribuidor se interesa por su oferta y

23. A los distribuidores se les llama también «mayoristas».

pide su precio normal: 70% del precio de venta al público, o 4,50 dólares, lo que dejaría a Sarah con 50 centavos en el bolsillo por unidad. Sarah dice que no.

Para empeorar aún más las cosas, las cuatro tiendas han empezado ya a rebajar las camisetas para competir entre ellas, por lo que se están cargando sus márgenes de beneficio. Dos semanas después, los pedidos desaparecen.

Sarah abandona el comercio minorista y regresa desmoralizada a su web. Con la nueva competencia, las ventas por internet se han reducido a casi nada. No ha recuperado su inversión inicial y todavía le quedan 50 camisetas en el garaje.

¡Qué mal!

Todo se podría haber evitado con pruebas y planificación adecuadas.

Ed Byrd, «Don Creatina», no es Sarah. Él no invierte y luego reza.

Su empresa, con sede en San Francisco, MRI, comercializó el suplemento para deportistas más vendido en Estados Unidos entre 2002 y 2005: NO2.

Aún hoy es un superventas, a pesar de tener docenas de imitadores. Lo consiguió con pruebas ingeniosas, un posicionamiento inteligente y una brillante distribución.

Antes de empezar a fabricar, MRI lanzó un libro barato relacionado con el producto, poniendo anuncios de un cuarto de página en revistas sobre salud masculinas. Cuando la necesidad se confirmó con una montaña de pedidos del libro, se puso al NO2 el desorbitado precio de 79,95 dólares, se posicionó como el producto superior del mercado y se empezó a vender exclusivamente en las tiendas GNC de todo el país. No se permitió a nadie más venderlo.

¿Cómo va a tener sentido perder clientes? Existen algunas razones de peso.

Primero, cuantos más distribuidores compitan entre ellos, antes se extinguirá tu producto. Este fue uno de los errores de Sarah.

Funciona así: el distribuidor A vende el producto al precio recomendado al anunciarlo de 50 dólares; luego el distribuidor B lo vende a 45 para competir con A y luego C lo vende a 40 para competir con A y B.

En poquísimo tiempo, nadie está ganando dinero por vender tu producto y ya no hacen más pedidos. Los clientes están ahora acostumbrados a un precio más bajo y el proceso es irreversible. El producto está muerto y tienes que crear otro. Esta es la razón por la que tantas empresas tienen que crear nuevos productos todos los meses. Es una pesadilla.

Yo llevo seis años vendiendo un único suplemento, BrainQUICKEN® (también comercializado como BodyQUICK®), manteniendo un margen de beneficio estable al limitar la distribución al por mayor, sobre todo por internet, a uno o dos distribuidores grandes que mueven cantidades importantes de producto y han accedido a mantener un precio mínimo anunciado.[24] De lo contrario, los descuentos de ciertos pícaros que venden por eBay y las tiendecillas caseras te llevarán a la ruina.

En segundo lugar, si le ofreces exclusividad a alguien, algo de lo que la mayoría de fabricantes huyen, puede funcionar a tu favor. Como le estás ofreciendo a una empresa el 100% de la distribución, podrás negociar mejores márgenes de beneficio (menos descuento sobre el precio de venta al público), mejor apoyo promocional en tienda, pagos más rápidos y trato preferencial.

Es fundamental decidir cómo vas a vender y distribuir tu producto antes de decantarte por uno. Cuantos más inter-

---

24. Es ilegal fijar el precio al que alguien vende tu producto, pero puedes dictar por cuánto lo anuncian. Esto se hace incluyendo una cláusula de precio mínimo anunciado en tus condiciones generales, que se aceptan automáticamente cuando se envía un pedido por escrito a un mayorista.

En www.fourhourblog.com encontrarás muestras de condiciones generales y formularios de pedido.

mediarios haya, más elevados deberán ser tus márgenes para que todos los eslabones de la cadena obtengan rentabilidad.

Ed Byrd se dio cuenta. Él es el perfecto ejemplo de que hacer lo contrario que la mayoría puede reducir el riesgo y aumentar el beneficio. Elegir la distribución antes que el producto es solo un ejemplo.

Ed conduce un Lamborghini por la costa californiana cuando no está viajando o en la oficina con su pequeño y concentrado equipo y sus dos pastores australianos. Sus resultados no son accidentales. Sus métodos para crear productos —y los de los Nuevos Ricos en general— pueden ser emulados.

Aquí tienes cómo hacerlo en el menor número de pasos posible.

Paso uno: elige un nicho de mercado al que puedas llegar

> «Cuando era más joven... no quería que me encasillasen... En esencia, ahora quieres que te encasillen. Ese es tu nicho.»
> JOAN CHEN, actriz; apareció en
> *El último emperador* y *Twin Peaks*

Crear demanda es difícil. Satisfacer demanda es mucho más fácil. No crees un producto y luego busques a alguien para vendérselo. Encuentra un mercado —decide quién es tu cliente— y luego busca o invéntate un producto para él.

He sido estudiante y deportista, así que inventé productos para esos mercados, centrándome en los varones siempre que pude.

El audiolibro que grabé para orientadores universitarios fracasó porque yo nunca he sido orientador universitario. Luego creé un cursillo de lectura rápida, cuando reparé en que tenía vía libre de acceso a los estudiantes y el negocio tuvo éxito porque —como yo también era estudiante—

conocía sus necesidades y hábitos de compra. Sé parte de tu mercado objetivo y no especules con lo que los demás necesitan o están dispuestos a comprar.

Empieza pequeño, pero piensa a lo grande

> «Hay gente a quien le encantan los espectáculos lujosos con enanos.»
>
> DANNY BLACK (1,27 m), uno de los dueños de
> Shortdwarf.com[25]

Danny Black alquila enanos para espectáculos por 149 dólares/la hora. ¿Qué te parece como nicho de mercado?

Se dice que si todo el mundo es tu cliente, entonces nadie es cliente tuyo. Si empiezas queriendo vender un producto a los amantes de los perros o de los gatos, detente. Sale muy caro publicitarte para llegar a un mercado tan amplio y estarás compitiendo con demasiados productos y demasiada información gratuita. Sin embargo, si te especializas en adiestrar a pastores alemanes o creas un producto para restaurar Fords antiguos, el mercado y la competencia se encogen, de modo que será más barato llegar a tus clientes y más sencillo cobrarles un precio superior.

En un primer momento, BrainQUICKEN se creó pensando en los estudiantes, pero el mercado resultó demasiado disperso, por lo que era complicado llegar a él. Tras recibir opiniones positivas de estudiantes deportistas, relancé el producto con el nombre de BodyQUICK y probé a anunciarme en revistas dirigidas específicamente a personas que practica-

---

25. *The Wall Street Journal*, 18 de julio de 2005 (http://www.technologyinvestor.com/login/2004/Jul18-05.php).

ban las artes marciales y a levantadores de pesas. Estos son mercados minúsculos comparados con el gigantesco mercado estudiantil, pero no pequeños. Gracias a los bajos costes de los medios de comunicación y la ausencia de competencia, pude dominar estos nichos con el primer «neuroacelerador».[26] Sale más rentable ser cabeza de ratón que cualquier pelo en la cola del león. ¿Cómo saber si tu mercado es suficientemente grande para alcanzar tu IMO? En el anexo que acompaña este libro encontrarás un ejemplo extraído de la vida real: cómo determiné el tamaño del mercado de un producto hace poco. Busca «Cálculos para tu musa».

Para encontrar nichos rentables, hazte las siguientes preguntas:

1. ¿A qué grupos sociales, sectoriales o profesionales perteneces, has pertenecido o conoces, ya sean dentistas, ingenieros, escaladores, ciclistas por diversión, aficionados a restaurar automóviles, bailarines o cualquier otro?
Repasa con ojos imaginativos tu currículum, trayectoria laboral, costumbres físicas y pasatiempos y escribe una lista de todos los grupos, pasados y presentes, con los que puedas vincularte. Mira los objetos y los libros que posees, incluidas suscripciones a revistas en papel y electrónicas y pregúntate: «¿Qué grupos de gente compran lo mismo?». ¿Qué revistas, sitios web y publicaciones lees periódicamente?

2. ¿Cuáles de los grupos detectados tienen sus propias revistas?
Ve a una librería grande tipo Barnes&Noble o Fnac y hojea revistas especializadas más minoritarias para que se te ocurran

---

26. Esta fue una nueva categoría de producto que creé y acuñé para eliminar y adueñarme de la competencia. Esfuérzate por ser el más grande, el mejor o el primero en una categoría concreta. Yo prefiero ser el primero.

más nichos. Existen miles de revistas específicas sobre distintos intereses, pasatiempos y ocupaciones entre las que escoger. En el directorio para periodistas *Writer's Market* encontrarás otras revistas que no suelen estar en las librerías. Limita el grupo de la pregunta 1 a aquellos a los que se pueda llegar a través de una o dos revistas pequeñas. No importa que esos grupos tengan o no mucho dinero (por ejemplo, golfistas), sino que gasten dinero (atletas aficionados, pescadores de percas, etc.) en algún tipo de producto. Llama a estas revistas, habla con los responsables de publicidad y diles que estás pensando en anunciarte; pídeles que te manden por correo electrónico sus tarifas actuales y que indiquen tirada e incluyan muestras de números antiguos. Mira en los números antiguos anunciantes que hayan repetido varias veces y que vendan directamente al cliente por teléfono o por internet. Cuantos más anuncios iguales haya en varios números, y con mayor frecuencia, más rentable les resulta la revista… igual que lo será para nosotros.

Paso dos: encuentra ideas para productos (no inviertas primero)

«El genio es solamente la facultad superior de ver.»
JOHN RUSKIN, afamado artista y crítico social

Escoge los dos mercados que mejor conozcas que tengan sus propias revistas con anuncios a toda página que cuesten menos de 5.000 dólares. Cada revista debe tener por lo menos 15.000 lectores.

Llega la parte divertida. Ahora tenemos que inventarnos o buscar productos pensando en estos dos mercados.

El objetivo es hallar ideas para productos bien formadas sin gastar un dólar; en el paso 3 idearemos anuncios para ellos y probaremos la reacción de clientes reales antes de invertir en fabricarlos.

Hay varios criterios que el producto deberá cumplir para encajar en una estructura automatizada.

El principal beneficio deberá expresarse en una sola frase

Puedes caer mal —muchas veces venderás más si ofendes a alguien—, pero nunca pueden entenderte mal.

El principal beneficio de tu producto tiene que quedar claro en una frase o en unas palabras. ¿Por qué es diferente y por qué debo comprármelo?

UNA frase o unas cuantas palabras, amigos. Apple lo hizo genial con el iPod. En vez de la jerga habitual de las telefónicas y la informática contando gigas, ancho de banda y todo lo demás, dijeron: «1.000 canciones en tu bolsillo». Ya está. Hecho. Simplifica y no avances con un producto hasta que puedas decirlo en una frase y la gente se entere.

El precio para el cliente deberá oscilar entre los 50 y los 200 dólares

El grueso de las empresas fijan sus precios en la franja media, por eso ahí es donde hay más competencia. Poner un precio bajo es tener pocas luces, porque siempre habrá alguien dispuesto a sacrificar más margen de beneficio y llevarlos a la bancarrota. Además del valor percibido, crear una imagen exclusiva, de alto nivel y cobrar más que la competencia aporta tres ventajas más:

1. Con precios más altos necesitarás vender menos unidades —y, por consiguiente, atender a menos clientes— para hacer realidad tus *onirogramas*. Es más rápido.

2. Los precios más elevados atraen a clientes cuyo mantenimiento es sencillo (pagan a tiempo, se quejan/preguntan

menos, menos devoluciones). Menos quebraderos de cabeza. Esto es IMPAGABLE.

3. Un precio más alto produce márgenes de beneficio más amplios. Es más seguro.

Personalmente busco un *margen* que sea de 8 a 10 veces mi coste, lo que significa que un producto de 100 dólares no puede costarme más de 10-12,5.[27] Si hubiese aplicado a Brain-QUICKEN el margen de 5 veces, el que se suele aconsejar, me hubiera hundido en seis meses por culpa de un proveedor poco honrado y una revista que salió tarde. El margen de beneficio me salvó y en un año estaba generando 80.000 dólares al mes.

Tampoco puedes pasarte con los precios altos. Si el precio por unidad supera un determinado valor, los clientes potenciales querrán hablar con alguien por teléfono para sentirse lo suficientemente cómodos como para comprar. Esto está contraindicado en nuestra dieta hipoinformativa.

Yo he descubierto que la franja 50-200 dólares por venta produce el beneficio más elevado a cambio de las mínimas molestias en atención al cliente. Pon un precio alto y luego justifícalo.

No *deberá tardarse más de 3 o 4 semanas en fabricarse*

Esto es importantísimo para mantener los costes bajos y adaptarte a la demanda sin acumular producto de antemano. Yo no me atrevería a vender ningún producto que tardase más de tres o cuatro semanas en fabricarse. Recomiendo apuntar

---

27. Si optas por distribuir productos de alta gama de otro, como Doug, sobre todo si los compras después de tener los pedidos y no guardas existencias, el riesgo es menor, por lo que pueden bastarte márgenes más pequeños.

a una o dos semanas desde que llega el pedido hasta tener el producto listo para enviar.

¿Cómo averiguar cuánto se tarda en fabricar algo?

Ponte en contacto con fabricantes especializados en la clase de productos que estás sopesando: http://www.thomasnet.com/. Llama a un fabricante relacionado con tu producto (por ejemplo, retretes) si necesitas que te asesoren sobre uno que no encuentras (productos de limpieza para retretes).

¿Que no encuentras nada? Prueba a buscar en Google distintos sinónimos de tu producto mezclándolos con «organización» y «asociación» para llamar a las organizaciones sectoriales que te interesen. Pídeles que te recomienden fabricantes externos y el nombre de sus revistas sectoriales, en las que a menudo hay anuncios de fabricantes y otros proveedores de servicios relacionados con tu producto que necesitaremos más tarde para tu estructura virtual.

Solicita precios a los fabricantes para asegurarte de que el margen correcto es posible. Calcula el coste por unidad de fabricar 100, 500, 1.000 y 5.000 unidades.

Deberá poder explicarse en unas «Respuestas a las preguntas más habituales» bien hechas colgadas de tu web

En esto es donde metí la pata hasta el fondo al elegir el producto, en el caso de BrainQUICKEN.

Aunque gracias a las pastillas puedo vivir como un NR, no se las deseo a nadie. ¿Por qué no? Cada cliente te hace 1.000 preguntas: «¿Puedo comer plátanos con tu producto?», «¿Me harán tirarme pedos durante la cena?». Y más y más, *ad nauseam*. Escoge un producto que puedas explicar con todo detalle en unas «Respuestas a las preguntas más frecuentes» bien redactadas y colgadas en tu web. Si no, viajar y olvidarte del trabajo se dificulta muchísimo o terminas gastándote una fortuna en operadores de centros de llamadas.

Una vez asimilados estos criterios, queda una cuestión por resolver: «¿Cómo obtener un buen producto para una musa que les satisfaga?». Recomiendo tres opciones que expondremos empezando por la que menos me gusta y acabando por mi preferida:

Opción uno: Distribuye un producto

Comprar a un mayorista un producto que ya exista y distribuirlo es la ruta más descansada pero también la menos rentable. Es lo más rápido en echar a andar pero también en morir, debido a la competencia de precios con otros distribuidores. La vida rentable de cada producto es corta, salvo que exista un acuerdo de exclusividad que impida a otros venderlo. Por otro lado, es una excelente opción convertirse en distribuidor de productos accesorios relacionados[28] que puedan venderse a los clientes existentes o como complemento[29] a nuevos clientes, ya sea por internet o por teléfono.

Para comprar al por mayor, sigue los siguientes pasos:

1. Contacta con el fabricante y pídele una «lista de precios al por mayor» (generalmente 40% menos del precio al detalle) y sus condiciones de venta.
2. Si necesitas un número de identificación fiscal como

28. Con productos accesorios relacionados me refiero a los que se venden a un cliente después de que se les haya vendido el producto principal. Dos ejemplos son carcasas de iPod y sistemas GPS para automóvil. Estos productos pueden tener márgenes inferiores, porque no existe coste de publicidad para captar al cliente.
29. Esto se conoce como «venta cruzada»: vender un producto complementario a un cliente mientras le tienes aún al teléfono o en un carrito de compra digital, después de haberle vendido el producto primario. En www.fourhourblog.com encontrarás un glosario completo de marketing en general y marketing de respuesta directa (RD).

empresa, imprime los formularios correspondientes de la web de la Secretaría de tu Estado (el equivalente en España sería el IAE, gestionado por las administraciones locales) y realiza las gestiones necesarias para crear una sociedad de responsabilidad limitada (lo que yo prefiero) o una estructura empresarial protectora similar por 100-200 dólares.

NO compres producto hasta haber completado el paso 3, explicado en el capítulo siguiente. En este punto, basta con confirmar el margen de beneficio y tener en tu poder fotos y folletos informativos sobre el producto.

En eso consiste distribuir. No hay mucho más.

Opción dos: licencia (o hazte con la licencia de) un producto

«Uso todo el cerebro del que dispongo, pero también todos los que consigo que me presten.»

WOODROW WILSON

Algunas de las marcas y productos más famosos del mundo se han tomado prestados a otra persona o se han traído de otro lugar. La receta de la bebida energética Red Bull está basada en un tónico tailandés; y los Pitufos se importaron de Bélgica. Pokémon llegó del país de Honda. La banda KISS ganó millones vendiendo discos y entradas a conciertos, pero los verdaderos beneficios vinieron de la concesión a otros de licencias para fabricar cientos de productos con su nombre e imagen a cambio de un porcentaje sobre las ventas.

En un acuerdo de licencia hay dos partes; un NR puede estar a ambos lados. Uno es el inventor del producto,[30] llamado el «licenciador», que vende a otros el derecho a manufacturar, utilizar o vender su producto, normalmente a cam-

---

30. Esto también es válido para dueños de derechos de autor o marcas registradas.

bio de entre el 3% y el 10% del precio al por mayor (suele ser el 40% menos del precio al detalle) por cada unidad vendida. Inventa algo, que otro se ocupe del resto y tú ingresas cheques. No es un mal modelo.

Al otro lado de la ecuación está la persona interesada en fabricar y vender el producto del inventor a cambio del 90-97% de los beneficios: el «licenciatario». A mí y a casi todos los NR, esto les parece más interesante.

No obstante, conceder una licencia implica llegar a multitud de acuerdos por ambas partes y es una ciencia en sí mismo. Saber negociar contratos con creatividad es esencial, y la mayoría de los lectores se toparán con problemas si se trata de su primer producto. En www.fourhourblog.com encontrarás casos analizados extraídos de la vida real, desde el osito Teddy Ruxpin al Tae Bo, así como acuerdos completos con cifras reales en dólares. Desde cómo vender inventos sin prototipos ni patentes a cómo proteger derechos sobre un producto siendo un principiante don nadie, ahí está todo. La rentabilidad es fascinante y los beneficios pueden dejarte atónito.

Por ahora, nos centraremos en la opción menos complicada y más rentable, accesible a la mayoría: crear un producto.

Opción tres: crea un producto

> «La creación es mejor forma de autoexpresión que la posesión; a través de la creación, no de la posesión, se revela la vida.»
>
> VIDA D. SCUDDER, *The Life of the Spirit in the Modern English Poets* [La vida del espíritu en los poetas modernos ingleses]

Crear un producto no es complicado.

El verbo «crear» suena a más esfuerzo del que realmente supone. Si la idea es un producto físico —un invento—, es posible contratar a un ingeniero mecánico o un diseñador industrial en www.elance.com que idee un prototipo a partir de lo que quieres que haga el objeto y del aspecto que busques. Luego lo llevas a una empresa de fabricación. Si encuentras un producto genérico o estándar hecho por una empresa de manufacturado al que pueda darse un uso diferente o posicionarse para un mercado concreto, es aún más fácil: mándales fabricarlo y que le pongan tu etiqueta y *voilà*: tienes un producto nuevo. Este ejemplo se encuadra en la estrategia que suele llamarse «marca blanca». ¿Has visto alguna vez en la consulta de un quiropráctico su propia línea de vitaminas o la marca Hacendado de Mercadona? Marca blanca en acción.

Es cierto que probaremos la reacción del mercado sin haber fabricado un producto, pero si la prueba da positivo, fabricar es el siguiente paso.

Esto quiere decir que tendremos que tener en cuenta costes de preparación, costes por unidad y pedidos mínimos. Los dispositivos y cachivaches innovadores son geniales, pero a menudo exigen maquinaria y herramientas especiales para producirlos, lo que encarece los preparativos, haciendo que no cumplan nuestros criterios.

Dejando a un lado los artilugios mecánicos y olvidándonos de ensamblajes y procedimientos técnicos, hay una clase de producto que cumple todos nuestros criterios, su plazo de fabricación es menos de una semana para cantidades pequeñas y suele admitir márgenes de beneficio no de 8 a 10 veces el coste, sino de entre 20 y 50.

No, no es la heroína ni la trata de esclavos. Exigen demasiados sobornos e interacción humana.

Es la información.

Los productos informativos o infoproductos son baratos, rápidos de fabricar y la competencia tarda mucho tiempo en copiarlos. Piensa que los productos no informativos que más se venden de los que aparecen en publirreportajes —ya sean aparatos de gimnasia o suplementos nutricionales— tienen una vida útil de dos a cuatro meses antes de que los imitadores inunden el mercado. Yo estuve estudiando Económicas en Pekín durante seis meses y observé de primera mano que la última zapatilla Nike o el club de golf Callaway estaban copiados y vendiéndose en eBay una semana después de que llegasen a las tiendas en Estados Unidos. No es una exageración y no hablo de productos parecidos; hablo de una réplica exacta a 1/20 del coste.

La información, por el contrario, se tarda demasiado tiempo en copiar como para que la mayoría de artistas de la falsificación ni siquiera se molesten; hay productos más fáciles de copiar. Es más sencillo destrozar una patente que parafrasear un curso entero para no violar los derechos de autor. Tres de los productos televisivos de más éxito de todos los tiempos —todos ellos estuvieron durante más de 300 semanas entre los 10 más vendidos de la listas de publirreportajes— demuestran los márgenes de beneficio y la ventaja competitiva de los infoproductos.

«No se requiere pago inicial» (Carlton Sheets)
«Cómo atacar la ansiedad y la depresión» (Lucinda Bassett)
«Poder personal» (Tony Robbins)

Al haber hablado con uno de los dueños mayoritarios de uno de esos productos, sé que más de 65 millones de dólares en información salieron por su puerta en 2002. Su infraestructura consistía en menos de 25 operadores en plantilla y el resto, desde la compra de medios al envío, estaba subcontratado.

Sus ingresos anuales por empleado son de más de 2,7 millones de dólares.

Increíble.

Al otro lado del espectro en lo que a tamaño de mercado se refiere, conozco a un hombre que creó un DVD práctico de bajo presupuesto por menos de 200 dólares y lo vendió a propietarios de almacenes que querían instalar sistemas de seguridad.

Es complicado especializarse en un nicho más pequeño que ese. En 2001, vendiendo un DVD que cuesta copiar 2 dólares a 95 dólares la unidad a través de revistas sectoriales, ganó varios cientos de miles de dólares sin ningún empleado.

¡Pero yo no soy un experto!

Si no eres un experto, no te agobies.

Primeramente, «experto», en el contexto de venta de productos, significa que sepas más sobre el tema que el comprador. Nada más. No es necesario ser el mejor, basta con ser mejor que un pequeño número de tus clientes potenciales, a los que te vas a dirigir. Supongamos que para hacer realidad el próximo hito de tu *onirograma* actual —competir en la carrera de 1.850 km de trineos tirados por perros Iditarod que tiene lugar en Alaska— necesitas 5.000 dólares. Si hay 15.000 lectores y puedes convencer aunque sea a 50 (el 0,33%) de que sabes mucho sobre cómo hacer X y se gastan 100 dólares en un curso que se lo enseña, ya tienes los 5.000. Trae acá esos huskies. Esos 50 clientes son lo que yo llamo «clientela mínima»: la cantidad mínima de clientes que tienes que convencer de tu pericia como experto para cumplir un determinado sueño. En segundo lugar, es posible adquirir estatus de experto en menos de cuatro semanas si sabes cuáles son los indicadores de credibilidad básicos y lo que la gente está condicionada para considerar como prueba de que los conocimientos de alguien son superiores a los suyos. Lee el texto de fondo más oscuro de este capítulo para enterarte. Hasta qué punto necesitarás personalmente estatus de experto vendrá dado por cómo obtengas tu contenido. Existen tres opciones.

1. Crear los contenidos tú mismo, normalmente reescribiendo o fundiendo información sobre un tema de varios libros.
2. Dando un uso diferente a información de dominio público no sujeta al pago de derechos de autor, como documentos gubernamentales y material que data de antes de que se promulgasen las actuales leyes de protección de derechos de autor.
3. Adquiere una licencia sobre contenidos o paga a un experto para que los cree para ti. Puedes retribuirle con una cantidad fija única o un tanto alzado sobre las ventas (5-10% de los ingresos netos, por ejemplo).

Si optas por la opción 1 o la 2, necesitarás ser considerado un experto en un mercado limitado.

Supongamos que eres agente inmobiliario y has determinado que, igual que tú, la mayoría de los agentes quieren una página web sencilla, pero eficaz, para promocionarse a sí mismos y su negocio. Si lees y comprendes los tres libros más vendidos sobre diseño de páginas web, sabrás más sobre ese tema que el 80% de los lectores de una revista para agentes inmobiliarios. Si eres capaz de resumir el contenido y recomendar soluciones específicas para las necesidades del mercado inmobiliario, no es descabellado esperar una respuesta de entre 0,5 y 1,5% al anuncio que pongas en la revista.

Hazte las siguientes preguntas para tratar de encontrar potenciales productos informativos o que enseñen a hacer algo que puedas vender en tus mercados empaquetando tus conocimientos o los que otros te presten. Busca cómo juntar varios formatos que se presten a venderse a un precio de 50-200 dólares, como dos CD (de 30 a 90 minutos cada uno), una transcripción de 40 páginas de su contenido y una guía de inicio rápido de 10 páginas.

1. ¿Cómo adaptar conocimientos generales a tu mercado concreto —lo que yo llamo «acotar tu nicho»— o añadirle lo que se esté vendiendo bien en tus revistas objetivo? Piensa en acotar y profundizar, no en ampliar el alcance.

2. ¿Qué disciplinas y conocimientos te interesan que tú —y otros en tu mercado— pagarías por aprender? Conviértete en experto en esto para aprender y luego crea un producto que lo enseñe. Si necesitas ayuda o quieres agilizar el proceso, hazte la siguiente pregunta.

3. ¿A qué expertos podrías entrevistar y grabar para crear un CD de audio vendible? Esta gente no tiene que ser la mejor, basta con que sea mejor que la mayoría. Ofréceles una copia maestra digital de la entrevista para que hagan con ella lo que quieran, incluso venderla (con esto suele ser suficiente) u ofréceles una pequeña suma por adelantado o pagos periódicos en concepto de derechos.

Usa Skype.com en combinación con HotRecorder (más sobre esta y otras herramientas en el apartado «Trucos y utensilios») para grabar esas conversaciones directamente en tu computadora y enviar el archivo mp3 a un servicio de transcripción en internet.

4. ¿Albergas en ti el relato del fracasado que por fin alcanza el éxito y que puedes convertir en un producto del tipo «cómo lo hice» para otros? Piensa en problemas, tanto personales como profesionales, que hayas conseguido superar en el pasado.

La fábrica de expertos: cómo convertirte en un experto de prestigio en 4 semanas

Ha llegado la hora de echar por tierra el culto al experto. Que el desprecio de los relaciones públicas caiga sobre mí.

Antes que nada, existe una gran diferencia entre *ser percibido* como experto y *serlo*. En un contexto de negocios, lo primero es lo que vende productos y lo segundo, importante de cara a tu «clientela mínima», es lo que posibilita la calidad de tus productos y previene las devoluciones.

Es posible saber todo lo que hay que saber sobre una materia —medicina, por ejemplo—, pero si detrás de tu nombre no aparece «Doctor en Medicina», pocos escucharán lo que tengas que decir. Ese «Doctor en Medicina» es lo que yo denomino un «indicador de credibilidad».

El denominado experto con más indicadores de credibilidad es el que venderá más producto, no el que tenga más conocimientos sobre la materia.

¿Cómo, entonces, nos hacemos con indicadores de credibilidad en el menor tiempo posible?

Una amiga mía tardó solamente tres semanas en convertirse en una «reconocida experta en relaciones sentimentales» que, tal como apareció en *Glamour* y otros medios nacionales, ha aconsejado a ejecutivos de grandes empresas cómo mejorar sus relaciones en menos de 24 horas. ¿Cómo lo hizo?

Dando una serie de pasos muy sencillos que aumentaron su credibilidad como una bola de nieve va creciendo en tamaño a medida que avanza. Tú puedes hacer lo mismo:

1. Hazte miembro de dos o tres organizaciones sectoriales del ámbito que te interese cuyos nombres suenen a oficiales. En su caso, se decantó por la Asociación para la Resolución de Conflictos (www.acrnet.org) y la Fundación Internacional para la Educación sobre los Sexos (www.ifge.org). Esto se puede hacer en cinco minutos con una tarjeta de crédito por internet.

2. Lee los tres libros más vendidos sobre tu tema (busca en las listas antiguas del *New York Times* en internet, por ejemplo) y resúmelos en una página.

3. Imparte un cursillo gratis de una a tres horas en la universidad conocida más cercana, anunciándolo con carteles. Luego repite el mismo cursillo en filiales de dos grandes empresas de renombre (AT&T, IBM, etc.) de la misma zona. Di en la empresa que has impartido cursillos en la Universidad X o Facultad X y que eres miembro de las asociaciones del paso 1. Haz hincapié en que se lo ofreces gratuitamente para adquirir más experiencia en dar charlas fuera del ámbito universitario y que no vas a vender ningún producto o servicio. Graba los cursillos desde dos ángulos para luego poder venderlos como un producto en CD/DVD.

4. Opcional: ofrécete para escribir uno o dos artículos para revistas especializadas relacionadas con tu tema, citando, para mayor credibilidad, los logros mencionados en los pasos 1 y 3. Si declinan la oferta, proponles entrevistas a un experto conocido y escribir un artículo: de esa forma también consigues que tu nombre se publique como colaborador.

5. Suscríbete a ProfNet, que es un servicio que los periodistas usan para encontrar expertos que citar en sus artículos. Conseguir publicitarte gratis es fácil si dejas de gritar y empiezas a escuchar. Los pasos 1, 3 y 4 te servirán para resultar creíble; documéntate en internet antes de responder a las preguntas de los medios.

Si lo haces correctamente, conseguirás salir en todo tipo de medios, desde publicaciones pequeñas locales al *New York Times* o el telediario de la ABC.

Convertirse en un experto reconocido no es difícil, así que quiero derribar esa barrera ahora mismo.

No estoy aconsejándote hacerte pasar por quien no eres.

¡No puedo! «Experto» es un término ambiguo de la jerga mediática ya imposible de definir de tanto usarlo. En las relaciones públicas de hoy, en casi todos los campos, los expertos demuestran que lo son perteneciendo a determinados grupos y círculos y presentando listas de clientes, publicaciones y menciones en los medios, no puntuaciones relacionadas con su cociente intelectual o títulos de doctorado. El juego se llama exhibir la verdad sin inventártela. Te veo en la CNN.

P y A: PREGUNTAS Y ACCIONES

En este capítulo hiperpráctico, las P y A son simples. De hecho, más bien es una P. Esta pregunta: «¿Te has leído el capítulo y seguido las instrucciones?».

Si no, ¡hazlo! En lugar de las P y A de siempre, al final de este capítulo y de los dos siguientes incluiré más webs, ideas y material para dar los pasos que se detallan en el texto.

RETO ANTICOMODIDAD

Busca a tu Yoda (3 días)

Llama como mínimo a un mentor superestrella potencial al día durante tres días. No mandes correos electrónicos hasta que hayas intentado hablar con él o ella por teléfono. Recomiendo llamar antes de las 08:30 de la mañana o después de las 18:00 para reducir la probabilidad de toparte con secretarias y demás centinelas. Ten preparada una única pregunta que hacerles, que hayas tratado de responder investigando pero que no hayas podido.

Busca jugadores de primera división (consejeros delegados, emprendedores ultraexitosos, escritores famosos, etc.). No apuntes más bajo para sentirte menos asustado.

Hazlo a través de www.contactanycelebrity.com si es necesario. Escribe un guión del estilo del siguiente.

Interlocutor desconocido al teléfono: Acme Inc. [o «despacho del Mentor X»].

Tú: Hola. Soy Tim Ferriss. Quisiera hablar con John Grisham, por favor.[31]

Interlocutor: ¿Puedo preguntarle de qué se trata?

Tú: Claro. Sé que esto puede sonar un tanto raro,[32] pero estoy escribiendo mi primer libro y acabo de leer la entrevista que le ha hecho *Time Out New York*.[33] Soy admirador suyo desde hace mucho[34] y por fin he reunido el valor necesario[35] para llamarle y pedirle consejo sobre un tema en concreto. No le llevará más de dos minutos. ¿Hay alguna forma de que pueda pasarme con él?[36] Le agradecería muchísimo cualquier cosa que pueda hacer al respecto.

Interlocutor: Uhmm... Un segundo. Voy a ver si puede

31. Esto, dicho con confianza en ti mismo, te abrirá las puertas tantas veces que te sorprenderá. Si dices «Me gustaría hablar con el señor/la señora X, por favor» canta a gritos que no le conoces. Si quieres aumentar las probabilidades de que te pasen aunque te arriesgues a quedar en ridículo si te pillan, pregunta por el mentor usando solo su nombre de pila.

32. Utilizo esta clase de pie siempre que voy a pedir algo fuera de lo común. Lo suaviza y despierta la curiosidad de quien escucha lo suficiente como para seguir escuchando antes de escupir un «no» automático.

33. Esto responde a las preguntas que se están haciendo internamente. «¿Quién eres y por qué me estás llamando ahora?» Me gusta ser primerizo en algo para jugar la carta de dar un poco de pena y busco en internet una aparición reciente en los medios para citarla como razón que me ha impulsado a llamarle ahora.

34. Hablo por teléfono con la gente que conozco. Si no puedes decir que eres fan desde hace mucho, dile que has seguido su trayectoria o los negocios que ha fundado desde hace varios años.

35. No finjas ser fuerte. Deja bien claro que estás nervioso; eso les hará bajar la guardia. Muchas veces yo lo hago aunque esté tranquilísimo.

36. La clave aquí son las palabras que escojas. Pídeles que te «ayuden» a hacer algo.

atenderle. [Dos minutos después] Le paso. Buena suerte. [Se oye cómo suena otra línea].

John Grisham: John Grisham al habla.

Tú: Hola, señor Grisham. Me llamo Tim Ferriss. Sé que esto puede sonar un tanto raro, pero estoy escribiendo mi primer libro y soy admirador suyo desde hace mucho tiempo.

Acabo de leer la entrevista que le ha hecho *Time Out New York* y por fin me he armado de valor para llamarle. Llevo ya algún tiempo queriendo pedirle consejo sobre un tema en concreto. No serán más de dos minutos. ¿Puedo?[37]

John Grisham: Uhhm... Vale. Dime. Tengo una llamada en unos minutos.

Tú (al final de la llamada): Muchas gracias por ser tan generoso con su tiempo. Si tengo alguna vez una duda difícil —serán pocas veces—, ¿hay alguna posibilidad de que podamos seguir en contacto por correo electrónico?[38]

DISEÑO DE UN ESTILO DE VIDA EN ACCIÓN

En la Luna

Mi hija, de 13 años de edad, quiere ser astronauta cuando sea mayor. El año pasado vivió un gran desafío para plantearse el tema. La frase del *Apolo 13* «el fracaso no es una opción» se había convertido en algo así como nuestro lema. Se me ocurrió ponerme en contacto con el capitán del *Apolo 13*, Jim Lovell. No me costó mucho conseguirlo; le mandó a mi hija una carta preciosa contándole la terrible experiencia que supuso entrar en el programa del

---

37. Aquí mete simplemente el párrafo que usaste con el centinela cambiándolo ligeramente y no divagues: ve al grano rápido y pide permiso para apretar el gatillo.

38. Termina la conversación abriendo una puerta para seguir en contacto en el futuro. Empieza con un correo electrónico y deja que la relación de mentorazgo evolucione desde ahí.

Apolo 13, por no hablar del hecho de tener que manejar una nave espacial averiada. Esa carta marcó un antes y un después para mi hija. Un par de meses más tarde pudimos ir un poco más lejos y conseguimos un acceso VIP para presenciar un lanzamiento.

ROB

TRUCOS Y UTENSILIOS

Confirmar que el mercado es suficientemente grande

- Compete (www.compete.com) y Quantcast (www.quant-cast.com)

Conozca el número de visitantes mensuales que tienen la mayoría de sitios web, además de cuáles son los términos de búsqueda que generan más tráfico para ellos.

- Writer's Market (www.writersmarket.com)

Un listado de miles de revistas especializadas y de nicho, con cifras de circulación y suscriptores. Me gusta más la versión impresa.

- Spyfu (www.spyfu.com)

Descargue competidores de la publicidad en línea, palabras clave y detalles de Adwords. Una alta inversión en esta causa suele traducirse en una campaña exitosa.

- Standard Rate and Data Services (www.srds.com)

Listas anuales de revistas y bases de datos para *mailings* de empresas que se pueden alquilar. Si estás planteándote crear un vídeo educativo sobre cómo cazar patos, mira primero qué longitud tienen las listas de clientes de fabricantes de armas de caza y qué revistas existen sobre el tema. Busca la versión impresa en bibliotecas, en lugar de pagar por el acceso en línea, que resulta algo lioso.

Buscar fabricantes o productos para distribuir

- Redes de afiliados: clickbank (www.clikbank.com), Commission Junction (www.cj.com), Amazon Associates (www.amazon.com/associates)

No hay inventario, no se presentan facturas. Experimentar con los productos y las categorías a través de redes de afiliados como Clickbank y Commission Junction, donde usted paga 10-75% de cada compra, es un método rápido para hacer una prueba de concepto con productos similares. A menudo vale la pena la creación de cuentas, tanto solo para observar si los artículos que quiere vender y promocionar van a ser éxito de ventas.

Amazon asociados cobra comisiones de entre 7-10%, pero los libros más vendidos son excelentes para hacer un tanteo de los mercados de destino de los productos más elaborados. Por todo lo anterior: no te metas en guerras contra otros afiliados mediante costosas palabras clave generales o nombres de marca sobreexpuesta.

- Alibaba (www.alibaba.com)

Con sede en China, Alibaba es el lugar más grande del mundo de intercambio de negocio entre empresas. Desde reproductores MP3 por 9 dólares a vino tinto por 2 dólares la botella. Lo que no se pueda conseguir aquí es difícil que se pueda conseguir en cualquier otro sitio.

- Worlwide Brands (www.worldwidebrands.com)

Esta web ofrece una amplia guía avanzada para encontrar fabricantes dispuestos a enviar productos a tus clientes, lo que te permire evitar comprar existencias por adelantado. Aquí es donde Amazon y los usuarios de eBay buscan lo que no encuentran, no solo es para mayoristas. Shopster es otra opción popular, con más de 1.000.000 de productos para elegir.

- Registro de fabricantes de Thomas (www.thomasnet.com) (+1 800-699-9822)

Es una base de datos con opciones de búsqueda de fabricantes externos de cualquier producto que se pase por la cabeza, desde ropa interior a alimentos o piezas aeronáuticas.
- Electronics, DVDs, Books (www.ingrambook.com, www. techdata.com)
- Housewares y Hardware (www.housewares.org, www. nationalhardwareshow.com) (847-292-3200)

Para estas categorías relacionadas con el talento (con demostraciones en tiempo real) considere ir a alguna feria.
- Consumibles y productos vitamínicos (www.expoeast. com, expowest.com)

Encontrar información de dominio público para comercializarla con otra forma

Es mejor que hables con un abogado especialista en propiedad intelectual antes de utilizar material de dominio público. Al menos en Estados Unidos, si alguien modifica el 20% de una obra de dominio público (resumiéndola y añadiendo notas a pie de página, por ejemplo), la «nueva» obra completa puede registrarse a nombre de otro autor. Si después alguien la usase sin permiso, incurriría en un delito castigado por la ley. Los detalles pueden resultar confusos. Haz la investigación inicial por tu cuenta, pero pide a un experto que revise lo que has averiguado antes de crear el producto.

- Proyecto Gutenberg (www.gutenberg.org)

El Proyecto Gutenberg es una biblioteca digital de más de 15.000 obras literarias consideradas de dominio público.
- LibriVox (www.librivox.org)

Colección de audiolibros de dominio público que se pueden descargar gratis.

Grabar entrevistas telefónicas a expertos para crear CD para vender

• HotRecorder (www.hotrecorder.com)
HotRecorder graba cualquier llamada telefónica iniciada o recibida por una computadora. Se puede usar en combinación con Skype (www.skype.com) y otros programas.
• NoCost Conference (www.nocostconference.com)
Proporciona una línea gratuita de conferencias con número 800, así como la grabación y recuperación de archivo libre. Se pueden utilizar teléfonos normales para llamadas en directo, por lo que no es necesario ni equipo ni conexión a internet para los participantes. Si usted tiene un Q & A, le sugiero solicitar la pregunta de los asistentes de antemano para evitar problemas con el silenciamiento / unmuting de líneas
• JingProject (www.jingproject.com) y DimDim (www. dimdim.com)
Si desea registrar la acción en la pantalla de vídeo tutoriales, con estos programas gratuitos conseguirá el trabajo hecho. Si necesita las opciones de edición avanzada, Camtasia, el hermano mayor de Jing es el líder del sector (www.camtasia.com).

Conceder licencias de tus ideas a otros a cambio de beneficios en concepto de derechos de autor

• InventRight (www.inventright.com) (+1 800-701-7993)
Stephen Key es el inventor con más éxitos a sus espaldas que he conocido en mi vida. Cobra millones en derechos a empresas como Disney, Nestlé o Coca-Cola. Su fuerte no es la alta tecnología; se especializa en crear productos sencillos o mejorar los existentes y luego conceder licencias (alquilar) sus ideas a grandes corporaciones. A él se le ocurre la idea, solicita una patente provisional por menos de 200 dólares y deja que otra empresa haga el trabajo mientras a él le mandan cheques. En esta web expone su proceso a prueba de

fallos para hacer lo mismo. Solo sus técnicas para llamadas en frío no tienen precio. La recomiendo encarecidamente.
- Guthy-Renker Corporation (www.guthyrenker.com) (+1 760-773-9022)

GRC es el King Kong de los publirreportajes televisivos. Ingresa más de 1.300 millones de dólares al año en ventas con megabombazos como Tony Robbins, Proactiv Solution y Winsor Pilates. No esperes más de un 2-4% en concepto de derechos si llegas a un acuerdo, pero las cifras que mueven son tan enormes que merece la pena echarle un vistazo. Envíales tu producto por internet.

Rebuscar entre patentes a la caza de ideas sin explotar que convertir en productos

- Oficina estadounidense de patentes y marcas registradas (www.uspto.gov)
(+1 800-786-9199)
- Licencias de Tecnologías desarrolladas en las universidades (www.autm.net; Consulte «Ver todos los listados» en Oficinas de Transferencia de Tecnología).
- Grupos y Asociaciones de Inventores (llame y pregunte si tienen alguna licencia) (www.uiausa.org/Resources/InventorGroups.htm)

Convertirse en experto

- ProfNet a través de PR Leads (www.prleads.com) y HARO (www.helpareporterout.com)

Recibe diariamente introducciones de artículos mandadas por periodistas en busca de un experto que citar y entrevistar en todo tipo de medios, de periódicos locales a la CNN o el *New York Times*.

Deja de nadar contracorriente y empieza a proponerte voluntario para artículos que la gente ya está escribiendo.

Haro ofrece clases sin coste, menciona mi nombre para conseguir dos meses por el precio de uno.

• PRWeb Notas de prensa (www.prwebdirect.com)

Las notas de prensa suelen ser inútiles las más de las veces, pero esta aplicación tiene algunas importantes ventajas referidas al motor de búsqueda, como la de aparecer en primer lugar en los vínculos de Google News y Yahoo! News Results.

• ExpertClick (www.expertclick.com)

Este es otro secreto de los profesionales de las relaciones públicas. Cuelga una descripción de ti mismo como experto para que la vean los periodistas, recibe una base de datos actualizada de contactos de primera fila, y envía notas de prensa gratis a 12.000 periodistas, todo en una web que recibe más de 5 millones de visitas al mes. Así es como conseguí salir en la NBC y terminé montando un programa en horario de máxima audiencia. Funciona. Di mi nombre por teléfono o manda «Tim Ferriss $100» si les escribes un correo electrónico, para conseguir un descuento de 100 dólares.

DISEÑO DE UN ESTILO DE VIDA EN ACCIÓN

Bonjour, Tim.

El pasado sábado, 25 de abril, estaba en el mostrador de información de Barnes & Noble, esperando que un empleado me consiguiera un libro (*Trópico de cáncer*, por si te interesa saberlo). Mientras estaba esperando, vi un ejemplar de *La semana laboral de 4 horas* encima de la mesa que alguien debía de haber encargado. Como no soy tímido, lo tomé y empecé a leerlo. Como puedes imaginar, el empleado volvió y me entregó mi encargo. Aún no he terminado *Trópico de cáncer*, pero sí me he leído ya tu libro...

[...] El lunes, mi jefe me dijo que sí cuando le pedí si podía trabajar dos días fuera de la oficina. Empiezo la semana que viene.

El lunes reservé un impresionante apartamento en París para el mes de septiembre por la mitad de lo que pago por el mío en el sur de California. Estoy pensando en aumentar el tiempo que trabajo fuera de la oficina hasta agosto; así, en septiembre será fácil solicitar la posibilidad de trabajar fuera. Si la respuesta es negativa (cosa que dudo), estaré preparado para dejar mi empleo.

Ahora mismo estoy trabajando en mi proyecto de ingresos en piloto automático.

Es increíble, Tim. Mi vida ha cambiado en solo 3 días (y, además, tu libro es divertidísimo). ¡Gracias!

CINDY FRANKEY

10. INGRESOS EN PILOTO AUTOMÁTICO II: PRUEBA LA MUSA

«Para que muchas de estas teorías se derrumbasen hizo falta que un experimento concluyente evidenciase que eran incorrectas... Por consiguiente, el trabajo del soldado en cualquier ciencia... lo hace el experimentalista, que se encarga de que los teóricos no falten a la verdad.»

MICHIO KAKU, físico teórico y cocreador de la teoría del campo de cuerdas, *Hiperespacio*

Menos del 5% de los 195.000 libros que se publican cada año vende más de 5.000 copias.

Equipos editoriales cuyos miembros suman décadas de experiencia se equivocan más veces de las que aciertan. El fundador de Border's Books perdió 375 millones de dólares de sus inversores cuando montó WebVan,[39] un servicio de reparto de ultramarinos a domicilio. ¿El problema?

Nadie lo quería.

La moraleja es que la intuición y la experiencia no sirven a la hora de predecir si un producto o negocio será rentable. Los grupos de consumidores resultan igualmente engañosos. Pregunta a diez personas si comprarían tu producto.

Luego dile a los que han contestado que sí que tienes diez unidades en el automóvil y pídeles que te lo compren. Las res-

---

39. http://news.com.com/2100-1017-269594.html?legacy=cnet.

puestas positivas del principio, dadas por personas que quieren caer bien y agradarte, se transforman en negativas corteses en cuanto se trata de poner dinero sobre la mesa.

Para obtener un indicador preciso de viabilidad comercial, no preguntes a la gente si compraría; pídeles que compren. Su reacción ante lo segundo es lo único que importa.

El modo de proceder de los NR parte de ese hecho.

Paso tres: ensaya tu producto

Las pruebas de ensayo consisten en publicar anuncios baratos para ver cómo responde el consumidor ante un producto antes de fabricarlo.[40]

En la era preinternet, esto solía hacerse por medio de pequeños anuncios clasificados en periódicos o revistas que llevaban a los potenciales clientes a un mensaje de venta pregrabado. La gente dejaba sus datos para que se les contactase. En función del número de llamadas o compras tras una carta comercial de seguimiento, el producto se fabricaba o se abandonaba la idea.

En la era de internet, existen mejores herramientas, más baratas y más rápidas. Probaremos la viabilidad de nuestras ideas de producto del capítulo anterior con Google Adwords —el motor de pago por clic (PPC) mayor y más sofisticado— en cinco días, gastándonos menos de 500 dólares. Los anuncios de PPC a los que nos estamos refiriendo son los resultados de búsqueda que salen arriba y en la columna de la derecha

---

40. En algunos lugares puede ser ilegal cobrar a un cliente antes de enviarle el producto —así que no les cobraremos—, aunque sea una práctica muy extendida. ¿Por qué si no en tantos anuncios te dicen que «el producto tarda tres o cuatro semanas en entregarse» cuando un envío no tarda más de tres o cuatro días en llegar de Nueva York a California? Porque así les da tiempo de fabricarlo financiándolo con el pago por tarjeta de crédito efectuado por el cliente.

Ingenioso, pero, a menudo, ilegal.

en Google, en ocasiones con un fondo de otro color. Los resultados naturales salen en la columna más gruesa de la izquierda. Los anunciantes pagan para que sus anuncios salgan cuando la gente introduzca un determinado término relacionado con su producto, como «suplemento cognitivo», y se les cobra una pequeña cantidad, a partir de 5 centavos hasta más de 1 dólar, cada vez que alguien pincha en el enlace para entrar en sus webs. En www.google.com/onlinebusiness encontrarás una explicación muy clara de cómo funciona Google Adwords y qué es una campaña de PPC. Ve a www.fourhourblog.com, busca «PPC» y descárgate ejemplos más detallados de las siguientes estrategias de PPC.

El proceso básico de llevar a cabo la prueba se divide en tres partes, que expondré en este capítulo.

Supera: Estudia lo que hace la competencia y formula una oferta más atractiva en una web sencilla con una o, como máximo, tres páginas (de una a tres horas).
Prueba: Prueba la oferta con campañas cortas de Google Adwords (tres horas para montar y cinco días de observación pasiva).
Divierte o invierte: Evítate pérdidas olvidando a los perdedores y fabrica a los ganadores para empezar a vender.

Vamos a examinar dos casos prácticos, los de Sherwood y Johanna, y sus dos ideas —camisetas de marinero francesas y un DVD educativo para escaladores— para saber qué hacer concretamente en cada paso del proceso de prueba para que tú puedas hacer lo mismo.

Sherwood se compró una camiseta de marinero a rayas en Francia, estando de viaje el verano pasado. De vuelta en Nueva York, se le acercan continuamente varones de 20 a 30 años por la calle para preguntarle dónde pueden comprarse una igual. Como olfatea una oportunidad, solicita números antiguos de semanarios neoyorquinos dirigidos a este grupo de edad y llama al fabricante en Francia para pedirle precios. Descubre que puede comprar camisetas a un precio al por mayor de 20 dólares, que se venderían a 100 en las tiendas. Suma 5 dólares por camiseta en concepto de gastos de envío a Estados Unidos y le sale un coste por unidad de 25 dólares. No es exactamente el margen de beneficio ideal (4 en lugar de 8-10 veces el coste), pero de todas formas quiere comprobar la viabilidad del producto.

Johanna es una profesora de yoga que ha notado que, entre su clientela, hay cada vez más escaladores. Ella también es escaladora, así que se le ha ocurrido crear un DVD educativo sobre yoga, pensado específicamente para quienes practican ese deporte, que iría acompañado de un manual de 20 páginas encuadernado en espiral. El lote se vendería a 80 dólares. Calcula que producir una primera edición de bajo presupuesto del DVD no costaría más que una cámara prestada, una cinta digital de 90 minutos y el iMac de un amigo para editarlo sin muchas complicaciones. Puede copiar pequeñas cantidades de esta primera edición —sin menús, solo el metraje y los títulos— en su laptop e imprimir el etiquetado con software libre bajado de www.download.com. Una empresa de duplicación le ha dicho que producir DVD más profesionales le costaría de 3 a 5 dólares por unidad en pequeñas cantidades (mínimo 250), carátulas incluidas.

Ahora que tienen ideas y costes de inicio de actividad aproximados, ¿cómo siguen?

Superar a la competencia

Lo más importante para empezar es que cada producto pase la prueba de fuego de medirse con la competencia. ¿Cómo pueden Sherwood y Johanna superar a sus competidores ofreciendo un producto de mejor calidad o una garantía más atractiva?

1. Sherwood y Johanna introducen en Google los términos que ellos usarían a la hora de buscar sus respectivos productos. Para encontrar palabras relacionadas y términos derivados, ambos se ayudan de herramientas de sugerencia de términos de búsqueda.

• Google Adwords Keyword Tool (http://adwords.google.com/select/keywordTool/External).

Entrar en el potencial de los términos de búsqueda para encontrar el volumen de búsquedas y los términos alternativos con más tráfico de búsqueda. Haga clic en la columna de aproximación de puntuación de volumen de búsquedas para ordenar los resultados de mayor a menor.

• SEOBook Keyword Tool, SEO for Firefox Extension (http://tools.seobok.com/)

Esta es una excelente página de recursos con búsquedas impulsada por Wordtracker (www.wordtracker.com).

A continuación ambos visitan las tres páginas web que aparecen una y otra vez en los primeros puestos de resultados naturales y campañas PPC. ¿Cómo pueden diferenciarse Sherwood y Johanna?

• ¿Aumentar el número de indicadores de credibilidad? (medios de comunicación, instituciones académicas, asociaciones y testimonios)
• ¿Proponer una garantía más ventajosa?
• ¿Ofrecer mejor surtido?[41]
• ¿Envíos más rápidos o gratuitos?

Sherwood se da cuenta de que muchas veces es difícil encontrar las camisetas en las webs competidoras, porque todas ofrecen docenas de productos y, además, o están hechas en Estados Unidos (no son auténticas) o se envían desde Francia (el cliente tiene que esperar de dos a cuatro semanas).

41. Esto se aplica a Sherwood y no a Johanna.

Johanna no encuentra un DVD sobre «yoga para escalar», así que no tiene con qué comparar y parte de cero.

2. Sherwood y Johanna tienen que crear ahora una página publicitaria con muchos testimonios (300-600 palabras) que haga hincapié en los aspectos que les diferencian de su competencia y en los beneficios de sus productos, añadiendo al texto fotos hechas por ellos mismos o extraídas de catálogos fotográficos en internet. Ambos llevan dos semanas recopilando folletos publicitarios que les han llevado a comprar el producto que vendían o que les han llamado la atención en prensa o en páginas web. Esos textos les servirán como modelo.[42] Johanna pide a sus clientes testimonios y Sherwood deja que sus amigos se prueben las camisetas para conseguir algunos modelos para su página. Sherwood, además, le pide al fabricante fotos y muestras promocionales.

En www.pxmethod.com tienes un ejemplo de una página de prueba creada por mí a base de testimonios de asistentes a un cursillo que impartí.

Los seminarios donde se enseñe a hacer algo, como recomendé en la Fábrica de Expertos, son ideales para identificar los argumentos de venta más efectivos y conseguir testimonios.

---

42. ¿Cómo se me ocurrió el título para BodyQUICK que mejor funciona («La forma más rápida garantizada de aumentar tu potencia y tu velocidad»)? La tomé prestada del titular más antiguo y, por tanto, más rentable de Rosetta Stone: «La forma más rápida garantizada de aprender un idioma™». Volver a inventar la rueda sale caro; conviértete en un astuto observador de lo que ya funciona y adáptalo.

Probar tu folleto

Sherwood y Johanna tienen ahora que probar cómo responden los clientes a sus cartas de venta. Sherwood prueba primero su idea con una subasta de 48 horas en eBay que incluye su texto. Fija la «reserva» (el precio más bajo que va a aceptar) para una camiseta en 50 dólares y cancela la subasta en el último minuto para evitar problemas legales, dado que carece de producto que enviar. Las pujas han llegado a los 75 dólares, así que decide pasar a la siguiente fase del ensayo. Johanna no se siente bien haciendo lo que le parece un engaño y se salta esta prueba preliminar.

Coste de Sherwood: <5 dólares.

Ambos encuentran un alojamiento barato en empresas como www.domainsinseconds.com donde colocar su futura web de una página. Sherwood elige www.camisetasdefrancia.com y Johanna www.yogaescalador.com. Johanna registra otros dominios por muy poco dinero a través de www.domainsinseconds.com.

Coste de ambos: <20 dólares.

Sherwood utiliza www.weebly.com para crear su folleto *online* y luego crea dos páginas más. Si se pincha en el botón «comprar» situado al final de la primera página, sale a una segunda donde aparece el precio, gastos de envío y de manipulación,[43] y un par de campos para introducir información de contacto (incluidos correo electrónico y teléfono). Si el visitante pulsa «realizar pedido», pasa a una página que dice: «Sentimos comunicarte que actualmente el artículo solicitado no está disponible, pero nos pondremos en contacto contigo en cuanto tengamos existencias. Gracias por tu paciencia».

---

43. Sherwood incluye envío y manipulación antes de la página final de pedido para que la gente no realice el pedido solo para saber en cuánto queda el precio total. Quiere que sus «pedidos» reflejen pedidos reales y no comprobaciones de precio.

Esta estructura le permite probar la eficacia de su primera página de venta y del precio por separado. Si alguien llega a la última página, lo considera un pedido.

A Johanna no le gustan las «pruebas en seco», como se conoce la táctica de Sherwood, aunque es legal si no se captura la información de cobro. En lugar de eso, contrata a los mismos dos servicios para que monten una web sencilla con una página de venta y un formulario para suscribirte dejando tu correo electrónico para recibir gratuitamente una lista de «10 consejos» para usar el yoga en la escalada. Considerará el 60% de las suscripciones como hipotéticos pedidos.

Coste para ambos: <0 dólares.

Ambos montan sendas sencillas campañas de Google Adwords con 50-100 términos de búsqueda para probar titulares, a la vez que atraen tráfico a sus páginas. Su presupuesto diario máximo se fija en 50 dólares al día.

(Para continuar probando mediante PPC, recomiendo que visites primero adwords.google.es y sigas las instrucciones mientas creas tu propia cuenta, lo que no debería llevarte más de 10 minutos. Sería un desperdicio de bosques tropicales gastar diez páginas en explicar términos que se entienden en un santiamén leyéndolos en internet.)

Sherwood y Johanna escogen los mejores términos de búsqueda ayudándose con las herramientas de sugerencia que mencioné antes. Ambos tratan de hallar términos específicos cuando sea posible («camisetas de marinero francesas» en lugar de «camisetas francesas»; «yoga para deportes» y no «yoga») para lograr mayores índices de conversión (porcentaje de visitantes que compran) y abaratar su coste por clic (CPC).

El objetivo es situarse entre el segundo y el cuarto puesto, pero a un CPC inferior a 20 centavos.

Sherwood utilizará las herramientas de análisis de Google para seguir el rastro de los «pedidos» y conocer la tasa de abandono (el porcentaje de visitantes que deja la web y desde qué páginas). Johanna utilizará www.wufoo.com para conocer el origen de quienes se suscriben introduciendo su correo electrónico.[44]

Coste de ambos: 0 dólares.

Johanna y Sherwood escriben anuncios para Adwords basándose en sus diferenciadores. Cada anuncio de Google Adwords consiste en un titular y dos líneas descriptoras, cada una de ellas de 35 caracteres como máximo. En el caso de Sherwood, crea cinco grupos, cada uno con 10 términos de búsqueda. Aquí ves dos de sus anuncios.

CAMISETAS DE MARINERO FRANCESAS
Calidad francesa desde EE.UU.
¡Garantía de por vida!
www.camisetasdefrancia.com

CAMISETAS MARINERO DE FRANCIA
Calidad francesa desde EE.UU.
¡Garantía de por vida!
www.camisetasdefrancia.com

Johanna escribe los mismos cinco grupos de 10 términos y prueba varios anuncios, entre ellos:

YOGA PARA ESCALADORES
DVD usado por escaladores 5.12
¡Más flexible ya!
www.yogaparadeportes.com

YOGA PARA ESCALADORES
DVD usado por escaladores 5.12

44. Si está lanzando tras una prueba exitosa y sin una base de datos hecha, herramientas como www.aweber.com es uno de los mejores recursos.

¡Más flexible ya!
www.yogaescalador.com

Como ves, estos anuncios pueden servir para probar titulares, pero también garantías, nombres de producto y dominios. Es tan sencillo como crear varios, que Google rotará automáticamente. Deben ser idénticos menos en una variable, el elemento cuya eficacia queramos probar. ¿Cómo crees que decidí el mejor título para este libro?

Tanto Sherwood como Johanna deshabilitan la opción de Google por la que se muestra solo el anuncio de mayor éxito. Esto es necesario para luego comparar los índices de clics de cada uno y componer uno con los elementos (titular, dominio y texto) que mejor funcionen.

Para terminar (esto es importante), tus anuncios no pueden utilizar trucos para atraer a potenciales clientes a tu web. El producto ofrecido debe estar claro. Buscamos tráfico interesado en el producto, no vamos a ofrecer algo «gratis» que atraiga a navegantes sin intención de comprar o a curiosos que casi seguro que no lo harán.

Coste para ambos: 50 dólares o menos al día × 5 días = 250 dólares.[45]

Invertir o divertir

Cinco días más tarde, hay que contabilizar los resultados.

¿Qué podemos considerar un «buen» índice de clics y una tasa de conversión «aceptable»? Aquí es donde los números pueden despistarte. Si estamos vendiendo un dis-

---

45. Teniendo en cuenta que 100 términos específicos a 10 centavos por clic serán más útiles que 10 términos generales a 1 dólar el clic, cuanto más gastes y, por consiguiente, más tráfico atraigas, más válidos serán los resultados a modo de estadística. Si el presupuesto lo permite, aumenta la cantidad de términos relacionados y el gasto diario para que toda la prueba de PPC te cueste entre 500 y 1.000 dólares.

fraz de abominable hombre de las nieves a 10.000 dólares con un margen de beneficio de un 80%, está claro que necesitamos una tasa de conversión mucho menor que alguien que venda un DVD de 50 dólares con un margen del 70%. En www.fourhourblog.com encontrarás herramientas sofisticadas y hojas Excel gratuitas que hacen todo tipo de cálculos ellas solitas.

Johanna y Sherwood deciden no complicarse la vida en esta fase: ¿cuánto gastaron en anuncios PPC y cuánto «vendieron»?

A Johanna le ha ido bien. El tráfico no fue suficiente para que el ensayo pudiese someterse a un escrutinio estadístico, pero se gastó aproximadamente 200 dólares en PPC y consiguió que 14 personas solicitasen su informe gratuito de 10 consejos. Si calcula que el 60% comprará, serían 8,4 personas × 75 dólares de beneficio por DVD = 630 dólares de hipotético beneficio total. Eso sin tener en cuenta el potencial valor de cada cliente durante su ciclo de vida.

Los resultados de su pequeña prueba no garantizan su éxito futuro, pero le parece que hay suficientes indicadores positivos como para abrir una tienda en Yahoo por 99 dólares al mes y una pequeña cuota por transacción.

Su saldo medio no es gran cosa, así que opta por aceptar pagos con tarjeta de crédito por internet a través de www. paypal.com en lugar de solicitar a su banco una cuenta mercantil.[46]

Envía por correo electrónico los 10 consejos a quienes los solicitaron, dando su dirección, y les pide su opinión y recomendaciones sobre qué incluir en el DVD. Diez días después tiene un primer intento de DVD listo para vender desde su tienda electrónica. Las ventas a las primeras personas interesadas cubren los costes de fabricación y pronto está vendiendo unos respetables 10 DVD por semana (750 dólares de

46. Es una cuenta corriente donde se reciben pagos con tarjeta de crédito.

beneficios) a través de Google Adwords. Planea probar publicidad impresa en revistas muy especializadas y ahora necesita crear una estructura automatizada para eliminarse a sí misma de la ecuación.

A Sherwood no le fue tan bien, pero aun así ve potencial. Se gastó 150 dólares en PPC y «vendió» tres camisetas que le dieron unos hipotéticos 225 dólares de beneficio. Tuvo tráfico más que suficiente, pero el grueso de los visitantes abandonaba su sitio en la página de precios. En lugar de bajarlo, decide probar una «garantía 2x1 de devolución de dinero», es decir, que al cliente se le reembolsarían 200 dólares si las camisetas (que se venden a 100) no son las «más cómodas que ha tenido nunca». Repite la prueba y «vende» siete, consiguiendo 525 dólares de beneficio. Basándose en estos resultados, abre una cuenta mercantil para procesar pagos con tarjeta de crédito, hace un pedido de doce camisetas a Francia y las vende todas en los diez días siguientes. Los beneficios le dan para comprar un pequeño anuncio al 50% del precio (pidiendo un «descuento de anunciante primerizo» y luego otro 20% menos mencionando a una revista competidora) en una revista semanal de la zona dedicada al arte, en el que llama a la camiseta «las camisetas de Jackson Pollock». Pide dos docenas más pagaderas a 30 días y pone una línea de teléfono gratuita[47] en el anuncio impreso que redirecciona a su celular. Hace esto, en lugar de poner una dirección en internet, por dos razones: 1) Quiere averiguar qué pregunta más la gente para escribir unas FAQ en su web, y 2) quiere probar a ofrecer una camiseta a 100 dólares (75 de beneficio) o «compra dos y llévate una gratis» (200 - 75 = 125 dólares de beneficio).

Vende las 24 camisetas en los cinco primeros días que el anuncio está en la calle, gracias a la oferta especial. Éxito. Modifica el anuncio impreso, respondiendo en el texto a las

47. Al final de este capítulo y en el próximo indico servicios con los que hacer esto.

preguntas más habituales para reducir las llamadas para informarse y decide negociar un acuerdo con la revista como anunciante continuado. Le envía a su comercial un cheque por cuatro números al 30% de la tarifa habitual. Les llama para confirmar que han recibido el cheque, enviado por mensajero y, con el cheque en la mano y los plazos de cierre cerniéndose sobre ellos, no lo rechazan.

Sherwood quiere ir a Berlín para descansar dos semanas de su trabajo, que ahora se está planteando dejar. ¿Cómo aprovechar el éxito de su negocio para mejorar de verdad su vida y fugarse de su propia empresa? Necesita levantar una estructura y sacarse su Máster en Beneficios por Ausencia (MBA) en movilidad.

Ahí es donde enlazamos con el siguiente capítulo.

Regresemos a los Nuevos Ricos: cómo lo hizo Doug

¿Te acuerdas de Doug, de ProSoundEffects.com? ¿Cómo probó su idea para pasar rápidamente de 0 a 10.000 dólares mensuales?

Siguiendo estos pasos.

1. Selección del mercado
Se decantó por productores musicales y televisivos porque él mismo es músico y ha utilizado esos productos.

2. Pensar en ideas para productos
Eligió los productos más populares que se podían distribuir, de los fabricantes más importantes de bibliotecas de sonido, firmó con ellos un contrato de compra al por mayor y envío al cliente tras la venta. Muchas de esas bibliotecas cuestan bastante más de 300 dólares (hasta 7.500) y precisamente por eso se ve obligado a responder a muchas más preguntas del cliente que quienes vendan un producto más barato, de entre 50 y 200 dólares.

3. Ensayo del producto

Subastó los productos en eBay para evaluar la demanda (y el precio más alto posible) antes de comprar existencias. Pidió producto solo después de que se lo pidiesen a él. El producto salía inmediatamente de los almacenes de los fabricantes.

Tras comprobar que existía demanda, por la prueba de eBay, Doug montó un tienda en Yahoo con esos productos y empezó a probar Google Adwords y otros motores de búsqueda con anuncios PPC.

4. Lanzamiento y automatización

A continuación, cuando hubo generado suficiente flujo de caja, Doug empezó a experimentar con publicidad impresa en revistas del sector.

Simultáneamente, racionalizó y subcontrató el funcionamiento para reducir el tiempo que necesitaba trabajar en la tienda de dos horas al día a dos horas a la semana.

RETO ANTICOMODIDAD

Rechazar la primera oferta y fingir largarse (3 días)

Antes de realizar este ejercicio, si es posible, léete el capítulo de regalo «Cómo conseguir 700.000 dólares en publicidad por 10.000», en la web que complementa a este libro, y luego reserva dos horas de un sábado, domingo y lunes consecutivos.

El sábado y el domingo, ve a un mercado de frutas y verduras u otro tipo de mercadillo o rastro donde se vendan mercancías. Si no es posible, ve a tiendecitas pequeñas (no cadenas ni grandes almacenes).

Fíjate un presupuesto de 100 dólares para tu clase de negociación y busca artículos para comprar que sumen en total al menos 150 dólares. Tu cometido es que el vendedor baje hasta 100 dólares o menos por el lote completo. Es mejor practicar con muchos artículos baratos que con varios más caros. No olvides responder a la primera oferta con un «¿Qué tipo de descuento puede ofrecerme?» para que negocien contra sí mismos. Ve a negociar cerca de la hora de cierre, escoge tu precio objetivo, afina el precio objetivo, el tramo, y haz una oferta en firme con dinero en la mano por esa cantidad.[48] Practica irte si no consigues el precio que te has marcado. El lunes llama a dos revistas (la primera vez seguramente te sentirás incómodo) y usa el guión que encontrarás en la web complementaria para negociar, a la baja, su última oferta en firme. Hazles bajar el máximo posible y llámales más tarde para decirles que la alta directiva rechazó tu propuesta o que se vetó de alguna forma.

Éste es el equivalente en negociación de la compraventa ficticia de valores.[49] Acostúmbrate a rechazar ofertas y a rebatirlas en persona y, lo que es más importante, por teléfono.

TRUCOS Y UTENSILIOS

Página de ensayo de musa a modo de muestra

• Método PX (www.pxmethod.com)
Esta plantilla de folleto se utilizó para determinar la viabilidad de un producto de lectura rápida, cuyo ensayo tuvo éxito. Fíjate en cómo se presentan los testimonios, los indicadores de credibilidad y las garantías de inversión de riesgo y en que el precio aparece en otra página para poder evaluarse como

---

48. Lee el capítulo de regalo en www.fourhourblog.com para entender todos estos términos viéndolos dentro de un contexto. Busca «Jedi Mind Tricks».

49. «Compraventa ficticia de valores» se refiere a fijar un presupuesto imaginario, «comprar» títulos (escribir sus valores actuales en un papel) y luego ir siguiendo su evolución a lo largo del tiempo para ver cómo habría funcionado tu inversión si hubiese sido real. Es un método sin riesgo para pulir tus habilidades como inversor antes de poner carne real en el asador.

variable aislada en la prueba. Empléalo a modo de referencia. Es un modelo sencillo y eficaz que puede copiarse. Por favor, no introduzca información sobre su tarjeta de crédito, ya que solo es una maqueta con fines didácticos.

Cómo crear de forma rápida y sencilla una página web (para noveles y expertos)

• Weebly (www.weebly.com)
Weebly, que la BBC calificó de «imprescindible», me permitió crear www.timothyferriss.com en menos de dos horas y que apareciera en la primera página de Google buscando «timothy ferriss» en menos de 48 horas. Al igual que Word-Press.com (ver más abajo), está diseñado para optimizar un buscador sin conocimiento ni acción algunos por tu parte. No se requiere HTML o experiencia en internet.

• WordPress.com (www.wordpress.com)
Utilicé WordPress.com para instalar www.litliberation.org en un café de Bratislava (Eslovaquia) cuando un diseñador con sede en los Estados Unidos me dejó plantado. Tardé menos de tres horas en aprender cómo funcionaba y montar la página web. El sitio, que se abrió como una página pedagógica experimental para recoger fondos, acabó recaudando el 200% más que Stephen Colbert en el mismo período de tiempo. También utilizo su versión gratuita (www.wordpress.org, que requiere un hosting independiente) para controlarlo todo desde mi blog en www.fourhourblog.com. Esta versión ofrece más opciones para personalizar aunque requiere más conocimientos técnicos.

Tanto Weebly como WordPress.com permiten alojar tu sitio, por lo que no se requiere ningún hosting adicional.

Si decides utilizar www.wordpress.org (no com) para tener más opciones de personalización, te sugiero que uses un servicio de hosting clicando una vez en la instalación de WordPress como www.bluehost.com. En ese caso, el plug-in Shopp (http://shoppplugin.net) o el plug-in Market Theme (http://www.markettheme.com) pueden emplearse para añadir opciones de e-business (comercio electrónico). Shopify.com (de la que hablaremos más adelante) es otra buena alternativa «todo en uno».

Cómo crear en pocos segundos formularios de prueba con o sin pago

• Wufoo (www.wufoo.com)
Wufoo no ofrece un carro de compra completo, aunque sí los formularios más sencillos y fáciles de usar de toda la red. Abre una página de compra que te conecte con PayPal y podrás: 1) crear un vínculo a esa página desde tu sitio en Weebly, WordPress.com u otro, o 2) bajar el código a tu propio sitio web y alojarlo allí. Wufoo es muy adecuado para probar y vender productos en una sola unidad, ya que no se pueden meter varios ítems en un carro de compra o personalizar el pedido al estilo de Amazon. Para esas opciones adicionales, que a veces son necesarias después de haber hecho una prueba con éxito, querrás utilizar sitios, mencionados más adelante, que ofrezcan soluciones completas.

Crear una marca registrada rentable y fundar una compañía (S.A., Sociedad Mercantil, etc.)
Aunque también tengo una Sociedad Mercantil, creada a partir de la segunda opción descrita más abajo, las S.A. y las Sociedades Mercantiles son mejores para las pequeñas empresas. Consulta con tu asesor para decidir la mejor opción.

• LegalZoom (www.legalzoom.com)
Apto para crear compañías, marcas registradas y para tramitar casi toda la documentación legal. Conozco a alguien que utilizó este servicio para constituir su empresa y ahora está valorada en más de 200 millones de dólares.

- Corporate Creations (www.corporatecreations.com)
Útil para crear empresas familiares e internacionales.

Servicios para vender productos descargables (e-books, vídeo, audio, etc. según el orden de preferencia del lector)

- E-Junkie (www.e-junkie.com)

- Lulu (www.lulu.com)
Lulu también ofrece impresión por pedido y otros formularios. Al igual que Lighting Source (www.lightingsource.com), ofrece distribución a través de Amazon, Barnes & Noble y otras tiendas.

- Create Space (www.createspace.com)
Sucursal de Amazon.com que ofrece un inventario gratuito, distribuidores físicos de libros, CD y DVD disponibles, así como descargas de vídeo a través de Amazon Video On Demand™.

- Clickbank (www.clickbank.com)
Ofrece acceso integrado a filiales dispuestas a vender tu producto a cambio de una comisión sobre las ventas.

Introducción a la publicidad de pago por clic (PPC)

- Manual de Google Adword (adwords.google.es)

Tamaño de mercado y herramientas de sugerencia de palabras clave

Lluvia de ideas sobre PPC adicionales que permite buscar términos y determinar el número de personas que están buscándolos.

- AdWords de Google herramienta para palabras clave
Teclea los términos de búsqueda potencial para encontrar el volumen de búsquedas y los términos alternativos con mayor tráfico de búsqueda. Haz clic en «Volumen aproximado de Puntuación de búsqueda» de las columnas para ordenar los resultados del más al menos buscado.

- SEOBook Keyword Tool, SEO for Firefox Extension (http://tools.seobook.com/)
Excelente página de recursos con búsquedas impulsada por Wordtracker (www.wordtracker.com).

Registro de dominios a bajo precio

- Domains in Seconds (www.domainsinseconds.com)
Yo tengo casi 100 dominios con esta empresa.
- Joker (www.joker.com)

Alojamiento fiable a buen precio

Opciones de alojamiento compartido: tu sitio web se aloja en un servidor que se comparte con otras direcciones.

Sale tan barato que recomiendo tener dos proveedores, uno primario y otro auxiliar, por seguridad. Pon las páginas en los dos y abónate a www.no-ip.com, que redirige el tráfico (DNS) a la página del servidor auxiliar en cinco minutos en lugar de las habituales 24-48 horas.
- 1and1 (www.1and1.com)
- BlueHost (www.bluehost.com)
- RackSpace (www.rackspace.com; conocido por sus servidores administrados y dedicados)
- Hosting.com (www.hosting.com; conocido por sus servidores administrados y dedicados)

Fotos y materiales gratuitos

- iStockphoto (www.istockphoto.com)
iStockphoto es un sitio de imagen y diseño de internet creado por sus miembros y cuenta con más de 4 millones de fotografías, ilustraciones, vídeos, pistas de audio y archivos de Flash.

- Getty Images (www.gettyimages.com)
Aquí es donde suelen acudir los profesionales. Hay montones de fotos y vídeos de pago de cualquier tema. Pago entre 150-400 dólares por la mayoría de imágenes que uso para la publicidad impresa de ámbito nacional y su calidad es excepcional.

Rastreo de correo electrónico y contestadores automáticos programados

Estos dos programas pueden utilizarse para ocultar la dirección de correo electrónico en los formularios de tu sitio.

- Aweber (www.aweber.com)
- MailChimp (www.mailchimp.com)

Soluciones completas con proceso de pago

- Shopify (www.shopify.com)
Este es uno de los sitios favoritos de los lectores que, además de un atractivo diseño, ofrece una optimización del buscador, la función arrastrar y soltar, estadísticas y entrega del producto a través de uno de sus socios autorizados, como Fulfillment, de Amazon.com. Sus clientes van desde pequeños empresarios a Tesla Motors. No obstante, a diferencia de Yahoo e eBay, tendrás que instalar un servicio de proceso de pago para aceptar los pagos de los clientes (ver PayPal más abajo: es el más fácil de integrar).

- Yahoo! Store (http://smallbusiness.yahoo.com/ecommerce) (+1 866-781-9246)

Este servicio es el que utilizó Doug, de Pro Sounds Effects. Cuesta 40 dólares al mes, con un 1,5% por transacción.

- eBay Store (http://pages.ebay.com/storefronts/start.html)

Cuesta entre 15-500 dólares al mes, más las cuotas de eBay.

Procesos de pago simple para páginas de prueba, de menor a mayor complicación

- Carrito de compra de PayPal (www.paypal.es; ver «vendedores»)

Acepta pagos con tarjetas de crédito en cuestión de minutos. No hay cuotas mensuales, sino entre 1,9-2,9% por cada transacción (llamadas «tasas de descuento») y 0,30 dólares por transacción.

- Google Checkout (http://checkout.google.com/sell)

Hay un descuento de 10 dólares en cobro de pagos por cada dólar que gastes en AdWords; a partir de ahí, el 2% y 0,20 dólares por transacción. Esta opción exige que el cliente disponga de un identificador de Google, por lo que resulta más útil como complemento de una de las soluciones de cobro mencionadas anteriormente. Asegúrate de vincular tu cuenta de caja con la de AdWords para que recibir los ingresos. Nota importante: el proceso de pago es gratuito cuando los fines no son lucrativos.

- Authorize.net (www.authorize.net)

El sistema de pago de Authorize.net puede ayudarte a aceptar tarjetas de crédito y pagos con cheques electrónicos de forma rápida y asequible. Más de 230.000 empresarios confían en Authorize.net para manejar sus transacciones, ayudar a prevenir el fraude y mejorar su negocio. Las cuotas por transacción son más bajas que las de PayPal o Google Checkout, pero la instalación requiere una cuenta comercial, de la que nos ocuparemos en el siguiente capítulo, y otras aplicaciones que exigen cierto tiempo. Sugiero que se instale Authorize.net solo después de que un producto haya sido probado mediante una de las dos opciones citadas más arriba.

Software para conocer el tráfico de tu web (análisis)

¿Cómo ha encontrado, navegado y salido la gente de tu página web? ¿Cuántos posibles clientes puede facilitar un anuncio «pay-per-click» y cuáles son las páginas más populares? Los siguientes programas de proporcionarán estas y otras informaciones. Google es gratuito para empresas con un volumen pequeño y mejor que muchos software de pago que cuestan 30 o más dólares al mes.

- Google Analytics (http://www.google.com/analytics)
- CrazyEgg (www.crazyegg.com)

Utilizo CrazyEgg para saber dónde clica más y menos la gente en la página principal y en las páginas de destino. Resulta especialmente útil para reubicar los vínculos más importantes o los botones para ayudar a los visitantes a moverse y decidir los pasos siguientes. No supongas lo que funciona o no... Compruébalo.

- Clicktracks (www.clicktracks.com)
- WebTrends (www.webtrends.com)

Software de pruebas A/B
El quid de la cuestión, como sabes, es probar distintas opciones, pero uno puede hacerse un lío con todas las variables posibles. ¿Cómo saber qué combinación de titulares, texto e imágenes de tu página principal te genera más ventas? En lugar de ir cambiando cada cierto tiempo distintas versiones, lo que resulta largo y pesado, utiliza un software que va pre-

sentándolas a los visitantes al azar y que luego hace los cálculos por sí solo.

- Google Website Optimizer (WO) (http://www.google.com/ websiteoptimizer)

Es una herramienta gratuita, al igual que Google Analytics, y mejor que muchos servicios de pago. He utilizado Google WO para probar tres posibles páginas principales de www. dailyburn.com y he incrementado las inscripciones en un 19% y luego más de un 16%.

- Offermatica (www.offermatica.com)
- Vertster.com (www.vertster.com)
- Optimost (www.optimost.com)

Números gratuitos de bajo coste
- TollFreeMAX (www.tollfreemax.com) (+1 877-888-8MAX) y Kall8 (www.kall8.com)

TollFreeMAX y Kall8 te permiten instalar tu propia línea telefónica gratuita en 2-5 minutos. Las llamadas pueden desviarse a cualquier número y los buzones de voz y las estadísticas pueden gestionarse online o a través del correo electrónico.

Comprobar el tráfico de las páginas web de la competencia

- Compete (www.compete.com)
- Quantcast (www.quantcast.com)
- Alexa (www.alexa.com)

Diseñadores y programadores independientes

- 99Designs (www.99designs.com) y Crowdspring (www. crowdspring.com)

Utilicé 99Designs para diseñar un fantástico logotipo para www.litliberation.org en 24 horas y por menos de 150 dólares. Presenté la idea y más de 50 diseñadores de todo el mundo colgaron sus propuestas, a las que pude echar una ojeada y luego escoger la mejor después de sugerir algunos cambios. Esto está sacado de la página de Crowdspring: «Dinos qué quieres pagar, fija un plazo de entrega, echa un vistazo a las propuestas al cabo de unas horas y estará listo en tan sólo unos días. La media de propuestas por proyecto es de 68; si no llegan a 25, te devolvemos el dinero».

- eLance (www.elance.com) (+1 877-435-2623)
- Craigslist (www.craigslist.org)

DISEÑO DE UN ESTILO DE VIDA EN ACCIÓN

Soy un ciudadano americano y a mis amigos y familiares les resultaba imposible localizarme por teléfono. Entré en Skype. No es nada nuevo, pero te permite contratar un número fijo de Estados Unidos (o de otro país) que se conecta con tu cuenta de Skype. Cuesta unos 60 dólares al año. Luego, en Skype puedes instalar un desviador de llamadas para que las remita a tu número de teléfono. Pagas la tarifa como si estuvieras llamando desde Estados Unidos en el lugar donde te encuentres. He utilizado este servicio en unos 40 países y funciona de maravilla. En general, la calidad de la llamada es buena y resulta muy cómodo: http://www.skype.com/allfeatures/onlinumber/. Una advertencia: llevar siempre, SIEMPRE, una tarjeta SIM para tu teléfono celular GSM. Una tarjeta SIM también te proporciona GPRS, Edge o 3G. A veces incluso wifi gratuito. Saludos.

TY KROLL

En general, trato de tener todas las herramientas que utilizo online, de modo que si me roban la laptop, puedo comprar otra y hacer que todo vuelva a funcionar en 24 horas. He aquí algunas de las herramientas que suelo usar a menudo:

- RememberTheMilk.com se ha convertido en algo fundamental para llevar a cabo mi trabajo diario.
- Freshbooks.com para facturar online.
- Highrise (http://www.highrisehq.com) para gestionar la relación con los clientes.
- Dropbox (getdropbox.com) para compartir archivos de una forma fácil y hacer backups automáticos de archivos importantes mientras estás de viaje.
- TrueCrypt (truecrypt.org) para mantener a salvo los datos de tu laptop mientras estás viajando. *[Comentario de Tim: Este servicio también puede utilizarse con una memoria USB y otros dispositivos; ofrece dos niveles de «denegabilidad plausible» (archivos ocultos, etc.) si alguien te obliga a revelar la contraseña.]*
- PBwiki.com – Sitio wiki que me ayuda a guardar las ideas que se me van ocurriendo sobre la marcha.
- FogBugz on Demand: http://www.fogcreek.com/FogBUGZ/IntrotoOnDemand.html. Es un «rastreador de virus» dirigido a las empresas de informática, pero yo lo utilizo todos los días tanto para asuntos profesionales como personales. Es casi como un AV, ya que permite administrar el correo electrónico y ayuda a organizarlo y mantenerlo. Ofrece excelentes opciones para rastrear correos electrónicos y existe una versión gratuita para dos usuarios (¡yo + AV!).

R. B. CARTER

Un servicio muy útil es Amazon's Mechanical Turk. Con una pequeña inversión de tiempo o dinero, un negocio que requeriría a cientos de personas que realizaran pequeñas tareas puede llevarse a cabo por un coste extraordinariamente bajo. Dos ejemplos serían la búsqueda de Steve Fosset (miles de personas vieron las fotos por satélite que habrían abrumado a las agencias SAR) o un negocio de averías que emplea a personal cualificado en todo el mundo (ver Amazon.com/webservices). No soy empresario ni tengo ninguna acción de Amazon, pero he utilizado estos servicios y algunos son realmente increíbles.

J. MARYMEE

Directo al mercado

La forma más rápida de lanzar un producto al mercado es a través de Registera.com. Inscríbete a través de dathorn.com (una cuenta de distribución barata, igual que www.domainsinseconds.com). Con solo dos clics, abre un blog en wordpress, adjudícale un tema, rellénalo con lo que ofreces y añade un botón de «comprar ahora». Este botón tiene un vínculo que remite a una página con una dirección de correo electrónico, un número de teléfono, etc. Entonces, el usuario clica otra vez y es remitido a un botón de PayPal, que me manda automáticamente un correo electrónico con los detalles; sin embargo, le muestra al usuario un mensaje que le dice que el vínculo de PayPal está fuera de servicio momentáneamente. Uso esto para saber cuántas ventas habría realizado. Y calculo la teórica rentabilidad de la inversión (con los analizadores de Google). Si al cabo de un par de semanas veo que la rentabilidad de la inversión merece la pena, creo o lanzo el producto (emag, PDF, lo que sea) y lo lanzo con un vínculo a PayPal que sí funcione y luego mando un mensaje a los usuarios que ya quisieron comprarlo. Normalmente, unas horas después he recuperado todo mi dinero y empiezan a llegar los ingresos. Un ejemplo es el pack de relaciones públicas de DIY en www.mybusinespr.com.au. Enhorabuena por *La semana laboral de 4 horas*. Espero ansioso la próxima edición. Saludos.

MATT SCHMIDT

11. INGRESOS EN PILOTO AUTOMÁTICO III:
MBA: MÁSTER EN BENEFICIOS POR AUSENCIA

«La fábrica del futuro tendrá solo dos empleados: un hombre y un perro. El cometido del hombre será dar de comer al perro. El del perro será cuidar de que el hombre no toque el equipo.»
WARREN G. BENNIS, Universidad del Sur de California, catedrático de Administración de Empresas; asesor de Ronald Reagan y John F. Kennedy

La mayoría de los emprendedores no echan a andar con el objetivo de automatizar su empresa. Por esa razón, pronto se ven atrapados en una vorágine de opciones en un mundo donde cada gurú de los negocios que aparece contradice al anterior. Mira si no, por ejemplo:

«Una empresa será más fuerte si su entramado lo sostiene el amor en lugar del miedo... Si los empleados son lo más importante, se sentirán felices.»
HERB KELLEHER, cofundador de Southwest Airlines

«Mira, chiquito: yo he levantado este negocio siendo un cabrón. Lo dirijo siendo un cabrón. Siempre seré un cabrón y no intentes cambiarme nunca.»[50]
CHARLES REVSON, fundador de Revlon,
a un directivo de su empresa

50. Richard Tedlow, *Giants of Enterprise: Seven Business Innovators and the Empires They Built* [Gigantes de la empresa: siete innovadores

Uhmm... ¿A quién hacemos caso? Si estás al quite te habrás dado cuenta de que te he ofrecido una cosa u otra. La buena noticia es que, como suele pasar, existe una tercera opción.

Los consejos contradictorios con los que te topas en los libros de negocios y por todas partes normalmente se refieren a cómo dirigir a los empleados, cómo controlar el elemento humano. Herb te dice que les des un abrazo; Revson, que les des una patada en las pelotas. Yo te digo que resuelvas el problema arrancándolo de cuajo: elimina el elemento humano.

Cuando tengas un producto que se venda, es hora de diseñar una estructura de negocio autocorrectora que se autodirija.

El consejero delegado por control remoto

> «Por fortuna, se nos ha dado el poder de escondernos los unos de los otros, pues los hombres son bestias salvajes que se devorarían unos a otros si no fuera porque él nos protege.»
> HENRY WARD BEECHER, clérigo y abolicionista estadounidense,
> «Proverbios desde el Púlpito de Plymouth»

Pennsylvania rural
En el plácido interior de una granja de piedra de 200 años de antigüedad, un «experimento de liderazgo estilo siglo XXI» está saliendo exactamente según lo planeado.[51]

---

empresariales y los imperios que levantaron] (2001; reimpresión, Nueva York, HarperBusiness, 2003).

51. Esto lo he adaptado de «El consejero delegado por control remoto», Revista *Inc.*, octubre de 2005.

Stephen McDonnell está en el piso de arriba en chanclas, mirando una hoja de cálculo en la pantalla de su computadora. Su empresa ha aumentado su facturación anual en un 30% todos los años desde que empezó a funcionar, gracias a lo cual puede pasar más tiempo con sus tres hijas del que nunca creyó posible.

¿En qué consiste el experimento? Stephen es consejero delegado de Applegate Farms e insiste en estar solo un día a la semana en la sede central de la empresa, en Bridgewater, Nueva Jersey. No es el único Consejero delegado que pasa tiempo en casa, por supuesto —hay cientos que sufren ataques al corazón o depresiones nerviosas y necesitan descansar para recuperarse—, pero en su caso la diferencia es abismal.

McDonnell lleva haciéndolo más de 17 años. Aún más atípico: empezó a hacerlo tan solo seis meses después de fundar la empresa.

Gracias a esta ausencia intencionada ha podido crear un negocio cuyo motor son los procesos en lugar del fundador. Al limitar el contacto con los directivos, el emprendedor se ve obligado a idear reglas de funcionamiento que permitan a los demás solucionar los problemas ellos mismos en lugar de llamarle para pedir su ayuda.

No es una estrategia propia solo de pequeños negocios. Applegate Farms vende más de 120 productos cárnicos ecológicos y naturales a minoristas de alta gama y genera una facturación de más de 35 millones al año.

Todo ello es posible porque McDonnell empezó sabiendo dónde quería llegar.

Entre bambalinas: la estructura de la musa

> «¡Las órdenes son que a nadie le está permitido ver al Gran Oz! ¡Nadie ni de ninguna manera!»
>
> GUARDIÁN DE LAS PUERTAS DE LA CIUDAD ESMERALDA,
> *El mago de Oz*

Empezar sabiendo dónde se quiere llegar —trazar un mapa organizativo de cómo será la empresa en el futuro— no es algo nuevo.

El infame negociante Wayne Huizenga copió el organigrama de McDonald's para convertir a Blockbuster en un coloso valorado en miles de millones de dólares, y docenas de titanes de los negocios han hecho cosas parecidas. Lo que nos distingue a nosotros es saber «adónde queremos llegar». Nuestro objetivo no es crear un negocio lo más grande posible, sino un negocio que nos moleste lo menos posible. En nuestro organigrama tenemos que colocarnos fuera del flujo de información en lugar de en la cima.

La primera vez que intenté hacer esto no me salió bien.

En 2003 vinieron a entrevistarme en mi oficina para un documental llamado *Visto en televisión*. Nos interrumpieron cada 20 o 30 segundos con sonidos de llegada de correos electrónicos, notificaciones de mensajes entrantes y llamadas telefónicas. No podía no atender a todo eso, porque docenas de decisiones dependían de mí. Si no me aseguraba de que los trenes salieran a tiempo y de apagar los fuegos, nadie iba a hacerlo.

La anatomía de la automatización
LA ESTRUCTURA VIRTUAL DE LA SEMANA DE TRABAJO DE 4 HORAS

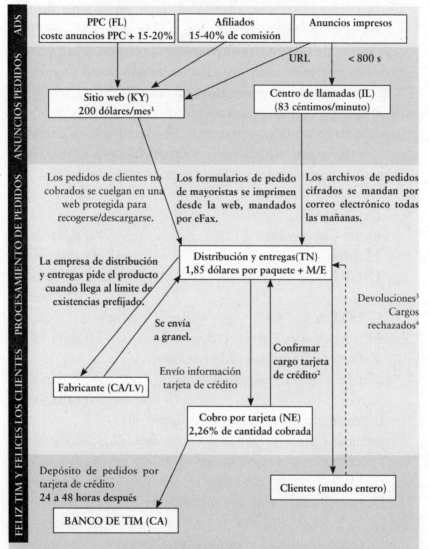

PPC (FL)
coste anuncios PPC + 15-20%

Afiliados
15-40% de comisión

Anuncios impresos

URL   < 800 s

Sitio web (KY)
200 dólares/mes[1]

Centro de llamadas (IL)
(83 céntimos/minuto)

Los pedidos de clientes no cobrados se cuelgan en una web protegida para recogerse/descargarse.

Los formularios de pedido de mayoristas se imprimen desde la web, mandados por eFax.

Los archivos de pedidos cifrados se mandan por correo electrónico todas las mañanas.

La empresa de distribución y entregas pide el producto cuando llega al límite de existencias prefijado.

Distribución y entregas(TN)
1,85 dólares por paquete + M/E

Devoluciones[3]
Cargos rechazados[4]

Se envía a granel.

Confirmar cargo tarjeta de crédito[2]

Envío información tarjeta de crédito

Fabricante (CA/LV)

Cobro por tarjeta (NE)
2,26% de cantidad cobrada

Depósito de pedidos por tarjeta de crédito
24 a 48 horas después

Clientes (mundo entero)

BANCO DE TIM (CA)

Sidebar (vertical): ADS   ANUNCIOS PEDIDOS   PROCESAMIENTO DE PEDIDOS   FELIZ TIM Y FELICES LOS CLIENTES

1. Este coste incluye un *webmaster*/programador.
2. Las tarjetas de crédito rechazadas se devuelven a la empresa de distribución/entregas, que llama por teléfono a los clientes.
3. La empresa de distribución/entregas reembolsa a los clientes a través de la empresa de cobro electrónico.
4. Cargos a tarjetas de crédito rechazados por el titular.

Dividir la tarta: lo rentable que sale subcontratar

Cada empresa subcontratada se lleva un trocito de la tarta de los beneficios. Aquí tienes las pérdidas-beneficios generales de un hipotético producto de 80 dólares vendido por teléfono y creado con ayuda de un experto, a quien se paga un porcentaje en concepto de derechos de autor. Yo recomiendo calcular márgenes de beneficio aumentando un poco los gastos. Así se tienen en cuenta los costes imprevistos (léase: meteduras de pata) y desembolsos varios, tales como informes mensuales, etc.

INGRESOS
Coste del producto . . . .   80 dólares
Manipulación/envío . . . . 12,95 dólares
INGRESOS TOTALES . . . . **92,95 dólares**

GASTOS
Fabricación del producto . . . .   10 dólares
Centro de llamadas (83 cent./min.
× media de llamada de 4 min.) . . . .   3,32 dólares
Envío . . . .   5,80 dólares
Distribución/entrega (1,85 dólares por
paquete + 50 cent. por cajas/embalaje). 2,35 dólares
Procesamiento tarjetas crédito
(2,75% de 92,95 dólares) . . . .   2,56 dólares
Devoluciones + tarjetas rechazadas
(6% de 92,95 dólares) . . . .   5,58 dólares
Derechos autor (5% del precio al por
mayor de 48 dólares [80 x 6]). . . . .   2,40 dólares
Total de gastos . . . . **32,01 dólares**

BENEFICIO (ingresos menos gastos) **60,94 dólares**

> **¿Cómo calculas el coste de publicidad para tenerlo en cuenta?** Si un anuncio de 1.000 dólares o 1.000 dólares en publicidad PPC producen 50 ventas, mi coste por publicidad por pedido (CPP) será de 20 dólares. *Por consiguiente, el beneficio real por unidad será de 40,94 dólares.*

Después de lo ocurrido durante la entrevista, me fijé un nuevo objetivo y, cuando el equipo de televisión volvió a verme seis meses más tarde para la segunda parte del reportaje, un cambio se hizo más patente que ninguno: el silencio. Había rediseñado el negocio de arriba a abajo para no tener llamadas que atender y ningún correo electrónico al que responder.

A menudo me preguntan por el tamaño de mi empresa, es decir, cuánta gente tengo en plantilla a tiempo completo. La respuesta es una. A partir de ahí, el interés de la mayoría se desvanece. Si alguien me preguntase cuántas personas llevan BrainQUICKEN LLC, la respuesta sería otra: entre 200 y 300. Yo soy el fantasma que mora en la maquinaria.[52]

El diagrama de la página 265 es una versión simplificada de mi estructura, partiendo de los anuncios —impresos en este ejemplo— hasta que el dinero se deposita en mi cuenta bancaria, incluidos algunos costes a modo de muestra.

Si has creado un producto guiándote por las instrucciones que he dado en los dos últimos capítulos, encajará en esa estructura como un guante.

¿Dónde estoy yo en ese diagrama?

52. En realidad, yo soy el fantasma de las nuevas máquinas ahora, desde que en 2009 vendí BrainQUICKEN a una empresa privada.

En ningún sitio.

No soy un puesto de peaje por el que tenga que pasar nada. Soy más como un policía que vigila por fuera de la carretera y que puede intervenir si se le necesita. Reviso informes detallados que me pasan mis subcontratados para comprobar que todos los engranajes se mueven como deben. Repaso informes de la empresa de distribución y entregas todos los lunes e informes mensuales el primero de cada mes. Estos últimos presentan los pedidos recibidos del centro de llamadas, que puedo comparar con las facturas de éste para calcular los beneficios.

Aparte de eso, miro mis cuentas bancarias por internet los días 1 y 15 de cada mes por si me han cargado algo que no cuadre. Si encuentro algo, lo arreglo mandando un correo electrónico, y si no, vuelvo al *kendo*, a pintar, a hacer senderismo o a lo que sea que esté haciendo en ese momento.

Autoeliminarte de la ecuación: cuándo y cómo

> «El sistema es la solución.»
>
> AT&T

El diagrama de la página 265 debería servirte *grosso modo* de plantilla a la hora de montar una estructura virtual sostenible. Puede haber cosas distintas, más o menos elementos, pero los principios generales serán los mismos:

1. Subcontrata empresas[53] que se especialicen en determinadas tareas en lugar de autónomos siempre que sea posible, de modo que si echan a alguien, o alguien dimite o trabaja mal, puedas sustituirle sin que tu negocio deje de funcionar. Deben ser grupos de personas cualificadas que puedan proporcio-

---

53. Subcontratar empresas puede ser tan simple como confiarles sus servicios. No se deje intimidar.

narte informes detallados y sustituirse entre ellos cuando sea necesario.

2. Asegúrate de que todos los subcontratados estén dispuestos a comunicarse entre sí para resolver problemas, y *dales permiso por escrito para tomar la gran mayoría de decisiones poco costosas sin consultarte a ti primero* (yo empecé por menos de 100 dólares y, dos meses después, subí hasta 400).

¿Cómo se llega a eso? Para averiguarlo, comencemos por ver dónde suelen empezar a perder fuelle los emprendedores para estancarse de por vida.

La mayoría empieza a funcionar con las herramientas más baratas que encuentran, convirtiéndose en malabaristas multitarea, exprimiéndose los sesos y haciendo cosas ellos mismos para salir adelante con muy poco dinero. Ese no es el problema. De hecho, es necesario para que el emprendedor pueda entrenar más tarde a quienes subcontrate. El problema es que esos mismos emprendedores no saben cuándo ni cómo sustituirse a sí mismos o a esa infraestructura casera por algo más **escalable.**

Con «escalable» me refiero a una estructura de negocio que pueda manejar 10.000 pedidos al día con la misma facilidad con la que maneja 10 a la semana. Hacer esto requiere reducir al mínimo las decisiones que tienes que tomar tú, lo que nos permitirá alcanzar nuestro objetivo de liberar tiempo, a la vez que prepara el terreno para doblar o triplicar nuestros ingresos trabajando el mismo número de horas.

Llama a las empresas que indico al final del capítulo para informarte sobre los costes.

Planifica y presupuesta en consonancia para ir ampliando tu infraestructura cuando llegues a los siguientes puntos de inflexión, desde donde dar el salto al siguiente escalón, que yo cuantifico en unidades de producto enviadas:

Fase I: 0-50 unidades totales de producto enviadas

Hazlo todo tú solo. Pon tu número de teléfono en el sitio web para responder a preguntas generales y anotar pedidos —esto es importante al principio—, y atiende a las llamadas de los clientes para saber cuáles son las preguntas más habituales que más tarde responderás en unas FAQ que colgarás en internet. Estas respuestas a las preguntas más habituales servirán también de material básico para formar a operadores telefónicos y redactar guiones de ventas.

¿Es tu campaña de PPC, tu anuncio fuera de internet o tu web algo demasiado vago o engañoso, por lo que está atrayendo a clientes no interesados en tu producto que te quitan tiempo?

Si es así, cámbialos para que respondan a las preguntas más habituales y aclara los beneficios del producto (incluyendo lo que no es o lo que no hace).

Contesta a todos los correos electrónicos y guarda las respuestas en una carpeta llamada «preguntas de atención al cliente». Mándate copia oculta a ti mismo poniendo en el asunto del correo de qué se trata para organizarlos más tarde por temas. Empaqueta y envía personalmente todo el producto para averiguar las opciones más baratas para ambas cosas. Investiga la posibilidad de abrir una cuenta mercantil con un banco local pequeño (más fácil que con uno grande) para realizar cobros con tarjeta de crédito a través de una empresa que subcontrates.

Fase II: >10 unidades de producto enviadas por semana

Cuelga las profusas FAQ en tu web y sigue contestando a las preguntas más frecuentes cuando las recibas. Busca empresas de distribución y entrega de tu ciudad en las Páginas Amarillas, en el apartado «servicios de distribución y entrega» o «servicios de envío». Si no las encuentras ahí o en www.

mfsanet.org, llama a imprentas y pídeles consejo. Acota la búsqueda a las que accedan a no cobrarte una cuota de puesta en marcha ni mínimos mensuales (suelen ser las más pequeñas). Si no es posible, pide por lo menos el 50% de descuento en ambas cosas y luego, que la cuota inicial sea en concepto de adelanto sobre el envío u otro de sus cobros.

Acorta la lista de candidatos escogiendo solo los que pueden atender a correos electrónicos (ideal) o a llamadas telefónicas de clientes preguntando por el estado de los pedidos. Les entregarás los correos electrónicos de la carpeta «atención al cliente» para que los usen a modo de respuestas «cortar y pegar», sobre todo las relativas a estado de los envíos y solicitudes de devolución.[54]

Para disminuir o eliminar pagos varios, explícales que eres una empresa que empieza y que tu presupuesto es pequeño. Diles que necesitas el dinero para pagar publicidad que producirá más envíos. Si es necesario, menciona las empresas competidoras que estás sopesando y enfréntalas entre ellas, aduciendo precios menores o concesiones de una para conseguir descuentos mayores y cosas gratis de las otras.

Antes de decidirte por una, pide por lo menos tres referencias de clientes y di lo siguiente para descartar a los negativos: «Me imagino que todos son buenos, pero todo el mundo tiene debilidades. Si tuviese que indicarme en qué cuestiones ha tenido problemas y en qué cosas no son los mejores, ¿qué me diría? ¿Podría describirme un incidente o desacuerdo? Sé que se darán con cualquier empresa. No es grave. Sería confidencial, por supuesto».

Pide «pago a 30 días» —un mes después de que los servicios se hayan prestado— después de pagarles el primer mes en el acto. Es más fácil negociar todos los puntos anteriores

---

54. En www.fourhourblog.com podrás descargar modelos de correo electrónico de respuesta para la empresa de distribución y entrega que subcontrates.

con empresas pequeñas que necesitan clientes. Haz que tu fabricante envíe el producto directamente a la casa de distribución cuando te decidas por una y pon su correo electrónico (puedes reenviarles los mensajes desde una dirección con tu dominio) en la página donde das las gracias al cliente por su compra para que les lleguen a ellos las preguntas relativas al estado de los envíos.

Fase III: >20 unidades de producto enviadas por semana

Ahora ya dispondrás del flujo de caja suficiente para permitirte las cuotas de inicio de actividad y mínimos mensuales que te exigirán subcontratas más grandes y sofisticadas. Llama a casas de distribución y entregas que se ocupan de todo de principio a fin, desde seguimiento de pedidos a devoluciones. Entrevístales para conocer sus costes y pídeles referencias de centros de llamadas y empresas de cobro electrónico de tarjetas de crédito con quienes hayan colaborado, incidiendo en transferencias de ficheros y resolución de problemas. No montes una estructura de extraños; habrá gastos de programación y errores: ambos salen caros.

Abre una cuenta con una empresa de cobro electrónico de tarjetas de crédito, para lo que necesitarás una cuenta mercantil propia. Esto es fundamental, pues la empresa de distribución solo puede gestionar las devoluciones y las tarjetas rechazadas correspondientes a transacciones que ellos mismos realicen a través de una empresa de cobro electrónico externa.

Otra opción es abrir una cuenta con uno de los centros de llamadas que te recomiende tu nueva casa de distribución.

Estas suelen contar con líneas gratuitas que puedes utilizar en lugar de adquirir una propia. Fíjate en el porcentaje de pedidos por internet frente a los telefónicos durante la fase de prueba y piensa detenidamente si los ingresos adicionales procedentes de los segundos compensan el lío que suponen.

A menudo, no. Quienes piden por teléfono en general lo harían por internet si no se les da más opción.

Antes de contratar un centro de llamadas, consigue varias líneas 902 o similar que ellos atiendan y haz algunas llamadas de prueba con preguntas difíciles sobre el producto, para evaluar sus capacidades comerciales. Llama a cada número por lo menos tres veces (por la mañana, por la tarde y por la noche) y toma nota del factor decisivo: el tiempo de espera. Deberán coger el teléfono la tercera o cuarta vez que suene y, si te ponen en espera, cuanto menos esperes, mejor. Más de 15 segundos harán que mucha gente abandone, lo que se traducirá en dólares en publicidad tirados a la basura.

El arte de no dejar decidir: menos opciones = mayor facturación

> «Las empresas se hunden cuando toman decisiones equivocadas o, lo que es igual de importante, toman demasiadas decisiones. Lo segundo complica las cosas.»
> MIKE MAPLES, cofundador de Motive Communications (oferta pública inicial realizada con una capitalización de mercado de 260 millones de dólares), directivo fundador de Tivoli (vendida a IBM por 750 millones), e inversor de empresas como Digg.com

Joseph Sugarman es el genio del marketing responsable de docenas de campañas de respuesta directa y comercio minorista que arrasaron, como el fenómeno de las gafas de sol BluBlocker. Antes de ganar por goleada en televisión (vendió 20.000 pares de BluBlockers tras sus primeros 15 minutos en la cadena de teletienda QVC), su campo eran los medios impresos, donde había amasado millones y levantado un imperio llamado Grupo JS&A. Una vez le contrataron para componer un anuncio para una línea de relojes de pulsera de un fabricante. El fabricante quería mostrar nueve relojes distintos en el anuncio. Joe recomendó que apareciese solo uno. El cliente insistió y Joe le propuso hacer los dos y probarlos en el mismo número de *The Wall Street Journal*.

¿Qué pasó? El de un reloj vendió 6 veces más que el de nueve.[55]

Henry Ford dijo una vez, refiriéndose a su Modelo T, el automóvil más vendido de todos los tiempos:[56] «El cliente puede pedir el color que quiera, siempre y cuando sea negro». Él comprendió algo que los empresarios parecen haber olvidado: qué es atender al cliente. El «servicio al cliente» no es convertirse en un botones personal y satisfacer todos sus deseos y caprichos. Servir bien al cliente es proporcionarle un producto excelente a un precio aceptable y resolverle problemas justificados (paquetes extraviados, sustituir producto defectuoso, aceptar devoluciones, etc.) de la manera más rápida posible. Eso es todo.

Cuantas más opciones ofrezcas al cliente, mayor indecisión provocarás y menos pedidos recibirás. Un servicio deficiente, lo mires por donde lo mires. Además, cuantas más opciones ofrezcas, más carga de fabricaciones y servicio al cliente estarás creando para ti mismo.

El arte de «no dejar decidir» consiste en minimizar el número de decisiones que tu cliente puede o necesita tomar. Aquí tienes algunos métodos que yo y otros NR hemos utilizado para reducir los gastos derivados del servicio al cliente entre un 20% y un 80%:

1. Ofrece una o dos opciones de compra («básica» y «superior», por ejemplo) y nada más.

55. Joseph Sugarman, *Advertising Secrets of the Written Word* [Secretos publicitarios de la palabra escrita] (DelStar Books, 1998).

56. Dependiendo del parámetro que se utilice (número de automóviles o ventas brutas), algunos afirman que el récord lo detenta el escarabajo de Volkswagen.

2. No ofrezcas varias formas de envío, sino uno rápido y otro especial, cobrando.

3. No ofrezcas envío urgente o de un día para otro (*es posible derivarles a un distribuidor tuyo que sí lo haga, como el resto de estas cosas*), pues estos métodos darán lugar a cientos de llamadas de agobiados.

4. Elimina los pedidos por teléfono completamente y dirige a todos los interesados al formulario de pedido por internet. Esto parece un ultraje hasta que te das cuenta de que éxitos formidables como el de Amazon.com han dependido de esto para ahorrar costes que les han permitido sobrevivir y prosperar.

5. No digas que envías al extranjero. Dedicar 10 minutos en cada pedido a rellenar documentación de aduanas y después lidiar con las quejas de los clientes porque el producto cuesta entre el 20% y el 100% más debido a los aranceles es tan divertido como darse cabezazos contra el borde de la acera. Y más o menos igual de rentable.

Algunos de estos consejos van dando pistas sobre el que quizá sea el método de ahorro de tiempo más eficaz que exista: filtrar a tus clientes.

No todos los clientes son creados iguales

Cuando alcances la Fase III y tengas algo de liquidez, es hora de revaluar a tus clientes y separar el trigo de la paja. De todas las cosas existen versiones buenas y malas: buena comida, mala comida; buenas películas, malas películas; buen sexo, mal sexo; y sí, buenos clientes y malos clientes.

Decide trabajar con los primeros y evitar a los segundos. Yo recomiendo ver al cliente como un socio comercial igual a nosotros y no como una bendición infalible de ser humano al que agradar a toda costa. Si tú ofreces un producto excelente a un precio aceptable, es comercio justo y no una sesión de súplicas entre subordinado (tú) y superior (cliente). Sé profesional pero nunca te humilles ante gente poco razonable.

En lugar de lidiar con clientes problemáticos, yo recomiendo que les impidas que siquiera hagan pedidos.

Conozco a docenas de NR que no aceptan pagos por Western Union o cheques. Algunos te dirán que así «¡Estás echando a perder el 10-15% de las ventas!». Los NR, por su parte, te dirían: «Pues sí, pero también estoy quitándome de encima el 10-15% de los clientes que crean el 40% de los gastos y se comen el 40% de mi tiempo». Es 80/20 de libro.

Quienes se gastan lo mínimo y piden lo máximo antes de comprar seguirán haciendo eso mismo después. Eliminarles es una decisión que mejorará tu vida y tu economía. A los clientes poco rentables y pelmazos les encanta llamar a los operadores y pasarse 30 minutos al teléfono preguntando cosas fútiles o que la propia web del producto ya responde, lo que tiene un coste —en mi caso— de 24,90 dólares (30×83 cent.) por incidencia de 30 minutos, haciendo desaparecer por tanto el minúsculo beneficio que te pudieran haber reportado.

Quienes gastan más, son los que menos reclaman. Además de fijar un precio más alto, de 50 a 200 dólares, aquí van algunas tácticas más para atraer a los clientes muy rentables y fáciles de complacer que queremos:

1. No aceptes pagos a través de Western Union, cheques o giros postales.
2. Aumenta el pedido mínimo para mayoristas a 12-100 unidades y exige el IVA para cribar a distribuidores novatos que prueban por primera vez y separarlos de los comerciantes verdaderos. No montes una escuela de negocios particular.
3. Manda a todos los distribuidores potenciales a un formulario en internet, que deberán imprimir, rellenar y mandarte.

No negocies nunca precios ni aceptes precios más bajos por pedidos más voluminosos. Aduce «política de la empresa» por haber tenido problemas en el pasado.

4. Vende productos a bajo precio (al estilo del libro de M. R. I. NO2) en lugar de gratis para conseguir datos para ventas futuras. Dar algo gratis es la mejor manera de atraer gente que te haga perder el tiempo y de gastar dinero en quienes no te devolverán el favor.

5. Ofrece una **garantía perder-ganar** (véase el recuadro de abajo) en lugar de pruebas o muestras gratuitas.

6. No aceptes pedidos procedentes de países donde la estafa por correo es moneda común, como Nigeria.

Haz de tu clientela un club exclusivo y trata a los miembros bien una vez sean aceptados.

La garantía perder-ganar: cómo vender cualquier cosa a cualquiera

«Si quieres una garantía, cómprate una tostadora.»

CLINT EASTWOOD

La garantía de «30 días o le devolvemos su dinero» ha muerto. Ya no tiene el aura de antaño. Si un producto no funciona, me han mentido y voy a tener que perder una tarde en Correos devolviéndolo, así que va a costarme más que simplemente el precio que pagué por él, tanto en tiempo como en franqueo, que es dinero contante y sonante. Eliminar el riesgo ya no es suficiente.

Aquí es donde entramos en la olvidada esfera de las garantías **perder-ganar** y del riesgo inverso. Para los NR, la garantía —un elemento que otros añaden al final casi de pasada— es la piedra angular de la venta.

Los NR buscan ante todo que el cliente se beneficie aunque el producto no funcione.

Las garantías perder-ganar no solo suprimen todo riesgo para el consumidor, sino que además exponen a la empresa a perder dinero.

Algunos ejemplos de cómo demostrar tu convicción con el dinero por delante.

¡Te la llevamos en 30 minutos o menos o te sale gratis!
(Domino's Pizza levantó el negocio sobre esta garantía.)

Estamos tan seguros de que le gustará CIALIS, que si no es así, le pagaremos la marca que elija.
(El «Programa Promesa CIALIS®» ofrece una muestra gratuita de CIALIS prometiendo pagar un producto competidor si CIALIS no es tan maravilloso como lo pintan.)

Si le roban el automóvil, pagaremos 500 dólares de la franquicia de su seguro.
(Gracias a esta garantía, THE CLUB se convirtió en el dispositivo mecánico antirrobo para automóviles n.º 1 en ventas en todo el mundo.)

Hace efecto a los 60 minutos de la primera dosis: ¡garantizado al 110%!
(Esta fue la garantía de BodyQUICK, pionera entre los suplementos para deportistas. Yo me comprometía a reembolsar al cliente el precio del producto si no hacía efecto a los 60 minutos de haber ingerido la *primera dosis*, y por si fuera poco, a enviarle un cheque por un 10% más.)

La garantía perder-ganar puede parecer un riesgo demasiado grande, sobre todo si la gente puede aprovecharse de ella para lucrarse, pero no lo es... *si* tu producto es de calidad. La mayoría de la gente es honrada.

Veamos los resultados en números.

Las devoluciones de BodyQUICK, incluso siendo el período válido de devolución de 60 días (y en parte por eso mismo),[57] son de menos del 3% en un sector donde la media es del 12-15% para garantías normales a 30 días y si no está satisfecho le devolvemos el 100% de su dinero.

Las ventas aumentaron más de un 300% en las cuatro semanas siguientes a introducir la garantía 110% y las devoluciones disminuyeron.

Johanna adoptó la oferta perder-ganar y esto fue lo que se le ocurrió: «Aumenta en flexibilidad lo necesario para la escalada en un 40% en dos semanas o devuelve el DVD y se te reembolsará su precio completo (incluidos gastos de envío). Como obsequio nuestro, quédate con el DVD de regalo de 20 minutos».

Sherwood también dio con su garantía: «Si estas camisetas no son las más cómodas que hayas llevado, devuélvenoslas y te devolveremos dos veces su precio. Todas las camisetas están además garantizadas de por vida: si se desgasta, envíanosla y te la sustituiremos por otra gratuitamente».

Ambos aumentaron sus ventas en más de un 200% en los dos primeros meses. El porcentaje de devoluciones permaneció igual para Johanna y aumentó en un 50% para Sherwood, del 2% al 3%. ¿Descalabro? En absoluto.

57. Para beneficio del cliente y aprovecharte de la pereza universal (me incluyo), da el máximo tiempo posible para evaluar u olvidar el producto. Los cuchillos Ginsu venían con una garantía de 50 años. ¿Puedes dar tú una de 60, 90 o incluso 365 días? Antes calcula el porcentaje de devoluciones con una garantía de 30 o 60 días (para hacer presupuestos y proyecciones de liquidez) y luego amplíala.

En lugar de vender 50 y que le devolviesen una garantizada al 100% [(50 x 100 dólares) - 100 dólares = 4.900 dólares en beneficios], vendió 200 y le devolvieron seis con la garantía del 200% [(200 x 100 dólares) - (6 x 200 dólares) = 18.800 dólares de beneficios]. Yo me quedo con lo segundo.

Perder-ganar es el nuevo ganar-ganar. Diferénciate y recoge la recompensa.

Pequeña pero matona: cómo aparentar ser una empresa enorme en 45 minutos

«¿Estás harto de que te lancen arena a la cara? ¡Yo te prometo nuevos músculos en días!»

CHARLES ATLAS, el forzudo que vendió más de 30 millones de dólares de cursos de musculación «por tensión dinámica» a través de historietas

Si pretendes dirigirte a grandes distribuidores o buscar socios, ser una empresa de pequeño tamaño puede ser un obstáculo. Es absolutamente posible dar al traste con este trato discriminatorio que carece de todo fundamento. Por suerte, unos sencillos pasos pueden inflar espectacularmente la imagen de tu emporio empresarial en ciernes, trasladando tu musa de la cafetería a la sala de reuniones en menos de 45 minutos.

1. No seas el consejero delegado ni el fundador
Ser el «consejero delegado» o el «fundador» dice a gritos empresa pequeña. Date el cargo medio de «vicepresidente», «director» o algo por el estilo que puedas especificar según la ocasión (director de ventas, director de desarro-

llo de negocio, etc.). Para negociar, recuerda que lo mejor es *no* parecer el encargado de tomar la decisión final.

2. Pon varios correos electrónicos y teléfonos de contacto en tu sitio web

Pon distintas direcciones de correo en la página «Contáctenos» para distintos departamentos: «recursos humanos», «ventas», «distribución mayorista», «medios/RRPP», «inversores», «comentarios a la web», «estado de envíos», y demás. Al principio, todos estarán redirigidos a tu dirección de correo electrónico. En la Fase III, la mayoría irán al subcontratado correspondiente. Puedes hacer lo mismo con varias líneas telefónicas gratuitas.

3. Hazte con una telefonista digital a distancia con menú de voz (IVR)

Es posible sonar como una gran empresa por menos de 30 dólares. En menos de diez minutos en webs como www.angel.com, que alardea de tener clientes como Reebok y Kellog's, es posible configurar un número 800 que reciba a los clientes con un mensaje de voz como este: «Gracias por llamar a [nombre del negocio]. Por favor, indique el nombre de la persona o departamento con quien desea hablar o elija una de las siguientes opciones».

Al decir tu nombre o el departamento que sea, se redirige la llamada al teléfono que desees o a la empresa subcontratada correspondiente, con música en espera y toda la pesca.

4. No des la dirección de tu casa

No pongas la dirección de tu casa o tendrás visitas. Antes de contratar a una empresa de distribución de principio a fin que gestione cheques y giros postales —si decides aceptarlos— utiliza un apartado de correos pero quita el «apartado n.º» y pon en su lugar la dirección postal de la oficina de correos. Así, «Apdo. de Correos 555, Ningún Sitio, 11936 EE.UU.» se convierte en «Piso 555, Ningún Sitio, 11936 EE.UU.».

Adelántate proyectando profesionalidad con una imagen bien confeccionada.

El tamaño *percibido* sí importa.

RETO ANTICOMODIDAD

Relájate en público (2 días)

Este es el último reto anticomodidad que te presento antes de pasar al capítulo que se adentra en el punto de inflexión más desagradable para la mayoría de los oficinistas: negociar acuerdos de teletrabajo. El propósito de este desafío es que te diviertas y demostrarte —sin lugar a dudas— que las reglas por las que se rige la mayoría no son más que convenciones sociales. La ley no te prohíbe crear la vida ideal... o sencillamente divertirte como te parezca y confundir a todo el mundo.

Pues bien, aprende a relajarte en público. Parece fácil, ¿no? Yo soy, digamos, conocido por descansar a mi modo para hacer reír a mis colegas. Este es el trato, y me da igual que seas chico o chica, que tengas 20 o 60 años, de Mongolia o de Marte.

Yo llamo a lo siguiente un «tiempo muerto».

Una vez al día durante dos días, túmbate en medio de un sitio atestado de gente. La hora de la comida es perfecta. Puede ser una acera con mucho tránsito, en mitad de un Starbucks muy frecuentado o un bar. No hay ninguna técnica. Simplemente acuéstate en el suelo y estate en silencio durante unos diez segundos. Luego levántate y sigue con lo que estuvieras haciendo antes.

Antes hacía esto en las discotecas para hacer espacio para

círculos de *breakdance*. Nadie me hacía caso, aunque suplicase que la gente se apartara, pero hacerme el catatónico funcionaba de miedo. No expliques nada. Si alguien pregunta después (estará demasiado confundido para preguntarte durante los 10 segundos en que lo estés haciendo), limítate a responder: «Me apeteció de repente tumbarme un minutito». Cuanto menos digas, más gracioso y gratificante será. Hazlo tú solo los dos primeros días y luego, si te apetece, con un grupo de amigos. Te partirás de risa.

No es suficiente con innovar con el pensamiento. Pensar es pasivo. Acostúmbrate a innovar con tus actos.

TRUCOS Y UTENSILIOS

Parecer gigantesco: recepcionista digital e IVR

• Angel (www.angel.com)
Consigue un número 800 gratuito con un menú de voz profesional (departamentos, extensiones, etc., a los que dirigen las llamadas mediante reconocimiento de voz) en cinco minutos. Increíble.
• Ring Central (www.ringcentral.com)
Números gratuitos, criba de llamadas y redireccionamiento, buzones de voz, envío y recepción de llamadas y mensajes de aviso, todo por internet.

Duplicación de CD/DVD, impresión y embalaje

• AVC Corporation (www.avccorp.com)
• SF Video (www.sfvideo.com)

Distribución y entregas locales (menos de 20 unidades enviadas por semana)

• Mailing Fulfillment Service Association (www.mfsanet. org)

Empresas de distribución y entregas de ciclo completo (más de 20 unidades enviadas por semana; más de 500 dólares por inicio de actividad)

• Motivational Fulfillment (www.mfpsinc.com)
La infraestructura logística secreta de campañas de HBO, PBS, Comic Relief, Body by Jake y de muchas empresas más.
• Innotrac (www.innotrac.com)
Actualmente son una de las empresas del sector más grandes del mundo.
• Moulton Fulfillment (www.moultonfulfillment.com)
Una planta de 200.000 m² que proporciona informes de existencias en línea en tiempo real.

Centros de llamadas (cobro por minuto y/o por comisión sobre las ventas)

En general, existen dos tipos de centros de llamadas: los que toman encargos y los agentes comerciales. Habla con todos los candidatos para considerar las opciones y los gastos.

El primero es una buena opción si das el precio del producto en un anuncio (se paga el producto antes de ser enviado), se ofrece información gratuita (generación de clientes) o no se necesita formar a vendedores que puedan reducir las objeciones. Dicho de otro modo: tu anuncio o sitio web precalifica las perspectivas.

En cuanto al segundo, resultaría más apropiado llamarlo «centro de ventas». Los operadores trabajan a comisión y están formados para «cerrar ventas». En muchas ocasiones, esas llamadas son una respuesta a un anuncio de «llame para informarse/probar el servicio/envío de una muestra gratuita» que no incluyen el precio. Los costes por venta son más altos.

- LiveOps (www.liveops.com)

Pionero en operadores que trabajan desde su domicilio, a menudo garantiza más llamadas contestadas. Ofrece un servicio global con agentes, IVR (Registro Internacional de Vehículos) y hablan español. Se usa más a menudo para una compra directa para las ofertas que no incluyen precio.

- WestTeleservices (www.west.com)

Tiene 29.000 empleados en todo el mundo y atienden billones de minutos al año. Lo usan todos los empresarios de gran volumen de ventas y precios bajos, o los de productos caros con períodos de prueba gratuitos y compra a plazos.

- NexRep (www.nexrep.com)

Tiene vendedores muy cualificados que trabajan desde su domicilio y que están especializados en B2C y B2B y en programas internos y externos. Si tus prioridades son el rendimiento, la integración en internet y los clientes de calidad, esta es una buena opción a tener en cuenta.

- TritonTechnology (www.tritontechnology.com)

Centro de ventas que trabaja solo a comisión, conocido por su increíble capacidad para cerrar ventas (véase la película *El informador* y el personaje de Alec Baldwin en *Glengarry Glen Ross*). No llames a menos que tu producto se venda por un mínimo de 100 dólares.

- CenterPoint Teleservices (http://www.centerpointllc.com)

Este centro de ventas tiene experiencia en convertir en ventas las ofertas que incluyen el precio, las que no lo incluyen y las ofertas múltiples (se trata de vender otros productos después de que el cliente haya comprado el que ofrecía el anuncio) que aparecen en radio, televisión, prensa o internet.

- Stewart Response Group (www.stewartresponsegroup. com)

Centro de llamadas que apuesta por el modelo de agente que trabaja desde su domicilio para programas de ventas externas e internas. Otro centro especializado en ventas personalizadas.

Empresas de cobro electrónico con tarjetas de crédito (necesaria cuenta mercantil en tu banco)

Estas empresas, a diferencia de las opciones presentadas en el capítulo anterior, se especializan en procesar pagos con tarjeta de crédito pero también en interactuar con las casas de distribución en tu nombre, eliminándote del diagrama de proceso.

- TransFirst Payment Processing (www.transfirst.com)
- Chase Paymentech (www.paymentech.com)
- Trust Commerce (www.trustcommerce.com)

- PowerPay (www.powerpay.com)

Una de las 500 empresas privadas de más rápido crecimiento. Tramita tarjetas de crédito de tu iPhone y otros servicios.

Software para crear programas de afiliados

- My Affiliate Program (www.myaffiliateprogram.com)

Agencias de compras de medios con descuento

Si vas a una revista, estación de radio o canal de televisión y pagas la tarifa impresa — el precio de «venta al público» que primero te den— nunca ganarás mucho dinero. Ahórrate un montón de gastos y quebraderos de cabeza: plantéate recurrir a agencias de anuncios que negocian descuentos hasta del 90% en los medios que eligen.

- Manhattan Media (Medios impresos) (www.manhmedia. com)

Agencia estupenda que trabaja rápido. Los he usado desde el principio.

- Novus Media (Medios impresos) (www.novusprintmedia. com)

Tiene relaciones con más de 1.400 editores de revistas y periódicos y ofrece una media de un 80% de descuento sobre la tarifa impresa. Entre sus clientes: Sharper Image y Office Depot.

- Mercury Media (TV) (www.mercurymedia.com)

La agencia de medios privada de respuesta directa más grande de EE.UU. Se especializan en televisión pero también se ocupan de radio y medios impresos. Realizan seguimiento completo y confeccionan informes para determinar el RSI.

- Euro RSCG (Cross Media) (http://eurorscgedge.com/)

Uno de los líderes del mundo en medios de televisión de respuesta directa en todas las plataformas.

- Canella Media Response Television (TV) (http://www. drtv.com).

Utiliza el innovador P/E (por encuesta) como modelo de compensación, con el que se pagaría en función de las ganancias en lugar de por adelantado. Sale más caro si tu compañía tiene éxito, pero reduce la inversión inicial en medios de comunicación.

- Marketing Architects (Radio) (www.marketingarchitects. com)

El líder en respuesta directa por radio, aunque tirando un poquito a caro. Casi todos los productos de venta directa —no se requiere pago inicial —Carlton Sheets, Tony Robbins, etc.— los han utilizado.

- Radio Direct Response (Radio) (www.radiodirect.com)

Mark Lipsky ha levantado una maravillosa empresa, cuyos

clientes van desde pequeños especialistas en marketing directo al canal Travel y Wells Fargo.

Marketing digital y empresas de investigación de mercado (gestión de campañas de PPC, etc.)

Si empiezas siendo pequeño, busca un autónomo que te ayude.
- SEMPO (www.sempo.org; consulta el directorio de miembros)

Excelentes empresas de tamaño medio.
- Clicks 2 Customers (www.clicks2costumers.com)
- Working Planet (www.workingplanet.com)

Los profesionales más fuertes: consideran una campaña pequeña una de unos cuantos miles de dólares.
- Marketing Experiments (www.marketingexperiments.com) (Este es mi equipo.)
- Did It (www.did-it.com)
- ROIRevolution (www.roirevolution.com)

El coste se determina con una tarifa mensual.
- iProspect (www.iprospect.com)

Productores de publirreportajes de servicios completos

Estas son las empresas que hicieron de Oreck Direct, Nutrisystem, Nordic-Track y Hooked on Phonics marcas conocidas. El primero cuenta con un excelente glosario de DRTV (respuesta directa televisiva) y ambas webs ofrecen estupendos recursos. No llames si no puedes gastarte al menos 15.000 dólares en un anuncio de formato corto o más de 50.000 en uno de formato largo.

- Cesari Direct (http://www.cesaridirect.com/)
- Hawthorne Direct (www.hawthornedirect.com)
- Script-to-Screen (www.scripttoscreen.com)

Distribución de productos en minoristas y en otros países

¿Quieres ver tu producto en los estantes de Wal-Mart, Costco, Nordstrom o en los grandes almacenes más importantes de Japón? A veces merece la pena que expertos bien relacionados te coloquen donde quieres.

- Tristar Products (http://www.tristarproductsinc.com)
Es la responsable de Power Juicer y otros éxitos. Tristar también es dueña de su propio estudio de producción y por lo tanto puede ofrecer servicios de extremo a extremo, además de la distribución minorista.
- BJ Direct (Todo el mundo) (www.bjgd.com)

Agentes de famosos

¿Quieres que un famoso recomiende tu producto o sea su imagen? Puede costarte mucho menos de lo que piensas, si lo haces bien. Sé de un contrato de recomendación de una prenda de vestir firmado con el mejor lanzador de la liga de primera división de baloncesto que cuesta solo 20.000 dólares al año. Aquí están los agentes que pueden conseguirlo.

- Celeb Brokers (www.celebbrokers.com)
Su presidente Jack King es la persona que me hizo interesarme por primera vez por este fascinante mundo. Se lo conoce de arriba abajo.
- Celebrity Endorsement Network (www.celebrityendorsement.com)

Buscar famosos

- Contact Any Celebrity (www.contactanycelebrity.com)
Es posible hacerlo solo, como yo mismo he comprobado

muchas veces. Este directorio en línea y su amable personal te ayudarán a encontrar a cualquier famoso del mundo.

DISEÑO DE UN ESTILO DE VIDA EN ACCIÓN

Después de haber leído el apartado dedicado a la subcontratación pensé que era una idea novedosa pero que nunca funcionaría en mi caso. No obstante, teniendo en cuenta que el resto del libro «daba en el clavo», decidí probarlo. En vez de mandar mi dinero al extranjero, opté por dejarlo en Estados Unidos y recurrí a mi sobrina, que estudia en la universidad y cuyos conocimientos de informática me superan, para probar la teoría. Resultó ser una experiencia extraordinaria, que a mí me ahorró tiempo y a ella le generó unos ingresos. Aparentemente, disfruto de todos los aspectos positivos de la subcontratación pero sin tener que soportar todo su farragoso lenguaje... El hecho de poder moldear para bien la mente de una joven justifica todo tu libro...

KEN D.

Hola, Tim. Hace unos meses mencionaste www.weebly.com. Lo utilicé para montar mi sitio web y creo que es genial. Asimismo, los grupos de Facebook tienen casi todos los apartados imaginables. Así pues, lo que he hecho es: 1) encontrar un grupo que compre mi producto, y 2) mandar un mensaje a cada administrador contándole cómo mi producto podría ser útil a los miembros del grupo. Luego, muy educadamente, les pedí que publicaran un anuncio en la sección «Noticias recientes» del grupo. Esto resulta mucho más fiable que un mensaje en el muro y permanece colgado allí (es un anuncio gratis) hasta que el administrador lo retira. El administrador adquirió mi producto, colgó mi anuncio en la sección «Noticias recientes» del grupo y luego mandó un mensaje a todos sus miembros diciéndoles que tenían que visitar mi sitio.

GAVIN

PASO IV: L DE LIBERACIÓN

«Es mucho mejor para un hombre equivocarse siendo libre que acertar encadenado.»

THOMAS H. HUXLEY, biólogo inglés, conocido como «el bulldog de Darwin»

12. ACTO DE DESAPARICIÓN:
CÓMO ESCAPARSE DE LA OFICINA

«Trabajando fielmente ocho horas al día, con el tiempo llegarás a ser jefe y a trabajar doce horas al día.»

ROBERT FROST, poeta norteamericano
ganador de cuatro Premios Pulitzer

«En esta senda, el único paso que cuenta es el primero.»

ST. JEAN-BAPTISTE-MARIE VIANNEY,
santo católico, «Cura de Ars»

Palo Alto, California

—No te vamos a pagar las llamadas.

—No les estoy pidiendo que lo hagan.

Silencio. Luego, un asentimiento de cabeza, una risa y un esbozo de sonrisa torcida de resignación.

—Muy bien, entonces. Vale.

Y eso fue todo; pim, pam, pum… fuera. A sus cuarenta y cuatro años, Dave Camarillo, empleado de toda la vida, había descifrado el código que le abría las puertas a una nueva vida.

No le habían despedido; no le habían gritado. Su jefe parecía llevar la situación bastante bien.

Cierto es que Dave había cumplido con su trabajo y tampoco es que estuviera haciéndoles calvos a los clientes durante las reuniones, pero acababa de pasarse 30 días en China sin decírselo a nadie.

«No fue ni la mitad de difícil de lo que pensé que sería.»

Dave es uno de los más de 10.000 empleados que trabajan en Hewlett-Packard (HP) y —contra todo pronóstico— le gusta de verdad. No alberga deseos de montar su propia empresa; lleva siete años ocupándose de asistir en cuestiones técnicas a clientes de 45 estados y 22 países. Hace seis meses, sin embargo, le surgió un pequeño problema.

Un problema de 1,58 m de altura y 50 kilos de peso.

¿Tenía Dave, como casi todos los hombres, miedo al compromiso? ¿Se negaba a seguir paseándose por su casa en calzoncillos de Spiderman o a separarse del último refugio de cualquier hombre que se respete a sí mismo, la PlayStation? No, había dejado todo eso atrás. De hecho, Dave estaba dispuesto, preparado para hacer la gran pregunta, pero le quedaban pocos días de vacaciones y su novia vivía en otra ciudad. En una ciudad muuuuuy lejana: a 9.460 kilómetros de la suya.

La había conocido visitando a un cliente en Shenzhen, China, y ahora era el momento de conocer a sus padres. Maldita logística.

Dave había empezado hacía poco a atender llamadas de índole técnica desde casa, y, bueno, ¿no es el hogar donde está el corazón?

Un billete de avión y un teléfono tribanda GSM de T-Mobile más tarde, se encontraba en algún lugar por encima del Pacífico rumbo a su primer experimento de siete días. Doce zonas horarias más adelante, se declaró, ella aceptó y en Estados Unidos nadie pareció enterarse.

La segunda vez que se puso en marcha fue para hacer una visita guiada de 30 días repleta de familia y comida chinas (¿a alguien le apetece morro de cerdo chino?), que culminó con Shumei Wu convirtiéndose en Shumei Camarillo. Mientras tanto, en Palo Alto, HP continuaba su conquista del mundo sin saber y sin importarle dónde estaba Dave. Estaba redirigiendo sus llamadas al celular de su recién estrenada esposa y en el mundo reinaba la armonía.

Ahora, ya de vuelta en Estados Unidos, tras esperar lo mejor y prepararse para lo peor, Dave se había ganado su insignia de movilidad de Scout Águila. La verdad es que el futuro se le presenta bastante maleable. Va a empezar por pasar dos meses en China cada verano y, luego, mudarse a Australia y Europa para recuperar el tiempo perdido, todo ello, con el visto bueno y una sonrisa de su jefe.

Para cortar la correa solo tuvo que aplicar una sencilla regla: pedir perdón en lugar de permiso.

«Durante 30 años de mi vida no he viajado; así que, ¿por qué no?»

Esta es precisamente la pregunta que todos deberíamos hacernos: ¿por qué rayos no?

De las castas a los descastados

Los viejos ricos, la clase alta de antaño, con castillos y fulares e irritantes perritos falderos, se caracterizan por estar bien asentados en un lugar. Los Schwarz de Nantucket y los McDonnell de Charlottesville. ¡Qué asco! Los veranos en los Hamptons son taaaaaan de los 90...

La guardia está cambiando. Estar atado a un lugar será el nuevo rasgo diferenciador de la clase media. Existe un poder menos visible, que va más allá del mero dinero, que define a los Nuevos Ricos: la movilidad sin ataduras. Vivir viajando por placer no se restringe a empresarios tecnológicos o a autónomos. Quienes trabajan por cuenta ajena también pueden lograrlo.[58]

58. Si eres emprendedor, no te saltes este capítulo. Esta introducción a las herramientas y tácticas necesarias para trabajar a distancia es una pieza consustancial del rompecabezas de vivir en cualquier parte del mundo que seguirá a continuación.

Es más, no solo pueden, sino que cada vez más empresas quieren que lo consigan. BestBuy, el gigante en electrónica de consumo, está mandando a casa a miles de empleados que antes trabajaban en sus oficinas centrales de Minnesota; afirman haber reducido costes, pero además que sus resultados han mejorado entre un 10% y un 20%.

El nuevo mantra es este: trabaja donde quieras y cuando quieras, pero haz tu trabajo.

En Japón, un zombi vestido con tres piezas que se inserta en el engranaje de 9 a 5 todas las mañanas es conocido como un *sarari-man* —del inglés hombre asalariado— y, en los últimos años, ha surgido un nuevo verbo: *datsu-sara suru,* escapar *(datsu)* de la vida del asalariado *(sara)*.

Ahora te toca a ti aprender el baile del *datsu-sara*.[59]

Cambiar al jefe por cerveza: caso práctico en la Oktoberfest

Para producir la fuerza necesaria para hacer estallar nuestros grilletes en pedazos, haremos dos cosas: demostrar el beneficio empresarial del teletrabajo y hacer que salga demasiado caro o insoportable negárnoslo cuando lo solicitemos.

¿Te acuerdas de Sherwood?

Sus camisetas francesas están empezando a moverse y está loco por largarse de Estados Unidos para darse una vueltecita por el planeta. Ya tiene dinero más que suficiente pero aún le falta escaparse de la supervisión constante de la oficina antes de poner en práctica todas las herramientas ahorra-tiempo del capítulo **Eliminación** y dedicarse a viajar.

Es ingeniero mecánico y ahora está terminando el doble de diseños en la mitad del tiempo, tras borrar del mapa el 90% de sus gastadores de tiempo e interrupciones. Este salto espectacular en su rendimiento ha llamado la atención de sus

59. Este verbo también lo usan las mujeres japonesas, aunque a las oficinistas se las conoce como «OL» *(office ladies)*.

supervisores, por lo que su valor para la empresa ha aumentado, lo que a su vez hace que resulte más caro perderle. Más valor significa más poder en tu mano a la hora de negociar. Sherwood se ha cuidado mucho de guardarse en la manga algo de productividad y eficiencia para demostrar un súbito aumento de ambos durante el período de prueba de teletrabajo que piensa pedir.

Desde que suprimió gran parte de sus reuniones y charlas en persona, ha trasladado el 80% de la comunicación con su jefe y compañeros al correo electrónico y el 20% restante al teléfono. Por si fuera poco, ha aplicado los consejos del Capítulo 7, «Interrumpir las interrupciones y el arte de la negativa», para dividir la cantidad de correos intrascendentes y repetitivos. Todo esto hará su transición al trabajo a distancia menos perceptible, por no decir imperceptible, a ojos de la directiva. Sherwood está funcionando a toda máquina con cada vez menos supervisión. Sherwood planifica su huida en cinco estadios, empezando el 12 de julio, durante la época más tranquila, con una duración de dos meses, para finalizar con un viaje a la Oktoberfest, en Munich, Alemania, donde se quedará dos semanas, antes de hacer realidad planes nómadas más grandiosos y atrevidos.

Paso 1: *Aumenta el valor de la inversión que eres*

Para empezar, habla con su jefe el **12 de julio** sobre un cursillo de formación al que quizá puedan asistir los empleados. Le propone que la empresa le pague unas clases de diseño industrial durante cuatro semanas que le ayudarán a interactuar mejor con los clientes, asegurándose de mencionar el beneficio que reportará al jefe y al negocio (o sea, disminuirá el ir y venir entre departamentos y aumentarán los resultados del cliente y el tiempo facturable). Sherwood quiere que la empresa invierta el máximo en él para que, si se va, la pérdida sea mayor.

Paso 2: Demuestra que rindes más fuera de la oficina

En segundo lugar, llama diciendo que está enfermo el siguiente martes y miércoles, **18 y 19 de julio**, para demostrar lo productivo que es trabajando desde casa.[60] Decide ponerse «enfermo» entre el martes y el jueves por dos razones: parece menos una mentira para cogerse un fin de semana largo y también le sirve para comprobar cómo funciona aislado socialmente sin el respiro inminente que supone el fin de semana. Se esfuerza por doblar su producción en ambos días, dejando un rastro de correos electrónicos para que el jefe lo note, y guarda pruebas de lo realizado por si necesita mostrarlas en futuras negociaciones. Como utiliza *software* de diseño CAD muy caro cuya licencia solo funciona en su computadora de sobremesa de la oficina, Sherwood se instala una demo gratuita del programa de acceso a distancia GoToMyPC para manejar su equipo de la empresa desde casa.

Paso 3: Ten preparado el beneficio cuantificable para la empresa

Tercer paso: Sherwood detalla cuánto trabajo más ha logrado sacar adelante fuera de la oficina, explicando cada punto. Se ha dado cuenta de que tiene que presentar el teletrabajo como una buena decisión que beneficie al negocio y no como un beneficio para él. El resultado final cuantificable han sido tres diseños más al día que su media habitual y tres horas adicionales facturables al cliente. Para explicarlo, argumenta las horas que ya no pierde en trasladarse a la oficina y menos distracciones al gozar de silencio en casa.

---

60. Cualquier razón para quedarte en casa servirá (que te instalan la tele por cable o el teléfono, averías, etc.) o, si prefieres no usar un ardid, trabaja un fin de semana o cógete dos días de vacaciones.

Paso 4: *Propón un período de prueba revocable*

Cuarto: después de realizar los ejercicios de los retos antico-modidad de los capítulos anteriores, Sherwood propone, mostrándose seguro de sí mismo, un inocente período de prueba de teletrabajo de un día a la semana durante dos semanas. Escribe un guión para la conversación pero no prepara una presentación en PowerPoint ni da la sensación de que sea algo serio ni irreversible.[61]

Sherwood llama a la puerta de su jefe sobre las 3 de la tarde de un jueves relativamente tranquilo, el **27 de julio**, la semana después de estar ausente, y este es el guión que sigue. Las frases que ha preparado y memorizado de antemano aparecen subrayadas y en las notas al pie se explican los puntos que negocia.

Sherwood: Hola, Bill. ¿Tienes un minuto?
Bill: Claro. ¿Qué pasa?
Sherwood: Solo quería comentarte una idea a la que estoy dando vueltas estos días. Con dos minutos tendré de sobra.
Bill: Vale. Adelante.
Sherwood: La semana pasada, como sabes, estuve enfermo. Bueno, resumo: decidí trabajar en casa aunque me sentía fatal. Pero esto es lo curioso. Pensé que no sacaría nada adelante, pero al final terminé tres diseños más de lo habitual en cada uno de los dos días. Además, pude trabajar tres horas facturables más sin tener que venir a la oficina, los ruidos, las distracciones, etc. Muy bien, a esto es a lo que voy. Solo a modo de prueba, me gustaría proponerte trabajar desde casa lunes y martes durante dos semanas. Puedes prohibírmelo cuando quieras y vendré si tenemos que hacer reunio-nes, pero me gustaría probar solamente dos semanas y ver

---

61. Repasa el cierre del cachorrito de «Ingresos en piloto automático II: prueba la musa».

qué consigo. Confío al 100% en que sacaré el doble de trabajo adelante. <u>¿Te parece razonable?</u>

Bill: Uhmm... ¿Qué pasa si otro tiene que trabajar en el mismo diseño para un cliente?

Sherwood: Existe un programa llamado GoToMyPC que he utilizado para entrar en mi computadora de aquí desde casa cuando estaba enfermo. Se ve todo a distancia y tendré el celular encendido las 24 horas. <u>Bueeeeno...</u>

<u>¿Qué te parece? ¿Lo pruebo el lunes próximo a ver cuánto más consigo hacer?</u>[62]

Bill: Uhmm... Vale, de acuerdo. Pero solo es un ensayo. Tengo una reunión dentro de cinco minutos, así que me voy corriendo, pero hablamos pronto.

Sherwood: Estupendo. Gracias por tu tiempo. Te mantendré al corriente de todo. Estoy seguro de que te llevarás una sorpresa muy agradable.

Sherwood no esperaba conseguir el visto bueno para dos días por semana. Pidió dos por si acaso, por si el jefe se negaba, bajar como segunda opción a uno (precisar un blanco). ¿Por qué no intentó Sherwood conseguir cinco días de teletrabajo a la semana? Por dos razones. Primero: es demasiado para que los jefes lo acepten así de repente. Hay que pedir una mano y luego un codo, sin desatar las alarmas ni que cunda el pánico. Segundo: es una buena idea pulir tu habilidad de trabajar a distancia —ensayar un poco— antes de montártelo a lo grande, pues así se reducen las probabilidades de meter la pata y provocar desastres que conseguirían que te quitasen el permiso para teletrabajar.

Paso 5: *Amplía el tiempo lejos de la empresa*

Sherwood se cuida muy mucho de que sus días fuera de la

---

62. No te apartes de tu objetivo. Una vez hayas rebatido una objeción o calmado una preocupación, ve al cierre.

oficina sean los más productivos hasta la fecha, llegando al punto de bajar mínimamente su productividad en la oficina para que el contraste sea más llamativo. Fija una reunión para hablar de los resultados con su jefe el **15 de agosto** y se prepara otra página de puntos detallando el aumento de resultados y los trabajos terminados frente a los realizados en la oficina. Sugiere subir la apuesta a cuatro días por semana a distancia por un período de prueba de dos semanas, preparándose para ceder hasta tres si fuera necesario.

Sherwood: Realmente ha resultado mejor de lo que esperaba. Si miras los números, está claro que beneficia al negocio y estoy disfrutando mucho más ahora con el trabajo. Así que aquí estamos. <u>Me gustaría proponerte</u>, si te parece que tiene sentido, probar cuatro días por semana otras dos semanas. <u>Estaba pensando que</u> venir los viernes[63] sería adecuado para prepararme para la semana siguiente, pero puedo venir el día que prefieras.

Bill: Sherwood, no estoy seguro de que podamos hacerlo.

Sherwood: <u>¿Qué es lo que te preocupa?</u>[64]

Bill: Me parece que te vas a ir de la empresa. ¿Vas a dejarnos? Y otra cosa: ¿qué pasa si todo el mundo empieza a hacer lo mismo?

Sherwood: <u>Lo que dices es razonable. E interesante.</u>[65] <u>Primero, para serte sincero, antes estaba pensando seriamente en marcharme, con las interrupciones, el tiempo que perdía viniendo y todas esas cosas, pero ahora me siento genial con</u>

63. El viernes es el mejor día para estar en la oficina. La gente está relajada y suele marcharse antes.

64. No aceptes una negativa vaga. Localiza qué es realmente lo que le preocupa y le convencerás.

65. No saltes y te pongas a la defensiva a la primera objeción. Reconoce como legítima la inquietud de tu jefe para evitar una batalla de voluntades a ver quién tiene un ego más grande.

el cambio en mi horario.[66] Estoy haciendo más y me siento más relajado, y eso es un gran cambio. Segundo: no debería permitirse teletrabajar a nadie que no demuestre ser así más productivo y yo soy el experimento perfecto. Si pueden demostrarlo, sin embargo, ¿por qué no dejarles probarlo? Reduce los costes para la empresa, aumenta la productividad y hace que los empleados estén más felices. Bueno, ¿qué me dices? ¿Lo pruebo dos semanas viniendo los viernes para ocuparme de las cuestiones que he de hacer aquí? Te lo documentaré todo y tú, por supuesto, tienes derecho de cambiar de opinión en cualquier momento.

Bill: Amigo, eres de los que no se rinden. Vale, vamos a probar a ver qué pasa, pero no lo vayas contando por ahí.

Sherwood: Claro que no. Gracias, Bill. Tu confianza significa mucho para mí. Hasta pronto.

Sherwood sigue siendo productivo en casa y algo menos en la oficina. Pasadas dos semanas, revisa los resultados del experimento con el jefe y continúa haciendo cuatro días semanales a distancia dos semanas más hasta el martes **19 de septiembre,** cuando solicita un ensayo de dos semanas de teletrabajo a tiempo completo mientras va a visitar a familiares que viven fuera del Estado.[67] El equipo de Sherwood tiene empezado un proyecto que requiere de sus habilidades, así que está dispuesto a dimitir si el jefe no da su permiso.

Es consciente de que, igual que uno quiere negociar el precio de un anuncio cuando falta poco para cerrar la revista, conseguir lo que uno quiere muchas veces depende más de *cuándo* se pida que de *cómo* se pida. Aunque preferiría no irse

66. Toma nota de esta amenaza velada disfrazada de confesión, que hará que el jefe se piense dos veces negarse pero que elude el desenlace, ganador o vencido de un ultimátum.

67. Esto suprime la posibilidad de que el jefe te llame a la oficina, fundamental para poder dar el salto al extranjero.

de la empresa, lo que está ganando con las camisetas es más que suficiente para financiar su *onirograma* de la Oktoberfest y mucho más. El jefe consiente y Sherwood no tiene que amenazar con irse. Al volver a casa esa noche se compra un billete de ida y vuelta por 524 dólares, menos que las ventas de camisetas de una semana, para ir a Munich.

Ahora ya puede aplicar todos los métodos ahorra-tiempo posibles y arrancar de cuajo lo insustancial. A ratos perdidos, entre beber cerveza de trigo y bailar en *lederhosen*, Sherwood hará su trabajo estupendamente, dejando a su empresa mejor que antes de su 80/20 y consiguiendo para sí todo el tiempo libre del mundo. Pero espera un momento... ¿Qué pasa si el jefe sigue negándose? Ehmm... Entonces es que te obligan a hacerlo. Si los directivos no ven la luz por mucho que se les muestre, tendrás que seguir las instrucciones del siguiente capítulo para despedir sus inconvenientes traseros.

Una alternativa: el planteamiento del reloj de arena

En ocasiones es útil empezar ausentándote durante más tiempo, abordando tu huida con el planteamiento que han acuñado algunos NR «del reloj de arena», llamado así porque primero demuestras la validez de tu propuesta durante un período más largo para conseguir un acuerdo de teletrabajo más breve y después negocias trabajar a distancia a tiempo completo. Estos serían los pasos:

1. Ten preparado un proyecto o emergencia (problema familiar, asunto personal, traslado, obras en casa, lo que sea) que te exija no acudir a la oficina durante una o dos semanas.

2. Di que admites que no puedes dejar de trabajar sin más y que preferirías seguir trabajando en lugar de cogerte días de vacaciones.

3. Sugiere que podrías trabajar a distancia y ofrece, si fuera necesario, aceptar una reducción de salario durante ese período (y exclusivamente durante ese período) si a la vuelta se viera que no has rendido lo suficiente.

4. Deja que el jefe aporte ideas sobre cómo hacerlo para que se implique en el proceso.

5. Haz de las dos semanas «sin estar» las más productivas que hayas tenido nunca.

6. Muéstrale al jefe a la vuelta resultados cuantificables y dile que —sin todas las distracciones, ir y venir desde casa, etc.— consigues hacer el doble. Propón a modo de prueba teletrabajar dos o tres días semanales durante dos semanas.

7. Esos dos días sé superproductivo.

8. Plantéale ir a la oficina solo uno o dos días por semana.

9. Haz de esos los días menos productivos de la semana.

10. Pídele movilidad total: el jefe dirá que sí.

P y A: PREGUNTAS Y ACCIONES

«Hace poco me preguntaron si iba a despedir a un empleado que había cometido un error que le había costado a la empresa 600.000 dólares. No, respondí, acabo de gastarme 600.000 en formarle.»

THOMAS J. WATSON, fundador de IBM

«La libertad conlleva responsabilidad. Por eso a la mayoría de los hombres les aterroriza.»

GEORGE BERNARD SHAW

Lo que resulta más difícil a los emprendedores es la **Automatización,** porque les da miedo dar el mando a otro. En cambio, quienes son empleados se atascan en la **Liberación** porque lo que les asusta es tomar el mando. Decídete a tomar las riendas.

Las siguientes preguntas y acciones te ayudarán a sustituir un trabajo donde lo que prima es la presencia física por una libertad en la que solo cuenta el rendimiento.

1. Si tuvieras un ataque al corazón, y suponiendo que tu jefe se mostrase comprensivo, ¿cómo podrías trabajar a distancia durante un mes?
Si llegas a un punto muerto porque hay una tarea incompatible con no estar en la oficina o si imaginas que tu jefe se resistiría, pregúntate lo siguiente:

- ¿Qué estás consiguiendo al hacer esa tarea? ¿Cuál es el propósito de realizarla?
- Si *tuvieras* que encontrar otras maneras de lograr lo mismo —si tu vida dependiese de ello—, ¿cómo lo harías? ¿Mediante teleconferencias? ¿Videoconferencias? ¿Con servicios como GoToMeeting, GoToMyPC, DimDim.com (Mac) o similares?
- ¿Por qué se opondría tu jefe al teletrabajo? ¿Cuál es el efecto negativo inmediato que tendría en la empresa y qué podrías hacer para evitarlo o atenuarlo?

2. Ponte en el lugar de tu jefe. A la luz de tu historial laboral, ¿confiarías en ti para darte permiso para trabajar fuera de la oficina?
Si no, vuelve a leerte **Eliminación** para aumentar tu productividad y plantéate optar por el sistema del reloj de arena.

3. Practica la productividad desvinculada del entorno.
Trata de trabajar durante dos horas en una cafetería los dos sábados anteriores a proponer probar a teletrabajar. Si vas al gimnasio, intenta hacer ejercicio esas dos semanas en casa o en otro sitio que no sea el gimnasio. Lo que buscamos es

desligar tus actividades de un único espacio y comprobar si tienes la disciplina necesaria para trabajar solo.

4. Mide tu productividad actual.

Si has aplicado el principio 80/20, fijado reglas para interrumpir las interrupciones y efectuado los preparativos correspondientes, tu rendimiento debería ser más alto que nunca en términos cuantificables, ya sea en clientes atendidos, ingresos generados, páginas redactadas, velocidad efectuando cobros o lo que sea. Documéntalo.

5. Propicia la oportunidad de demostrar tu productividad a distancia antes de pedir que se convierta en directriz de la empresa.

Esto te permitirá comprobar si puedes trabajar fuera de una oficina y recopilar pruebas de que puedes ser excelente sin que te supervisen constantemente.

6. Practica el arte de no achantarte ante un «no» antes de hacer la propuesta.

Ve a un mercado de frutas y verduras a negociar precios; pide que te den billetes de primera pagando turista; pide que te compensen si te atienden mal en un restaurante y en general pide la luna y acostúmbrate a hacer las siguientes preguntas mágicas cuando te niegan lo que pides.

«¿Qué tendría que hacer yo para [resultado deseado]?»

«¿En qué circunstancias tú [resultado deseado]?»

«¿Alguna vez has hecho una excepción?»

«Estoy seguro de que alguna vez habrás hecho una excepción, ¿no?»

(Si a alguna de las dos últimas te dicen que no, pregunta: «¿Por qué no?». Si te dicen que sí, responde: «¿Por qué?».)

7. Pon a tu jefe en modo triciclo para que se vaya haciendo a la idea del teletrabajo: proponle trabajar en casa los lunes o los viernes.

Haz esto, o el paso siguiente, en una época en la que echarte le ponga en un verdadero aprieto, aunque fueses ligeramente menos productivo trabajando a distancia.

Si se niega, es hora de cambiar de jefe o convertirte en emprendedor. Ese empleo no te va a dar nunca la libertad de tiempo requerida. Si decides saltar del barco, plantéate conseguir que ellos sean los que hagan rodar tu cabeza: dimitir suele ser menos apetecible que lograr que te despidan con mano izquierda para utilizar la indemnización o el subsidio de desempleo para tomarte unas largas vacaciones.

8. Alarga cada período de prueba superado hasta estar teletrabajando a tiempo completo o con el grado de movilidad que quieras.

No subestimes lo que la empresa te necesita. Trabaja bien y pide lo que quieras. Si pasado un tiempo no lo consigues, márchate. El mundo es demasiado grande para pasarte casi toda tu vida metido en un cubículo.

DISEÑO DE UN ESTILO DE VIDA EN ACCIÓN

Prueba Earth Class Mail, un servicio al que puedes reenviar todo tu correo, donde es escaneado y te mandan todo lo que llega, dándote la opción de reciclar/destruir el correo no deseado, con un escáner de los contenidos, o la posibilidad de enviarte a ti mismo o a quien decidas algunos mensajes concretos. Todavía no lo he probado (lo haré este mes, mientras preparo un viaje para mayo), pero un amigo escritor de Portland me asegura que es genial y conoce a su máximo responsable. Aparentemente, han tenido buenas críticas y la idea parece mejor que confiar en amigos/familiares que, si son como los míos... lo más probable es en algún momento pierdan algo.

NATHALIE

Yo también utilizo GreenByPhone.com para tramitar electrónicamente los cheques que me llegan a través de mi cuenta de Earth Class Mail. Cargan una comisión de 5 dólares por cheque, pero yo vivo en San Diego, la dirección de mi oficina de Earth Class Mail está en Seattle y las operaciones bancarias las realizo en Ohio. ¡Funciona de maravilla!

ANDREW

Para añadir a tu magnífica lista (hemos viajado así durante algunos años), me gustaría incluir mis opciones como mujer viajera y madre reciente (tengo un bebé de 16 meses). Mis favoritos: 1) Athleta tiene una ropa de excelente calidad ligera y que se seca muy rápidamente, muy adecuada para hacer deporte pero aun así muy elegante. Las blusas son obligatorias para tener un aspecto femenino, pero vestirse para hacer senderismo o subir a una pirámide..., ¡ya saben a qué me refiero, chicas! Una cosita: una prenda ligeramente más larga les será útil en un montón de países, así como los tankinis y los bañadores con falda; 2) Los cepillos de dientes Fresh & Go son muy prácticos; 3) La máquina de sonidos Marsona para disimular los ruidos es imprescindible (también la suelo utilizar en casa con el bebé: cuando escucha su sonido, ¡sabe que es hora de acostarse!). A nosotros nos ha salvado la vida en muchos viajes, y ahora la usamos habitualmente en casa para dormir mejor. Se acabó lo de cambiar de hotel en pleno viaje para evitar los ruidos. Y sí, ya sé que debemos viajar ligeros de equipaje, pero con un bebé hay muchas cosas que no son negociables. Esto hace más agradable viajar: 1) Mochila de lana tipo bandolera para bebés; es más cómoda que la de algodón y puedes moverte a todas partes con el bebé, desde que nace hasta que pesa 15 kilos. Nunca la olvido, es parte mi equipo; 2) Cuna celular y tienda portátil: es la cama que usa el bebé en casa, de modo que duerme siempre en el mismo sitio; es genial, y puede usarse con bebés muy pequeños y hasta con niños de cinco años. Incluso puedo meterlo en un carrito con ruedas con un poco de ropa para el bebé y para mí; 3) Go Go Kidz TravelMate (ideal tanto para viajar en automóvil como en avión); 4) la sillita para automóviles Britax Diplomat es pequeña, pero los niños pueden usarla desde recién nacidos hasta aproximadamente los cuatro años.

Asegúrate de que la maleta con ruedas es pequeña, para no tener que facturarla si el avión va lleno. Siempre puedes convencer al personal de tierra con una caída de ojos para que te dejen llevarla a tus pies en la cabina. También es recomendable tener algo que el bebé pueda beber o mascar durante el despegue y el aterrizaje para evitar que se ponga a llorar. ¡Buen viaje!

KARYL

Adelántate a tu jefe: peros más comunes al hecho de trabajar fuera de la oficina
En el artículo cuyo vínculo aparece más abajo, Cisco reconoce que los acuerdos para trabajar fuera de la oficina siempre «están ahí», pero aun así ofrece una lista de medidas de seguridad. Es sensato buscar soluciones preventivas para estar preparado si tu jefe pone peros. http://newsroom.cisco.com/dlls/2008/prod_0205 08.html.

Enviado por RAINA

13. SINIESTRO TOTAL:
MANDA TU TRABAJO AL DIABLO

«Todas las formas de actuar entrañan riesgos, así que la prudencia no consiste en evitar el peligro (es imposible), sino en calcular los riesgos y en actuar con decisión. Que a tus errores te lleve tu ambición y no tu pereza. Vuélvete fuerte para aventurarte en empresas valientes, no para resistir el sufrimiento.»

NICOLÁS MAQUIAVELO, *El príncipe*

Súplicas y resignaciones existenciales con huecos para rellenar. Ed Murray

Querido _____:
            deidad preferida a elegir

Hoy, mientras estaba lavando a mi _____, me he dado cuenta de algo muy _____ y ^animal
                        adjetivo

ese algo es esto: eres un/a_____ y cruel
_____.   adverbio
    pronombre personal expletivo

Anoche, después de beberme siete copazos de _____ y esnifar suficiente _____
    licor fuerte menos predilecto   droga

como para hacer sonrojar a _____ , se me
hizo la luz: son ellos, no yo.
_{político}

Yo soy quien está completamente _____
_____ por lo que se refiere a las relaciones
_{estado de}
_{indefensión}personales _____ de mi vida y, a pesar de
_{epíteto favorito}
ello, no comparto mis más preciados _____ con
_{variedad de golosina}
nadie más de este _____ planeta... porque son todos
_{adjetivo}
unos _____ _____ .
_{adjetivo a modo de insulto}   _{animales extinguidos}

Yo _____ a todos, y espero que fallezcan repentina-
_{emoción}
mente _____ al atragantarse con una bandeja de
_{adverbio}
su propio _____ .
_(entrante del Friday's)

Esta _____ catarsis me hizo sentir
_{adjetivo}
_____ y extrañamente solo, simultáneamente.
_{emoción risueña}

¿Cómo puedo conectar con estos _____ que me
_{animales de rebaño}
rodean todos los días?

Estoy más que harto de _____ en el
_{sinónimo de «llorar»}
_____ todos los días... Quizás arreglaría algo
_{parte de tu casa}
meterme un puñado de_____ en el
_{hortalizas}
_____ . El corazón se me _____ al ver
_{orificio corporal}   _{verbo}
la derrota en los _____ de mis padres, y para mí está
_{partes del cuerpo}
_____ claro que quieren a su _____ más
_{adverbio}   _{tipo de automóvil}

que _____ ... Puede que debiera apuñalarme
_{nombre de hermano(a)}
los _____ con un _____ .
_{genitales}   _{objeto punzante}

Hoy he decidido comprarme un _____, que servirá
de _____, y _____ símbolo de la servi-
dumbre de semblante_____a la que estoy atado en
esta vida... tan a merced de otros

como el más _____de mente de los _____
_____. Estoy tratando desesperadamente de
_____ me a mí mismo_____ a todos
mis compañeros... exceptuando a
_____. Siempre he querido
_____ le/la/lo. Yo no pedí _____.

(sustantivo) *(metáfora)* *(adjetivo eterno)* *(expletivo)* *(adjetivo)* *(animales)* *(de granja)* *(«dete_r»)* *(acto violento activo)* *(persona presente en la habitación)* *(acto sexual a la fuerza)* *(verbo)*

Si al final existe la reencarnación, por favor, quiero estar
exento.

Algunos trabajos deben ser declarados siniestro total. Sin
vuelta de hoja.

Las mejoras que podrían producirse serían como colgar
unas cortinas de diseño en una celda carcelaria: estaría más
bonito, pero ni de lejos podría calificarse de ideal.

En el contexto de este capítulo, «trabajo» se referirá tanto a una empresa que lleves tú mismo como a un trabajo
normal, si lo tienes. Algunas recomendaciones solo son váli-
das para una de las dos situaciones, pero casi todas lo son
para ambas. Empecemos, pues.

He abandonado tres trabajos y me han despedido de todos
los demás. Que te echen, aunque a veces no te lo esperes y te
deje en un estado de pánico y desorientación, suele ser una
bendición del cielo: otro ha tomado la decisión por ti; es
imposible quedarse repantigado en el mismo trabajo el resto
de tu vida. La mayoría no tiene la suerte de que les despidan y mueren una lenta muerte espiritual que se alarga 30
o 40 años de tolerar mediocridad.

Orgullo y castigo

«Si tienes que jugar, decide tres cosas antes de empezar: las reglas del juego, lo que te juegas y el momento de abandonar.»

PROVERBIO CHINO

Que algo haya costado mucho trabajo o consumido mucho tiempo no lo convierte en productivo ni hace que merezca la pena.

Que te dé vergüenza admitir que sigues viviendo las consecuencias de decisiones erróneas tomadas hace 5, 10, 15 o 20 años no tiene que impedirte tomar decisiones acertadas ahora. Si dejas que el orgullo te paralice, odiarás tu vida dentro de 5, 10, 15 o 20 años por las mismas razones que ahora. Me molesta sobremanera equivocarme, así que me mantuve con la empresa que fundé siguiendo una trayectoria que no iba a ninguna parte hasta que me vi obligado a cambiar de rumbo o sufrir un colapso total: créeme, sé lo duro que es.

Ahora que estamos todos igualados: el orgullo es una idiotez.

Ser capaz de abandonar lo que no funciona es consustancial a ser un ganador. Iniciar un proyecto o un trabajo sin tener claro cuándo lo que merece la pena pasa a ser una pérdida de tiempo es como entrar en un casino sin fijarte un máximo para apostar: peligroso e imprudente.

«Lo que pasa es que no entiendes mi situación. ¡Es complicada!». ¿De verdad? No confundas lo complejo con lo difícil. La mayoría de las situaciones son simples, muchas solamente requieren acciones que son emocionalmente difíciles de realizar.

El problema y la solución suelen ser obvios y sencillos. No es que no sepas qué hacer. Claro que lo sabes. Lo que ocurre es que te aterroriza terminar peor de lo que estás ahora. Te lo digo ya: si estás en ese punto, no vas a estar peor. Identifica de nuevo tus miedos y corta el cordón umbilical.

Es como arrancar una tirita: más fácil y menos doloroso de lo que crees

> «El hombre medio es un conformista que acepta miserias y desastres con el estoicismo de una vaca plantada bajo la lluvia.»
> COLIN WILSON, escritor británico, autor de *El disconforme*; neoexistencialista

Varias son las fobias por excelencia que hacen que no saltemos de barcos que se hunden. Todas pueden refutarse sin mucho esfuerzo.

1. Si te vas, será para siempre

Ni mucho menos. Sírvete de las preguntas P y A de este capítulo y del 3 («Identificar miedos») para darte cuenta de que podrías reanudar la trayectoria profesional que desees o empezar otra empresa en el futuro. Nunca he conocido un caso en que el cambio de rumbo no pudiese variar de alguna forma.

2. No podré pagar los recibos

Claro que podrás. Primeramente, el objetivo será conseguir un nuevo trabajo o fuente de dinero antes de dejar el actual. Problema resuelto.

Si te largas de improviso o te despiden, no es difícil eliminar temporalmente la mayoría de tus gastos y vivir de tus ahorros durante un período. Desde alquilar tu casa a refinanciarla o venderla: opciones hay. Siempre hay opciones. Pueden ser emocionalmente difíciles de tomar, pero no te vas a morir de hambre. Aparca el automóvil en el garaje y cancela el seguro unos cuantos meses. Comparte automóvil con otros o toma el autobús hasta que encuentres tu próximo trabajo. Tira un poco más de la tarjeta de crédito y cocina en casa en vez de comer fuera. Vende toda la porquería en que te gastaste cientos o miles de dólares y que no usas.

Haz un inventario completo de tus activos, reservas en efectivo, deudas y gastos mensuales. ¿Cuánto tiempo podrías sobrevivir con tus recursos actuales si vendieras algunos de esos activos?

Repasa los gastos y pregúntate: «Si *tuviera* que eliminar este gasto porque necesitase un riñón nuevo, ¿cómo lo haría?». No te pongas melodramático cuando no haga falta; pocas cosas son de vida o muerte, sobre todo para los inteligentes. Si has vivido hasta ahora, perder o dejar un trabajo no significará probablemente más que unas cuantas semanas de vacaciones (a no ser que quieras más) antes de pasar a algo mejor.

3. Si lo dejo, me quedaré sin seguro sanitario ni jubilación
Mentira.

Yo tenía miedo de ambas cosas cuando me echaron de TrueSAN. Tenía visiones de dientes pudriéndoseme y tener que trabajar en un DIA para sobrevivir.

Tras examinar los hechos y explorar opciones, me di cuenta de que podía tener idéntica cobertura médica y dental —mismos médicos y red— por entre 300 y 500 dólares al mes. Trasladar mi plan de pensiones antes subvencionado a otra empresa (yo elegí Fidelity Investments) fue todavía más fácil: tardé menos de media hora por teléfono y me salió gratis.

Proteger estos dos frentes te llevará menos tiempo que conseguir hablar con alguien de la compañía eléctrica para que te solucionen un error en la factura.

4. Me estropeará el currículum
Me encanta el género crónica creativa.

Es facilísimo tapar las lagunas temporales de tu trayectoria y hacer que precisamente sus rarezas sean las que te consigan las entrevistas. ¿Cómo?

Haz algo interesante para ponerles celosos. Si dejas un trabajo para cruzarte de brazos, yo tampoco te contrataría.

Sin embargo, si en tu currículum pones que has estado uno o dos años dando la vuelta al mundo o entrenando con equipos de fútbol profesionales en Europa, pasarán dos cosas interesantes cuando regreses al mundo laboral. Primero: conseguirás más entrevistas porque destacarás entre los demás. Segundo: ¡los entrevistadores, aburridos de sus propios trabajos, se pasarán toda la reunión preguntándote cómo lo hiciste!

Si te preguntan por un casual por qué te tomaste ese tiempo o dejaste tu trabajo anterior, sólo hay una respuesta irrebatible: «Se me presentó una oportunidad de esas que aparecen una vez en la vida de [experiencia exótica que da envidia] y no pude rechazarla. Pensé que, como aún tengo por delante [20-40] años de vida productiva, ¿qué prisa había?».

El factor tarta de queso

«¿Quieres que te dé una fórmula para tener éxito? La verdad es que es muy simple: duplica tu porcentaje de fracasos.»
THOMAS J. WATSON, fundador de IBM

Verano de 1999

Ya antes siquiera de probarla, sabía que algo había salido mal. Después de ocho horas en la nevera, esa tarta de queso seguía sin cuajar. Dentro de la fuente de 4 litros se la oía crujir con aspecto de sopa viscosa; había pedazos que se movían y balanceaban cuando la incliné para examinarla de cerca. En algún paso me había equivocado.

Podían haber sido varias cosas:

tres barras de medio kilo de queso Filadelfia
huevos

estevia
gelatina sin sabor
vainilla
crema agria

En este caso, la causa probablemente fue la combinación de varias cosas y la falta de algunos ingredientes sencillos que generalmente hacen que una tarta de queso sea un tipo de tarta.

Estaba siguiendo una dieta sin carbohidratos y ya había preparado esta receta.

Me había salido tan maravillosamente buena que mis compañeros de piso querían también su ración y habían insistido en que probara a fabricarla a granel. Ahí fue donde comenzaron las artimañas matemáticas y los problemas de cálculo.

Antes de que apareciesen en escena Splenda® y otros milagros imitadores del azúcar, sus acérrimos enemigos usaban la estevia, una hierba 300 veces más dulce. Una gota era como 300 paquetes de azúcar. Era material delicado y yo no era cocinero delicado. Una vez había hecho un puñadito de galletas con bicarbonato en lugar de levadura en polvo y estaban tan malas que mis compañeros acabaron vomitando en el jardín. Comparadas con esta nueva obra de arte mía, las galletas parecían una golosina de sibarita: sabía a queso crema líquido mezclado con agua fría y más o menos 600 paquetes de azúcar.

Luego hice lo que cualquier persona normal y racional hubiera hecho: cogí la cuchara de servir más grande que encontré y, dando un suspiro, me senté delante de la tele para enfrentarme a mi castigo. Había desperdiciado un domingo entero y un montón de ingredientes: era hora de recoger lo que había sembrado.

Una hora y 20 enormes cucharadas después, el nivel de aquella piscina de sopa no había descendido ni un milímetro, pero mi derrota era a todas luces evidente. No solo no pude comer nada más que sopa durante dos días, además ni pude mirar a la tarta de queso, antes mi postre preferido, durante más de cuatro años.

¿Idiota? Por supuesto. Creo que no se puede ser más idiota. Este es un ejemplo ridículo y a pequeñísima escala de lo que continuamente hace la gente a mayor escala con los trabajos: sufrimiento impuesto que puede evitarse. Claro está, aprendí la lección y pagué mi error. La pregunta que importa es: ¿para qué?

Hay dos clases de errores: errores de ambición y errores de pereza.

El primero es el resultado de la decisión de actuar, de hacer algo. Esta clase de error se comete por falta de información, pues es imposible conocer todos los hechos de antemano. Hay que propiciar estos errores. La fortuna favorece a los intrépidos.

El segundo es el resultado de optar por ser perezoso, no hacer algo. Los cometemos al negarnos a cambiar una situación mala por miedo, aunque tengamos todos los hechos delante. Así es como experiencias didácticas se convierten en castigos terminales, relaciones malas se convierten en malos matrimonios y trabajos elegidos con poco seso se transforman en cadenas perpetuas.

«Vale, pero ¿qué pasa si en mi sector se mira mal a los que van saltando de empresa en empresa? No llevo aquí ni un año y en las entrevistas pensarían...»

¿Seguro? Comprueba lo que das por sentado antes de condenarte a seguir sufriendo. He aprendido que las empresas buenas se sienten irremediablemente atraídas por una cosa: tu rendimiento. Si rindes como un titán, no importa que hayas huido de una mala empresa a las tres semanas. Por otro lado, si tolerar un entorno laboral punitivo durante años y años es condición indispensable para ascender en tu campo, ¿no será que estás jugando a un juego que no merece la pena ganar?

Las consecuencias de las malas decisiones no mejoran con la edad.

¿Qué tarta de queso te estás comiendo?

P y A: PREGUNTAS Y ACCIONES

«Los únicos que no se equivocan son los que están dormidos.»

INGVAR KAMPRAD, fundador de IKEA, la marca de muebles más famosa del mundo

Decenas de miles de personas, la mayoría menos capaces que tú, abandonan sus trabajos todos los días. Ni es raro ni es letal.

Aquí tienes unos cuantos ejercicios que te ayudarán a darte cuenta de lo natural que es cambiar de trabajo y de lo sencilla que puede ser la transición.

1. Primero, un baño de realidad que te sonará: ¿qué es más probable: que encuentres lo que quieres en tu trabajo actual o en otro sitio?

2. Si te despidiesen de tu trabajo hoy, ¿qué harías para seguir financiando tu vida?

3. Tómate un día por enfermedad y publica tu currículum en las principales webs de búsqueda de empleo.

Aunque no estés pensando ya en dejar tu trabajo, pon el currículum en páginas como www.monster.com y www.careerbuilder.com, con un seudónimo si lo prefieres. Esto te demostrará que tienes opciones además de la empresa donde estás trabajando.

Llama a algunos cazatalentos si posees un perfil interesante para este tipo de empresas y envía un breve correo electrónico como este a amigos y conocidos por razones distintas al trabajo.

Estimados todos:

Estoy planteándome dar un giro a mi carrera profesional y me interesa cualquier idea que pudieran darme.

Nada es demasiado estrambótico ni loco. [Si sabes lo que quieres o no quieres en algún aspecto, dilo sin cortarte: «Me interesa especialmente…» o «Quiero evitar…».]

¡Cuéntenme lo que se les ocurra!

Tim

Di que estás enfermo o tómate un día de vacaciones para hacer todos estos ejercicios durante una jornada normal de 9 a 5.

Esto es para simular estar parado y suavizar el factor temor de encontrarse en un limbo al ser arrancado de la oficina.

En el mundo de la acción y la negociación, un principio gobierna a todos los demás: quien tiene más opciones tiene más poder. No esperes a necesitar opciones para buscarlas. Echa una mirada furtiva al futuro ahora, la acción y la asertividad te serán más fáciles después.

4. Si diriges o posees tu propia empresa, imagínate que acaban de demandarte y tienes que declarar suspensión de pagos. La empresa es insolvente y tienes que cerrar el chiringuito. Esto es algo que *tienes* que hacer por ley, y careces de dinero para considerar otras opciones. ¿Cómo sobrevivirías?

TRUCOS Y UTENSILIOS

Atreverte a dar el paso

- I-Resign (www.i-resign.com)

En esta web encontrarás de todo: desde consejos para encontrar trabajo en tu segunda vida a, mi recurso preferido, ejemplos de cartas de dimisión. No te pierdas los útiles foros de debate y la tronchante columna «Consultor internético desde Londres».

Abrir planes de pensiones y cuentas para la jubilación

Si buscas un asesor y no te importa pagar por ello, mira las siguientes páginas web:
- Franklin-Templeton (www.franklintempleton.com) (+1 800-527-2020)
- American Funds (www.americanfunds.com) (+1 800-421-0180)

Si vas a invertir y buscas fondos de inversión sin cargo, te propongo estas empresas:
- Fidelity Investments (www.fidelity.com) (+1 800-343-3548)
- Vanguard (www.vanguard.com) (+1 800-414-1321)

Seguros de salud para autónomos o desempleados

- Ehealthinsurance (www.ehealthinsurance.com) (+1 800-977-8860)
- AETNA (www.aetna.com) (800-MY-HEALTH)
- Kaiser Permanente (www.kaiserpermanente.org) (+1 866-352-0290)
- American Community Mutual (www.american-comunity.com) ((+1 800-991-2642)

14. MINIJUBILACIONES: ABRAZAR LA VIDA MÓVIL

«Antes de la expansión del turismo, se concebía viajar como estudio, cuyos frutos adornarían la mente y formarían el juicio.»

PAUL FUSSELL, *Abroad* [En el extranjero]

«A largo plazo, simplemente estar dispuesto a improvisar resulta más vital que haberse documentado.»

ROLF POTTS, *Vagabonding* [Vida de trotamundos]

Cuando Sherwood regresa de la Oktoberfest, aturdido de matar neuronas pero más feliz de lo que lo ha estado en los últimos cuatro años, su ensayo de teletrabajo se hace oficial y Sherwood es admitido en el mundo de los Nuevos Ricos. Ahora solo necesita saber cómo explotar su libertad y dar con las herramientas que le permitan vivir con su dinero finito una vida de posibilidades casi infinitas.

Si has ido dando los pasos indicados anteriormente (eliminar, automatizar y cortar las correas que te ataban a una única ubicación), es hora de darte un gustazo haciendo realidad algunas fantasías y explorando el mundo.

Aunque no ansíes la vida nómada o pienses que es imposible —porque estés casado o porque tengas hipoteca o por esas cosas menudas llamadas niños—, tu siguiente paso sigue siendo este capítulo. Hay cambios fundamentales que yo y casi todos los demás retrasamos hasta que la ausencia (o prepararnos para ella) nos obliga a realizarlos. Este capítulo es tu examen final en diseño de musas.

La transformación empieza en una pequeña aldea mexicana.

Fábulas y cazafortunas

Un hombre de negocios estadounidense se fue de vacaciones a un pueblecito costero de México, obedeciendo órdenes de su médico.

Como no podía dormir tras recibir una llamada urgente de la oficina la primera mañana, fue dando un paseo hasta el muelle para tomar el aire. Una pequeña barca con un único pescador acababa de atracar. Dentro había varios atunes de aleta amarilla de gran tamaño. El estadounidense felicitó al mexicano por la calidad de su pescado.

—¿Cuánto ha tardado en recolectarlos? —preguntó.

—Solo un ratito —contestó el mexicano en un inglés sorprendentemente fluido.

—¿Por qué no se queda más tiempo y pesca más? —siguió el estadounidense.

—Tengo suficiente para mantener a mi familia y dar algunos a amigos —dijo el mexicano mientras los pasaba a una cesta.

—Pero... ¿qué hace el resto del tiempo?

El mexicano le miró y sonrió.

—Me levanto tarde, pesco un poco, juego con mis hijos, me echo la siesta con mi mujer, Julia, y voy al pueblo todas las noches dando un paseo, donde bebo vino y toco la guitarra con mis amigos. Tengo una vida plena y ocupada, señor.

El estadounidense se rió alzándose cuan alto era.

—Señor, soy licenciado en administración de empresas por Harvard y puedo ayudarle. Debería pasar más tiempo pescando y, con las ganancias, comprar una barca más grande. En poco tiempo, podría comprarse varias barcas al ser mayor la redada. Con el tiempo tendría una flota de barcos de pesca. En lugar de vender lo que faene a un intermediario, lo vendería directamente al consumidor, hasta abrir su propia enlatadora. Entonces tanto la adquisición del producto como el procesamiento y la distribución estarían en sus manos.

»Tendría que marcharse de esta pequeña aldea costera de pescadores, claro, y mudarse a Ciudad de México, luego a Los Ángeles y más tarde a Nueva York, desde donde dirigiría su empresa en expansión con un equipo directivo en condiciones.

El pescador mexicano le preguntó:

—Pero señor, ¿cuánto tiempo llevará todo eso?

A lo que el estadounidense respondió:

—Quince o 20 años. Como mucho 25.

—¿Pero luego qué, señor?

El estadounidense se rió y le dijo:

—Eso es lo mejor. Cuando llegue el momento, anunciaría su salida a bolsa y vendería sus acciones al público, haciéndose muy rico. Ganaría millones.

—¿Millones, señor? ¿Y luego qué?

—Luego se jubilaría y se mudaría a un pequeño pueblecito costero, donde se levantaría tarde, pescaría un poco, jugaría con sus hijos, se echaría la siesta con su mujer, Julia, e iría al pueblo todas las noches dando un paseo, para beber vino y tocar la guitarra con sus amigos...

Hace poco almorcé en San Francisco con un buen amigo mío que fue mi compañero de habitación en la universidad. Pronto terminará sus estudios en una prestigiosa escuela de negocios para volver a la banca de inversiones. Lleva fatal lo de volver a casa todos los días a las 12 de la noche, pero me explicó que si trabajaba 80 horas por semana durante nueve años, ascendería a director gerente y ganaría entre 3 y 10 millones de dólares al año, lo que le fascinaba un montón. Entonces habría triunfado.

—Amigo, ¿pero qué demonios vas a hacer con 3 o 10 millones al año? —le pregunté.

Respuesta:

—Haría un largo viaje a Tailandia.

Esto resume perfectamente uno de los mayores autoengaños de nuestra época: que viajar largos períodos por el mundo está reservado exclusivamente a los megarricos.

También he escuchado lo siguiente:

—Solo voy a trabajar en el bufete 15 años. Luego seré socio y podré invertir menos horas. Cuando tenga un millón en el banco, lo pondré en algo seguro, como bonos, que me darán unos 80.000 dólares al año de intereses y me jubilaré para navegar por el Caribe.

—Solo trabajaré como consultor hasta los 35, luego me jubilaré y recorreré China en moto.

Si tu sueño, el cuerno de oro que se esconde al final del arco iris de tu vida profesional, es vivir a lo grande en Tailandia, navegar por el Caribe o recorrer China en moto, ¿sabes qué? Las tres cosas pueden hacerse por menos de 3.000 dólares. Yo he hecho las tres. Aquí van dos ejemplos de cuánto puede dar de sí un poquito de dinerillo.[68]

250 dólares EE.UU.: Cinco días en una isla tropical privada perteneciente al instituto de investigación Smithsonian con tres pescadores locales que atraparon y cocinaron toda mi comida y además me llevaron a los mejores y escondidos lugares de Panamá para bucear.

---

68. Las cifras en dólares que aparecen en este capítulo se refieren todas al período inmediatamente posterior a la reelección del presidente Bush en 2004, que se corresponden con el tipo de cambio menos ventajoso del dólar de los últimos 20 años.

150 dólares EE.UU.: Tres días de alquiler de un avión privado en Mendoza, la provincia vinícola de Argentina; sobrevolar los viñedos más hermosos que te imagines, situados alrededor de los Andes nevados, con un guía particular.

Pregunta: ¿en qué te gastaste tus últimos 400 dólares? Suele ser en dos o tres fines de semana de bobadas y despilfarro para olvidar la semana de trabajo en casi todas las ciudades de EE.UU. 400 dólares no es nada a cambio de ocho días completos de experiencias que te cambian la vida. Pero ocho días no es lo que recomiendo. Eso solo eran intermedios de una superproducción mucho más larga.

Te estoy proponiendo mucho, mucho más.

El nacimiento de las minijubilaciones y la muerte de las vacaciones

«La vida es más que acelerarla.»

MOHANDAS GANDHI

En febrero de 2004 estaba agobiado de trabajo y deprimidísimo.

Mi novelería por viajar empezó con planes de visitar Costa Rica en marzo de 2004 para quedarme cuatro semanas aprendiendo español y relajándome. Necesitaba recargar las pilas y cuatro semanas me pareció «razonable», si es que existe algún disparatado baremo para evaluar algo así.

Un amigo que conocía América Central me señaló debidamente que no podía salir bien, porque en Costa Rica la estación lluviosa estaba a punto de empezar. Me dio la impresión de que los chaparrones torrenciales no iban a levantarme el ánimo, así que trasladé mi objetivo a cuatro semanas en España. Cruzar el charco no es moco de pavo y España estaba más cerca de otros países que siempre había querido ver. Por aquel entonces lo «razonable» se fue al traste y decidí que me merecía tres meses completos para explorar mis raíces por Escandinavia después de estar cuatro semanas en España.

Si de verdad había alguna bomba en tiempo real o desastres que tuviesen que producirse, se manifestarían en las primeras cuatro semanas, así que *no había ningún riesgo adicional en alargar mi viaje hasta convertirlo en tres meses.* Tres meses sería estupendo.

Esos tres meses se convirtieron en 15. Entonces empecé a preguntarme: «¿Por qué no coger la típica jubilación que dura 20 o 30 años y redistribuirla intercalada a lo largo de la vida en lugar de guardarla toda para el final?».

La alternativa a los viajes atracón

«Gracias al sistema interestatal de autopistas, ahora es posible viajar de costa a costa sin ver nada.»

CHARLES KURALT, reportero de la CBS

Si estás acostumbrado a trabajar 50 semanas al año, incluso después de crear la movilidad necesaria para hacer viajes largos, seguramente te volverás loco y querrás ver 10 países en 14 días para terminar hecho una piltrafa. Es como llevar a un perro muerto de hambre a un bufé libre. Comerá hasta morirse.

Eso mismo hice yo los tres primeros meses de los 15 que estuve buscando en pos de mi visión; pasé por siete países, llegué y salí de al menos 20 hoteles con un amigo que había negociado tres semanas de vacaciones. El viaje fue una pasada repleta de adrenalina, pero similar a ver la vida pasar a doble velocidad. Nos resultaba difícil recordar qué había pasado en qué países (excepto en Ámsterdam),[69] ambos estábamos mareados casi todo el tiempo y nos fastidiaba tener

---

69. Me refiero, por supuesto, a los increíbles paseos en bicicleta y a su aclamada repostería.

que irnos de algunos sitios simplemente porque los billetes de avión prepagados eran para una fecha.

Recomiendo que hagas exactamente lo contrario.

La alternativa a los viajes atracón —minijubilación— conlleva mudarte a vivir a un lugar de uno a seis meses antes de volver a casa o trasladarte a otro sitio. Son las antivacaciones en el sentido más positivo. Aunque pueden ser relajantes, el propósito de las minijubilaciones no es huir de tu vida sino reexaminarla: partir de una hoja en blanco. Después de eliminar y automatizar, ¿de qué vas a escapar? Más que tratar de *ver* el mundo a través de fotos de momentos o estampas que creíste memorables, mientras vas de un hotel extranjero a otro, aunque te parezcan casi iguales, lo que buscamos es *experimentarlo* a una velocidad que le permita cambiarnos.

Esto también es diferente de tomarse un año sabático. Los años sabáticos suelen verse de forma parecida a la jubilación: algo que pasa una vez. Saboréalo ahora mientras puedes. La minijubilación es por definición recurrente, es una *forma de vida*. Actualmente me cojo tres o cuatro minijubilaciones al año y conozco a docenas de personas que hacen lo mismo. A veces, estas estancias me llevan por todo el mundo; a menudo, me llevan a la vuelta de la esquina —Yosemite, Tahoe, Carmel—, aunque a un mundo psicológicamente distinto, donde las reuniones, los correos electrónicos y las llamadas telefónicas no existen durante un tiempo.

Purgar los demonios: la libertad emocional

«Ahí radica precisamente la perfección de un hombre, en descubrir su propia imperfección.»

SAN AGUSTÍN (354-430 d.C.)

Ser realmente libre consiste en mucho más que en disponer de suficientes ingresos y tiempo para hacer lo que te dé la gana. Es muy posible —de hecho, es la regla y no la excepción— tener libertad en tiempo y dinero pero permanecer atrapado en la lucha agónica que supone la vida moderna. Uno no puede liberarse del estrés impuesto por una cultura obsesionada por la velocidad y el tamaño hasta dejar atrás sus adicciones materialistas, la mentalidad hambrienta de tiempo y los impulsos competitivos que las originaron.

Esto lleva tiempo. El efecto no es acumulativo; por más paquetes turísticos *deficientes* de dos semanas[70] en los que te embarques, nunca sustituirán a un prolongado paseo lejos de todo.[71]

Según cuentan quienes he entrevistado, se tardan dos o tres meses en desconectar de hábitos obsoletos y darse cuenta de lo mucho que nos distraemos con el movimiento constante. ¿Puedes estar dos horas cenando con amigos españoles sin impacientarte? ¿Puedes acostumbrarte a un pueblecito pequeño donde todos los comercios hacen la siesta dos horas después de comer y luego cierran a las 4? Si no, tienes que preguntarte por qué.

Aprende a reducir el ritmo. Piérdete deliberadamente. Observa cómo te juzgas a ti y a quienes te rodean. Quizá lleves mucho tiempo sin hacerlo. Tómate al menos dos meses para *desadquirir* costumbres trasnochadas y redescubrirte sin el recordatorio del vuelo de vuelta cerniéndose sobre ti.

Tu dinero en la práctica: lo mejor está por llegar

El argumento económico a favor de las minijubilaciones es la guinda que corona el pastel.

Cuatro días en un hotel decente o una semana para dos en un bonito albergue cuesta lo mismo que un mes en un aparta-

---

70. En inglés: deficiente *(too weak)* suena igual que dos semanas *(two week)*. Este juego de palabras lo acuñó el periodista Joel Stein del *LA Times*.

71. No faltaba más. Adelante, hazte un viaje de celebración postoficina y vuélvete loco unas cuantas semanas. Vaya si lo hice. Fue lo máximo. Ibiza y pulseras fluorescentes: allá voy. Tómate tu absenta y bebe mucha agua. Después de eso, siéntate y planifica una minijubilación de verdad.

mento pijo. Si te mudas, los gastos en el extranjero empiezan a sustituir —a menudo a un coste mucho menor— los recibos que puedes dar de baja en tu país. Aquí te pongo algunas cifras mensuales reales correspondientes a viajes que he hecho hace poco. Destaco algunas cantidades de Sudamérica y Europa para demostrar que los límites del lujo los impone tu creatividad y tu conocimiento de las condiciones del lugar donde te encuentres, no la devaluación bruta de las divisas de países del tercer mundo. Viéndolas queda claro que no sobreviví a pan y agua ni mendigando —he vivido como un maharajá— y ambas estancias podrían haber costado menos de la mitad de lo que yo me gasté. Mi meta era divertirme y no la supervivencia austera.

Billetes de avión

Gratis, cortesía de la tarjeta oro de American Express y la Mastercard de Chase Continental Airlines.[72]

Alojamiento

- Ático en Buenos Aires en el equivalente de la Quinta Avenida de Nueva York. Incluidos en el precio: asistentas, guardas de seguridad, teléfono, luz e internet de alta velocidad: 550 dólares estadounidenses al mes.

72. Las musas exigen poco mantenimiento pero suelen ser caras en una o dos áreas estratégicas: fabricación y publicidad. Busca proveedores de ambas cosas que acepten pagos con tarjeta de crédito y negocia esto al principio, si fuera necesario, diciendo: «No voy a intentar negociar para que me bajen el precio; prefiero pedirles simplemente que acepten que les pague con tarjeta de crédito. Si lo hacen, les escogeré a ustedes en lugar de al Competidor X». Este es un ejemplo más de «oferta en firme», no una pregunta, que te pone en una posición de fuerza al negociar. En www.fourhourblog.com te explico detalladamente cómo multiplico puntos para viajar sirviéndome de conceptos como «montar a caballito» y «reciclar».

- Enorme piso en el distrito de moda Prenzlauerberg de Berlín, muy parecido al Soho. Teléfono y luz incluidos: 300 dólares al mes.

Comidas

- Comidas dos veces al día en restaurantes de cuatro o cinco tenedores en Buenos Aires: 10 dólares (300 dólares al mes).
- Berlín: 18 dólares (540 dólares al mes).

Diversión

- Mesa VIP y champán ilimitado para ocho en la discoteca del momento, Opera Bay, en Buenos Aires: 150 dólares (18,75 por persona × cuatro visitas al mes = 75 dólares estadounidenses al mes por persona).
- Entrada, copas y baile en las discos más de moda de Berlín Occidental: 20 dólares estadounidenses por persona y noche × 4 = 80 dólares al mes.

Clases

- Dos horas diarias de clases particulares de español en Buenos Aires, cinco veces por semana: 5 dólares la hora × 40 horas al mes = 200 dólares al mes.
- Dos horas diárias de clases privadas de tango con dos bailarines profesionales de talla mundial: 8,33 dólares por hora × 40 horas al mes = 333,20 dólares al mes.
- Cuatro horas diarias de clases de alemán en una escuela de primera en la Nollendorfplatz, de Berlín: 175 dólares al mes, que se hubiesen pagado solos aunque no hubiese asistido, pues la tarjeta de estudiante me daba derecho a más de un 40% de descuento en todos los medios de transporte.
- Seis horas por semana de entrenamiento en artes marciales varias en la mejor academia berlinesa: gratis a cambio de dar clases en inglés dos horas por semana.

Transporte

- Pase mensual para el metro y carreras diarias en taxi para ir y venir a clases de tango en Buenos Aires: 75 dólares al mes.
- Pase mensual de metro, tranvía y autobús en Berlín con descuento de estudiante: 85 dólares al mes.

Total por cuatro semanas de vivir a todo trapo

- **Buenos Aires: 1.533,20 dólares,** incluido el billete de avión de ida y vuelta desde el aeropuerto JFK, parando un mes en Panamá. Casi una tercera parte corresponde a clases diarias particulares con profesores extraordinarios de español y tango.
- **Berlín: 1.180 dólares,** incluido el billete de avión de ida y vuelta desde el aeropuerto JFK, y una escala de una semana en Londres.

¿Cómo se quedan estas cantidades comparadas con tus gastos mensuales actuales en casa, incluyendo alquiler, seguro del automóvil, gastos de la casa, dinero de bolsillo los fines de semana, salir de marcha, transporte público, gasolina, cuotas varias, suscripciones, comida, etcétera? Súmalo todo y a lo mejor llegas a la conclusión, como hice yo, de que viajando por el mundo y pasándotelo bomba puedes ahorrar un montón de dinero.

El factor miedo: vencer las excusas para no viajar

«¡Viajar arruina toda felicidad posible! ¿Cómo vas a mirar un edificio aquí después de ver Italia?»

FANNY BURNEY (1752-1840), novelista inglesa

«Pero tengo un hogar y unos hijos. ¡No puedo viajar! ¿Qué hay del seguro de salud? ¿Y si pasa algo? ¿Viajar no es peligroso? ¿Y si me secuestran o me atracan? Pero soy mujer: viajar sola sería peligroso.»

Casi todas las excusas para no viajar son exactamente eso: excusas. Yo he pasado por lo mismo, así que este no es un sermón de santo para pecadores. Sé muy bien que es más fácil vivir con uno mismo si se aduce una causa externa para no hacer algo.

Desde entonces he conocido a parapléjicos y a sordos, a gente mayor y a madres solteras, a ciudadanos con casa propia y a pobres, y todos ellos han buscado y encontrado excelentes razones, como que te cambia la vida, para darse por épocas a la vida nómada en lugar de solazarse en el millón de pequeñas razones *para rechazarla*.

En el apartado de P y A se incluye la mayoría de las preocupaciones expresadas al principio, pero una en particular requiere un poco de calmante preventivo para los nervios.

Son las 10 de la noche. ¿Sabes dónde están tus hijos?

El principal miedo de todos los padres antes de embarcarse en su primer viaje al extranjero es que un hijo se les extravíe por el camino. Las buenas noticias son que si estás tranquilo llevando a tus hijos a Nueva York, San Francisco, Washington D.C. o Londres, tienes menos de qué preocuparte en las ciudades que recomiendo como mejores para empezar en las P y A. Hay menos armas y delitos violentos en todas ellas que en las ciudades más grandes de Estados Unidos. La probabilidad de encontrar problemas disminuye aún más cuando viajar consiste en menos aeropuertos y saltar de hotel en hotel rodeados de extraños y más en mudarse a una segunda vivienda: una minijubilación.

En cualquier caso, ¿y si ocurre?

Jen Errico, una madre soltera que llevó a sus dos hijos a un viaje de cinco meses por el mundo, tenía un miedo más agudo que ningún otro, un miedo que solía despertarla a las dos de la madrugada, envuelta en un sudor frío: ¿y si algo me ocurriera a mí? Quería preparar a los niños para lo peor pero tampoco quería asustarles, así que —como todas las buenas madres— lo convirtió en un juego: «¿Quién puede memorizar mejor los itinerarios, las direcciones de los hoteles y el número de teléfono de mamá?». Tenía contactos de emergencia en cada país, cuyos números estaban grabados en la memoria de marcación rápida de su celular, con itinerancia en todo el mundo. Al final, no pasó nada.

Ahora planea mudarse a un chalet de esquí en Europa y mandar a los niños a un colegio en la Francia plurilingüe. Éxito llama al éxito.

El lugar que más temor le inspiraba era Singapur y, mirando hacia atrás, fue donde tenía menos razones para preocuparse (se llevó a los niños a Sudáfrica, entre otros lugares). Tenía miedo porque era la primera parada y no estaba acostumbrada a viajar con los niños.

Era su percepción de la realidad, no la realidad en sí.

A Robin Malinsky-Rummell, que se pasó un año viajando por Sudáfrica con su marido y su hijo de siete años, su familia y amigos la previnieron en contra de ir a Argentina tras las revueltas provocadas por la devaluación de su moneda en 2001. Se documentó, decidió que no había razón para asustarse y procedió a pasárselo como nunca en la Patagonia.

Cuando le contó a los lugareños que era de Nueva York, se les abrieron los ojos como platos y se quedaron boquiabiertos: «¡Vi por la tele cómo esos edificios saltaban por los aires! ¡En la vida podría ir a un sitio tan peligroso!». No des por sentado que el extranjero es más peligroso que tu ciudad.

La mayoría de los sitios no lo son.

Robin está convencida, igual que yo, de que la gente esgrime a los niños como excusa para no salir de su zona de comodidad. Es un pretexto para no hacer algo aventurero. ¿Cómo vencer el miedo? Robin recomienda dos cosas:

1. Antes de embarcarte en un largo viaje por el extranjero con tus hijos por primera vez, haz una prueba de unas cuantas semanas.
2. En cada parada, programa una semana de clases de idiomas que empiece en cuanto llegues y aprovecha el transporte del aeropuerto, si lo hay. El personal de la escuela muchas veces se ocupará de alquilarte un piso y de esa forma podrás hacer amigos y conocer la zona antes de empezar a funcionar por tu cuenta.

Pero ¿qué pasa si lo que te preocupa no es tanto perder a tus niños sino perder tu cordura por culpa de tus hijos?

Varias familias que entrevisté para este libro me aconsejaron el método de persuasión más antiguo conocido por la humanidad: el chantaje. Se da a cada niño una cantidad de dinero imaginario, digamos de 25 a 50 centavos, por cada hora que se porte bien. La misma cantidad se sustrae de sus cuentas por quebrantar las normas. Todas las compras relacionadas con diversiones —recuerdos, helados y demás— saldrán de sus propias cuentas personales.

Si no hay saldo, no hay golosinas. Esto suele requerir más autocontrol por parte de los padres que de los hijos.

Cómo conseguir billetes de avión un 50-80% más barato

Este libro no trata de cómo viajar por poco dinero.

Casi todas las recomendaciones que aparecen en esas guías están escritas pensando en los viajes atracón. A alguien que se embarca en una minijubilación, pagar 150 dólares más por viajar más tranquilo y amortizarlos en dos meses le sale mejor que 20 horas manipulando puntos de pasajero frecuente en una línea aérea desconocida o a la caza de gangas cuestionables.

Después de buscar durante dos semanas, una vez compré un billete de ida en lista de espera para Europa por 120 dólares. Llegué al JFK exultante de entusiasmo y confianza en mí mismo —¡mira todos esos idiotas que han pagado el precio normal!— y el 90% de las aerolíneas «participantes» rechazaron mi billete.

Las que no, no tenían plazas durante semanas. Terminé quedándome en un hotel dos noches apoquinando 300 dólares, poniendo una reclamación a American Express y al final llamando a la línea gratuita 1-800-FLY-EUROPE desde el JFK muerto del asco.

Me compré un billete de ida y vuelta a Londres con Virgin Atlantic por 300 dólares y salí una hora después. Ese mismo billete habría costado 700 dólares una semana antes. Después de viajar a 25 países, he recopilado unas cuantas y sencillas estrategias que te consiguen el 90% del posible ahorro sin perder el tiempo ni granjearte una migraña.

1. Paga con tarjetas de crédito que te recompensan con puntos los grandes gastos de publicidad y fabricación de tu musa. No me gasto más dinero para que otras cosas me salgan tiradas: estos costes son inevitables, así que les saco partido. Esto solo me consigue un billete de ida y vuelta al extranjero gratis cada tres meses.

2. Compra billetes con mucha antelación (tres meses o más) o en el último minuto e intenta que la ida y la vuelta caigan de martes a jueves. Me aburre planificar viajes a largo plazo y puede salir caro si los planes cambian, así que opto por comprar todos los billetes en los

últimos cuatro o cinco días antes del día de partida. El valor de los asientos vacíos es 0 en cuanto el vuelo despega, así que los billetes de último minuto son baratos.

Vete primero a Orbitz (www.orbitz.com). Coge las fechas de partida y llegada un martes, un miércoles o un jueves. Luego mira los precios de días alternativos (tres antes y tres después de cada fecha). A partir de la fecha de salida más barata, busca la más económica de vuelta hasta dar con la combinación más barata. Compara este precio con las tarifas que aparezcan en la web de la propia línea aérea. Luego puja en www.priceline.com por el 50% del mejor de los dos, incrementando de 50 en 50 dólares hasta que consigas un precio más bajo y te des cuenta de que es imposible.

3. Plantéate comprar un billete a un gran aeropuerto internacional y luego otro con una aerolínea local barata desde allí.

Si voy a Europa, generalmente compro tres billetes. Uno gratis con Southwest (transfiriendo puntos de mi AMEX) desde California al JFK, el billete más barato que encuentre a Heathrow en Londres y luego uno tiradísimo de precio con Ryanair o EasyJet hasta mi destino final.

He llegado a pagar 10 dólares para ir de Londres a Berlín o de Londres a España. No es una errata. Las aerolíneas locales muchas veces ofrecen plazas en aviones por lo que les cuestan las tasas y la gasolina.

Para destinos en Sudamérica o Centroamérica, suelo mirar vuelos locales desde Panamá o internacionales desde Miami.

Cuando más es menos: abrirse camino entre tanto trasto

«Los seres humanos tienen capacidad para aprender a querer casi cualquier objeto material que la mente pueda concebir. Al emerger, pues, una cultura industrial moderna capaz de producir casi cualquier cosa, ¡el momento es idóneo para abrir las puertas del almacén de las necesidades infinitas!... Es la moderna caja de Pandora y sus plagas sueltas se ciernen sobre el mundo.»

JULES HENRY

«Ser libre, ser feliz y productivo solo puede conseguirse sacrificando muchas cosas corrientes, aunque sobreestimadas.»

ROBERT HENRI

Conozco al hijo de un decamillonario, amigo personal de Bill Gates, que se dedica ahora a administrar inversiones y ranchos de particulares. Ha acumulado un surtido de preciosas casas a lo largo de la última década, cada una con cocineros, sirvientes, limpiadores y personal auxiliar a tiempo completo. ¿Qué le parece tener una casa en cada huso horario? ¡Es un puñetazo! Siente que es él quien trabaja para sus empleados, que pasan más tiempo en sus casas que él.

La vida nómada es la excusa perfecta para revertir el daño infligido por años de consumir todo lo que te podías permitir. Es hora de deshacerte de toda la basura disfrazada de necesidades antes de terminar arrastrando un juego de cinco maletas Samsonite por el mundo. Eso es el infierno en la tierra.

No te voy a decir que vayas por ahí en bata y sandalias mirando con el ceño fruncido a los que tienen tele. Me molesta todo ese rollo de «soy un santo *ecolobiomacrobiótico* mascador de barritas integrales». No es mi intención convertirte en un escriba carente de posesiones, pero enfrentémonos a la verdad: hay montones de cosas en tu casa y en tu vida que no utilizas, no necesitas y ni siquiera deseas demasiado. Llegaron a tu vida escondidas en un torrente imparable de desechos y fruslerías que nunca encontraron la salida que debieron. Tanto si te das cuenta como si no, esta montaña de basura genera indecisión y distracciones, consume tu atención y dificulta sobremanera alcanzar la felicidad sin grilletes. Es imposible darse cuenta de lo que distrae toda esa porquería —ya sean muñecas de porcelana, autos deportivos o camisetas raídas— hasta que te deshaces de ella. Antes de mi viaje de 15 meses, me agobiaba pensar en cómo iba a encajar todas mis posesiones en un depósito de guardamuebles de 3 x 4 metros. Luego me apercibí de unas cuantas cosas: nunca volvería a leer las revistas de negocios que había guardado; me ponía las mismas cinco camisetas y cuatro pares de pantalones el 90% del tiempo; ya iba tocando comprar muebles nuevos y nunca había usado la parrilla de jardín ni los muebles de exterior.

Incluso desembarazarme de cosas que *nunca* había usado me provocó una especie de cortocircuito capitalista. Era difícil tirar objetos que había considerado en su día lo suficientemente valiosos como para destinar dinero a comprarlos. Los primeros diez minutos de clasificar la ropa fueron como decidir qué hijo de los que tienes debe morir. Llevaba bastante tiempo sin ejercitar mis músculos de «tirar a la basura». Me costó horrores poner ropa bonita regalo de Navidad en la pila del «adiós»; igual de difícil que separarme de prendas ajadas y raídas de tanto usarlas que conservaba por razones sentimentales. Tras las primeras decisiones duras de tomar, sin embargo, cogí carrerilla y ya fui como un tiro. Doné toda la ropa que casi no me ponía a la beneficencia. Tardé en soltar los muebles menos de 10 horas poniendo anuncios en Craigslist, y aunque me pagaron menos de la mitad de lo que había pagado por algunos y nada por otros, ¿a quién le importaba? Les había dado buen uso y hasta maltratado durante cinco años y me compraría más cuando regresase a Estados Unidos. Le regalé la parrilla y los muebles de exterior a un amigo, que se emocionó como un niño con zapatos nuevos. Le había alegrado el mes. Me sentí genial y además tenía 300 dólares en efectivo en el bolsillo que pagarían al menos algunas semanas de alquiler en el extranjero.

Ahora tenía un 40% más de espacio en mi apartamento y solo acababa de empezar. Lo que más notaba no era el espacio físico liberado, sino el espacio mental.

Fue como si antes hubiera tenido 20 programas ejecutándose en mi mente al mismo tiempo y, ahora, solo uno o dos.

Mi mente estaba más clara y yo me sentía mucho, mucho más feliz.

Le he preguntado a todos los trotamundos que he entrevistado para este libro qué aconsejarían a alguien que iniciase un viaje de largo recorrido. La respuesta ha sido unánime: lleva menos cosas.

El impulso de meter montones de cosas en la maleta es difícil de resistir. La solución es fijar lo que yo llamo un «fondo para afincarte». En lugar de llevar cosas en previsión de cualquier contingencia, me llevo lo mínimo de lo mínimo y asigno 100-300 dólares para comprar cosas cuando llego y mientras viajo. Ya no llevo artículos de aseo ni ropa para más de una semana. Buscar crema de afeitar o una camisa de vestir en otro país puede convertirse por sí mismo en una aventura.

Haz la maleta como si te fueras una semana. Aquí tienes lo esencial, en orden de importancia:

1. Ropa para *una semana,* adecuada para la época del año. Entre las prendas: *una* camisa semiformal y un par de pantalones o una falda para pasar la aduana. La idea es llevar camisetas, un par de pantalones cortos y un par de vaqueros que sirvan para todo.

2. Por seguridad, fotocopias o copias escaneadas de toda la documentación importante: seguro sanitario, pasaporte/visado, tarjetas de crédito y de débito, etc.

3. Tarjetas de débito y de crédito y 200 dólares en billetes pequeños en moneda local (los cheques de viaje no se aceptan en casi ningún sitio y son un lío).

4. Pequeño candado con cable para bici para cerrar la maleta mientras estás en tránsito o en albergues. Si lo necesitas, uno pequeño para taquillas.

5. Diccionarios electrónicos para los idiomas de los países donde pienses ir (las versiones en libro son demasiado lentas para resultar prácticas mientras hablas con alguien) y libros pequeñitos de gramática o textos.

6. Una guía de viaje generalista.

Eso es todo.[73] ¿Con mi laptop o sin mi laptop? A no ser que seas escritor o periodista, yo voto por no llevarla. Es un engorro de cuidado y te distraerá demasiado. Usar GoToMyPC para entrar en tu computadora de casa desde cibercafés ayuda a interiorizar el hábito que queremos adquirir: aprovechar al máximo el tiempo en lugar de matarlo.

El negociante de Bora-Bora

ISLA DE BAFFIN, NUNAVUT

Josh Steinitz[74] estaba de pie en el extremo del mundo contemplando asombrado lo que se mostraba antes sus ojos.

Enterró las botas en los dos metros de hielo marino y los unicornios bailaron.

Diez narvales —primos poco conocidos de la ballena beluga— subieron a la superficie y apuntaron sus colmillos de dos metros en espiral hacia los cielos. Luego, la manada de ballenas de 1.300 kilos volvió a sumergirse en las profundidades.

73. Para ver el vídeo sobre cómo viajar por el mundo con menos de 10 libras, visite www.fourhourblog.com.

74. Fundador de www.nileproject.com.

Los narvales son buceadores profundos —en algunos casos a más de 900 metros—, así que Josh tenía por lo menos 20 minutos por delante hasta que volvieran a aparecer.

Tenía sentido que él estuviese con los narvales. Su nombre venía del noruego antiguo y hacía referencia a su piel con manchas blancas y azules.

Náhvalr: hombre cadáver.

Sonrió como lo llevaba haciendo a menudo los últimos años. El mismo John era un muerto viviente.

Un año después de terminar la carrera, Josh se enteró de que tenía un carcinoma escamoso en la boca: cáncer. Quería ser consultor de gestión. Quería ser un montón de cosas. De pronto, ninguna tenía importancia. Menos de la mitad de quienes sufrían de esta clase concreta de cáncer sobrevivían.[75] El segador no discriminaba a nadie y aparecía sin avisar.

Tuvo claro que el mayor riesgo de la vida no era equivocarse sino arrepentirse: perderse cosas. Nunca podría volver a recuperar años que hubiera pasado haciendo cosas que no le gustaban.

Dos años después y curado del cáncer, Josh inició un largo paseo indefinido por el mundo, costeado escribiendo artículos como autónomo. Más tarde cofundó una página web que proporciona itinerarios a medida para futuros trotamundos. Su condición de ejecutivo no pudo con su adicción a la movilidad. Se sentía tan cómodo cerrando tratos en los bungalows suspendidos sobre el agua de Bora-Bora como en los refugios de montaña de los Alpes suizos.

Una vez atendió la llamada de un cliente estando en Camp Muir, en el Monte Rainier.

75. http://www.usc.edu/hsc/dental/opfs/SC/indexSC.html.

El cliente quería confirmar algunas cifras de ventas y le preguntó a Josh qué era ese viento que se oía tras él. Respuesta de Josh: «Estoy de pie a 3.000 metros de altura sobre un glaciar y esta tarde el viento sopla tan fuerte que casi nos empuja montaña abajo». El cliente dijo que le dejaba volver a lo que estuviese haciendo.

Otro cliente llamó a Josh mientras estaba saliendo de un templo balinés, así que oyó el sonido de los gongs. El cliente le preguntó que si estaba en la iglesia. Josh no supo muy bien qué decir. Solo le salió: «¿Sí?».

De regreso con los narvales, a Josh le quedan unos minutos antes de volverse al campamento para no encontrarse con osos polares. Veinticuatro horas de luz dan para muchas cosas que contar a sus amigos que se han quedado en el país de los cubículos. Se sentó en el hielo y sacó de un bolso resistente al agua un teléfono vía satélite y una laptop. Empezó el correo con la frase habitual: «Sé cuánto les molesta ver cómo me lo paso, pero ¿a que no adivinan dónde estoy?».

P y A: PREGUNTAS Y ACCIONES

> «Es nefasto saber demasiado antes de partir: el aburrimiento invade con la misma rapidez al viajero que conoce la ruta que al novelista que está demasiado seguro de cuál será el argumento.»
>
> PAUL THEROUX, *Hacia los confines de la Tierra*

Si es la primera vez que piensas seriamente en lanzarte a la vida móvil y embarcarte en aventuras a largo plazo, ¡cuánto te envidio! Dar el salto para entrar en los nuevos mundos que te esperan es como ascender de pasajero a piloto de tu propia vida.

El grueso de estas P y A se centrará en los pasos concretos

que tendrás que dar —y la cuenta atrás por la que te puedes guiar— para prepararte para tu primera minijubilación. Cuando ya hayas hecho un viaje, la mayoría de los pasos pueden eliminarse o condensarse. Algunos son cosas que hay que hacer una vez, así que las siguientes minijubilaciones exigirán un máximo de dos o tres semanas de preparativos. Ahora me lleva tres tardes.

Coge papel y lápiz: esto va a ser divertido.

1. Pon por escrito exactamente de qué activos y dinero líquido dispones.

Extiende dos folios sobre la mesa. En uno anota todos los activos con sus correspondientes valores: cuentas bancarias, planes de pensiones, títulos, bonos, casa y demás. En la otra, haz una línea en el centro más o menos y apunta todo el dinero que entra (sueldo, ingresos de la musa, rentas de inversiones, etc.) y gastos (hipoteca, alquiler, letras del automóvil, etc.). ¿Qué puedes eliminar que no uses casi nunca, que te produce estrés o te distrae sin crear mucho valor?

2. Escribe todo lo que te asusta de minijubilarte un año en un lugar de ensueño en Europa.

Guíate por las preguntas del Capítulo 3 para evaluar tus miedos más terribles, lo peor que podría pasar y sopesa las consecuencias potenciales reales. Salvo en casos excepcionales, casi todas se podrán evitar y las demás serán reversibles.

3. Escoge un lugar donde minijubilarte. ¿Por dónde empezar?

Esta es la gran pregunta. Hay dos opciones por las que yo abogo:

a. Elige un punto de partida y, a partir de ahí, muévete sin rumbo fijo hasta que encuentres tu segundo hogar. Esto es lo que yo hice cuando cogí aquel billete solo de ida a Londres. Vagabundeé por Europa hasta que me enamoré de Berlín, donde me quedé tres meses.

b. Explora una zona y luego afíncate donde más te guste. Esto es lo que hice haciendo un recorrido por América Central y del Sur. Ahí me pasé de una a cuatro semanas en distintas ciudades, después de lo cual regresé a mi favorita —Buenos Aires— para asentarme durante seis meses.

Es posible hacer una minijubilación en tu propio país, pero el efecto transformador se debilita porque estás rodeado de gente que continúa arrastrando el mismo bagaje vital reforzado por la sociedad.

Mi consejo es escoger un lugar en el extranjero que te parezca extraño sin ser peligroso. Yo boxeo, corro en moto y hago todo tipo de cosas muy «de hombres», pero a las *favelas*,[76] a civiles con ametralladoras, peatones con machetes y revueltas sociales no me acerco.

Lo barato es bueno, pero los agujeros de bala son malos. Repasa las advertencias a viajeros del Departamento de Estado de Estados Unidos antes de adquirir tus billetes (http://travel.state.gov).

Aquí tienes algunos de mis puntos de partida favoritos. Escoge otros si te apetece. Subrayo aquellos donde los dólares dan más de sí:

Argentina (Buenos Aires, Córdoba), China (Shanghai, Hong Kong, Taipei), Japón (Tokio, Osaka), Inglaterra (Londres), Irlanda (Galway), Tailandia (Bangkok, Chiang Mai), Alemania (Berlín, Munich), Noruega (Oslo), Australia (Sidney), Nueva Zelanda (Queenstown), Italia (Roma, Milán, Florencia) y Holanda (Ámsterdam). En todos estos sitios es posible vivir bien gastando poco. Yo gasto menos en Tokio que en

76. Poblados chabolistas de Brasil. La película *Ciudad de Dios (Cidade de Deus)* te ofrece una idea de lo divertidos que son.

California porque lo conozco bien. En casi todas las ciudades pueden encontrarse barrios de moda, recientemente aburguesados, bohemios y habitados por artistas, parecidos al Brooklyn de hace 10 años. El único sitio donde no consigo encontrar un lugar para almorzar decentemente por menos de 20 dólares es Londres.

Aquí van algunos lugares exóticos que no recomiendo a los trotamundos vírgenes: todos los países de África, Oriente Medio, o América Central o del Sur (exceptuando Costa Rica y Argentina). Ciudad de México y la frontera mexicana son también un poco demasiado proclives a los secuestros para estar en mi lista de zonas favoritas.

4. Prepárate para el viaje. Esta es la cuenta atrás.

Tres meses antes: elimina

Acostúmbrate al minimalismo antes de la partida. Estas son las preguntas que hacerte para después actuar, aunque nunca llegues a pensar en irte: ¿qué 20% de mis pertenencias utilizo el 80% del tiempo? Elimina el 80% restante de ropa, revistas, libros y todo lo demás. Sé despiadado: siempre puedes volver a comprar algo si no puedes vivir sin ello.

¿Qué pertenencias me agobian? La razón puede ser lo que cuesta mantenerlas (dinero y energía), seguros, gastos mensuales, consumo de tiempo o distracción. Suprime, suprime y suprime. Si vendes algunos objetos caros, con eso podrías financiar buena parte de tu minijubilación. No descartes la casa y el automóvil. Siempre puedes volver a comprarlos a tu vuelta, muchas veces sin perder dinero.

Comprueba que tu seguro de salud actual cubre viajes al extranjero durante largos períodos. Ponte en marcha para alquilar o vender tu casa —alquilar es lo que más aconsejan los trotamundos en serie— o cancela el contrato y lleva todas tus cosas a un guardamuebles. En todos los casos, cuando aparezcan las dudas, pregúntate: «Si me estuvieran apuntando con una pistola a la cabeza y tuviera que hacerlo, ¿cómo lo haría?». No es tan difícil como crees.

Dos meses antes: automatiza

Después de eliminar lo que sobra, ponte en contacto con empresas (incluidos proveedores) que te facturen periódicamente y establece pagos automáticos con tarjetas de crédito que recompensan con puntos. Si les dices que estarás viajando durante un año normalmente les convence para aceptar tarjetas de crédito. Lo prefieren a tener que perseguirte por el mundo como si fueras Willy Fogg.

Para las empresas de tarjetas de crédito y otras que se nieguen a facturar así, automatiza los débitos de tu cuenta corriente. Consigue claves para acceder a tu banco y realizar operaciones por internet, incluido pagar recibos. Monta un sistema para pagar por internet a todas las empresas que no acepten tarjetas de crédito o te debiten los cobros automáticamente. Prevé que estos pagos serán 15-20 dólares más caros si se trata de recibos de tu casa y otros gastos variables. Ese dinero de más cubrirá comisiones varias, evitará pesados problemas con los cobros que te harían perder el tiempo y aumentará tu saldo. Anula el envío de extractos bancarios y de tarjetas por correo normal. Solicita al banco tarjetas de *crédito* para todas tus cuentas corrientes —generalmente una será para negocios y la otra personal— y fija la cantidad límite para anticipos de efectivo a 0 para reducir al mínimo el riesgo de robo. Deja estas tarjetas en casa: solo son para protegerte en caso de emergencia frente a descubiertos.

Dale un poder notarial a un familiar en el que confíes o a tu contable,[77] que confiera a esa persona autoridad para fir-

77. Este es un paso serio para el que debes considerar únicamente a personas en quienes confíes. En este caso, resulta útil porque tu contable

mar documentos (declaraciones de impuestos y cheques, por ejemplo) en tu nombre. Nada fastidia la diversión en el extranjero más rápido que tener que firmar documentos originales cuando no se aceptan firmas electrónicas.

Un mes antes

Habla con el director de tu oficina de correos local para que envíe todo lo que te llegue a un amigo,[78] a alguien de la familia o a tu ayudante personal, a quien pagarás 100-200 dólares al mes para escribirte en un correo electrónico descripciones breves de todo el correo que no sea basura todos los lunes.

Ponte todas las vacunas e inmunízate contra todo lo aconsejado para el país o zona a la que te dirijas. Pregunta en los Centros de Prevención y Erradicación de Enfermedades (www.cdc.gov/travel/). Recuerda que a veces para pasar por aduanas en el extranjero te pedirán pruebas de estar vacunado. Abre una cuenta de prueba en GoToMyPC o un programa similar de acceso a distancia y haz un simulacro para asegurarte de que la tecnología no te falle.[79]

Si los mayoristas (o distribuidores) todavía te mandan cheques —a estas alturas la empresa de distribución y recogidas debería ocuparse de los cheques— haz una de estas tres cosas: dale al mayorista datos bancarios para que te haga depósitos directamente (ideal), pide a la casa de distribución

---

puede firmar declaraciones de impuestos o cheques en tu nombre en lugar de perder horas y días de tu tiempo trasteando con papeles, escáneres y mandando documentos al extranjero por mensajería, que sale muy caro.

78. También existen servicios como www.earthclassmail.com que convertirá todos tus e-mails, escáners y correos basura en pdf.

79. Usa un programa de estos si te dejas la computadora en casa o en casa de alguien mientras viajas. Te puedes saltar este paso si te llevas la laptop contigo, pero eso sería como si un heroinómano se llevase a la clínica de rehabilitación una bolsa de opio. No te tientes para matar el tiempo en lugar de redescubrirlo.

y entregas que se ocupe de los cheques (segunda opción), o que los distribuidores paguen por PayPal o envíen cheques a una de las personas a quienes has dado poder notarial (tercera de lejos). En el último caso, dale a la persona con el poder resguardos de depósito que pueda firmar o sellar y enviar con los cheques. Conviene hacerse cliente de un banco grande (Bank of America, Wells Fargo, Washington Mutual, Citibank, etc.) que tenga sucursales cerca de la persona que te esté ayudando, para que pueda hacerte depósitos además de hacer otras gestiones. No hace falta que transfieras todas tus cuentas a ese banco si no quieres; basta con que abras otra que uses sólo para recibir esos depósitos.

Dos semanas antes

Escanea todos tus documentos de identificación, seguros de salud y tarjetas de crédito/débito desde una computadora desde la que puedas imprimir varias copias; algunas se las dejarás a miembros de tu familia y otras te las llevarás contigo en distintos bolsos. Mándate por correo electrónico el archivo escaneado a una cuenta que puedas ver desde el extranjero por si pierdes las copias en papel.

Si eres emprendedor, pásate al plan de telefonía de tu celular más barato que te ofrezca tu operador y graba un mensaje para el buzón de voz de este estilo: «Actualmente me encuentro en el extranjero de viaje de negocios. Por favor no me dejes un mensaje de voz porque no voy a escucharlos mientras esté fuera. Envíame un correo electrónico a ___@___.com si el asunto es importante. Gracias por tu comprensión». Luego redacta una respuesta automática en la que informes de que puedes tardar en responder hasta siete días (o la frecuencia que decidas) porque estás de viaje por el extranjero.

Si trabajas para otro, piensa en conseguirte un celular cuatribanda o compatible con GSM para que el jefe pueda localizarte. Otras opciones son usar una cuenta de SkypeIn redireccionada a un celular extranjero (mi preferida) o un buzón sobre IP de Vonage en el que puedes recibir llamadas desde líneas fijas en cualquier lugar del mundo a través de un número que empieza con el prefijo de tu zona.

Busca un apartamento para la minijubilación en el lugar que hayas escogido o reserva un albergue o un hotel en tu punto de partida para tres o cuatro días. Reservando un apartamento antes de llegar corres un riesgo mayor y te saldrá mucho más caro que dedicar esos tres o cuatro días, como digo, a buscar uno. Yo recomiendo empezar alojándote en un albergue, si es posible, no por cuestión de dinero, sino porque el personal y otros viajeros que conocerás ahí conocen el lugar y te ayudarán a encontrar dónde quedarte.

Si así te vas a quedar más tranquilo, gestiona el traslado a casa desde el extranjero en caso de accidente o enfermedad. Esto seguramente puedas ahorrártelo si vas a un país del primer mundo o puedes contratar un seguro local o ampliar la cobertura del que tengas, que es lo que yo hago. Cuando fui a Panamá, llevaba un seguro de traslado, porque está a 2 horas de avión de Miami, pero en el resto de sitios, ni me molesté. Que no te den sudores fríos: lo mismo pasaría si estuvieras en el quinto pino en el centro de Estados Unidos.

Una semana antes

Decide la frecuencia con que vas a realizar las tareas periódicas en tandas, como mirar el correo electrónico, gestiones bancarias por internet, etc., para suprimir excusas para hacerte elucubraciones pseudolaborales carentes de sentido solo para retrasar hacer lo que debes. Sugiero las mañanas de los lunes para leer el correo y hacer gestiones bancarias por internet. El primer y tercer lunes del mes pueden comprobarse los cargos a las tarjetas de crédito y realizar otros pagos en línea, como por ejemplo, a afiliados. Estas promesas hechas a ti mismo serán las más difíciles de cumplir, así que comprométete y prepárate para un síndrome de abstinencia pesado.

Guarda los documentos importantes —incluidos los escaneados de tu documentación identificativa, seguros y tarjetas de crédito/débito— en un dispositivo de almacenamiento que puedas llevar en la mano y que se inserte en un puerto USB de la computadora.

Lleva todos los enseres de tu casa o apartamento a un guardamuebles; mete tus cosas en una única mochila pequeña y un bolso para la aventura y múdate por unos días a casa de un amigo o familiar.

Dos días antes

Lleva los automóviles que te queden a un aparcamiento o al garaje de un amigo. Pon estabilizador de combustible en los depósitos, desconecta los cables negativos de las baterías para evitar que se vacíen y fija los vehículos con gatos para que no se dañen los neumáticos ni se den golpes. Cancela todos los seguros de autos menos la cobertura antirrobo.

A tu llegada (suponiendo que no hayas reservado un apartamento por adelantado):

La primera mañana y la primera tarde después de registrarte donde te quedes: date una vuelta por la ciudad, subiendo y bajando de autobuses, seguida de otra en bicicleta por potenciales vecindarios donde alquilar un apartamento.

Al final de ese primer día: ve compra un celular libre[80] con una tarjeta SIM que pueda recargarse con tarjetas pre-

80. «Libre» significa que se recarga con tarjetas prepago en lugar de tener un contrato mensual con un único operador como O2 o Vodafone. De esta manera el mismo teléfono puede usarse con otros operadores en otros países (siempre y cuando la frecuencia sea la misma) cambiando la tarjeta de memoria SIM, lo que cuesta entre 10 y 30 dólares estadouniden-

pagadas. Manda correos electrónicos a dueños de casas o a agentes inmobiliarios en Craigslist.com y versiones digitales de periódicos locales para verlas a lo largo de los dos días siguientes.

Segundo y tercer días: busca y reserva un apartamento para un mes. No te comprometas a más de un mes hasta que hayas dormido en la casa. Una vez pagué por adelantado dos meses para luego descubrir que la parada de autobús más concurrida del centro estaba al otro lado de la pared de mi dormitorio.

El día de la mudanza: instálate y contrata un seguro de salud con una empresa local. Pregunta a los dueños del albergue y a otra gente autóctona cuál es la suya. Toma la resolución de no comprar recuerdos ni otros artículos para llevar de vuelta a casa hasta dos semanas antes de tu partida.

Una semana después: elimina todos los trastos que trajiste pero que no vas a usar mucho. O dáselos a alguien que los necesite más, mándalos a Estados Unidos por correo o tíralos a la basura.

TRUCOS Y UTENSILIOS

Ideas sobre dónde irte de minijubilación

• Virtual Tourist (www.virtualtourist.com)
El recopilatorio por antonomasia no sesgado más grande del mundo de información sobre viajes proporcionada por los usuarios del mundo. Más de 1.000.000 de miembros aportan consejos y advertencias relativos a más de 25.000 lugares. De cada uno encontrarás datos divididos en 13 categorías distintas: cosas que hacer, costumbres locales, compras

_____

ses en la mayoría de los casos. Algunos celulares cuatribanda compatibles con el sistema de Estados Unidos llevan tarjetas SIM.

y trampas para el turista. Aquí encontrarás todo lo que necesitas para la mayoría de minijubilaciones.

- Escape Artist (www.escapeartist.com)

¿Te interesa tener más de un pasaporte, fundar tu propio país, abrir cuentas en Suiza y todas las demás cosas que no me atrevo a poner en este libro? Entonces esta web es un recurso fantástico para ti. Cuando nuestro presidente empiece la tercera guerra mundial, seguro que querrás tener un plan de huida. Escríbeme desde las Caimán o desde la cárcel, desde donde llegues primero.

- Outside Magazine Online Free Archives (http://outside.away.com)

El archivo completo de la revista *Outside Magazine* puede consultarse en internet gratis. Desde campos de meditación a lugares capaces de producir descargas de adrenalina de todo el mundo, hasta trabajos de ensueño o lo más bello de la Patagonia en invierno; cientos de artículos con fotos preciosas para inyectarte el gusanillo de perderte por el mundo.

- GridSkipper: The Urban Travel Guide (www.gridskipper.com)

Para quienes adoren los entornos tipo *Bladerunner* y explorar cada escondrijo de las ciudades del mundo: aquí se sentirán en su salsa. Es una de las 13 mejores webs de viajes, según *Forbes* y es «altiva y zafia al mismo tiempo, si algo así es posible» (dice la web de viajes *Frommer's*). Traducción: gran parte del contenido no es para niños. Si las palabras malsonantes o las encuestas para elegir la «ciudad más zorrita del mundo» te molestan, no te molestes en visitar esta web (ni Río de Janeiro, hablando de todo un poco). Si no, no te pierdas el tronchante estilo y la sección «100 dólares al día» referida a ciudades de todo el mundo.

- Lonely Planet: The Thorn Tree (http://thorntree.lonelyplanet.com)

Foro de debate para viajeros de todo el mundo divididos por zonas.

- Family Travel Forum (www.familytravelforum.com)

Un foro muy completo sobre (¡tachán!) viajar en familia. ¿Quieres vender a tus hijos por una plata en el Bloque Oriental? ¿O mejor ahorrarte unos dolarillos incinerando a la abuela en Tailandia? Entonces esta web no es para ti. Pero si tienes niños y estás preparando un viaje largo, sí que lo es.

- Descripción de países hecha por el Departamento de Estado de Estados Unidos (www.state.gov/r/pa/ei/bgn/)
- World Travel Watch (www.worldtravelwatch.com)

Informe digital semanal de Larry Habegger y James O'Reilly acerca de sucesos acaecidos en todo el mundo, algunos curiosos relativos a la seguridad en los viajes, clasificados por temas y zona geográfica. Conciso e indispensable antes de ultimar planes.

- Advertencias para viajeros al extranjero del Departamento de Estado de Estados Unidos (http://travel.state.gov)

Planificación y preparación de minijubilaciones: fundamentos

- Preguntas más habituales sobre el mundo entero (también sobre seguros de viaje)

(www.perpetualtravel.com/rtw)

Estas preguntas y respuestas pueden ser tu tabla de salvación. Iniciadas por Marc Brosius, hace años que los participantes de un grupo de noticias añaden información. Ahora toca una inmensa variedad de temas, desde cómo planificar el dinero al choque cultural del regreso y prácticamente de todo. ¿Cuánto tiempo puedes permitirte estar fuera? ¿Necesitas un seguro de viaje? ¿Baja laboral o dimisión? Es un almanaque mundial.

- Acabar con el desorden: 1-800-GOT-JUNK (www.1800gotjunk.com)

Freecycle (www.freecycle.org) y Craigslist (www.craigslist.org)

He utilizado la versión «gratuita» de Craigslist para deshacerme, un sábado por la tarde y en menos de tres horas, de cosas que había acumulado durante cuatro años. Hubo algunos objetos que llegué a vender por el 30-40% de su valor original. Luego, me deshice de lo que quedó utilizando el servicio de pago de 1-800-GOT-JUNK. Para deshacerse de lo que quieres tirar, Freecycle es comparable a Craigslist cuando dispones de poco tiempo. Despréndete de las cosas inútiles y acabarás convirtiéndolo en una costumbre. Yo lo hago cada 6-9 meses, a menudo con donaciones a Goodwill (www.goodwill.org), que pasan a recogerlo todo gratuitamente avisándoles con antelación.

- One-Bag: El arte y la ciencia de viajar ligero de equipaje (www.onebag.com)

Uno de los 100 mejores sitios según la revista PC. Viaja ligero de equipaje y experimenta la levedad del ser.

- Centros estadounidenses de Prevención y Erradicación de Enfermedades (www.cdc.gov/travel)

Vacunas aconsejadas y planificación sanitaria para todos los países del mundo. Algunos exigen prueba de inyecciones recibidas para pasar la aduana: hazlo con mucho adelanto, pues algunas hay que pedirlas y tardan semanas.

- Planificación tributaria (www.irs.gov/publications/p54/index.html)

Siguen las buenas noticias. Aunque te mudes permanentemente a otro país, tendrás que pagar impuestos en Estados Unidos mientras tengas pasaporte estadounidense. Nada que temer: existen algunos subterfugios legales creativos, como el formulario 2555-EZ, que te proporcionan una exención fiscal de hasta 80.000 dólares si pasas al menos 330 de 365 días consecutivos fuera de territorio de Estados Unidos. Esa es parcialmente la razón por la cual mi viaje de 2004 se alargó 15 meses. Búscate un buen abogado y deja que él se ocupe de los detalles para no tener problemas.

- Colegios concertados estadounidenses en el extranjero (www.state.gov/m/a/os).

Si no te hace mucha gracia la idea de sacar a tus hijos del colegio durante un año o dos, mét0los en uno de estos 185 colegios de primaria y secundaria cofinanciados por el Departamento de Estado de Estados Unidos en 132 países. A los niños les encanta hacer deberes.

- Homeschooling 101 y Quickstart Guide (http://bit.ly/homeschooling101)

Este subapartado de http://homeschooling101.about.com/ ofrece el proceso paso a paso para considerar las mejores opciones para la enseñanza doméstica durante un viaje largo. A menudo, los niños vuelven a la escuela pública o privada estando por delante de sus compañeros de clase.

- Revista *Home Education* (www.homeed.mag.com)

Excelente colección de recursos para niños que estudian en casa, familias que viajan y niños que no van a la escuela. Los vínculos incluyen currículum, grupos de apoyo virtual, recursos legales y archivos. Razones de peso para aprenderse las leyes: algunos estados de Estados Unidos ofrecen hasta 1.600 dólares al año para gastos de alumnos cualificados, ya que el hecho de que tu hijo no asista a una escuela pública ahorra dinero al gobierno.

- Conversor universal de divisas (www.xe.com)

Antes de que te vuelvas loco de emoción y te olvides de que cinco libras esterlinas no equivalen a cinco dólares, usa esto para traducir lo que cuestan las cosas en cada sitio a cifras que entiendas. A ver si no tienes demasiados momentos de «¿estas monedas valen cada una cuatro dólares?».

- Adaptador de enchufes universal (www.franzus.com)

Andar cargando cables y conectores que son un engorro pone de los nervios: búscate un adaptador todo en uno Travel Smart® con protección frente a sobretensión. Es del tamaño de un mazo de cartas doblado por la mitad y el único adaptador que he usado en todas partes sin ningún problema.

¡Atención!: es un adaptador (sirve para enchufar cosas), no un *transformador*.

Si el enchufe de la pared extranjero tiene un voltaje que es el doble que el estadounidense, tus artilugios se autodestruirán. Una razón más para comprar en cada país lo que necesites en vez que llevarlo contigo.

• Guía eléctrica del mundo (www.kropla.com)

Encuentra puntos de venta, voltajes, celulares, prefijos internacionales y todo tipo de cosas relativas a desajustes en términos eléctricos en el mundo entero.

Billetes de avión baratos y para dar la vuelta al mundo

• Orbitz (www.orbitz.com), Kayak (www.kayak.com), y Sidestep (www.sidestep.com)

Más de 400 aerolíneas de todo el mundo: el punto de partida para empezar a comparar precios.

• TravelZoo Top20 (http://top20.travelzoo.com/)

Moscú por 129 dólares la ida. Estos precios especiales de fin de semana podrían ser un empujón para salir corriendo de viaje.

• Priceline (www.priceline.com)

Empieza a pujar al 50% de la tarifa más baja que encuentres en Orbitz y ve subiendo de 50 en 50 dólares.

• CFares (www.cfares.com)

Tarifas de mayorista. Puedes hacerte miembro gratis o de pago. Aquí encontré un billete de ida y vuelta de California a Japón por 500 dólares.

• 1-800-FLY-EUROPE (www.1800flyeurope.com)

Aquí encontré el viaje de 300 dólares ida y vuelta desde JFK a Londres que salía dos horas después.

• Aerolíneas de bajo precio para volar dentro de Europa (www.ryanair.com, www.easyjet.com)

Alojamiento gratis en todo el mundo: períodos cortos

- Global Freeloaders (www.globalfreeloaders.com) (más o menos, «gorrones de todo el mundo»)

Esta comunidad en línea reúne a personas que te ofrecen alojamiento gratis en todo el mundo. Ahorra dinero y haz nuevos amigos a la vez que conoces el mundo a través de los ojos de los lugareños.

- The Couchsurfing Project (www.couchsurfing.com) (Proyecto «navegar por sofás»)

Igual que el anterior, pero suele atraer a una peña más joven y fiestera.

- Hospitality Club (www.hospitalityclub.org)

Conoce a gente de todo el mundo que te enseñan sus ciudades o te dan alojamiento gratis a través de esta bien gestionada red de más de 200.000 miembros de más de 200 países.

Alojamiento gratis en todo el mundo: períodos largos

- Home Exchange International (www.homeexchange.com)

Es un listado de intercambio de casas con servicio de búsqueda con más de 12.000 directorios en más de 85 países. Ponte en contacto directamente por correo electrónico con las casas que te interesen, sube tu propia casa/apartamento y mira ilimitados directorios durante un año a cambio de una pequeña cuota de miembro.

Alojamiento de pago: para cuando llegues o a largo plazo

- Otalo (www.otalo.com)

Otalo es un motor de búsqueda de alquileres de vacaciones que busca a través de internet muchos alquileres de vacaciones en 200,00 + casas. Otalo es como un Kayak.com para alquileres de las vacaciones. El sitio rastrea una variedad de otros sitios de búsqueda de alquiler y agrega los resultados en una herramienta de búsqueda fácil de usar.

- Hostels.com (www.hostels.com)

En esta web hay más que albergues juveniles. Yo encontré un agradable hotel en el centro de Tokio por 20 dólares la noche y he usado este sitio para encontrar alojamientos parecidos en ocho países. Básate en la ubicación y en las opiniones (mira HotelChatter) más que en los servicios para decidir. Los hoteles de cuatro estrellas son para quienes viajan estilo atracón. Esta web ofrece una mirada local real antes de que encuentres un apartamento o un alojamiento más a largo plazo.

- HotelChatter (www.hotelchatter.com)

Entérate de lo último de lo último en este diario web que publica críticas detalladas y sinceras de alojamientos de todo el mundo. Se actualiza varias veces al día. Aquí encontrarás historias de huéspedes decepcionados y de otros que han encontrado auténticas joyas. Se puede reservar desde la web.

- Craigslist (www.craigslist.org)

Además de revistas semanales de cada sitio con listados de casas en alquiler, como *Bild* o *Zitty,* en Berlín, para mí Craigslist ha sido el mejor sitio para empezar a buscar apartamentos amueblados para largos períodos en el extranjero. En el momento de escribir esto hay anuncios de más de 50 países. Dicho esto, los precios serán un 30-70% más bajos en las revistas locales. Si tu presupuesto es reducido, pide a alguien que trabaje en un albergue u otro autóctono que te ayude a hacer algunas llamadas hasta lograr un buen trato.

Dile a quien te ayude que no mencione que eres extranjero hasta después de acordar el precio.

- Interhome International (www.interhome.com)

Con sede en Zurich. Más de 20.000 casas en alquiler en toda Europa.

- Rentvillas.com (www.rentvillas.com)

Extraordinarios alojamientos de alquiler —desde pequeñas casas rurales, granjas e incluso castillos— por toda Europa, incluidos Francia, Italia, Grecia, España y Portugal.

Herramientas para entrar a distancia en una computadora

• GoToMyPC (www.gotomypc.com)
Este *software* te facilita acceso rápido y sencillo a distancia a los archivos, programas, correo electrónico y red de tu computadora. Puede usarse desde cualquier navegador de internet o dispositivo inalámbrico con Windows y funciona en tiempo real. Llevo usando GoToMyPC religiosamente más de cinco años para entrar en las computadoras que tengo en Estados Unidos desde países e islas de todo el mundo.
• WebExPCNow (http://pcnow.webex.com)
WebEx, el líder en acceso a distancia para empresas, ofrece ahora un *software* que hace casi todo lo que GoToMyPC, incluido cortar y pegar de una computadora a otra, imprimir archivos que estén en computadoras alejadas, transferencia de archivos y mucho más.
• DropBox (www.getdropbox.com) y SugarSync (www.sugarsync.com), JungleDisk (www.jungledisk.com) y Mozy (www.mozy.com)
Tanto Dropbox como SugarSync hacen backups y sincronizan archivos entre varias computadoras (el de mesa y la laptop, por ejemplo). JungleDisk y Mozy —yo utilizo el segundo— tienen menos opciones y están más específicamente diseñados para hacer backups automáticos de lo que está guardado online.

Telefonía gratuita y por internet (sobre IP) a bajo precio

• Skype (www.skype.com)
No he hecho una llamada internacional que no sea por Skype desde que apareció este *software* gratuito. Con él se puede

llamar a líneas fijas y celulares por todo el planeta a una media de dos o tres céntimos el minuto o conectarte con otros usuarios de Skype en cualquier parte gratis. Por aproximadamente 40 euros al año puedes tener un número en Estados Unidos con el prefijo de tu zona y recibir llamadas que se redireccionan a un teléfono celular extranjero. De esta manera es imposible saber que estás de viaje. Túmbate en la playa en Río y atiende a las llamadas desde tu «oficina» de California. Chachi.

- Vonage (www.vonage.com)

Vonage tiene un pequeño adaptador que conecta tu módem de banda ancha a un teléfono normal. Llévatelo de viaje e instálalo en tu apartamento para recibir llamadas a un número en Estados Unidos.

- VoIPBuster (www.voipbuster.com) y RebTel (www.rebtel. com)

Tanto VoIPBuster como RebTel ofrecen números «alias». Introduce el número de un amigo que esté en el extranjero en estos sitios y ambos te proporcionarán un número local de tu zona que te remitirá al de tu amigo. VoIPBuster también funciona como un Skype más económico, con llamadas gratuitas a más de 20 países.

Teléfonos internacionales multibanda y compatibles con GSM

- My World Phone (www.myworldphone.com)

En lo que respecta a los teléfonos de Nokia, soy parcial. Asegúrate de comprar un celular «libre», lo que significa que se pueden meter otras tarjetas SIM al llegar a otro país de operadores diferentes.

- World Electronics USA (www.worldelectronicsusa.com)

Buenas explicaciones de qué frecuencias GSM y «bandas» funcionan en qué países. Así sabrás qué teléfono comprar para viajar (y quizá para casa).

Utensilios para recorrer caminos menos transitados

- Satellite Phones (www.satphonestore.com)
Si vas a estar en las montañas del Nepal o en una isla perdida y quieres la tranquilidad (o el quebradero de cabeza) de tener un teléfono cerca, estos funcionan vía satélite en lugar de vía torres. Se ha recomendado Iridium por tener la recepción de mayor alcance de polo a polo. GlobalStar ocupa el segundo lugar en tres continentes. Para comprar o alquilar.
- Paneles solares de bolsillo (www.solio.com)
Los teléfonos vía satélite sirven de poco (¿para lanzarlos al agua como guijarros, tal vez?) si se les acaba la batería. Solio es del tamaño de dos mazos de cartas. Al desplegarlo se convierte en dos pequeños paneles solares. Me sorprendí al descubrir que cargaba mi celular en menos de 15 minutos, más del doble de rápido que un cargador de enchufe. Existen adaptadores para casi cualquier cosa.

Qué hacer cuando llegues: experimentos profesionales y más cosas

- *Verge Magazine*
- Conoce gente (www.meetup.com)
Busca por ciudad y actividad para encontrar gente con tus mismos intereses por todo el mundo.
- Hazte escritor de viajes (www.writtenroad.com)
¿Ganar dinero mientras recorres el mundo escribiendo lo que piensas? Este es el trabajo ideal de millones de personas. Entérate en primicia desde dentro de todo lo referente al mundillo de las editoriales de viajes de la mano de la veterana Jen Leo, autora de *Sand in My Bra and Other Misadventures: Funny Women Write from the Road* [Arena en el sujetador y otras desventuras: mujeres divertidas escriben desde la carretera]. Este blog fue una de las Ideas Preferidas para Viajes Económicos de *Frommer*'s y también publica artículos

geniales y prácticos sobre vivir sin artilugios y viajar exento de tecnología.

- Enseña «inglé» (www.eslcafe.com)

El ESL Café de Dave es uno de los recursos más antiguos y útiles para profesores, futuros profesores y estudiantes de inglés. Encontrarás foros de debate y anuncios de empleo para profesores en todo el mundo.

- Hazte plastilina el cerebro (www.jiwire.com)

Viaja por el mundo para mandar SMS a tus amigos de siempre. En esta web encontrarás más de 150.000 sitios con conexión *wifi* donde puedes dar rienda suelta a tu trastorno obsesivo-compulsivo, dándote un atracón de información. Avergüénzate si esto se convierte en tu actividad por defecto. Si estás aburrido, recuerda: es por tu culpa. He pasado por esto, así que no te voy a sermonear.

Nos pasa hasta a los mejores de cuando en cuando, pero ponte las pilas y sé más creativo.

- Prueba una profesión distinta a tiempo parcial o completo (www.workingoverseas.com)

Esta enciclopedia presenta un menú exhaustivo de opciones para aquellos con mentalidad global. Jean-Marc Hachey, el redactor jefe de trabajo en el extranjero de la revista *Transitions Abroad*, se encarga de recopilar la información y mantenerla al día. 15 dólares por acceder un año.

- Oportunidades en todo el mundo en fincas orgánicas (www.wwoof.com)

Aprende, para después enseñar, las técnicas sostenibles para fincas orgánicas en docenas de países como Turquía, Nueva Zelanda, Noruega y la Polinesia Francesa, entre otros.

Chat y correo electrónico en un idioma que no dominas

- Google Chat Bots (http://bit.ly/imbot)

Utiliza este servicio para chatear en tiempo real empleando casi cualquier idioma. Manda un mensaje instantáneo (MI) desde tu cuenta de correo de Gmail a alguien que esté en cualquier lugar del mundo.

• Nice Translator (www.nicetranslator.com) y Free Translation (www.freetranslation.com)
Traduce textos del inglés a una docena de idiomas y viceversa. Es sorprendentemente preciso, aunque el 10-20% que se pierde con la traducción puede ocasionarte algún problema. Nice Translator es más rápido y puede usarse con el iPhone.

Dominar un idioma en un tiempo récord

Adictos a los idiomas y aprendizaje acelerado

Para todo lo relacionado con los idiomas, desde detallados artículos didácticos (cómo reactivar idiomas olvidados, memorizar 1.000 palabras por semana, dominar la pronunciación de tonos, etc.) hasta reglas mnemotécnicas o los mejores atajos electrónicos, visita www.fourhourblog.com.
Aprender idiomas es una adicción mía y una habilidad que he diseccionado y reensamblado para ganar en rapidez. Es posible dominar una lengua lo suficiente como para mantener una conversación en tres o seis meses máximo.

Encontrar gente para intercambio de idiomas y materiales

• LiveMocha (www.livemocha.com)
EduFire (www.edufire.com) y Smart.fm (http://smart.fm/)
A mí me gusta especialmente BrainSpeed, un juego para aprender.

• About.com (www.about.com)
Algunas de las lenguas más populares disponen de excelentes guías en About.com:

http://italian.about.com
http://spanish.about.com
http://german.about.com
http://french.about.com

15. LLENAR EL VACÍO: SUMAR VIDA
TRAS RESTAR TRABAJO

«Estar absorto en algo externo a nosotros mismos es un poderoso antídoto contra la mente racional, esa mente que con tanta frecuencia comete estupideces.»

ANNE LAMOTT, *Bird by Bird* [Pájaro a pájaro]

«No hay tiempo suficiente para hacer toda la nada que queremos hacer.»

BILL WATTERSON, creador de la tira
cómica *Calvin and Hobbes*

King's Cross, Londres

Entré dando un traspié en la charcutería del otro lado de la calle adoquinada para pedir un sandwich de jamón. Eran las 10:30, la quinta vez que miraba la hora y la vigésima vez que me preguntaba: «¿Qué &%$# voy a hacer hoy?».

La mejor respuesta que se me había ocurrido hasta el momento: comerme un sandwich.

Treinta minutos antes me había despertado sin despertador por primera vez en cuatro años, recién llegado del JFK la noche anterior. Había soñado con ese momento ni se sabe cuánto: despertarme escuchando el sonido musical de los pajaritos cantando en mi ventana, incorporarme en la cama con una sonrisa en los labios, oler el aroma a café recién hecho, y estirarme como un gato a la sombra de una quinta en España. Magnífico. Más bien resultó así: me incorporé de repente hasta quedarme sentado tieso como un palo, como si el toque de una sirena me hubiera atravesado el oído, agarré el despertador, solté un taco, salté de la cama en ropa interior para mirar el correo electrónico, me acordé de que lo tenía prohibido, solté otro taco, busqué a mi anfitrión y antiguo compañero de clase, me di cuenta de que se había ido a trabajar, como el resto del mundo, y procedí a sufrir un ataque de pánico.

Me pasé el resto del día en una nebulosa, deambulando de museo a jardín botánico a museo como si estuviese en un ciclo de aclarar y repetir la operación, evitando los cibercafés con un vago sentimiento de culpa. Necesitaba una lista de cosas que hacer para sentirme productivo, así que escribí cosas como «cenar». Esto iba a resultar mucho más difícil de lo que había pensado.

Depresión posparto: es normal

«El hombre está hecho de tal forma que solo puede encontrar descanso de un tipo de tarea emprendiendo otra.»

ANATOLE FRANCE, autor de *El crimen de Sylvestre Bonnard*

Tengo más dinero y más tiempo del que ni en sueños creí posible... ¿Por qué estoy deprimido?

Es una buena pregunta con una buena respuesta. Para empezar, ¡alégrate de estar averiguándolo ahora y no al final de tu vida! Los jubilados y los megarricos a menudo se sienten vacíos y neuróticos por la misma razón: demasiado tiempo ocioso.

Pero espera un momento... ¿Lo que pretendemos no es tener más tiempo? ¿No va de eso este libro? No, en absoluto. Demasiado tiempo libre no es más que fertilizante para perder la confianza en uno mismo y para todo tipo de comederas de tarro. Restar lo malo no crea lo bueno. Deja un vacío.

Disminuir el trabajo hecho por dinero no es el fin último. Es vivir más y convertirte en más.

Al principio, las fantasías externas te serán suficientes y no hay nada malo en ello. Reitero una vez más lo importante que es este período. Vuélvete loco y vive tus sueños. Esto no es superficial ni egoísta. Es esencial que dejes de reprimirte y te sacudas el hábito de dejar las cosas para más adelante. Supongamos que decides probar a hacer realidad sueños, como mudarte a una isla del Caribe para ir saltando de isla en isla o hacer un safari por el Serengeti. Será maravilloso e increíble y debes hacerlo. Sin embargo, llegará un día —tres semanas o tres años después— en que no serás capaz de beberte otra piña colada ni fotografiar a otro maldito mandril de trasero rojo. En esta época es cuando suele aparecer la autocrítica y los ataques de pánico existenciales.

¡Pero esto es lo que siempre he querido! ¿Cómo puedo estar aburrido?

No pierdas los nervios y eches más leña al fuego. Esto es normal en gente hiperproductiva que baja el ritmo después de trabajar mucho durante largo tiempo. Cuanto más inteligente seas y más te concentres en alcanzar tus objetivos, más intensos serán estos dolores que acompañan al crecimiento. Aprender a sustituir la hambruna de tiempo percibida por la apreciación de la abundancia de tiempo es como pasar de cafés solos triples al descafeinado.

¡Pero eso no es todo! Los jubilados se deprimen por otra razón, y a ti te pasará lo mismo: el aislamiento social.

Las oficinas son buenas para algunas cosas: mal café gratis y quejarse sobre él, los cotilleos y apoyarse en el mutuo sufrimiento, vídeos idiotas mandados por correo electrónico con comentarios todavía más idiotas y reuniones que no sirven para nada pero en las que se matan algunas horitas y se echan unas risas. El trabajo en sí puede ser un asco, pero es la trama de interacciones humanas —el entorno social— lo que nos mantiene allí. Cuando te liberas, esta automática unidad tribal desaparece, lo que hace que aumente el volumen de las voces de tu cabeza.

No tengas miedo de los retos sociales y existenciales. La libertad es como un deporte nuevo. Al principio, la mera novedad es lo suficientemente emocionante como para que todo te resulte interesante en todo momento. Sin embargo, una vez aprendes lo básico, ves claro que para ser incluso un jugador medio decente vas a necesitar bastante práctica.

No te alarmes. Las mayores recompensas están por venir, y estás a 3 metros de la meta.

Frustraciones y dudas: no eres el único

«La gente dice que busca el sentido de su vida. No creo que sea eso lo que realmente estamos buscando. Creo que buscamos una experiencia que nos haga sentir vivos.»

JOSEPH CAMPBELL, *El poder del mito*

Una vez que suprimas la obligación de trabajar y la cosa empiece a andar, no todo es un camino de rosas y arena blanca, aunque gran parte puede serlo.

Sin la distracción de los plazos de entrega y los compañeros, las grandes preguntas («¿Qué sentido tiene todo?») se vuelven más difíciles de esquivar y de dejar para luego. En un mar de infinitas opciones, las decisiones se hacen también más difíciles. ¿Qué demonios debo hacer con mi vida? Es como el último año de carrera otra vez.

Como todos los innovadores a la vanguardia, pasarás por aterradores momentos de duda. Dejada atrás la fase del niño en la tienda de golosinas, el impulso de comparar se te meterá lentamente en tu interior.

El resto del mundo continuará girando en su engranaje de jornadas laborales y tú empezarás a cuestionar tu decisión de escaparte de esa rutina. Las dudas y autoflagelaciones más normales son:

1. ¿Estoy haciendo esto para ser más libre y llevar una vida mejor, o es que soy un vago y ya está?
2. ¿Me he salido de la vorágine laboral y consumista porque es mala o porque no podía con ella? ¿Será que lo que he hecho es rendirme?
3. ¿Es lo mejor que hay? Quizás estaba mejor antes, cuando era un mandado que no sabía que existían más posibilidades. Al menos, era más fácil.
4. ¿Soy un triunfador o me estoy engañando?
5. ¿He bajado el listón para verme como un ganador? ¿Será que mis amigos, que ahora ganan el doble que hace tres años, están en el buen camino?
6. ¿Por qué no soy feliz? Puedo hacer lo que me dé la gana y aun así no soy feliz. ¿Me lo merezco?

Casi todo esto lo superarás cuando te des cuenta de lo que realmente es: comparaciones trasnochadas basadas en la mentalidad de «más es mejor» y «el dinero es la medida del éxito» que nos metió realmente en el lío del que hemos conseguido salir. Se impone hacer una observación aún más profunda.

Estas dudas invaden la mente cuando nada más la llena. Piensa en un momento en el que te hayas sentido vivo y atento al 100%: entregado. Seguramente entonces estabas completamente absorto en algo externo: algo o alguien que no eras tú. Los deportes y el sexo son dos ejemplos estupendos. Cuando la mente carece de un foco de atención externo, se ensimisma y empieza a crear problemas que resolver, aunque esos problemas serán indefinidos o intrascendentes. Si te concentras en algo, una meta ambiciosa aparentemente imposible y que te obliga a crecer,[81] esas dudas acaban desapareciendo.

En el proceso de buscar otra cosa en la que concentrarte, es prácticamente inevitable que en tu mente se cuelen las «grandes» preguntas. Por todas partes los pseudofilósofos apremian a dejar de lado las preguntas impertinentes para dedicarse de lleno a las eternas. Dos ejemplos clásicos son: «¿Cuál es el sentido de la vida?» y «¿Hacia dónde vamos?».

Hay muchas más, desde las introspectivas a las ontológicas, pero yo tengo una respuesta única para casi todas: no las respondo y punto.

No soy nihilista. De hecho, me he pasado más de una década investigando la mente y el concepto de significado, una empresa que me ha llevado desde los laboratorios de neurociencia de prestigiosas universidades hasta los vestíbulos de instituciones religiosas de todo el mundo. La conclusión a la que llegué después de todo eso es sorprendente.

Estoy convencido al 100% de que casi todas las grandes preguntas que nos sentimos obligados a plantearnos —que han llegado a nosotros tras siglos de pensar demasiado y malas traducciones— están formuladas en términos tan vagos que tratar de responderlas se vuelve una total pérdida de tiempo.[82] Esto no es deprimente; es liberador.

Hazte la pregunta entre las preguntas: ¿cuál es el sentido de la vida? Si me presionan, yo tengo una sola respuesta: es el estado o condición que caracteriza a un organismo viviente. «Pero eso no es más que una definición», replicaría el indagador, «eso no es lo que quería decir». ¿Qué querías decir

---

81. Abraham Maslow, el psicólogo estadounidense famoso por proponer la «Jerarquía de necesidades de Maslow», calificaría este objetivo de «experiencia culmen».

82. Las preguntas retóricas que derivan en meditaciones tienen lugar, pero son herramientas opcionales que este libro no pretende abarcar. Casi todas las preguntas sin respuesta están mal formuladas.

entonces? Hasta que la pregunta quede clara —se defina cada término que la compone— no tiene sentido responderla. La pregunta del «sentido» de la «vida» no se puede responder si no se expone con mayor detalle. Antes de dedicar tiempo a preguntas que te provoquen ansiedad, asegúrate de que la respuesta a estas otras dos sea afirmativa:

1. ¿Cada uno de los términos que la componen tiene para mí un significado inequívoco?
2. ¿La respuesta a esta pregunta me va a servir para hacer algo que mejore las cosas?

«¿Cuál es el sentido de la vida?» incumple la primera condición y, por consiguiente, la segunda. Las preguntas relativas a cosas situadas fuera de nuestra esfera de influencia como «¿Qué pasa si el tren se retrasa mañana?», quebrantan la segunda, por lo que deberán ignorarse. No merece la pena hacérselas. **Si no puedes definirlo ni te sirve para hacer algo, olvídalo.** Con que te lleves de este libro simplemente esta idea, te colocarás en ese 1% integrado por los más productivos del mundo y mantendrás apartada de tu vida casi cualquier angustia filosófica. Afinar tu arsenal mental lógico y práctico *no* significa ser ateo, desinteresado por lo espiritual. No es ser insensible y no es ser superficial. Es ser listo y dedicar tus esfuerzos a las cosas capaces de beneficiarte más a ti y a otros.

El sentido de todo: redoble de tambores, por favor

«Lo que el hombre necesita realmente no es un estado de tranquilidad absoluta, sino más bien aspirar y luchar por lograr una meta que merezca la pena, una tarea libremente escogida.»

VIKTOR E. FRANKL, superviviente del Holocausto; autor de *El hombre en busca de sentido*

Creo que la vida existe para ser disfrutada y que lo más importante es sentirte bien contigo. Cada persona tendrá sus propios medios para lograr ambas cosas, que irán cambiando con el tiempo. Para algunos, la respuesta estará en trabajar con huérfanos y, para otros, en componer música. Yo tengo mi manera personal de conseguir ambas cosas —querer, que me quieran y no dejar nunca de aprender—, pero no espero que le sirva a todo el mundo.

Algunos critican centrarse en quererse a uno mismo y en el disfrute tachándolo de egoísta o hedonista, pero no son ninguna de las dos cosas. Gozar de la vida y ayudar a los demás —o sentirse bien con uno mismo y aumentar el bien común— no se excluyen mutuamente más que ser agnóstico y tener principios morales. Una cosa no impide la otra. Supongamos que estamos de acuerdo en esto; aún nos queda por responder a la pregunta: «¿Qué puedo hacer con mi tiempo para disfrutar de la vida y sentirme bien conmigo?».

No puedo dar una única respuesta que convenga a todo el mundo, pero, basándome en las docenas de NR con vidas plenas que he entrevistado, puedo afirmar que hay dos componentes fundamentales: aprendizaje continuo y ser de ayuda a otros.

Aprendizaje infinito: afilar la sierra

> «Para los estadounidenses que viajan al extranjero por vez primera es a menudo toda una conmoción descubrir que, a pesar de los progresos realizados en los últimos 30 años, muchos extranjeros todavía hablan en otros idiomas.»
>
> DAVE BARRY

Vivir es aprender. Para mí no hay más opciones. Por eso me he visto forzado a dejar un trabajo o me han despedido de otros a los seis meses aproximadamente. La curva de aprendizaje se endereza hasta desaparecer y me aburro. Aunque puedes enriquecer tu cerebro sin salir de tu país, viajar y mudarte a vivir a otro sitio crea unas condiciones inmejorables que propulsan los progresos. El diferente entorno actúa a modo de contrapunto y reflejo de tus propios prejuicios, haciendo que las debilidades sean mucho más fáciles de corregir.

Raras veces viajo a un sitio sin decidir antes cómo voy a obsesionarme en aprender una disciplina concreta. Aquí van algunos ejemplos:

- **Connemara, Irlanda:** Irlandés (gaélico), flauta irlandesa y *hurling* (lanzamiento), el deporte de equipo más rápido del mundo (imagínate una mezcla de *lacrosse* y rugby jugado con mangos de hacha).
- **Río de Janeiro, Brasil:** Portugués brasileño y *yuyitsu* brasileño.
- **Berlín, Alemania:** Alemán y *locking* («cerrojo», un estilo de *breakdance* que se baila vertical).

Yo tiendo a interesarme por aprender un idioma y una habilidad *cinestética*; la segunda a veces la encuentro cuando ya estoy en el país. Los trotamundos en serie de mayor éxito suelen unir lo mental con lo físico. Fíjate en que suelo trasladar una actividad que ya practico donde vivo —artes marciales— a otros países donde también se practica. No hace falta que sea un deporte competitivo: puede ser el senderismo, el ajedrez, o cualquier cosa que mantenga tu nariz fuera de un libro de texto y a ti fuera de tu casa. Los deportes son estupendos para evitar el miedo escénico a lanzarte a hablar idiomas extranjeros y forjar amistades duraderas mientras hables aún como Tarzán.

Aprender idiomas merece mención aparte. Es, sin comparación posible, lo mejor que puedes hacer para perfeccionar la capacidad de pensar con claridad.

Además, por si fuera poco, del hecho de que es imposible comprender una cultura sin entender su idioma; adquirir otra lengua te hace ser consciente de la tuya propia: de cómo piensas.

Los beneficios de dominar un idioma extranjero están tan infravalorados como sobrevalorada está la dificultad que ello comporta. Miles de personas consideradas en teoría lingüistas no estarán de acuerdo, pero yo sé, por haberme documentado al respecto y por experiencia personal con más de doce idiomas, que 1) los adultos pueden aprender idiomas mucho más rápido que los niños[83] una vez suprimido el trabajo diario con jornada fija y que 2) es posible dominar cualquier idioma lo suficiente como para mantener una conversación en menos de seis meses. A un ritmo de cuatro horas al día, esos seis meses se pueden reducir a menos de tres meses. Explicar qué es la lingüística aplicada y la mecánica del aprendizaje de idiomas se sale de la temática de este libro, pero encontrarás documentación útil, consejos y completas guías prácticas paso por paso en www.fourhourblog.com.

Yo he aprendido seis idiomas después de suspender español en secundaria, y tú también puedes, con las herramientas adecuadas.

Aprende un idioma y obtendrás otra lente a través de la cual cuestionar y comprender el mundo.

Decir palabrotas que la gente no entiende al volver a tu país también tiene su gracia.

No te pierdas la oportunidad de vivir dos vidas.

Ayudar por las razones adecuadas: ¿salvar a las ballenas o matarlas para dar de comer a los niños?

«La moral es sencillamente la actitud que adoptamos hacia las personas que personalmente nos disgustan.»

OSCAR WILDE

83. Ellen Bialystok y Kenji Hakuta, *In Other words: The Science and Psychology of Second-Language Acquisition*, Basic Books, 1995.

Aquí se espera de mí que hable de ayudar a los demás y eso voy a hacer. Como lo que precede a este capítulo, será con un toque ligeramente distinto.

Lo que yo entiendo por ser de ayuda es muy sencillo: hacer algo que mejore una vida que no sea la tuya. Esto no es lo mismo que la filantropía. Filantropía es la preocupación altruista por el bienestar de la humanidad: de la vida humana. La vida humana se ha dedicado durante mucho tiempo a hacer caso omiso del medio ambiente y del resto de la cadena alimenticia, de ahí nuestra actual carrera hacia la extinción inminente. Está bien empleado. El mundo no existe únicamente para la mejora y multiplicación de la humanidad.

Antes de empezar a encadenarme a los árboles y a salvar a las ranas de punta de flecha, voy a aplicarme mi propio consejo: no te conviertas en un esnob de las causas.

¿Cómo puedes ayudar a los niños que se mueren de hambre en África cuando hay niños muertos de hambre en Los Ángeles? ¿Cómo puedes pensar en salvar a las ballenas cuando los sin techo se mueren helados en las calles? ¿Cómo ayuda a la gente que necesita ayuda que investigues sobre la destrucción de los corales?

Niños, por favor. El mundo está lleno de cosas que necesitan ayuda, así que no se traguen el cebo de meterse en discusiones sobre si «mi causa gana a la tuya» en las que nadie puede tener razón. Ninguna comparación cualitativa o cuantitativa tiene sentido. La verdad es esta: esos miles de vidas que salves pueden contribuir al surgimiento de hambrunas que maten a millones, o ese arbusto en Bolivia que estás protegiendo podría encerrar la cura contra el cáncer. Desconocemos los efectos que pueden tener las cosas a largo plazo. Hazlo lo mejor que puedas y espera lo mejor. Si estás mejorando el mundo —sea lo que sea lo que entiendas por eso— considera que lo estás haciendo bien.

Ayudar no se limita solo a salvar vidas o el medio ambiente, sino también a mejorar la vida. Si eres músico y haces sonreír a miles o a millones, para mí, estás ayudando. Si eres mentor y cambias la vida de un niño a mejor, habrás mejorado el mundo. Mejorar la calidad de vida en el mundo no es menos que añadir más vidas.

Servir de ayuda es una actitud.

Busca la causa o medio que te interese más y no pidas disculpas.

P y A: PREGUNTAS Y ACCIONES

«Los adultos están siempre preguntando a los niños qué quieren ser de mayores porque están buscando ideas.»

PAULA POUNDSTONE

«El milagro no consiste en caminar sobre las aguas. El milagro consiste en caminar sobre la tierra verde, habitando en profundidad el momento presente y sintiéndote verdaderamente vivo.»

THICH NHAT HANH

¡Pero no puedo estar viajando, aprendiendo idiomas y luchando por una causa el resto de mi vida! Pues claro que no. No estoy aconsejándote eso de ninguna manera. Eso son solo «ejes vitales», puntos de partida que llevan a oportunidades y experiencias que de otra forma no encontrarías.

No hay una respuesta correcta a la pregunta «¿Qué debo hacer con mi vida?». Olvida desde ya el «debo». El siguiente paso —y eso será, nada más— es hacer algo, poco importa el qué, que te parezca divertido o gratificante. No te apresures en lanzarte a comprometerte por mucho tiempo o de por vida. Tómate el tiempo necesario para hallar algo que te llame, no el primer tipo aceptable de pseudotrabajo. Esa llamada, a su vez, te llevará a otra cosa.

Aquí te indico una buena secuencia de inicio que ha servido a docenas de NR:

1. Regresa al punto cero: no hagas nada.

Antes de escapar de los trasgos de la mente, tenemos que enfrentarnos a ellos. El más ilustre de todos ellos es la adicción a la velocidad. Es difícil recalibrar tu reloj interno sin tomarte un descanso de la hiperestimulación constante. Los viajes y el impulso de ver un millón de cosas pueden exacerbarlo.

Aminorar la marcha no significa lograr menos; significa eliminar las distracciones contraproducentes y la *percepción* de tener prisa. Plantéate hacer un breve retiro de silencio de 3-7 días durante los cuales está prohibido hablar o leer, ver o escuchar cualquier medio de comunicación.

Aprende a bajar el volumen del ruido de tu mente para que puedas apreciar más antes de hacer más.

- The Art of Living Foundation (Curso II)-(Fundación el Arte de Vivir) Internacional: (www.artofliving.org)
- Centro de meditación Spirit Rock en California (http://www.spiritrock.org)
- Kripalu Center for Yoga and Health en Massachusetts (http://www.kripalu.org)
- Sky Lake Lodge en Nueva York (http://www.sky-lake.org)

2. Haz una donación anónima a la organización de ayuda que prefieras.

Esto ayuda a entrar en calor y disociar el hecho de sentirte bien por ayudar de que se te reconozca por ello. Todavía te sientes mejor si lo haces desinteresadamente. Aquí van algunas buenas webs para empezar:

- Charity Navigator (www.charitynavigator.org)

Este servicio independiente lista más de 5.000 organizaciones benéficas que pueden clasificarse mediante criterios a tu gusto. Crea una página personalizada con tus favoritos y compáralos entre sí, todo sin coste alguno.

• Firstgiving (www.firstgiving.com)

Firstgiving.com te permite crear una página desde donde recaudar dinero por internet.

Las donaciones pueden hacerse desde tu URL personal. He utilizado Firstdiving en coordinación con una organización no lucrativa llamada Sala de lectura para construir escuelas en Nepal y Vietnam, con más países en espera (www.firstgiving.com/timferriss y www.firstgiving.com). Si por ejemplo quieres ayudar a los animales, pinchas en un enlace relacionado para llegar a webs de cientos de organizaciones benéficas preocupadas por los animales y luego decides a cuál quieres hacer la donación. La versión británica de esta web es http://www.justgiving.com.

• Network for Good (www.networkforgood.org)

Quienes visiten este sitio encontrarán enlaces a organizaciones benéficas necesitadas de donaciones así como oportunidades de llevar a cabo trabajo voluntario. También pueden automatizar donaciones por internet.

3. Vete de minijubilación para aprender algo a la vez que haces trabajo voluntario en la zona.

Hazte una minijubilación —seis meses o más si puedes— dedicada a aprender y a ayudar. Como estarás más tiempo, podrás zambullirte de lleno en el idioma, lo que a su vez te permitirá interactuar con la gente y aportar tu granito de arena durante tu voluntariado.

El tiempo que dure este viaje, anota en un diario las autocríticas y el diálogo interno negativo. Cuando te disgustes o te agobies, pregúntate «por qué» al menos tres veces y escribe las respuestas en un papel. Describir esas dudas por escrito suaviza sus efectos de dos maneras distintas. Primero, a menudo lo que más daño hace de la falta de confianza en uno mismo es lo ambiguo de su naturaleza. Definirlas y analizarlas por escrito —como ocurría cuando te decía lo de obligar a los compañeros de trabajo a mandarte correos electrónicos—

exige pensar con claridad, después de lo cual la mayoría de las preocupaciones resultan infundadas. Segundo: al anotarlas, parece que, no se sabe cómo, desaparecen de nuestra cabeza.

Pero ¿adónde ir y qué hacer? No existe una respuesta correcta a ninguna de estas dos preguntas. Seguramente los siguientes interrogantes y recursos te ayudarán a encontrar ideas:

- ¿Qué situaciones de todas las que se dan en el mundo te dan más rabia?
- ¿Qué te da más miedo para la próxima generación, tanto si tienes niños como si no?
- ¿Qué es lo que te hace más feliz de tu vida? ¿Cómo puedes ayudar a otros a hacer lo mismo?

No hace falta que te circunscribas a un único lugar. ¿Te acuerdas de Robin, que recorrió Sudamérica durante un año con su marido y su hijo de siete años? Los tres pasaron uno o dos meses como voluntarios en cada lugar donde paraban, haciendo cosas como montar sillas de ruedas en Banos, Ecuador; introducir a animales exóticos en el bosque tropical boliviano y guiar tortugas marinas espalda de cuero en Surinam.

¿Qué tal suena excavar en yacimientos arqueológicos en Jordania o socorrer a los damnificados del tsunami en las islas de Tailandia?

Estos son solo dos de las docenas de casos de voluntariado con traslado al extranjero que aparecen en cada edición de la revista *Verge Magazine* (www.vergemagazine.com). Más ideas en:

- Hands on Disaster Response: www.hodr.org
- Project Hope: wwwprojecthope.com
- Relief International: www.ri.org
- International Relief Teams: www.irteams.org
- Airline Ambassadors International: www.airlineamb.org
- Ambassadors for Children (embajadores para los niños): www.ambassadorsforchildren.org
- Relief Riders International: www.reliefridersinternational. com

- Habitat for Humanity Global Village Program: www. habitat.org
- Planeta. Listados de ecoturismo práctico en todo el mundo: www.planeta.com

4. Repasa y reajusta tu *onirograma*.

Después de la minijubilación, repasa el *onirograma* que hiciste en **Definición** y modifica lo que sea necesario. Estas preguntas te serán útiles:
- ¿Qué se te da bien?
- ¿En qué podrías ser el mejor?
- ¿Qué te hace feliz?
- ¿Qué te hace ilusión?
- ¿Qué te hace sentir realizado y bien contigo mismo?
- ¿Qué cosa de las que has logrado en tu vida es de la que estás más orgulloso? ¿Puedes hacerla otra vez o desarrollarla?
- ¿Qué disfrutas compartiendo o viviéndolo con otros?

5. Partiendo de lo que haya surgido en los pasos 1-4, piensa en probar vocaciones nuevas a tiempo parcial o completo.

El trabajo a tiempo completo no es malo si es lo que quieres hacer. Eso es lo que distingue un «trabajo» de una «vocación».

Si has montado una musa o reducido tus horas de trabajo prácticamente a nada, piensa en dedicarte a tu vocación a tiempo parcial o completo: una verdadera vocación o profesión con la que siempre hayas soñado. Eso es lo que yo hice con este libro. Ahora puedo decir que soy escritor en lugar de darles la explicación de dos horas del camello. ¿Qué soñabas ser cuando eras niño? Quizás haya llegado el momento de matricularte en el Campamento Espacial o de hacer prácticas como ayudante de un biólogo marino.

Recuperar la ilusión de la niñez no es imposible. Es más, es indispensable. No quedan ya cadenas —ni excusas— que te retengan.

16. LOS 13 ERRORES MÁS GARRAFALES DEL NUEVO RICO

«Si no cometes errores, es que los problemas con los que estás lidiando no son lo suficientemente difíciles. Y ese es un gran error.»

FRANK WILCZEK, Premio Nobel de Física en 2004

«*Ho imparato che niente e impossibile, e anche che quasi niente e facile...* (He aprendido que nada es imposible y también que casi nada es fácil...)»

ARTICOLO **31** (grupo de rap italiano), «Un Urlo»

En diseño de un estilo de vida, el juego se llama cometer errores. Exige luchar impulso tras impulso para no volver a caer en el antiguo mundo de la vida aplazada a la espera de la jubilación. Estas son las meteduras de pata que te tocan. No te desanimes. Todo forma parte del proceso.

1. Perder de vista tus sueños y caer en el trabajo por el trabajo (T×T). Vuelve a leer la introducción y el siguiente capítulo de este libro siempre que sientas que estás recayendo en esta trampa. Todo el mundo recae, pero muchos se atascan y nunca vuelven a salir.

2. Ponerte a hacer de todo y a trastear con el correo electrónico para llenar el tiempo. Asigna las responsabilidades, prevé los problemas que puedan surgir, establece normas y límites a la autonomía decisoria de tus empleados: luego detente, por la cordura de todos los implicados.

3. Ocuparte de problemas que tus subcontratados pueden resolver.

4. Ayudar a los subcontratados con el mismo problema más de una vez o con problemas que no supongan catástrofes. Dales normas con formato «si...» para resolver todos los problemas menos los realmente importantes. Dales libertad para actuar sin preguntarte, fija los límites por escrito y luego haz hincapié por escrito en que no ayudarás a resolver problemas a los que se apliquen esas normas. En mi caso, todos mis subcontratados pueden arreglar, según su criterio, cualquier problema cuya solución cueste menos de 400 dólares. Al finalizar cada mes o trimestre, dependiendo del subcontratado, repaso cómo han afectado sus decisiones a los beneficios, y adapto las reglas en consecuencia. A menudo añado nuevas reglas a partir de sus decisiones acertadas y soluciones creativas.

5. Perseguir clientes, sobre todo los que no convienen o clientes potenciales con sede en el extranjero, cuando ya tienes suficiente liquidez para financiar tus proyectos no financieros.

6. Contestar correos electrónicos que no producirán ventas o que puede contestar una respuesta automática o unas buenas Respuestas a Preguntas más Frecuentes. ¿Un buen ejemplo de mensaje de respuesta automática que dirige a la gente hasta la información y los subcontratados que necesitan? Mándame un correo a info@fourhourworkweek.com.

7. Trabajar donde vives, duermes o deberías descansar. Ten entornos separados —designa un único espacio para trabajar y exclusivamente para trabajar— o jamás podrás huir de tu trabajo.[84]

8. No llevar a cabo un concienzudo análisis 80/20 de tu negocio y vida personal cada dos o cuatro semanas.

9. Aspirar sin descanso a la perfección en lugar de conformarte con «estupendo» o sencillamente «bastante bueno», tanto en tu vida personal como profesional.
Admite que esto suele ser una excusa más para T×T. La mayoría de nuestros empeños son como aprender a hablar otro idioma: para hacerlo correctamente el 95% de las veces hacen falta seis meses dedicándose a ello en serio, sin embargo, para que el número de ocasiones suba al 98% se necesitan 20 o 30 años.

Céntrate en llegar a «estupendo» en algunos campos y a «bastante bueno» en el resto.

La perfección es un buen ideal que mantiene el rumbo fijo, pero reconoce que es un destino imposible de alcanzar.

10. Inflar menudencias y problemillas hasta sacarlos de quicio para utilizarlos de disculpa para trabajar.

11. Convertir en urgentes asuntos que pueden dejarse para más adelante para justificar trabajar. ¿Cuántas veces tengo que decirlo? Presta atención a la vida que tienes más allá de tus cuentas bancarias, por mucho miedo que te dé ese vacío en los estadios iniciales. Si no encuentras sentido a tu vida, es tu responsabilidad como ser humano crearla, ya sea cumpliendo sueños o buscando trabajo que te proporcione un objetivo y sentimiento de valía: idealmente, las dos cosas juntas.

---

84. Para evitar usar la sala de estar y la cafetería como una oficina considera utilizar una co-working: http://www.coworking.phwiki.com

12. Ver un producto, empleo o proyecto como lo único y el destino final de tu existencia. La vida es demasiado corta para malgastarla, pero también es demasiado larga para ser pesimista o nihilista. Sea lo que sea que estés haciendo, es solo un paso más hacia el siguiente proyecto o aventura. Puedes salir de cualquier atolladero en el que te metas. Las dudas no son más que una señal de que tienes que hacer algo. Cuando dudes o te sientas abrumado, date un respiro y haz un esquema de tus actividades y relaciones tanto personales como profesionales.

13. Prescindir de las alegrías de vivir en sociedad. Rodéate de gente positiva y sonriente que no tenga nada que ver con tu trabajo. Monta tus musas solo si es necesario, pero no vivas tu vida en soledad. La felicidad compartida en forma de amistad y amor es felicidad multiplicada.

EL CAPÍTULO FINAL: UN CORREO ELECTRÓNICO QUE TIENES QUE LEER

«No existe nada de lo que el hombre ocupado se ocupe menos que de vivir; nada hay más difícil de aprender.»

SÉNECA

«Durante los últimos 33 años, cada vez que me he mirado al espejo por la mañana me he preguntado: "Si hoy fuese el último día de mi vida, ¿querría hacer lo que voy a hacer hoy?". Y siempre que la respuesta ha sido "No" demasiados días seguidos, he sabido que algo tenía que cambiar... casi todo —todas las expectativas externas, todo el orgullo, todo el miedo al ridículo o al fracaso— se desmorona cuando te enfrentas a la muerte, dejándote solo lo que de verdad importa. Recordar que vas a morir es la mejor forma que conozco para no caer en la trampa de pensar que tienes algo que perder.»

STEVE JOBS, que no acabó sus estudios universitarios. Consejero delegado de Apple Computer, Inicio de curso en la Universidad de Stanford, 2005[85]

Si sientes que no sabes de qué va la vida, no eres el único. Nos pasa lo mismo a casi siete mil millones. Eso no es problema, claro está, una vez te das cuenta de que la vida no es un problema que resolver ni un juego que ganar.

85. http://news-service.stanford.edu/news/2005/june15/jobs-061505.html.

Si estás demasiado enfrascado en encajar las piezas de un rompecabezas que no existe, te perderás la verdadera diversión. El peso de tener que perseguir el éxito deja paso a la levedad del descubrimiento fortuito cuando por fin aceptas que las únicas reglas y límites son las que nosotros nos fijamos. Así que sé audaz y no te preocupes por lo que piense la gente. De todas formas, tampoco piensan tanto.

Hace dos años me llegó este correo electrónico de una niña enferma terminal en un hospital de Nueva York. He leído parte de su carta muchas veces desde entonces y espero que tú hagas lo mismo. Aquí está.

BAILE LENTO

¿Alguna vez has mirado a niños
montar en tiovivo?

¿O escuchado cómo la lluvia
cae golpeando el suelo?

¿Seguiste alguna vez el vuelo errático
de una mariposa
u observaste el sol desvanecerse
en la noche?

Aminora la marcha.
No bailes tan deprisa.

El tiempo no dura.
La música dejará de sonar.

¿Atraviesas con prisas días
que se te pasan volando?

Cuando preguntas: ¿cómo estás?,

¿escuchas la respuesta?

¿Al final del día
te tumbas en la cama,
con los próximos mil recados
pululando por tu cabeza?

Aminora la marcha.
No bailes tan deprisa.

El tiempo no dura.
La música dejará de sonar.

¿Alguna vez le dijiste a un hijo
«lo haremos mañana»
sin ver por tus prisas
la pena en sus ojos?

¿Alguna vez perdiste el contacto?
¿Dejaste morir una amistad
por no tener tiempo
de llamar para saludar?

Aminora la marcha.
No bailes tan deprisa.

El tiempo no dura.
La música dejará de sonar.

Cuando corres tanto para llegar,
no disfrutas del camino.

Pasar un día agobiado y apresurado
es como tirar a la basura un regalo sin abrir.

La vida no es una carrera.
Tómatelo con más calma.

Escucha la música
antes de que la canción se acabe.

POR ÚLTIMO PERO NO MENOS IMPORTANTE

EL ARTE DE DEJAR QUE OCURRAN COSAS MALAS
[DESPUÉS DE TRES SEMANAS SIN ENTRAR EN EL BLOG]

¡Cuánto tiempo sin vernos! Acabo de llegar a California después de un largo periplo que me ha llevado a Londres, Escocia, Cerdeña, Eslovaquia, Austria, Ámsterdam y Japón. Cuando he revisado la maldita bandeja de entrada del correo electrónico me aguardaban algunas desagradables sorpresas. ¿Por qué? Pues porque dejé que ocurrieran.

Siempre lo hago.

He aquí tan solo algunos de los regalos que me encontré en esta ocasión:

- Una de nuestras empresas de logística cerró debido la muerte de su gerente, lo que provocó un descenso de un 20% de los pedidos mensuales y requirió un cambio urgente de todo el diseño de la web y el proceso para realizar los pedidos.
- Me perdí entrevistas en radio y revistas, con el consiguiente disgusto de los entrevistadores.
- Dejé escapar más de una docena de oportunidades para invertir como socio en una empresa.

No es que desaparezca para irritar a la gente —en absoluto—, pero reconozco un hecho importante: a menudo, a fin de ocu-

393

parte de asuntos de envergadura, debes dejar que ocurran cosas malas. Esta es una capacidad que hay que cultivar.

¿Qué conseguí a cambio de ponerme temporalmente las antiparras y parar algunos golpes?

- Seguí la copa del mundo de rugby en Europa y vi en directo el New Zealand All Blacks, un sueño que acariciaba desde hacía cinco años.
- Disparé todas las armas que siempre había querido disparar desde que me hice un lavado de cerebro con *Commando*. Que Dios bendiga a Eslovaquia y a sus paramilitares.
- Rodé un episodio piloto de una serie de televisión en Japón, un sueño que había tenido toda la vida que fue la experiencia más divertida que he tenido en muchos meses, por no decir años.
- Conocí a mi editor japonés, Seishisha, y concedí entrevistas en Tokio, donde *La semana laboral de 4 horas* encabeza en este momento las listas de ventas en varios medios que se cuentan entre los más importantes del país.
  Hice unas vacaciones de diez días sin computadora y me sentí como si hubieran sido dos años.
- Asistí al Festival Internacional de Cine de Tokio y conocí a uno de mis ídolos, el productor de la serie televisiva *Planet Earth*.

Una vez eres consciente de que puedes desconectar y que no se acaba el mundo, te liberas de una forma que solo unos pocos llegan a disfrutar.

Solo recuerda esto: si no prestas atención, no tienes tiempo. ¿Tenía tiempo para revisar el correo electrónico y el buzón de voz? Por supuesto que sí. Hubiera necesitado 10 minutos. ¿Podía dedicar mi atención a dar consejos para la crisis en esos 10 minutos? Para nada.

Por muy tentadora que sea la idea de «revisa el correo electrónico, es solo un minuto», no lo hice. Sé por experiencia que a cualquier problema que te encuentres en la bandeja de entrada le darás vueltas en tu cabeza durante horas o días después de haber apagado la computadora, y tu «tiempo libre» no servirá de nada, porque estarás lleno de preocupaciones. Es el peor de los estados, porque no estás relajado pero tampoco eres productivo. Concéntrate en el trabajo o en otra cosa, pero nunca te quedes entre dos aguas.

El tiempo, sin concentración, no sirve de nada, de modo que prioriza la atención por encima del tiempo.

He aquí algunas preguntas que pueden ayudarte. Ponte las gafas de la productividad y mira las cosas con perspectiva. Aun cuando no estés viajando por todo el mundo, desarrolla la costumbre de dejar que ocurran las pequeñas cosas malas. Si no lo haces, nunca encontrarás el tiempo para las grandes cosas que pueden cambiarte la vida, ya sean trabajos muy importantes o vivencias muy significativas. Si buscas tiempo pero lo llenas de distracciones, no podrás concentrarte para disfrutar de él.

- ¿Cuál sería el objetivo, en caso de conseguirlo, que podría cambiarlo todo?
- ¿Cuál es, ahora mismo, la cosa más urgente que crees que «debes» o «deberías» hacer?
- ¿Puedes «dejar de lado» esa urgencia —aunque solo sea por un día— para dar un paso más en ese esfuerzo que podría cambiar tu vida?
- ¿Qué es lo que lleva más tiempo en la lista de cosas que debes hacer? Ponte a ello por la mañana y no permitas ninguna interrupción o no vayas a comer hasta que lo termines.

¿Ocurrirán cosas «malas»? Sí, surgirán pequeños problemas. Habrá unos pocos que se quejarán pero lo superarán rápidamente. PERO, cuando hayas superado obstáculos muy grandes, los verás como lo que realmente son: minucias y contratiempos que tenían solución.

25 DE OCTUBRE DE 2007

COSAS QUE ME GUSTARON Y QUE APRENDÍ EN 2008

2008 fue uno de los años más excitantes de mi vida. Hice más negocios y conocí a más gente que en los cinco años anteriores. Eso me proporcionó sorprendentes conocimientos acerca del mundo empresarial y de la naturaleza humana, sobre todo porque descubrí que tenía docenas de falsos supuestos.

He aquí algunas de las cosas que me gustaron y que aprendí en 2008.

Lecturas favoritas de 2008: *Zorba, el griego* y *Séneca: Cartas de un estoico*. Estos son dos de los libros más recomendables sobre la práctica de la filosofía que han caído en mis manos. Si tienes que elegir uno, quédate con *Zorba, el griego*, aunque Séneca te llevará un poco más lejos. Ambos pueden leerse en 2-3 noches.

No aceptes favores muy grandes o costosos de desconocidos. Esta deuda kármica acabará persiguiéndote. Si no puedes evitarlo, vuelve de inmediato a la neutralidad kármica con un regalo de tu elección. Devuélveselo antes de que te pongan un plazo. Excepciones: mentores de éxito que puedan presentarte a alguien y que no trabajen en tu provecho.

No debes recuperar las pérdidas de la misma forma en que las provocaste. Tengo una casa en San José, pero hace casi un año que me mudé. Desde entonces está vacía, y estoy pagando una hipoteca muy alta todos los meses. ¿Lo mejor? No me importa. Pero no fue siempre así. Durante muchos meses estuve desmoralizado mientras me presionaban para que la alquilara, insistiendo en que si no lo hacía estaba tirando el dinero. Y luego me di cuenta: no debes recuperar el dinero de la misma forma en que lo perdiste. Si pierdes 1.000 dólares en una mesa de blackjack, ¿deberías insistir y recuperarlos allí mismo? Por supuesto que no. No quiero pelearme con los arrendatarios, ni siquiera con una empresa inmobiliaria. La solución: deja la casa como está, disfruta de ella ocasionalmente y crea otra fuente de ingresos que cubra el coste de la hipoteca.

Una de las causas más frecuentes de la falta de confianza en uno mismo y depresión: tratar de impresionar a la gente que no te cae bien. Estresarse para impresionar a alguien está bien, pero hazlo con la gente que lo merece..., esos a quienes quieres emular.

Comer despacio = vida. Desde Daniel Gilbert, de Harvard, a Martin Seligman, de Princeton, hay un punto en que los estudiosos de la «felicidad» (entendida como bienestar) se muestran de acuerdo: una comida con los amigos y los seres queridos proporciona bienestar. Disfruta de al menos una cena de 2-3 horas —sí, 2-3 horas— y/o unas copas a la semana con esa gente que te hace sonreír y sentirte bien. En mi opinión, el efecto benéfico es mayor con grupos de cinco o más personas. Dos momentos propicios para hacerlo: las cenas de los jueves o las copas después de cenar y el almuerzo de los domingos.

La adversidad no constituye el carácter, solo lo revela.

En relación con lo anterior: el dinero no te cambia, solo revela quién eres cuando ya no necesitas ser amable.

No importa cuánta gente no consigue lo que quiere. Lo que importa es cuánta gente lo intenta. Si tienes una opinión muy formada acerca de algo, no te la guardes solo para ti. Intenta ayudar a la gente y hacer que el mundo sea un lugar mejor. Si haces un esfuerzo por hacer algo remotamente interesante, prepárate para que haya un pequeño porcentaje de la población que se lo tome como algo personal. Que les j... No se erigen estatuas a los críticos.

En relación con lo anterior: nunca eres tan malo como aseguran que eres. Mi agente solía enviarme todo lo que aparecía en los blogs y en los medios de comunicación sobre *La semana laboral de 4 horas*. Ocho semanas después de su publicación le pedí que solo me mandara las reseñas positivas de los medios más importantes o algunas inexactitudes concretas a las que debería responder. Algo importante con referencia a esto: nunca eres tan bueno como aseguran que eres. No es nada útil tener una alta opinión sobre uno mismo o deprimirse: la primera te vuelve negligente y la segunda apático. Quería no corromper mi optimismo pero conservar el apetito. Y hablando de apetito...

Prepárate un desayuno rico en proteínas 30 minutos después de levantarte y después da un paseo de 10-20 minutos mientras haces botar un balón o una pelota de tenis. Esta costumbre es mejor que tomarte Prozac por la mañana. (Lectura recomendada: «Cómo preparar en 3 minutos un desayuno bajo en carbohidratos» y «Cómo "pelar" huevos duros sin pelarlos», en www.fourhourblog.com.)

Perder dinero me disgusta unas 50 veces más de lo que me gusta ganarlo. ¿Por qué 50 veces más? Tras invertir tiempo como un experimento, llegué a la conclusión de que a menudo dedico al menos 50 veces más tiempo a tratar de no perder unos hipotéticos 100 dólares que a ganarlos. La parte histérica del asunto es que, incluso siendo consciente de esta tendencia, es difícil impedir la segunda reacción. Por consiguiente, manipulo las causas que rodean las reacciones desfavorables en lugar de los errores de la autodisciplina.

No debería invertir en ofertas públicas de valores si no puedo influir en los resultados. Una vez fui consciente de que casi nadie puede prever los riesgos y la respuesta ante las pérdidas, cambié todas mis inversiones a productos de interés fijo en julio de 2008 por ese motivo, reservando un 10% de ingresos antes de impuestos para inversiones de riesgo en las que podía contribuir significativamente al diseño, las relaciones públicas y las empresas corporativas. (Lectura recomendada: «Rethinking Investing» partes 1 y 2 en www.fourhourblog.com.)

Una buena pregunta para siempre que nos sentimos abrumados: ¿estás sufriendo una depresión o estás alcanzando un gran logro?

Prueba la pobreza con regularidad: restringe incluso los gastos moderados durante 1-2 semanas y regala al menos un 20% de la ropa mínimamente usada... así podrás pensar a lo grande y correr «riesgos» sin miedo (Séneca).

Una mentalidad débil (que se traduce en celos y en un comportamiento poco ético) viene dado por el desprecio que se siente hacia las cosas que se obtienen fácilmente.

Tómate una tacita de café de Kenia espolvoreado con canela, sin leche, sin azúcar y sin edulcorantes.

Normalmente es mejor mantener los viejos propósitos que apostar por los nuevos.

Para DISFRUTAR de un maravilloso 2009, me gustaría reproducir un correo electrónico que recibí de un mentor hace más de una década:

> Mientras muchos se frotan las manos, me acuerdo de los años 70, cuando la crisis del petróleo provocó largas colas en las gasolineras, racionamiento de combustible y se limitó la velocidad en las autopistas a 85 kilómetros por hora, hubo una recesión, se invirtió muy poco capital (50 millones al año

en empresas de riesgo) y se produjo lo que el presidente Jimmy Carter (vestido con un jersey mientras se dirigía a la nación por televisión, porque había apagado la calefacción en la Casa Blanca) llamó «malestar». Fue durante esa época cuando dos niños sin formación universitaria, Bill Gates y Steve Jobs, fundaron sendas empresas que funcionarían muy bien. En realidad, las oportunidades a menudo son mejores cuando la sabiduría convencional se va por el desagüe.

En fin... Estamos a punto de terminar otro gran año, y a pesar de lo que podamos leer sobre las perspectivas para 2009, podemos desear un Año Nuevo lleno de oportunidades y estimulantes desafíos.

Feliz Año Nuevo a todos.

CÓMO VIAJAR POR TODO EL MUNDO CON 10 LIBRAS O MENOS

Cargar con un juego de cinco maletas Samsonite por todo el planeta es una pesadilla. Vi cómo lo hizo un amigo por docenas de escaleras de metros y hoteles en Europa durante tres semanas y —mientras me reía un montón, sobre todo cuando las arrastraba o las lanzaba por las escaleras— me gustaría ahorrarles el ataque de nervios. Disfrutar de un viaje es inversamente proporcional a la cantidad de porquerías (léase distracciones) que llevas contigo.

La práctica, en más de 30 países, me ha enseñado que el arte de viajar ligero de equipaje puede ser todo un arte.

El pasado miércoles regresé de Costa Rica, y luego me quedé una semana en Maui. **¿Qué me llevé y por qué?** (Pueden ver el vídeo en www.fourhourblog.com).[86]

86. Este vídeo explica cómo y por qué me llevo las cosas detalladas en la lista adjunta. Incluye vínculos de todas las cosas.

Llevo a la práctica lo que he dado en llamar Método de viaje CA: Cómpralo Allí.

Si te llevas cosas pensando en posibles contingencias —será mejor que me lleve los libros de escalada por si hacemos escalada; será mejor que me lleve un paraguas por si llueve; será mejor que me lleve pantalones y zapatos de vestir por si vamos a un restaurante de lujo, etc.—, acabarás viajando cargado como una mula. En vez de hacer eso, he aprendido a asignar entre 50-200 dólares por viaje para «gastos imprevistos», que empleo para comprar cosas cuando son totalmente necesarias. Eso incluye objetos que es un rollo llevarse, como paraguas y botes de filtro solar, a los que por cierto les encanta explotar. Por otro lado, nunca compres algo si puedes pedirlo prestado. Si viajas a Costa Rica para ir a observar pájaros, no tienes por qué llevarte unos prismáticos..., ya habrá alguien que los tenga.

He aquí la lista de Maui:

- 1 chaqueta muy ligera Marmot Ion (¡apenas 100 gramos!).
- 1 camiseta transpirable de manga larga Coolibar para prevenir las quemaduras del sol. Eso me salvó la vida en Panamá.
- 1 par de pantalones de polyester. El polyester es ligero, no se arruga y se seca fácilmente. A los bailarines de discoteca y a los mochileros les fascinan.
- 1 candado para laptops Kensingnton, que puede utilizarse también para asegurar maletas o cualquier objeto.
- 1 calcetín Under Armour, que uso para guardar las gafas de sol.
- 2 camisetas sin mangas de nylon.
- 1 toalla grande de microfibra MSR, se seca rápidamente y absorbe más de siete veces su peso en agua.
- 1 bolsa Ziploc para meter el cepillo de dientes, un dentífrico de viaje y una cuchilla de afeitar desechable.

- 1 tarjeta de viaje biométrica Fly Clear (www.flyclear.com),[87] que me ahorra aproximadamente un 95% de tiempo de espera en los aeropuertos.
- 2 pares de calzoncillos ligeros ExOfficio. Su eslogan publicitario es: «17 países. 6 semanas. Y un par de calzoncillos». Creo que yo optaré por dos pares, teniendo en cuenta que pesan tanto como un paquete de Kleenex. Otra excelente ventaja del peso: son mucho más cómodos que los calzoncillos de algodón de toda la vida.
- 2 pares de bermudas/bañadores.
- 2 libros: *Lonely Planet Hawai* y *The Entrepreneurial Imperative* (este último ha sido muy recomendado. Échale un vistazo).
- Un antifaz para dormir y tapones para los oídos.
- 1 par de sandalias Reef. Mejor llevarse un par con correas de quita y pon que arrastrar los talones.
- 1 cámara digital Canon PowerShot SD300 con una tarjeta de memoria extra SD de 2GB. ¡Me gusta tanto esta cámara que no tengo palabras para describirla! Es el objeto electrónico mejor diseñado que he tenido jamás. Ahora la usa no solo para tomar fotos y vídeos, sino también como sustituto de mi escáner. Estoy considerando la posibilidad de probar la nueva SD1000, que es más barata.
- 1 sombrero para evitar que se queme la piel tan blanca que tengo.
- 1 bolsa Kiva extensible.
- 1 barra protectora para los labios Chapstick, 1 linterna Mag-Lite Solitaire y 1 rollo de venda deportiva. Esta última es imprescindible. Es tan útil como la cinta adhesiva para reparar objetos, pero también lo bastante suave como para cubrir heridas, a las que yo suelo ser muy aficionado.
- 1 candado flexible Lewis and Clark (para equipaje, armarios, cremalleras o cualquier cosa que quiera cerrarse). Los

87. Esta empresa solicitó el capítulo 11 en junio de 2009.

de tamaño mini estándar suelen ser demasiado pesados para pasar por los agujeros de las taquillas de un vestuario, etc.

- 1 temporizador de cocina Radio Shack, que he usado como despertador durante más de cuatro años. El problema de usar el despertador de un teléfono celular es muy simple: a menudo, el teléfono tiene que estar conectado, y aun cuando se use el tono vibración, la gente puede llamar y despertarte antes de la hora a la que deseas hacerlo. La segunda ventaja de usar un temporizador de cocina es que sabes exactamente el tiempo que vas a dormir y puedes echar siestecillas de diferente duración..., pero ese es otro tema.

11 DE JULIO DE 2007

UN ESTILO DE VIDA TOMANDO LAS MÍNIMAS DECISIONES: 6 FÓRMULAS PARA RENDIR MÁS Y ESTRESARSE MENOS

Estaba agobiado por... los cómics sobre perros.

Eran las 9:47 de la noche. Fue hace poco, un sábado. Estaba en Barnes and Noble y tenía 13 minutos para encontrar un sustituto apropiado de *The New Yorker Dog Cartoons*, 22 dólares de papel muy caro. ¿Un éxito de ventas? ¿Alguna recomendación del personal? ¿Una novedad o un clásico? Llevaba media hora así.

Tras empezarme a sentir agobiado por un ridículo encargo que había esperado que me llevaría cinco minutos, fui a parar a la sección de psicología. Di con un libro que me pareció demasiado adecuado: *The Paradox of Choice: Why More Is Less* (La paradoja de decidir: Por qué más es menos). No era la primera vez que había visto o leído el clásico de Barry Schwartz de 2004, pero me pareció un buen momento para revisar sus principios, entre los cuales se encuentran los siguientes:

- Cuantas más opciones consideres, más fuerte será el arrepentimiento del comprador.
- Cuantas más opciones tengas en cuenta, menos satisfactorio será el resultado final.

Esto plantea una cuestión muy complicada: ¿es mejor quedarse con la mejor opción pero estar menos satisfecho, o quedarse con una que sea aceptable y estar satisfecho?

Por ejemplo: ¿preferirías dudar durante meses y quedarte con una casa de un total de veinte que es la mejor inversión pero pensar que no has elegido bien hasta que la vendas cinco años después, o bien comprar una casa que supone el 80% de la inversión potencial de la primera (aunque también pueda venderse con beneficios) pero no dudar nunca de tu elección?

Difícil cuestión.

Schwartz también recomienda hacer compras que no admitan devolución. Decidí quedarme con el estúpido cómic sobre los perros. ¿Por qué? Porque no se trata tan solo de quedar satisfecho, sino de ser práctico.

Los ingresos son renovables, pero algunos otros recursos —como la atención— no lo son. Me he referido con anterioridad a la atención como una moneda de cambio y cómo determina el valor del tiempo.

Por ejemplo: ¿disfrutas realmente de la libertad del fin de semana si encuentras un problema el sábado por la mañana en la bandeja de entrada y no puedes abordarlo hasta el lunes a primera hora?

Aunque revisar la bandeja de entrada lleve tan solo 30 segundos, la preocupación y la proyección durante las siguientes 48 horas borran esa experiencia de tu vida. Tienes tiempo, pero no tienes atención, de modo que el tiempo no tiene valor práctico.

Un estilo de vida con las mínimas decisiones se convierte en una herramienta muy eficaz cuando tienes en cuenta dos verdades:

1. Considerar opciones exige una atención que luego no puede ser empleada en acción o en disponibilidad.

2. La atención es necesaria no solo para la productividad, sino también para la evaluación.

Por consiguiente:

Demasiadas decisiones = menos o cero productividad
Demasiadas decisiones = menos o cero evaluación
Demasiadas decisiones = sensación de agobio

¿Qué hacer? He aquí seis normas básicas o fórmulas que pueden aplicarse:

1. Establece unas normas a fin de poder tomar decisiones de forma automática en la medida de lo posible [revisa las normas que sigo para externalizar mi correo a Canadá, incluidas al final de este apartado, como un ejemplo de esto].

2. No provoques deliberaciones antes de poder actuar. Un ejemplo sencillo: no revises la bandeja de entrada el viernes por la noche o durante el fin de semana si puedes encontrarte con un problema de trabajo que no podrá ser abordado hasta el lunes.

3. No pospongas decisiones solo para evitar conversaciones incómodas. Si un conocido te pregunta si quieres ir a cenar a su casa la semana que viene y tú sabes que no te apetece, no digas: «No lo sé. Te digo algo la semana que viene». En vez de eso, di algo delicado pero concluyente: «¿La semana que viene? Estoy casi seguro de que tengo otro compromiso el jueves, pero gracias por la invitación. Para que no estés pendiente de ello, digamos que no podré, pero te lo hago saber si hay algún cambio, ¿vale?». Decisión tomada. Y a otra cosa.

4. Aprende a tomar decisiones no concluyentes o reversibles lo antes posible. Establece tiempos límite (no consideraré opciones durante más de 20 minutos), límites de opciones (no consideraré más de tres opciones) o límites económicos (si tal cosa cuesta menos de 100 dólares [o el daño potencial es menor de 100 dólares], dejaré que un ayudante haga una llamada valorativa). Escribí gran parte de estos artículos después de aterrizar en el monstruoso aeropuerto de Atlanta. Podría haber considerado media docena de transportes públicos y haberme ahorrado entre un 30-40%, pero tomé un taxi. Para emplear cifras ilustrativas: no quería sacrificar 10 unidades de atención de mis restantes 50 de un total de 100 unidades potenciales, teniendo en cuenta que luego esas 10 unidades no podrían emplearse en este artículo. Me quedaban unas ocho horas antes de acostarme debido a las diferentes zonas horarias —mucho tiempo—, pero escasa atención utilizable después de una noche de diversión y el vuelo para cruzar todo el país. **Las decisiones rápidas dejan atención utilizable para lo que realmente importa.**

5. No te esfuerces por cambiar —eso aumenta la consideración de opciones— cuando no es necesario. La rutina permite innovar donde es más conveniente. Al trabajar con atletas, por ejemplo, queda claro que aquellos que mantienen el porcentaje más bajo de grasa comen lo mismo una y otra vez, con pocas variaciones. Yo he comido el mismo desayuno y el mismo almuerzo bajo en carbohidratos durante casi dos años,[88] introduciendo variantes solo en las comidas que hago para disfrutar: la cena y todas las comidas de los sábados. Esta misma distinción entre rutina y variación se encuentra en ejercicio vs. esparcimiento. Para perder grasa y ganar

---

88. Para ver en qué consiste exactamente el desayuno solo debes buscar «slow-carb» en www.fourhourblog.com o bien «slow-carb» y «Ferris» en Google.

músculo (hasta 15 kilos en cuatro semanas) he seguido la misma tabla de ejercicio mínimo, con ocasionales experimentos, desde 1996. Sin embargo, como esparcimiento, donde el objetivo es la diversión y no la eficacia, trato de probar algo nuevo todos los fines de semana, ya sea escalar en los Mission Cliffs de San Francisco o hacer mountain bike entre bodega y bodega en Napa. No confundir lo que deberían ser resultados conseguidos con la rutina (p.e. el ejercicio) con la diversión que se beneficia de las variaciones (p.e. el esparcimiento).

6. Arrepentirse es tomar decisiones en pasado. Elimina las quejas para minimizar el arrepentimiento. Condiciónate para detectar las quejas y deja de presentarlas con un sencillo programa del tipo «el experimento de 21 días sin quejarse», que hizo famoso Will Bowen, en el que llevas un simple brazalete y lo cambias de una mano a otra cada vez que te quejas. El objetivo es estar 21 días sin quejarse y vuelves a empezar desde cero cada vez que vuelves a caer en la trampa. Este incremento de la conciencia ayuda a prevenir las deliberaciones en pasado y las emociones negativas que no sirven de nada aunque sí reducen tu atención.

La toma de decisiones no debe evitarse..., ese no es el problema. Fíjate en un buen jefe o un gerente de una gran empresa y verás un gran volumen de decisiones.

Es la deliberación —el tiempo durante el cual vacilamos y consideramos cada decisión— la que consume la atención. El tiempo total de la deliberación, y no el número de decisiones, es lo que determina el balance (o el déficit) de la cuenta bancaria de tu atención.

Supongamos que pierdes un 10% de tiempo siguiendo las anteriores normas pero recortas la media del tiempo que dedicas a tomar una decisión en un 40% (por ejemplo, 10 minutos reducidos a 6). No solo dispondrás de mucho más tiempo y atención para dedicarlos a actividades que generarán ingresos, sino que disfrutarás más de lo que tienes y experimentas. Considera ese 10% de coste adicional como una inversión y como parte de tu «impuesto por un estilo de vida ideal», pero no como una pérdida.

Sigue un estilo de vida tomando las mínimas decisiones. Es una herramienta filosófica sutil y poco explotada que produce espectaculares aumentos tanto del rendimiento como de la satisfacción, y todo ello con mucho menos agobio.

Pon a prueba alguno de estos principios tomando la primera de muchas decisiones rápidas y reversibles.

6 DE FEBRERO DE 2008
LA LISTA DE COSAS QUE NO HAY QUE HACER: 9 COSTUMBRES QUE DEBEN ABANDONARSE YA

Las listas de «las cosas que no hay que hacer» son a menudo más efectivas que las de las que deben hacerse para mejorar.

La razón es muy sencilla: lo que no haces determina lo que haces.

A continuación se enumeran nueve costumbres muy habituales y estresantes que los empresarios y los empleados deberían esforzarse por eliminar. Cada punto va acompañado de una descripción más detallada. Concéntrate en una o dos a la vez, tal y como harías con asuntos de máxima prioridad.

1. No contestes llamadas de números de teléfono sin identificar. Sorprende a los demás, pero no permitas que te sorprendan a ti. Las consecuencias son interrupciones no deseadas o una situación no muy propicia para negociar. Deja que graben un mensaje en el buzón de voz y plantéate utilizar un servicio como GrandCentral (puedes escuchar a la gente mientras está grabando su mensaje o recibirlo como sms) o

Phonetag.com (recibes mensajes de voz como si fueran correos electrónicos).

2. No mires el correo electrónico a primera hora de la mañana o a última hora de la noche. La primera opción afecta a tus prioridades y planes para el día, y la segunda te provocará insomnio. El correo electrónico puede esperar hasta las 10 de la mañana, después de que hayas resuelto al menos un asunto importante.

3. No aceptes reuniones ni llamadas si no están claros el orden del día o su duración. Si el objetivo está claramente definido y hay una fecha y una lista de temas a tratar, ninguna reunión o llamada debería durar más de 30 minutos. Conciértalas con antelación a fin de «poder prepararla a conciencia y emplear bien el tiempo».

4. No permitas que la gente divague. Olvídate del «¿Qué tal va todo?» cuando alguien te llame. Limítate a preguntar «¿Qué pasa?» o a decir «Estoy ocupado, ¿qué ocurre?». Muchas veces, para zanjar un asunto hay que ir al grano.

5. No revises constantemente el correo electrónico. «Contente» y revísalo solo a horas establecidas. No me cansaré de insistir en este punto. Deshazte de ese dispensador de papelinas de cocaína que es el correo electrónico y concéntrate en los asuntos importantes que debes resolver en vez de responder a supuestas emergencias. Instala un contestador automático de mensajes y revisa el correo dos o tres veces al día.

6. Limita al mínimo la comunicación con los clientes que dan pocos beneficios y que sean muy exigentes. No hay ningún camino que garantice el éxito, pero el más seguro para fracasar es tratar de complacer a todo el mundo. Haz un análisis del 80/20 de tus clientes con base en dos aspectos:

qué 20% genera el 80% o más de mis beneficios y qué 20% consume el 80% o más de mi tiempo. Luego pon el más y el menos productivo en piloto automático con la excusa de un cambio en la política de la empresa y mándales un correo electrónico con las nuevas normas con puntos muy concretos: número de llamadas telefónicas permitidas, horas en que respondes a los correos electrónicos, pedidos mínimos, etc. Proponles un nuevo proveedor si no están dispuestos a aceptar la nueva política.

7. No trabajes de más para afrontar una situación agobiante. Establece prioridades. Si no estableces prioridades, todo parece ser muy urgente e importante. Si defines el asunto más importante del día, casi nada parece urgente ni importante. A menudo es tan sólo cuestión de dejar que ocurran las cosas malas (devolver una llamada telefónica con retraso y pedir disculpas, pagar algo con recargo, perder un cliente poco razonable, etc.) para asumir los asuntos importantes. La respuesta a una situación agobiante no consiste en hacer equilibrios girando más platos —o fabricar más—, sino en definir las pocas cosas que puedan cambiar realmente tu trabajo y tu vida.

8. No lleves el celular encima todos los días durante las 24 horas. Libérate al menos durante un día a la semana de las ataduras digitales. Apágalos o, mejor aún, déjalos en el garaje o en el auto. Yo suelo hacerlo al menos todos los sábados y te recomiendo que dejes el celular en casa si sales a cenar fuera. ¿Y qué si devuelves una llamada de teléfono una hora más tarde o a la mañana siguiente? Tal y como le comentó un lector a un colega molesto que trabajaba las 24 horas, los siete días de la semana y esperaba que todo el mundo hiciera lo mismo: «*No soy el presidente de los Estados Unidos. Nadie debería necesitarme a las 8 de la noche. Vale, no me localizaste, pero, ¿acaso ocurrió algo grave?*». ¿Qué le respondió? Nada.

9. No esperes llenar con el trabajo un vacío que las relaciones y las actividades fuera de él no consiguen llenar. El trabajo no lo es todo en la vida. Tus colegas no deberían ser los únicos amigos que tengas. Programa tu vida y defiende ese programa tal y como lo harías en una importante reunión de negocios. Nunca te digas a ti mismo «Lo acabaré este fin de semana». Revisa la ley de Parkinson (páginas 108-112) y oblígate a aprovechar tu jornada laboral a fin de que tu productividad por hora no se pierda por el desagüe. Concéntrate, zanja los asuntos importantes y vete. Estar todo el fin de semana mandando correos electrónicos no es forma de pasar el poco tiempo del que dispones en este planeta.

Lo que ahora se lleva es concentrarse y cumplir con las obligaciones, pero solo es posible una vez dejamos de lado las constantes distracciones. Si tienes problemas para decidir lo que debes hacer, simplemente concéntrate en lo que no debes hacer. Es un medio distinto para conseguir un mismo fin.

16 DE AGOSTO DE 2007

EL MANIFIESTO DEL MARGEN: 11 PRINCIPIOS PARA LOGRAR (O DOBLAR) LA RENTABILIDAD EN 3 MESES

A menudo, la rentabilidad exige mejorar las normas y la rapidez, pero no más tiempo.

El objetivo financiero de un negocio debería ser muy sencillo: conseguir beneficios en el menor tiempo y con el menor esfuerzo posibles. No más clientes, más ingresos, más oficinas o más empleados. Más rentabilidad.

Según mis entrevistas con los mejores gerentes (basándose en los parámetros rentabilidad por empleado) en más de una docena de países, he aquí los 11 principios básicos del «Manifiesto del Margen»... un llamamiento para recuperar puntos básicos que permiten hacer cosas infrecuentes para lograr lo infrecuente: una rentabilidad consistente o duplicarla en tres meses o menos.

Suelo revisar los siguientes principios siempre que me enfrento a una situación agobiante o cuando bajan / se estancan los beneficios.

1. La especialización es el futuro. La norma para divertirse de la enana generosa. Hace unos años, un agente financiero fue condenado a prisión por comerciar con violaciones. En parte fue descubierto por las fastuosas fiestas que celebraba en un yate, a las que a menudo acudían enanas. En el *Wall Street Journal* se publicó una declaración del propietario de la empresa que proporcionaba las enanas: «Hay gente a quien le gusta divertirse con enanas». La especialización es el futuro. Pero he aquí el secreto: es posible especializarse y vender masivamente. En los anuncios de iPod no suenan las viejas canciones de los años 50, sino los éxitos del momento, dirigidos a la gente de veintitantos y treinta y tantos años, pero todo el mundo incluida su abuela quiere sentirse joven y moderno, de modo que hablan de nanos y se llaman a sí mismos conversos al Apple. La gente a la que te diriges con tu publicidad no es la única población que compra necesariamente tu producto, sino el grupo con el que más gente quiere identificarse o al que desearía pertenecer. El objetivo no es el mercado. Nadie aspira a pertenecer a una media anodina, de modo que no diluyas el mensaje para llegar a todo el mundo, porque al final no llegarás a nadie.

2. Revisa a Drucker. Lo que se puede medir, se puede gestionar. Mide de forma compulsiva, porque, como señaló Peter Drucker, todo lo que se puede medir, se puede gestionar. Entre las herramientas para medir, además de las habituales estadísticas, se encuentran el CPP (costo por pedido, que incluye la publicidad, la gestión y los retornos, los pagos anulados y las deudas incobrables), la publicidad que puedes permitirte (la cantidad máxima que puedes invertir en un anuncio y acabar sin ganar ni perder), la ratio de eficacia media y el valor del tiempo de vida del cliente teniendo en cuenta la tasa de retorno y la solicitud de un nuevo pedido. Plantéate la posibilidad de recurrir a un anuncio con respuesta directa.

3. Fijar los precios antes de producir. Primero planifica la distribución. ¿Son negociables tus precios? Muchas empresas venderán directamente al consumidor por necesidad al principio, pero luego se darán cuenta de que sus márgenes no pueden adaptarse a los proveedores y distribuidores cuando llaman a la puerta. Si tienes un margen de beneficio del 40% y un distribuidor necesita un 70% de descuento para vender al por mayor, estarás condenado para siempre a vender directamente al consumidor..., a menos que incrementes los precios y los márgenes. Si es posible, es mejor recurrir a esto en primera instancia o tendrás que lanzar nuevos productos o productos «premium», de modo que planifica la distribución antes de fijar el precio. Valora los supuestos y descubre los costos ocultos hablando con quienes ya lo hayan hecho. ¿Tendrás que pagar por la publicidad corporativa, ofrecer descuentos para pedidos muy grandes o pagar por figurar en un estante o un lugar destacado? Conozco a un ex gerente de una gran marca que tuvo que vender su empresa a uno de los más importantes fabricantes de refrescos del mundo antes de poder acceder a la estantería principal de las tiendas de los minoristas. Valora los supuestos y haz los deberes antes de fijar los precios.

4. Menos es más. Limitar la distribución para aumentar el rendimiento. ¿Una mejor distribución significa que todo funcionará mejor? No. Una distribución descontrolada provoca toda clase de quebraderos de cabeza y pérdida de beneficios, las más de las veces relacionada con las tiendas que ofrecen descuento. El proveedor A baja los precios para competir con el proveedor online B, y el descenso de los precios sigue hasta que ninguno de los dos le saca suficiente beneficio al producto y dejan de efectuar pedidos. Eso te obliga a lanzar un nuevo producto, ya que la erosión de los precios es casi siempre irreversible. Evita esta situación y plantéate asociarte con uno o dos distribuidores clave, empleando esa exclusividad para negociar mejores términos: menos descuentos, prepago, ubicación preferente, apoyo publicitario, etc. Desde los iPods a los Rolex, pasando por Estée Lauder, las marcas con un alto rendimiento sostenible han empezado normalmente con una distribución controlada. Recuerda que el objetivo no es conseguir más clientes, sino más beneficios.

5. **Coste nulo. Crear demanda vs. términos de la oferta.** Concéntrate en crear demanda en los clientes a fin de que seas tú quien pueda establecer los términos. A menudo, un anuncio en un catálogo es suficiente para conseguir este propósito. Salvo en los casos de la ciencia y la ley, la mayoría de las «normas» son fruto de la práctica. El mero hecho de que en tu sector empresarial todo el mundo ofrezca plazos no significa que tú tengas que hacerlo también, y ofrecerlos es el ingrediente más importante para fracasar cuando estás empezando. Recurre como pretexto a la situación económica que rodea los comienzos y a la siempre útil «política de la empresa» para justificar el prepago y disculparte, pero no hagas excepciones. Los 30 días se convierten en 60 y luego en 120. El tiempo es el activo más costoso cuando se está empezando, y perseguir a los morosos te impedirá conseguir más ventas. Si los clientes demandan tu producto, los proveedores y los distribuidores tendrán que comprarlo, es así de sencillo. Los fondos y el tiempo deben formar parte de tu estrategia de marketing y de tus relaciones públicas a fin de que puedas inclinar la balanza a tu favor.

6. La repetición suele ser redundante. Un buen anuncio funciona solo la primera vez. Utiliza un anuncio de respuesta directa (incitar a la compra con un número de teléfono o una página web) con resultados que puedan rastrearse en vez de anuncios de imagen, a menos que alguien compre de antemano para así compensar el coste (p.e., «Si adquiere 288 unidades, incluiremos su tienda/URL/teléfono de forma exclusiva en una página entera en...»). No hagas caso a los agentes publicitarios que te digan que necesitas 3, 7 o 27 apariciones antes de que alguien se fije en un anuncio. Un anuncio bien diseñado y orientado funciona la primera vez. Si algo funciona especialmente bien (p.e., un alto índice de demandas aunque solo unas pocas se convierten en ventas, o viceversa, un bajo índice de demandas aunque muchas de ellas se convierten en ventas, etc.), dando a entender que podría conseguirse una importante rentabilidad sobre la inversión haciendo algunos pequeños cambios, ajusta alguna variable controlada y prueba una vez más. Cancela cualquier cosa que no pueda justificar una rentabilidad sobre la inversión rastreable.

7. Evita los inconvenientes para asegurar las ventajas. Sacrifica los márgenes en aras de la seguridad. No fabriques un producto en grandes cantidades para aumentar los márgenes a menos que tu producto y tu estrategia de marketing hayan sido probados y estén listos para funcionar sin cambios. Si un número limitado de prototipos cuesta 10 dólares la unidad y se vende por 11, está bien para el período de prueba, y es esencial para evitar los inconvenientes. Sacrifica temporalmente los márgenes durante la fase de prueba y evita los posibles y fatales problemas de liquidez.

8. Negocia *a posteriori*. Haz que sean los demás quienes negocien entre ellos. Cuando compres, nunca seas el primero en hacer una oferta. Muéstrate horrorizado tras la primera oferta («¡Tres mil dólares!», seguido de un silencio total, que el vendedor, incómodo, llenará bajando el precio) y deja que los demás negocien entre sí (decir «¿Es realmente esta tu mejor oferta?» provoca al menos una rebaja adicional del precio). Si su oferta final es de 2.000 dólares y tú quieres pagar 1.500, ofrece 1.250. Ellos contraatacarán con 1.750, a lo que tú respondes: «Se me ocurre una idea... Vamos a repartir la diferencia. Yo te mando un cheque por FedEx esta noche, y lo dejamos ahí». ¿Resultado final? Exactamente el que querías: 1.500 dólares.

9. **Hiperactividad vs. productividad. 80/20 y la ley de Pareto.** Estar ocupado no es lo mismo que ser productivo. Olvídate del exceso de la ética de trabajar a destajo de los comienzos que la gente luce como una banda de honor y sé analítico. El principio del 80/20, conocido también como ley de Pareto, dice que el 80% de los resultados que deseas son producto del 20% de tus actividades o aportaciones. Una vez por semana, deja de apagar incendios durante una tarde y haz números para asegurarte de que estás dedicando tu esfuerzo a lo que más lo merece: ¿qué 20% de clientes/productos/zonas produce el 80% de los beneficios? ¿Cuáles son los factores que explicarían esto? Invierte en duplicar el rendimiento de esas zonas fuertes en vez de tratar de mejorar las que no lo son.

10. **El cliente no siempre tiene razón. «Despide» a los clientes demasiado exigentes.** No todos los clientes son iguales. Aplica el principio del 80/20 al consumo del tiempo: ¿qué 20% de gente consume el 80% de tu tiempo? Pon a los clientes muy exigentes y que generan pocos beneficios en piloto automático —toma sus pedidos pero no los envíes u olvídalos— y «despídeles» mandándoles un memorándum detallándoles la nueva política de la empresa que exigen algunos cambios realizados: cuándo y cómo estar en contacto, precios y órdenes de pedido estandarizados, etc. Infórmales de

que, para esos clientes cuyas necesidades son incompatibles con la nueva política de la empresa, estás dispuesto a proporcionarles otros proveedores. «Pero, ¿y si mi cliente más importante consume todo mi tiempo?» Admite que: 1) sin tiempo, no puedes mejorar tu empresa (y, a menudo, tampoco tu vida) sin ese cliente, y 2) la gente, incluso la buena, abusará inconscientemente de tu tiempo hasta el punto de que acabes dejándoles. Establece normas que funcionen para todo el mundo para minimizar contactos absurdos e interminables.

11. Prioriza los plazos de entrega, no los detalles. Comprueba la fiabilidad antes de la capacidad. Las aptitudes están sobrevaloradas. Un producto perfecto entregado fuera de plazo es capaz de acabar con una empresa más que un producto correcto entregado a tiempo. Comprueba la capacidad de alguien para entregar algo dentro de una fecha límite inamovible antes que contratarle tras echar un vistazo a un espectacular currículum. Un producto puede servirse si tienes fondos, pero, a menudo, no cumplir con un plazo de entrega tiene resultados fatales. Calvin Coolidge dijo en una ocasión que nada es tan común como los hombres con talento que fracasan; yo añadiría que la segunda cosa más común es la gente inteligente que piensa que su coeficiente de inteligencia o su currículum justifica hacer una entrega fuera de plazo.

24 DE JUNIO DE 2008

EL SANTO GRIAL: CÓMO EXTERNALIZAR LA BANDEJA DE ENTRADA Y NO VOLVER A REVISAR JAMÁS EL CORREO ELECTRÓNICO

¿Qué te parecería no tener que volver a revisar jamás el correo electrónico?

¿Qué tal si pudieras contratar a alguien para que dedicara incontables horas a controlar la bandeja de entrada en tu lugar?

Esto no es una quimera. Durante los últimos doce meses he experimentado lo que supone no estar pendiente de la bandeja de entrada enseñando a otras personas a comportarse como yo. No a imitarme, pero sí a pensar como yo.

He aquí el resultado: recibo más de 1.000 correos electrónicos al día en varias cuentas.[89] En vez de pasarme entre 6-8 horas al día revisando los mensajes, que es lo que solía hacer, puedo pasarme días e incluso semanas sin leer el correo electrónico... y eso solo me lleva 4-10 minutos por noche.

Déjenme explicarles lo básico, seguido de algunos consejos y plantillas para externalizar su bandeja de entrada.

1. Tengo varias direcciones de correo electrónico en función de los tipos de mensaje (lectores del blog, familiares y amigos, etc.). tim@... es la que doy a los nuevos contactos, que van a mi ayudante.

2. El 99% de los correos electrónicos se dividen en categorías predeterminadas de preguntas con una serie de cuestiones o respuestas (mi documento de «normas» está al final de este apartado... Pueden robarlo, adaptarlo y utilizarlo). Mi(s)

---

89. Afortunadamente, el número de correos ha disminuido a 2.000-3.000 a la semana gracias a este libro.

ayudante(s) revisan y vacían la bandeja de entrada a las 11 de la mañana y a las 3 de la tarde.

3. Para el 1% de correo electrónico que tal vez requiera mi atención inmediata hablo por teléfono una vez al día con mi ayudante a las 4 de la tarde entre 4-10 minutos.

4. Si estoy ocupado o trabajando en el extranjero, mi ayudante deja los mensajes que requieren mi inmediata atención por orden numérico en mi buzón de voz, a los que puedo responder con un breve correo electrónico. Actualmente prefiero la opción del buzón de voz; creo que obliga a mi ayudante a estar más preparado y a ser más conciso.

Todas las noches (o a primera hora de la mañana) escucharé el buzón de voz de mi ayudante con el Skype y, simultáneamente, escribiré lo que debo hacer (1. Bob: Decirle que...; 2. José en Perú: Pedirle que...; 3. Hablar con Carolina del Norte: Confirmar..., etc.) en el chat del Skype o en un correo electrónico rápido. ¿Cuánto tiempo exige el nuevo sistema? Entre 4-10 minutos en vez de 6-8 horas filtrando mensajes y repitiendo respuestas.

Si solo tienes una cuenta de correo, te recomiendo utilizar un programa del estilo de Outlook o Mail en vez de un programa basado en una página web, como Gmail, por una razón muy sencilla: si ves que hay mensajes nuevos en tu bandeja de entrada, los leerás. Como dicen en Alcohólicos Anónimos: si no quieres caer en la tentación, no vayas a un lugar donde puedas caer en ella. Esta es la razón de que tenga una cuenta personal privada que uso para enviar correos electrónicos a mi ayudante y para comunicarme con los amigos. Casi siempre está vacía.

Los correos electrónicos es la última cosa que la gente olvida. Los directores de las 500 compañías más importantes del mundo, los autores de éxitos de ventas, los famosos...

Conozco a docenas de artistas de primera fila que lo delegan todo salvo el correo electrónico; se agarran a él como si fuera algo de lo que solo ellos pudieran ocuparse. «Nadie puede revisar el correo electrónico por mí» es un supuesto que nadie cuestiona; o bien: «Contesto a todos los correos electrónicos que me mandan» es una fanfarronada, tampoco cuestionada por nadie, que les mantiene frente a la computadora entre 8-12 horas de un tirón. No resulta nada divertido y les impide hacer cosas más importantes y gratificantes.

Supéralo. Yo tuve que hacerlo. Revisar el correo electrónico no es una habilidad extraordinaria que solo posees tú.

En realidad, revisar el correo electrónico es lo mismo que cualquier otra cosa: un proceso. La forma en que evalúas y manejas —borrar vs. guardar, reenviar vs. responder— el correo electrónico es tan solo una serie de preguntas que te haces a ti mismo, ya sea consciente o inconscientemente. Tengo un documento titulado «Normas de procesamiento de Tim Ferriss» al que mis ayudantes añaden reglas cuando les mando una nota a través del correo electrónico en cuyo asunto he escrito «AÑADIR NORMAS». Tras una o dos semanas con un ayudante virtual (AV), acabarás con una serie de reglas externalizadas que serán un reflejo de cómo tu cerebro procesa el correo electrónico. A menudo te enseña lo caprichosa que puede llegar a ser tu forma de procesar. He incluido aquí mis «normas» para ahorraros un poco de tiempo.

He aquí unos cuantos consejos:

1. Concertar citas y reuniones lleva mucho tiempo. Haz que sea tu ayudante quien lo haga por ti en Google Calendar. Yo introduzco mis anotaciones con mi Palm Z22 o el iCal y luego utilizo Spanning Sync y Missing Sync para Palm OS para sincronizarlo todo. Con mi Sony VAIO, que aún me llevo cuando viajo, utilizo CompanionLink para el Google Calendar. Te sugiero agrupar las reuniones o las llamadas en uno o dos días, con 15 minutos entre cada una de ellas.

Repartirlas a lo largo de toda la semana a deshoras no hace más que interrumpir el resto del trabajo. (Actualizaciones para 2009: he desechado el Palm Z22 y ahora utilizo un MacBook de 25 cms. y BusySync para sincronizar el iCal con el Google Calendar.)

2. Si accedes a la bandeja de entrada de tu ayudante y contestas a todos los mensajes, infórmale para que sepa que tú te encargas de ello.

3. Debes estar preparado para pequeños contratiempos. La vida está llena de compromisos y hay que dejar que ocurran cosas malas si quieres hacer grandes cosas. No hay modo de evitarlo. Prevé todos los problemas y no consigas nada, o bien acepta un porcentaje permisible de pequeños problemas y concéntrate en las cosas importantes.

¿Listo para empezar y probar el santo grial? Estos son los pasos.

1. Determina exactamente qué cuentas vas a usar y cómo quieres que respondan (o solo categoricen o purguen) el correo electrónico por ti.

2. Busca un ayudante virtual.

3. Pon a prueba su fiabilidad antes de decidir si está cualificado. Diles a los tres candidatos finalistas que hagan algo en un plazo de tiempo limitado (24 horas) antes de contratarles y dejar que se ocupen de tu bandeja de entrada.

4. Establece un período de prueba de 2-4 semanas para ver cómo se desenvuelven y resolver los problemas. Insisto una vez más: habrá problemas. Serán necesarias entre 3-8 semanas para que todo marche sobre ruedas.

5. Diseña tu estilo de vida ideal y encuentra algo más que hacer aparte de dejar que tu cerebro se seque con la bandeja de entrada. Llena los vacíos.

NORMAS DE PROCESAMIENTO DE TIM FERRISS[90]

[Véase que se trata de un formato de preguntas y respuestas. Algunas de las preguntas pertenecen a mi lista estándar para los ayudantes virtuales, mientras que otras han sido añadidas por mi ayudante, que fue quien ordenó este documento.]

Contraseñas

Calendar http://calendar.google.com Login: XXXX Contraseña: XXXX	**www.SpamArrest.com** Nombre de usuario: XXXX Contraseña: XXXX
Cuenta G-mail de Google http://mail.google.com Nombre de usuario: XXXX Contraseña: XXXX	**www.Amazon.com** Nombre de usuario: XXXX Contraseña: XXXX
www.NoCostConference.com Nombre de usuario: XXXX Contraseña: XXXX	**www.PayPal.com** Nombre de usuario: XXXX Contraseña: XXXX

Recursos solo para el lector
http://fourhourworkweek.com/wms/members/members.php>>
LA CONTRASEÑA SOLO PARA LOS LECTORES ES: XXXX

Requisitos del equipo

[A menudo tengo ayudantes de nivel ejecutivo que dirigen a 4-5 «subayudantes virtuales» que se ocupan de algunas tareas repetitivas, los cuales suelen cobrar normalmente la mitad de lo que cobra por hora un ejecutivo. El ayudante virtual eje-

90. Este blog está disponible, por supuesto, para todos aquellos que quieran aplicar sus reglas para su uso personal.

cutivo contrata a un jefe de personal o, en algunos casos, a un director de operaciones.]

- Descárgate: www.alexa.com (barra de tareas).
- Aprende estadística, clasifica las perspectivas comerciales y las distintas formas de asociarse.
- Los plazos de entrega son extremadamente importantes. ¡Tenlos en cuenta y sé puntual!
- Si Tim dice: «Llámame más tarde«, LLÁMALE MÁS TARDE, no le envíes un correo electrónico. Este punto es muy importante, ya que Tim no siempre tiene acceso al correo electrónico porque viaja mucho.
- Aunque sea muy tarde, él está levantado hasta tarde; si no quiere responder al teléfono, no lo hará. Siempre prefiere una llamada telefónica a un correo electrónico.
- Compra y léete *The Elements of Style* en lo concerniente a una buena gramática y puntuación. Tratamos con clientes muy importantes en nombre de Tim y una buena redacción de los mensajes dice mucho acerca de su equipo.
- Familiarízate todo lo que puedas con su libro y su página web para contestar a las preguntas de acuerdo con ellos.

Información de contacto

Tim Ferriss
[dirección de correo electrónico]

Celular de Tim (para tu uso exclusivo): [celular privado]
Número para dar a otros: [número de GrandCentral]
Skype: XXXX
Dirección de facturación (privada):
[dirección de facturación]

Compras
PÍDELE [A LA JEFA DE AYUDANTES VIRTUALES] SU NÚMERO DE AMEX. ELLA TE DIRÁ SI PUEDEN APROBARSE LAS COMPRAS.

Preguntas y respuestas (preferencias)

1. ¿Qué opinas sobre las empresas conjuntas?
Yo estoy abierto a ellas, aunque mi marca de fábrica y mi respetabilidad son de primer orden. No haré nada con nadie que sea poco de fiar o un aficionado. La frase: «¡Gane millones mientras duerme con nuestro increíble programa de ejecución hipotecaria!» en una página web descalifica a cualquiera. No podría asociarme con nadie a quien pudiera considerarse un mentiroso o un estafador. Plantéate lo siguiente: si el gerente de una reconocida empresa viera esto, ¿dejaría de estar interesado en hablar conmigo? Si la respuesta es sí, no funcionará.
Para aquellos que superen este criterio, ¿qué es lo que han hecho hasta ahora? En general, no busco principiantes, a menos que tengan un historial muy bueno o una gran reputación.

2. ¿Te centras únicamente en trabajos que generan beneficios?
No. También busco prestigio (Harvard, el gobierno, etc.), amplia difusión, así como emprender negocios con gente que tiene una gran capacidad en un campo concreto.

3. ¿Cómo manejas el spam?
Con SpamArrest y Gmail. Actualmente no tengo ningún problema con el spam.

4. ¿Cuál es tu mejor tiempo de respuesta (p.e.: contesto a todos los correos electrónicos antes de que pasen 48-72 horas desde su recepción)?
El mismo día. Te insto a contestar pronto.

5. ¿Respondes a todos los correos electrónicos?
Sí, pero quiero que antes los filtres, contestes a todos los que

puedas y marques los que yo debería responder con la etiqueta «TIM» en Gmail. [Anteriormente, en este mismo apartado, he comentado que ahora pido al ayudante virtual que me los deje en el buzón de voz.]

6. ¿Introduces todos los actos en tu agenda?
Sí, aunque espero que seas tú quien lo haga con más frecuencia.

7. ¿Te «ocupas» de tus cosas, o delegas? Me vienen bien ambas opciones, pero prefiero ocuparme de ellas personalmente. :-)
Intentaré pasarte una lista para que te ocupes de ella. NECESITO que me confirmes que has recibido los encargos (basta con «tal cosa se hará a tal hora») y me gusta que se actualice el estado de los proyectos importantes.

8. ¿Quién forma parte de tu equipo?
En este momento, yo, el equipo editorial y algunos relaciones públicas. Más adelante podría incluirte en mis otros negocios, pero por el momento esta es la situación.

9. ¿Con quién debemos colaborar de forma habitual?
Consulta lo dicho anteriormente. En un 90% conmigo, y luego posiblemente con mi(s) publicista(s), el departamento técnico y el equipo de la web, y mi agente literario. En el futuro habrá más gente, pero por ahora esto es todo.

10. ¿Quién toma las decisiones por ti?
Puedes tomar cualquier decisión que suponga un gasto inferior a 100 dólares. Usa tu sentido común e informa de tus decisiones.

11. ¿Tienes «días» libres (sin reuniones de trabajo)?
Intenta no concertar reuniones para los viernes, pero sigue tu

instinto. [Actualización: Ahora solo celebro reuniones los lunes y los viernes.]

12. ¿Quién se ha ocupado hasta ahora de tus reuniones de trabajo?
Yo mismo. No he tenido ninguna reunión en persona desde hace casi cuatro años. Las cosas han cambiado con el libro. :-)

13. Cuéntanos cómo es tu semana laboral «óptima» (p.e., cuánto tiempo debe transcurrir entre dos llamadas telefónicas, cuántas reuniones celebras por semana, tus preferencias a la hora de viajar, etc.).
• Me acuesto tarde, de modo que trata de evitar las llamadas telefónicas antes de las 10 de la mañana en la medida de lo posible.
• «Agrupa» las llamadas telefónicas y las reuniones a fin de que pueda atenderlas al mismo tiempo y evitando tener una a las 10 de la mañana, otra a la 1 y una tercera a las 4 de la tarde. Concéntralas, con un espacio de 15-20 minutos entre cada una de ellas siempre que sea posible (es decir, entre las 10 y la 1). Si alguien insiste en «hablar conmigo por teléfono», dile algo así: «Para que todos podamos aprovechar bien el tiempo, Tim prefiere tener una agenda con objetivos definidos antes de ponerse al teléfono. ¿Podría mandar un mensaje con algunos de los puntos a tratar y programar la llamada?». O algo por el estilo.

14. ¿Te gustaría que programáramos tus cosas en tu agenda profesional (p.e., encargar flores para tu madre el Día de la Madre, etc.)?
Por supuesto.

15. ¿Cuáles son «todas» las direcciones de correo electrónico a las que debemos responder en tu nombre?
Véase el apartado anterior.

16. ¿Quieres que respondamos «como si fuéramos tú» o algo como «ayuda al cliente de Tim Ferriss»?
Prefiero la segunda opción, algo así como: «Ayudante ejecutivo de Tim Ferriss» bajo su nombre... Estoy abierto a sugerencias.

17. ¿Cuántas veces al día quieres que revisemos tu correo electrónico?
Para empezar estaría bien que lo hicieran dos veces. A las 11 de la mañana y a las 3 de la tarde en su zona horaria.

18. ¿Cuál es tu horario de trabajo?
De las 10 de la mañana a las 6 de la tarde, y a menudo de las 11 de la noche a las 2 de la madrugada. [Antes de que me pregunten «¿Qué ha sido de la semana laboral de 4 horas?», entiendan que las «horas de trabajo», en este caso, pueden sustituirse por «horas disponibles al teléfono». Tengo muchos proyectos y no apuesto por la holgazanería. Soy MUY activo. Echen un vistazo al sexto comentario sobre este apartado en www.fourhourblog.com para más información o lean de nuevo el capítulo de este libro titulado «Llenar el vacío».]

19. ¿Te gusta utilizar los mensajes instantáneos?
No mucho, a menos que se trate de una conversación programada. Tú entra y permanece conectado; yo me conectaré si necesito algo. [Actualmente suelo usar el chat del Skype, porque está encriptado y puedo evitar usar otro programa de mensajería instantánea.]

20. ¿Qué prefieres para responder a una pregunta rápida, una llamada telefónica o un correo electrónico?
Sin duda alguna, UNA LLAMADA TELEFÓNICA. NO me manden un correo electrónico si se trata de algo urgente. Siguiendo mis propios consejos, no reviso muy a menudo el correo electrónico.

21. ¿Cuál es tu color favorito?
El verde que tienen las hojas de cedro en julio.

22. Llama a última hora del día (si) hay algo que Tim debería responder por correo electrónico.

23. E-books: Comentarles que pueden descargarse el e-book en www.powells.com.

24. Etiquetar todos los correos electrónicos de «Expert Click» para Tim. No necesitan ser contestados o reenviados.

25. Todos los correos electrónicos de Linked-In pueden ser archivados o borrados, ya que Tim recibe una notificación en cuanto entra en su cuenta de Linked-In.

26. Para las preguntas referentes a los inicios de los negocios de salud y sanidad (preguntas sobre los inicios de Brain-QUICKEN), véanse las plantillas de Gmail tituladas: Felicitaciones y Preguntas generales sobre empresas. Plantillas BrainQUICKEN.

27. Para investigar sobre el idioma, por favor, revise los recursos de idioma en las plantillas de gmail.

28. Cuando Tim escribe «dictar» en la respuesta a un correo electrónico significa que al destinatario podemos decirle: Puesto que en estos momentos Tim está de viaje y no puede responder personalmente a su correo electrónico, le comenté por teléfono su mensaje y me pidió que se lo dictara. Esto facilita el proceso, ya que no tenemos que cambiar el contexto de la persona a la que respondemos.
[Esto evita que mi ayudante tenga que convertir mi respuesta en primera persona «Por favor, dile que...» en tercera persona: «Tim dice que...»... Si en vez de escribir se puede «cortar y pegar» se ahorran horas del ayudante.]

29. Si alguien manda un correo electrónico a muchos destinatarios y yo soy uno de ellos, suelo ignorarlo o borrarlo. Lo leo detenidamente, por supuesto, pero si dice, por ejemplo «unas cuantas personas influyentes que conozco» o algo por el estilo, pero quien ha enviado el mensaje no puede tomarse la molestia de personalizarlo, me olvido de él. Pero si Tim es copiado, evidentemente, es otra historia.

30. La dirección de Tim es XXXX. ESTE CORREO ELECTRÓNICO NO DEBE SER DISTRIBUIDO NI ENTREGADO A NADIE. Si quieres copiar a Tim en un correo electrónico, utiliza el BCC Field, de ese modo es privado.

31. Marca a cualquier persona de Princeton para que yo lo revise (etiqueta TIM). [Nota: Esto tuve que modificarlo a causa de este libro.]

32. Si rechazo la propuesta de alguien y sigue insistiendo, mándale otro mensaje —«Tim agradece su insistencia, pero realmente no puede...», etc.—, y luego archiva las futuras propuestas. Usa tu buen juicio, por supuesto, aunque esta es la regla general. Hay gente que no sabe cuándo la insistencia acaba resultando irritante.

33. Establece una norma para responder con «programado» para todos los asuntos que mando para que sean incluidos en el calendario (indicando cuándo han sido introducidos). Olvidarse de los asuntos programados en el calendario puede provocar graves problemas, y este es un modo de revisarlo.

34. No es necesario seguirle la pista a alguien después de que haya llamado a menos que Tim indique lo contrario o esa persona solicite algo.

35. Envía todas las solicitudes para hablar con él a XXXX y

asegúrate de que confirma la recepción del mensaje (de todas formas, véanse los puntos 38 y 39).

36. Envíen las preguntas en una lengua extranjera (p.e., la compra de derechos, si el libro está disponible en tal idioma, etc.) a [la persona indicada de mi editorial].

37. La dirección de correo XXXX de Random House ha sido sustituida por XXXX.

38. Habla antes con Tim para programar cualquier actividad en una fecha concreta, porque puede que esté de viaje.

39. Cuando se programen reuniones en el calendario, averigua qué asuntos quieren tratar e introdúcelos también en el calendario para que Tim pueda preparárselos. Asegúrate asimismo de pedir un número de teléfono en el caso de que no puedan contactar con Tim. [Casi siempre hago que sea la gente quien me llame, a menos que esté en el extranjero; esta es otra forma de asegurarse de no perderse una reunión.]

40. Escribe las iniciales en la casilla del asunto del calendario para saber quién (qué ayudante virtual) lo ha introducido.

41. Prepare preguntas para Tim antes de enviárselo a él para obtener su ranking de Alexa, las posibles fechas de un evento, un enlace a hechos del pasado que se han llevado a cabo, presupuestos, otros oradores confirmados, etc., y, a continuación, envíe esta información a Tim para su revisión.

42. Contesta a las preguntas sobre el Método PX con las siguiente respuesta:

Hola [nombre].

Gracias por su pregunta sobre el Método PX, aunque la página sobre dicho método ha sido diseñada como una simple plantilla para que la gente pueda consultarla como referencia y poner en práctica sus propias ideas.

No estamos seguros de si Tim pondrá a la venta (ni cuándo, en el caso de que lo haga) el Método PX, pero de momento no hay ningún plan al respecto. De todas formas, agradecemos su interés. ¡Muchas gracias!

[Me llegan algunos correos electrónicos de lectores que no ven la nota aclaratoria en la página de la maqueta del Método PX y tratan de encargar un producto que aún no está listo para ser enviado.]

43. Descárgate el visor eFAX para leer los fax online de Tim. Su número de fax es: XXXX.

44. Las preguntas sobre actos y charlas pueden responderse así.

Gracias por su correo electrónico y por invitar a Tim. Al consultar el acto online, veo que es el X de abril de 20XX en Portland, Oregón [por ejemplo]. Antes de comentárselo a Tim, ¿podría responder a unas breves preguntas, a fin de tener un poco más de información y así tomar una decisión?

- ¿Le gustaría que Tim estuviera presente durante todo el acto?
- ¿Cuánto duraría la presentación? ¿O se trata de un acto con preguntas y respuestas?
- ¿Cuáles serían los gastos del viaje y del alojamiento, y la tarifa de un traductor?
- ¿Cuál es su presupuesto para una presentación?
- ¿Hay otros participantes que hayan confirmado su presencia?

En cuanto reciba su respuesta, hablaré con Tim para comentar las posibilidades de que asista. ¡Muchas gracias!

Cordialmente,
[Nombre]

Este correo electrónico es: [ ] blogueable [x] preguntar antes [ ] privado

[nombre]
Ayudante ejecutivo de Tim Ferriss
Autor: *La semana laboral de 4 horas*
(http://www.fourhourworkweek.com)
(Random House/Crown Publishing)
Bio y diversión: http://www.fourhourworkweek.com/blog

21 DE ENERO DE 2008

PROPUESTA PARA TRABAJAR A DISTANCIA CON CONTRATO

Esta es la propuesta para trabajar a distancia que Autumn Brookmire, una lectora, presentó para trasladarse a Argentina conservando su empleo y reduciendo a 5-10 horas su jornada semanal.

AUTUMN BROOKMIRE   Julio de 2008

Experiencia
    Después de haber trabajado para [nombre de la empresa] durante más de dos años, siento una gran afinidad con la gente y el cometido de esta compañía, a la que creo haber aportado mucho desde mi puesto de coordinadora del departamento de marketing. Con mis soluciones crea-

432

tivas y mis propuestas, muy rentables, he cambiado la forma de producir y distribuir nuestras tarjetas de felicitación y he puesto en marcha un concurso para conseguir fotos que hemos podido utilizar para nuestra publicidad y nuestras publicaciones. Me gustaría hacer una propuesta para seguir llevando a cabo las siguientes tareas para [nombre de la empresa], pero trabajando a distancia con contrato. Tengo intención de trasladarme a vivir a Argentina entre 6-12 meses a partir de septiembre de 2008. Mi objetivo es mejorar la fluidez de mi español y realizar una inmersión en una cultura y un entorno extranjeros para, viéndome obligada a adaptarme a una nueva forma de pensar, desarrollar mis capacidades.

Estoy dispuesta a comentar las diversas maneras de hacer que esto sea posible y tengo algunas sugerencias si [nombre de la empresa] quiere escucharlas. Podemos probar este acuerdo durante unos meses para ver si funciona para ambas partes.

Función #1: Diseño gráfico y coordinadora de publicidad impresa

Responsabilidad:
Crear una programa de materiales impresos y coordinarlo con los respectivos equipos.

Expectativas:
• Los materiales impresos deberán estar listos a tiempo.

Responsabilidad:
Coordinar proyectos de diseño con los directores de programa y con los artistas gráficos/diseñadores independientes.

Expectativas:
- Los diseños de los materiales impresos deberán ser adecuados para el público, precisos y atractivos.
- Los materiales impresos deberán tener una calidad profesional y ser producidos dentro del plazo establecido.

Responsabilidad:
Mantener relaciones con los impresores para minimizar los costos relativos al tiempo y la calidad para producir los materiales impresos.

Expectativas:
- Los materiales impresos deberán ser producidos sin superar el presupuesto aprobado, a menos que el incremento de este sea explícitamente autorizado por el director de marketing.

Solución:
Con el correo electrónico y programas de Internet como *ConceptShare puedo seguir coordinando los proyectos de diseño a distancia. Ahora mismo ya mantengo relaciones con impresores y diseñadores a distancia, y la relación directa no es necesaria para seguir manteniéndolas. Para las reuniones con los directores de programa y el equipo de marketing utilizaría un servicio de videoconferencias y llamadas gratuitas llamado *Skype. Actualmente solemos reunirnos dos o tres veces para discutir los cambios de los materiales de marketing, y el resto del proceso se completa a través de correos electrónicos y ConceptShare.

Función #2: Directora de proyectos de marketing especiales

Responsabilidad:
Mantener una colección actualizada y adecuada de imágenes para utilizar en marketing.

Expectativas:
• Las imágenes necesarias para el material publicitario y páginas web deben ser adquiridas antes de ser utilizadas.

Solución:
Puedo seguir haciendo este trabajo a distancia buscando imágenes en la red o en bases de datos de internet como *iStockphoto.com. Si el experimento con el *Seminar Photo Contest sale bien, también podría continuar ocupándome de ello por internet utilizando Aptify, el correo electrónico y el Skype.

Responsabilidad:
Identificar e implementar nuevas oportunidades para desarrollar material publicitario.

Expectativas:
• Las ideas deberán ser viables y efectivas
• Los proyectos escogidos deberán ser diseñados y lanzados respetando los plazos y el presupuesto aprobados.

Solución:
Utilizaría el correo electrónico y Skype para comunicar cualquier nueva idea y oportunidad para desarrollar material publicitario. Recientemente he propuesto crear

un calendario de una página con nuestros plazos de entrega para que sea distribuido a los ex alumnos de nuestro seminario a través del correo electrónico. Así, los estudiantes recordarán fácilmente todos nuestros plazos de entrega de nuestros programas y tal vez aumente también nuestro número de candidatos.

Función #3: Coordinadora de marketing en internet

Responsabilidad:
Potenciar la publicidad en internet y comprobar sus resultados.

Expectativas:
- Conseguir que internet sea cada vez más rentable.
- El director de marketing será informado de los resultas, tal y como lo solicitó.

Solución:
Estoy familiarizada con la publicidad en internet y puedo seguir ocupándome de ella a distancia. Podré acceder a Facebook Ads, Google Ads, Blog Ads y ayudar a Keri a reunir y a introducir los datos. Tengo experiencia con nuestro Facebook y con Google Ads, y anteriormente he creado imágenes para Blog Ads. Desde el extranjero será más fácil ocuparse de lanzar nuevos anuncios.

Responsabilidad:
Reunir una colección de fotos de internet actualizada.

Expectativas:
- Una colección de fotos atractivas y actualizadas será útil para desarrollar los programas y la publicidad.

Solución:

Como he comentado anteriormente con respecto al inventario fotográfico, podré seguir llevando a cabo este trabajo a distancia realizando búsquedas de imágenes en bases de datos de internet como iStockphoto.com. El Seminar Photo Contest también puede ser utilizado como herramienta para contribuir a esta compilación de imágenes mientras estoy en el extranjero.

A fin de poder controlar mejor el costo de la producción de nuestros materiales impresos, creo que a [nombre de la empresa] le convendría cambiar la relación laboral a un contrato en esta situación. Hasta ahora he disfrutado mucho trabajando para [nombre de la empresa] y me gustaría seguir trabajando para esta compañía a distancia. Gracias por considerar esta propuesta.

Detalles sobre el software y los programas mencionados:

*ConceptShare (www.conceptshare.com) permite crear espacios de trabajo seguros para compartir diseños, documentos y vídeo e invitar a otros a revisarlos, comentarlos y dar su opinión en cualquier momento y lugar sin tener que celebrar una reunión. [Nombre de la empresa] ha utilizado este servicio durante unos meses para comprobar su utilidad y también ha sido probado en muchas computadoras de Argentina (doy las gracias a mi hermana por haberlo hecho cuando estuvo allí).

*Skype (www.skype.com) es un programa gratuito que permite hablar a través de internet. También puede usarse con el teléfono para hacer llamadas internacionales por un precio que ronda los 4 centavos el minuto. Skype también tiene la opción de chat y videoconferencia para

celebrar reuniones. Para ponerlo en marcha hay que descargarse el programa (que es gratuito) y comprar unos auriculares con micrófono (10 dólares) y una cámara web (los precios oscilan) para cada computadora. He probado el programa con mi hermana estando ella en Argentina y yo aquí y funcionó sin ningún problema.

*iStockphoto (www.istockphoto.com) es un sitio de internet con imágenes y herramientas de diseño libres de derechos. Es uno de los muchos sitios que utilizo para buscar fotos para [nombre de la empresa]. Hemos usado algunas fotos procedentes de este sitio para nuestro material publicitario.

*Seminar Photo Contest. Creé este concurso, que luego desarrollé con Keri, como un experimento para reunir fotos más pertinentes y útiles para nuestros materiales publicitarios y publicaciones. Teniendo en cuenta que intentar tomar fotos por cuenta propia se ha vuelto algo complicado, queríamos probar un nuevo enfoque para conseguir imágenes que cubrieran nuestras necesidades. Todos los participantes de los seminarios de verano de 2008 están dispuestos a presentar las fotos que tomaron en el seminario, con la posibilidad de obtener bonos de regalo de Amazon por valor de 5 dólares por cada imagen que escojamos.

Vivir la semana laboral de 4 horas
Estudios, consejos y herramientas

- El zen y el arte de vivir como una estrella del rock
- Se buscan amantes del arte
- Foto-finish
- Derecho virtual
- Echar a volar con OrniThreads
- Entrenamiento para trabajar a distancia
- Las órdenes del doctor
- La familia de 4 horas y la educación global
- Meditación financiera
- ¿Quién dijo que los hijos cortaban las alas?
- Trabajar a distancia
- Quema el celular
- *La guerra de las galaxias*, ¿alguien se apunta?

El zen y el arte de vivir como una estrella del rock

Hola, Tim:

He aquí mi historia. Soy un músico residente en Munich (Alemania). Tengo mi propio sello discográfico y no ha sido nada fácil despegar. Mientras me ocupaba de ello, mi creatividad fue menguando hasta que en un par de ocasiones llegué a tocar fondo.

Aunque aún sigue siendo complicado sobrevivir en el mundo de la música, ya no me lo parece ahora que sé lo que tengo que hacer. Y eso es todo lo que hago. Hago lo que me apetece. Y eso incluye ser padre, componer, ocuparme de mi empresa, viajar, aprender idiomas (sobre todo italiano), montar en bicicleta, etc. Todo eso figura en los siguientes párrafos.

1. Leí tu libro detenidamente, entre septiembre y octubre de 2008 (y también consulté tu blog) y decidí hacer *tabula rasa* con mi vida (muchas lluvias de ideas vertidas sobre el papel).

2. Empecé a delegar las cosas que más me molestaban (y, por consiguiente, a activar mi lista de cosas que debía hacer). Esto es lo que delegué:

    • la investigación, la mayoría de la cual está relacionada con la industria musical (delegar la investigación ahorra entre 2-3 horas al día),

    • el mantenimiento de mi página web (las redes sociales como Facebook, Myspace, etc.). Tengo pensado hacer gran parte de la publicidad a través de estos sitios en 2009 y figuro como artista en más de 25 páginas.

    Mi ayudante virtual (getfriday.com, tal y como recomiendas en tu libro) se ocupa de todas las actualizaciones y controla los sitios una vez a la semana para reunir los mensajes de correo electrónico, los comentarios, etc., los filtra y me manda un informe semanal que incluye todos los detalles para que yo los responda (esto me ahorra alrededor de dos horas al día),

• de retocar las fotos de mis fotos promocionales se ocupa elance (me ahorra unas cinco horas de trabajo y unos 500 dólares),

• gestionar la lista de correo para las actuaciones, actualizar el álbum, etc. (me ahorra una hora por cada envío),

• he empezado a probar a la musa (aprender idiomas con música para vender online). ¡Aún estoy en período de pruebas!,

• he decidido poner en marcha una campaña publicitaria online destinada a productoras de cine para autorizar el uso de mi música para una película con tan solo un clic del ratón, sin tener que negociar un acuerdo durante meses. Lo tengo previsto para 2009 (pronto empezaré a probar cómo funciona).

En general, la gente se queda asombrada al ver que alguien que no tiene mucha pinta de hombre de negocios (mi aspecto es más bien el de un rockero punk retirado, ¡ja, ja!) delegue parte de su vida y viva como un millonario (¡supongo que lo intentamos aunque estemos lejos de serlo!).

Me he dado cuenta de que podía hacerlo después de comprobar las primeras respuestas positivas con mi ayudante virtual externo. Obtuve los resultados del proyecto que colgué en elance un día después de haberlo hecho. Y seguí adelante, baby, ¡YO PUEDO!

El mayor cambio es que ahora controlo mi vida. Cuido de mi hijita (tiene 20 meses) durante la mitad del día (mi mujer es quien lo hace durante la otra mitad), me ocupo de mi negocio y tengo tiempo para hacer cosas que siempre había querido hacer. A nivel económico sigo siendo básicamente el de siempre, pero dispongo de mucho más tiempo libre y tengo la mente mucho más clara (¡lo cual me hace suponer que soy mucho más rico!).

Trabajo cuando quiero (sin jefes), unas 24-30 horas a la semana (incluidas las horas de oficina y las del estudio musical) y lo que ahora hago es solo lo que me gusta realmente hacer. Aún sigo optimizando paso a paso el rendimiento para pasar menos horas en la oficina (actualmente rondan las 10). Mi sueño es prescindir totalmente del despacho, reducir el papeleo y quedarme básicamente con mi laptop.

He eliminado todas esas tareas que me deprimían o agotaban (y que suponían un trabajo extra de unas 10 horas a la semana). No acepto un encargo (escribir/producir música) a menos que me guste realmente el proyecto. He eliminado de mi vida a todos los quejicas y envidiosos (mi estómago lo agradece).

He lanzado mi blog, juergenreiter.com, «el zen y el arte de vivir como una estrella del rock», donde quiero compartir los cambios que he hecho en mi vida (sobre todo para que los músicos vean la luz al final del túnel).

He grabado un álbum ¡y por primera vez en mi vida he escrito todas las letras! Va a salir en primavera con mi sello, OrkAaN Music+Art Productions.

Este año he vivido un minirretiro de seis meses en Nueva York. En mayo, estaré dos semanas en Sicilia para aprender italiano. En septiembre, volveré a Sicilia para conocer la isla en bicicleta durante otras dos o tres semanas y en invierno tengo planeado viajar también a México, Centroamérica o Australia.

He aprendido a afeitarme con navaja de barbero en 30 minutos, que era algo que quería hacer desde hacía años. Ahora, ¡afeitarse se ha convertido en un ritual emocionante y muy divertido! En abril haré un curso para expertos en café (¡soy un adicto al café!) y quiero convertirme en un «maestro cafetero». He ayudado a mi esposa a dejar su trabajo como profesora y a cumplir con su sueño de tener un café en Munich (Alemania). Se llama Frau Viola y abrió sus puertas en octubre de 2008. ¡Funciona muy bien! (www.frauviola.wordpress.com).

¿Te puedes hacer una idea de lo que significa todo esto? ¡Creo que habla por sí solo!

La perspectiva general de *La semana laboral de 4 horas* me ha proporcionado la tranquilidad para poder jugar con mi hija y disfrutar de mi «tiempo libre» sin tener miedo a perderme algo o a malgastar mi vida. En general, diría que mi productividad (con todos los cambios anteriormente mencionados) ha aumentado al menos un 70% y mis dudas han disminuido un 80%.

Para todos los principiantes:

1. Poco a poco, empieza a pensar a lo grande.
3. Identifica lo que te emociona y lo que te aburre.
4. Elimina lo que te aburre y concéntrate en lo que te emociona.
5. Cíñete a lo que te emociona, diga lo que diga la gente. Se trata de tu vida; vívela como crees que debes hacerlo.
6. ¡Y lee **La semana laboral de 4 horas**, por supuesto!

J. REITER

Se buscan amantes del arte

Vi a mi padre trabajar como basurero hasta acabar exhausto durante 20 años cuando llegamos de México. En abril de 2007, cuando me puse a pensar en mi vida en una solitaria habitación de hotel, después de otra interminable semana de haber estado viajando para mi jefe, lejos de mi familia y de la gente a la que quiero, me di cuenta de que a los 33 años de edad estaba siguiendo el mismo camino que él y renunciando a mi sueño de toda la vida: dedicarme a lo que amo, la música y el teatro.

En la vida no existen las casualidades, y aquella noche, mientras estaba leyendo un correo electrónico de un amigo, éste me sugirió que leyera *La semana laboral de 4 horas*. Devoré el libro en unas pocas horas y empecé de inmediato a aplicar sus principios fundamentales. Cuando le hablé a la gente del libro y de lo que quería hacer, todo el mundo me dijo que estaba loco. Concentré la mayor parte de mis esfuerzos en el *onirograma*, la eliminación y la liberación. Como empleado, lo primero que quería conseguir era la liberación con un acuerdo para trabajar a distancia. A pesar de algunos intentos fallidos, perseveré (una gran lección sobre negociación) y me concedieron la opción de trabajar a distancia. Eso lo cambió todo. Pasé de trabajar 9 horas al día más viajes semanales relacionados con el trabajo a 4 horas a la semana y a una semana de viajes al mes; conseguí un aumento de 10.000 dólares y doblar mi productividad después de un año muy poco productivo.

Por consiguiente, ahora vivo con la que antes era mi novia a distancia en Seattle, mi ciudad natal. Dedico el tiempo del que ahora dispongo a mi pasión por la música (canto en un coro y compongo música folk), el teatro (este fin de semana estreno mi primera obra de teatro improvisada, de una hora de duración) y al fitness. Ahora estoy entrenando para mi segundo maratón.

La mayoría de mis amigos no pueden creerse que actualmente dedique más tiempo a las artes y siga ganando un sueldo trabajando tan solo cuatro horas semanales. Lo mejor de todo esto es que he descubierto lo que significa ser libre. La realidad es negociable, y ahora mi realidad es que puedo pasarme un montón de horas disfrutando de la compañía de mi padre, que tuvo que esperar veinte años para poder retirarse y disfrutar de la libertad que yo he encontrado en menos de dos años después de haber leído *La semana laboral de 4 horas*.

Como inmigrante que soy, quiero difundir el mensaje de que para triunfar en la América del siglo xxi. NO hay que trabajar muy duro, sino tan solo seguir los principios de *La semana laboral de 4 horas* y trabajar de forma más inteligente, a fin de poder alcanzar el nuevo sueño americano: la libertad para disfrutar del mejor recurso que tenemos en la vida... el tiempo que pasamos en la tierra.

I. BARRON

Foto-finish

Hola, Tim:

Quería decirte que *La semana laboral de 4 horas* ha sido una auténtica inspiración para mí; este año, tu libro ha conseguido cambiar mi vida.

Compré el libro en noviembre. Hasta entonces, desconocía la existencia del «software automático». Tenía una empleada a tiempo parcial, pero en realidad su trabajo consistía en *crearme* más trabajo. A veces trabajaba hasta las 3 de la madrugada y me levantaba a las 7. Me apetecía mucho viajar, pero lo cierto es que me parecía imposible hacerlo. No tenía tiempo ni dinero.

Un día escuché tu audiolibro. Escuchaba todos los capítulos, en ocasiones una y otra vez. Estaba haciendo jogging y me paré. Oí un caso de alguien que vendía archivos musicales por internet.

Soy fotógrafo. Lo que más suelo hacer son bodas. Me pregunté cómo podría vender mis imágenes digitales por internet. Entonces se me ocurrió una idea fantástica para una empresa de fotografía familiar. Dejé de correr y reservé un sitio web con mi iPhone.

444

Dos meses después tenía la página web, acceso a miles de fotógrafos de todo el país y había hecho la primera venta. Mejor aún: ahora estoy en el negocio de la fotografía familiar, y no tengo que dispararme a mí mismo. Más aún: soy el primer fotógrafo familiar que no vende copias en papel; sólo archivos digitales. ¡Ha funcionado! Ahora también he adoptado este sistema para mi trabajo como fotógrafo de bodas. Hay algunos colegas que se han sentido muy ofendidos, pero yo estoy ganando más dinero, he eliminado los costos casi por completo y ¡tengo tiempo libre!

Sé que lo que he contado es muy vago, pero esa no es la cuestión. La cuestión es que ahora trabajo mejor, más rápido, tengo dos empleados más y he desconectado el avisador del correo electrónico de mi computadora y de mi iPhone; ni siquiera suena. Sólo reviso el correo electrónico de vez en cuando para ver si hay llamadas perdidas.

A día de hoy, mi pareja me quiere porque llego a casa para cenar y dejo la laptop en el trabajo. Es una vida que nunca habría imaginado que podría llevar. Mientras tanto, los programas trabajan por mí y este año creo que, económicamente hablando, va a ser incluso mejor que el anterior.

Un día decidí que había llegado el momento de hacer mi primer minirretiro. ¿El destino? Ir a esquiar a los Alpes y pasar cinco días en Suiza por menos de 1.000 dólares. Compré un billete de ida y vuelta por unos 500 dólares y el forfait de un día en Engelberg me costó 80. El alojamiento lo conseguí gratis, gracias a tu sugerencia de www.couchsurfing.com; y comí castañas asadas, bratwursts, pescado frito con patatas y estuve bebiendo una cerveza estupenda durante toda la semana. ¡Lo hice!

Estoy muy agradecido, y estoy ansioso por hacer más minirretiros. Debo vivir los mejores años de mi vida.

P.D. El 11 de mayo me voy un mes a Italia por trabajo y vacaciones (me han contratado para hacer las fotos de dos bodas en Siena). Pienso dedicarme MUCHO más a las vacaciones que a trabajar.

MARK CAFIERO, *fotógrafo*

Derecho virtual

Trabajé durante un tiempo en un importante bufete de abogados de Silicon Valley; sin embargo, un buen día me levanté y decidí que quería viajar durante un año y aprender una lengua extranjera. Seis semanas después estaba viviendo en Cali (Colombia). Nunca había estado allí y apenas hablaba una palabra de español, pero eso era lo que hacía que la experiencia me resultara excitante. Pues bien: casi dos años más tarde, aún paso el 95% de mi tiempo viviendo en Cali y trabajando desde allí (hace poco he comprado un increíble apartamento en la ciudad, una vivienda que nunca me habría podido permitir si viviera en California). También tengo una asistenta/cocinera a tiempo completo (bueno, cinco horas al día, cinco días a la semana) ¡y me cuesta menos de 40 dólares semanales!

Empecé a ejercer el derecho virtual y uní mis fuerzas a las de mi antiguo jefe. Llamando a mi número de teléfono de Estados Unidos se me localiza en cualquier lugar del mundo (nací en Nueva Zelanda, y suelo viajar mucho allí) y todo el correo de EE.UU. es entregado y escaneado en Market Street, en San Francisco, de modo que puedo revisarlo online. Si tengo que mandar una carta, existe otro servicio que la imprime y la manda desde Estados Unidos, o sea que llega sin el retraso del correo internacional.

Utilizo www.earthclassmail.com para recibir/escanear el correo. Tienen diferentes tarifas, pero suele costar entre 20-30 dólares al mes. También puedes tener uno o varios apartados de correo o una dirección física. En realidad, la de Market Street es una dirección de earthclassmail.

Para imprimir cartas cortas y correo dentro de Estados Unidos uso www.postalmethods.com Al principio parece un poco tosco, pero funciona bien cuando te acostumbras. Es muy barato, ya que solo pagas cuando envías (una carta de cuatro páginas sale por 1 dólar, franqueo incluido).

Ven a visitarme algún día. Colombia no es en absoluto como la gente cree... Me siento mucho más seguro andando de noche por esta ciudad que por algunos lugares de San Francisco. Pero no se lo digas a nadie: ¡los que vivimos aquí queremos mantenerlo en secreto!

GERRY M.

Echar a volar con OrniThreads
Tim:

El pasado mes de julio, mi mentor me pasó tu libro y provocó un gran impacto en mi vida; no podía haber caído en mis manos en mejor momento. Cuando lo leí, faltaban varias semanas para que compitiera en mi primer triatlón olímpico a distancia. Había estado entrenando durante cinco meses; tenía muy buen aspecto y estaba fuerte, pero más importante que la disciplina y la preparación para alcanzar un objetivo físico fue la creatividad que conseguí y que no había experimentado desde hacía años. Me marqué un tiempo para la carrera y me sentí tan optimista con respecto a mis aptitudes que me inscribí para una media competición de Ironman.

Superándome a mí misma y siguiendo los principios de tu libro, se me ocurrieron docenas de ideas para productos/negocios y ahora estoy a punto de lanzar la primera de dichas ideas. Es una línea de ropa llamada OrniThreads que ofrece diseños científicos y modernos de aves a los aficionados a observar pájaros de las generaciones X e Y.

Las razones por las que me he concentrado en este grupo demográfico son dos:

1. Durante el «día» trabajo en [nombre de la empresa]. He aprendido un montón de cosas acerca de su/s público/socios, p.e., el hecho de que hay 70 millones de norteamericanos que se dedican activamente a observar pájaros (según las estadísticas de U.S. Fish & Wildlife). A los que tienen esta afición les apasiona lo que hacen y su interés parece ir cada día a más... ¡nunca lo pierden! Suelen ser de clase media-alta y cultos.

2. El verano pasado me matriculé en un curso de ornitología en la Universidad de Columbia (donde sigo un programa de biolo-

gía ambiental); me enamoré de las ilustraciones de los libros de texto y quise rodearme de esas imágenes.

La próxima semana voy a lanzar www.ornithreads.com; mientras estoy escribiendo esto, se están imprimiendo mis tres primeros diseños.

Tengo grandes planes para la empresa, pero de momento estoy intentando ofrecer mi primera colección a los clientes y aprender todo lo que pueda. Tu libro ha sido una increíble ayuda para seguir los pasos necesarios que debo dar para triunfar; espero que mi idea pueda empezar a andar (o a volar) y convertirse en una fuente de ingresos automáticos.

Si piensas viajar próximamente a Nueva York —para promocionar tu libro o por cualquier otro motivo— me encantaría conocerte. Sinceramente,

BRENDA TIMM

Entrenamiento para trabajar a distancia

He puesto en práctica algunas ideas de *La semana laboral de 4 horas* para trabajar a distancia desde agosto de 2008 hasta enero de 2009. Estuve en Portugal, España, Suecia y Noruega, dejando que mi cabeza navegara y practicara el snowboard. ¿Lo mejor de todo? Cuando volví, tenía el triple de dinero en el banco que si hubiera seguido con mi rutina habitual de 9 a 5. Trabajo para [una famosa compañía internacional de diseño] desarrollando software, y pude aplicar las ideas y cambiar realmente mi vida. Conecté mi iPhone con el Fring (el Fring es la voz IP del iPhone, y te permite utilizar un solo aparato para todo y tener un número de teléfono local para el extranjero).

Antes de irme me pasé cuatro meses asegurándome de no estar nunca en mi cubículo, pero sí a la vuelta de la esquina. Me encargué de estar SIEMPRE disponible con Instant Messenger, de modo que la gente podía acudir a mi cubículo y comprobar personalmente que estaba en otro sitio y luego conectarse y preguntarme: «¿Dónde estás?» Mi respuesta siempre era parecida: estoy en recepción, en la cafetería, en el bar de la esquina o en la mesa de un compañero. Al cabo de dos meses, se obró el milagro: la gente siempre trataba de localizarme a través de Instant Messenger y dejó de pasarse por mi mesa. Eso me permitió poder estar a 10.000 kilómetros de distancia sin que nadie se diera cuenta.

Otra consideración... ¿Cómo afecta la zona horaria al entorno del trabajo a distancia? Cuando estaba en Noruega (9 horas de diferencia) me di cuenta de que el horario era perfecto. En cierto sentido, estaba viviendo en el futuro. Mi jornada había llegado prácticamente a su fin cuando mi jefe se levantaba... y eso me permitía explorar los fiordos noruegos, las montañas y zonas heladas casi vírgenes, donde disfrutaba de una paz completa sin tener que preocuparme por que alguien me llamara desde el otro lado del Atlántico. Era perfecto... Si me apetecía, podía estar por ahí durante todo el día, volver a casa y cenar algo; luego, chateaba con mi jefe durante 20-30 minutos y me conectaba. Las pocas veces que necesitaba algo urgentemente podía mandarme trabajo antes de acostarse y lo tenía terminado a la mañana siguiente, cuando se levantaba.

B. WILLIAMSON

Las órdenes del doctor

Hola, Tim:

Esta es mi historia...

Mi sueño empezó hace alrededor de cuatro años. Estaba preparando el examen para obtener la licencia que me permitiría ejercer como psicólogo y, después de hablar con un amigo, decidí que me recompensaría a mí mismo con un viaje a Sudamérica. Ambos estábamos agotados; trabajábamos de 9 a 5 (y en algunas ocasiones hasta las 7 o las 8 de la tarde) en clínicas y hospitales.

Aunque yo había viajado bastante por todos los Estados Unidos y por algunos países europeos, no conocía la cultura de Sudamérica.

El viaje fue absolutamente fantástico y me abrió los ojos a otras formas de vivir y a otras culturas. Durante el recorrido, dediqué mucho tiempo a hablar con expatriados sobre cómo invertían sus pensiones para poder vivir allí como reyes. Había algo que era evidente: la mayoría de los que habían intentado «montar un negocio» para poder seguir con ese estilo de vida habían fracasado estrepitosamente. Mi hipótesis era que no había suficientes divisas (pesos) en el mercado para sostener un negocio pensado para los «gringos».

Tras el viaje, le comenté a mi amigo que necesitaba concentrar todas mis energías en desarrollar un sistema para conseguir ingresos de los ciudadanos estadounidenses viviendo en cualquier parte del mundo. El VOIP se había lanzado al mercado hacía poco tiempo e internet estaba mejorando en Sudamérica y en otras zonas del tercer mundo.

El negocio tenía que basarse en una movilidad absoluta. Lo concebí a partir de dos funciones básicas: telefonía fiable a través de VOIP e internet de alta velocidad.

En esa época estuve ayudando a los estudiantes que estaban haciendo el doctorado por teléfono y a través del correo electrónico. Tenía un sitio web que recibía bastantes visitas, pero confiaba en otros para la web y los servicios de publicidad. Así pues, aprendí mucho sobre cómo optimizar los buscadores y al final controlé la publicidad y el marketing de mi página web, http://www.ResearchConsultation.com, lo que me permitió ampliar considerablemente mi negocio.

Durante los tres años siguientes dirigí muchas «encuestas celulares«... Viajé a Costa Rica, Venezuela, República Dominicana y Colombia a fin de perfeccionar mi sistema para dirigir un negocio desde el extranjero.

Finalmente, el pasado mes de noviembre, la víspera del Día de Acción de Gracias, dejé mi empleo y prometí no volver nunca a la rutina de 9 a 5. Recientemente, en mi trabajo instalaron un sistema de identificación con una «huella digital biométrica» que debías «pulsar» al entrar y al salir del hospital durante tu turno con tu huella dactilar para certificar que habías estado trabajando ocho horas. Esa fue otra señal de que debía dejarlo.

Actualmente vivo entre Nueva York y Colombia y viajo a otras partes del mundo a lo largo del año: hablo con los clientes, controlo a los contratistas (de Estados Unidos y Colombia) a fin de conseguir dólares americanos para poder vivir con mucho menos dinero en el extranjero. También estoy poniendo en marcha otros sitios web y negocios (foros comunitarios) que espero que puedan funcionar de forma automática y me exijan cada vez menos trabajo diario.

En fin, esta es mi historia por ahora… Hoy Sudamérica, mañana cualquier lugar donde pueda conseguir una conexión de alta velocidad (¡banda ancha!). Mi nivel de estrés ha disminuido significativamente desde que dejé mi antiguo trabajo, y mi calidad de vida ha mejorado muchísimo.

Mi familia y mis amigos de Nueva York creen que me he vuelto loco, y yo estoy totalmente de acuerdo con ellos…

JEFF B.

La familia de 4 horas y la educación global
Tim:

En 2006 empezamos a llevar una vida digital completamente nómada, viajando por todo el mundo. Descubrimos tu libro y tus ideas después de haber empezado a hacerlo y nos encantó. Nuestra vida ha cambiado totalmente: es mucho más plena y mucho más sencilla. Estamos más sanos, más delgados, somos más felices y estamos más conectados.

La gente pensaba que estábamos completamente chiflados cuando decidimos hacer esto en 2004-2005, pero gran parte de esa misma gente cree que somos muy inteligentes y espirituales.

Los problemas para encontrar una escuela adecuada (a pesar de tener a disposición muchas que habían sido premiadas) fue probablemente lo más difícil (John Taylor Gatto explica muy bien por qué las escuelas no educan); eso también nos ayudó a cambiar y a pasar más tiempo juntos y a prever los inminentes problemas económicos y de domicilio.

Creo que habrá más familias que se tomarán minirretiros y vivirán más tranquilas, llevando una vida nómada digital. Si vas a estar fuera durante unos meses con toda tu familia, debes informarte acerca de las maravillosas opciones educativas que existen, que son mucho más ricas que quedarse en casa (¡algo de lo que pocos se dan cuenta!).

Hay un MONTÓN de fantásticos recursos, como Classroom 2.0 y muchos educadores online muy innovadores. Mi hija acaba de cumplir ocho años y está encantada con su curso online de la Universidad John Hopkins/CTY; además, también es una buena forma de hacer amigos. En la actualidad puedes sumergirte hasta el fondo en una cultura y aun así mantener la propia. Esta es una información importante para las familias que aún siguen temiendo los comentarios negativos con respecto a los niños que se han educado en culturas diferentes, basados en estudios de los años cincuenta.

Maya Frost[91] ofrece información muy valiosa sobre niños ya mayores e incluso un nuevo paradigma cuando llega el momento de ir a la universidad. Creo que la educación es una de las cosas que está experimentando un gran cambio debido a internet, y los padres deben tener toda la información necesaria para tomar decisiones importantes.

Tuvimos una gran experiencia en España con una escuela pública; mi hija pudo hacer una inmersión total en su segunda lengua y la cultura y la literatura españolas. En el libro debería figurar más información sobre las escuelas públicas y sobre cómo pueden aprovecharlas las familias.

Recurrimos a gente del país, como un profesor de flamenco para que diera clases a nuestra hija, y también a recursos online,

---

91. Maya Frost, *The New Global Student* (Crown, 2009).

como nuestro profesor de piano de Chicago, que enseñaba a nuestra hija en España a través de Skype.

Las bibliotecas virtuales son muy importantes (sobre todo para una niña que es una devoradora de libros). http://learnin-freedom.org/languagebooks.html es un excelente recurso: tiene libros magníficos sobre cómo educar a un niño bilingüe, ¡aun cuando tú solo hables un idioma!

SOULTRAVELERS3
Una familia que vive en el extranjero y le encanta

Meditación financiera

Me licencié en la Universidad de Stanford y empecé a trabajar en banca de inversiones en julio de 2006 y, de una forma enfermiza, al principio casi disfrutaba con ello. Sí, era un estilo de vida horrible, pero estaba aprendiendo mucho y ascendiendo muy rápidamente. Tengo (tenía) una personalidad tipo A, de modo que era algo que, hasta cierto punto, me atraía.

Sin embargo, a medida que iban pasando los meses, me di cuenta de que la situación era insostenible y que quería dejarlo..., pero, como tantos otros, no fui capaz de actuar de inmediato.

Una noche, en mayo de 2007, me dirigía en auto hacia mi casa a las 3 de la madrugada; los 4-5 días anteriores había trasnochado y choqué contra un árbol. Si nunca te has quedado dormido al volante y te has estampado contra un objeto inanimado, pues imagínate lo que es despertarte a un metro y medio del suelo mientras la cuerda que te sostiene está a punto de romperse.

«Estoy en urgencias.»

Ese era el asunto del correo electrónico que al día siguiente mandé a toda la oficina. Afortunadamente, todo el mundo lo entendió y me dijo que me tomara un fin de semana de tres días. Las heridas no fueron graves, pero en ese momento decidí que había llegado el momento de hacer un cambio.

Un par de semanas después quedé con unos amigos para

cenar y les conté lo ocurrido. Una de esas amigas (que reciente-mente dejó su trabajo para hacer realidad su sueño, ser actriz profesional, mientras vende artículos online) me habló de un libro que había leído hacía poco tiempo: *La semana laboral de 4 horas*.

Evidentemente, pensé que era una tomadura de pelo, pero yo odiaba mi vida y decidí que no perdía nada si le echaba un vista-zo. Me lo leí de un tirón. Y luego lo volví a leer, solo para asegu-rarme de que no estaba alucinando. Antes de dedicarme al mun-do de las inversiones había hecho algunos trabajos online como diseñador gráfico y de páginas web; tenía la formación técnica, de modo que nada de lo que aparecía en el libro me parecía extrava-gante... Simplemente no me había dado cuenta de lo fácil y acce-sible que resultaba todo. Asimismo, había vivido seis meses en Japón, en una residencia universitaria, y me encantó... Por otro lado, hacer un largo viaje por todo el mundo siempre había sido uno de mis objetivos.

Dejé en reposo las ideas de tu libro durante un tiempo. En octubre de 2007 me tomé unas cortas vacaciones para volver a Japón y, cuando regresé, decidí que tenía que ponerme manos a la obra. Mi musa: vender una guía de entrevistas para inversiones bancarias. Había un vacío: existía mucha demanda y sabía que era capaz de elaborar una guía mejor que las que podían encon-trarse por ahí. Solo había un problema: tenía que permanecer en el anonimato, ya que aún seguía con mi trabajo, y colgar un anun-cio en Pay-Per-Click sería demasiado caro.

En noviembre de 2007 decidí abrir un blog, Mergers & Inqui-sitions (http://www.mergersandinquisitions.com) sobre la indus-tria de la inversión bancaria y cómo introducirse en ella; iba diri-gido a estudiantes universitarios, alumnos de másters en gestión de empresas y profesionales en activo. Mientras me ocupaba de atraer a mi público, no tenía tiempo de terminar mi musa, la guía de entrevistas. Sin embargo, me llegaban miles de preguntas de mis lectores, así que reanudé su escritura y la amplié con falsas entrevistas..., sí, ya sé que no es muy propio de una musa, pero mis tarifas eran altas y pude alcanzar mi antiguo salario en poco tiempo. Hice TODO esto permaneciendo en el completo anonimato por una cuestión de necesidad, ya que no quería que me despidieran sin tener una fuente de ingresos alternativa. Para mi sorpresa, mis servicios eran un éxito aun cuando no pudiera decirle a nadie quién era.

Al mismo tiempo, decidí que no aceptaría otro trabajo en el mundo de las finanzas y que dejaría mi empleo en junio de 2008. Así pues, disponía de muy poco tiempo para conseguir que todo funcionara. Casi todos mis amigos, compañeros de piso y familiares tenían sus dudas y me decían que mi idea nunca prosperaría. Decidí que todos estaban equivocados y que de todas formas seguiría adelante... En el peor de los casos, siempre podría reducir mis gastos y trasladarme a Tailandia para dar clases de inglés.

Para aumentar mis ingresos, remodelé totalmente mi sitio para vender más, lo que me exigió una inversión para poder pasar a dedicarme a él solo a tiempo parcial en julio-agosto de 2008. Eso me permitió viajar a Hawai y a Aruba para practicar esnórkel, surf, sumergirme en una jaula para ver tiburones y visitar a algunos amigos que vivían en otras partes de Estados Unidos, mientras conseguía ingresos con un trabajo que me exigía muy poco tiempo.

Cuando la recesión y la economía empeoraron, mi negocio prosperó, porque seguía un ciclo contrario: cualquier cosa que pueda ayudar a la gente a encontrar un trabajo tiene mucha demanda en época de crisis. Ayudé a banqueros y a financieros que habían sido despedidos a encontrar un empleo. No obstante, también trabajaba mucho más, porque estaba cambiando tiempo por dinero... Así pues, en otoño empecé a trabajar en mi idea original —mi guía de entrevistas— y la lancé con gran éxito a finales de 2008.

Me ha proporcionado un montón de tiempo, ha duplicado mis ingresos y ha hecho que la mayor parte de ellos sean automáticos. Aun cuando a partir de ahora no siguiera trabajando más, estaría duplicando y a veces triplicando mi antiguo sueldo escribiendo tan solo una o dos veces en mi sitio (4-5 horas semanales) y atendiendo algunas consultas puntuales (10 horas). Así pues, puede decirse que casi he triplicado mis ingresos trabajando entre 6-9 horas semanales y con una total movilidad.

Reconozco que a veces «trabajo» más, pero siempre en temas relacionados con proyectos educativos que me interesan, y no en algo que tenga que hacer por obligación. Y si una semana no me apetece trabajar, puedo reducir mi horario a 5-15 horas y dedicar mi tiempo a aprender algún idioma extranjero, a practicar deporte o a viajar a destinos exóticos.

Esta situación me ha permitido hacer fantásticos viajes a China, Singapur, Tailandia y Corea entre diciembre y enero y vivir algunas aventuras bastante curiosas. Dentro de unos meses me trasladaré a Asia y después quiero viajar indefinidamente por todo el mundo mientras dirijo mi negocio desde un café.

Por cierto: he conocido a muchos clientes en Asia que creen que esto es lo más increíble que han oído jamás.

Tu libro ha cambiado mi vida y ha mejorado infinitamente mi estilo de vida. Solo quería darte las gracias por todo.

B. DECHESARE

¿Quién dijo que los hijos cortaban las alas?

Lo primero que hice fue preguntarme: «¿Qué es lo peor que podría ocurrir en una escala del 1 al 10?». Si dejo mi trabajo como funcionario, un empleo seguro y muy bien remunerado? El poder que tiene esta idea es increíble.

Dejé mi trabajo, vendí mi casa y me fui de camping con mis dos hijos y mi esposa, que estaba embarazada (un minirretiro). Recorrimos en automóvil (con mucha calma) la costa del sudeste de Australia, desde Sidney hasta Adelaida.

Con esa claridad mental que se consigue cuando estás en plena naturaleza, con tu familia y ningún problema acuciante, puse en marcha un plan al que había estado dando vueltas desde hacía un año. Compré un dispositivo para conectarme a internet sin cables, creé un producto para ingenieros electrónicos y desarrollé un software para instalarlo.

Pude hacer todo esto: a) gracias a info diet; b) trabajando desde las 9 hasta medianoche en un camping sin ninguna distracción, y c) delegando todo aquello que pudiera resultarme complicado o consumiera mi tiempo (como la parte difícil de la programación y las ilustraciones para el libro).

Unas cuatro semanas más tarde, tenía un sitio web que funcionaba automáticamente y que me ahorró la mitad del tiempo que tardaba en conseguir mis ingresos y que solo requería unas cuatro horas semanales de mantenimiento.

Según el plan original, teníamos que llegar a Adelaida y conseguir un trabajo. Sin embargo, con mis ingresos pasivos decidí simplemente hacer crecer mi nuevo negocio y actualmente casi he alcanzado el 100% de mi antiguo sueldo. Es fantástico.

Ahora queremos viajar por todo el mundo sin prisas, hasta que los niños estén en edad de empezar la escuela primaria...

FINN

Trabajar a distancia

Hace trece meses que leí *La semana laboral de 4 horas* porque me lo recomendó la hermana de mi novio, después de haber estado hablando durante meses de cambiar mi vida de forma drástica y de trasladarme a Argentina para aprender castellano. Tras la lectura del libro, dejé de hablar de mis sueños y empecé a marcarme de inmediato objetivos a corto y largo plazo. Me compré un notebook para hacer un seguimiento mensual de mis objetivos y mis tareas. Hice un montón de búsquedas sobre posibles situaciones para trabajar a distancia y empecé a hablarles de mis planes a mis amigos íntimos y a mi familia. Todos aquellos a quienes se lo conté opinaron que era tan solo una idea y que no iba a llevarla a cabo. Creían que solo se trataba de una idea del tipo «algún día voy a hacer esto» y que en realidad no me había marcado objetivos diarios que me llevaran a conseguirlo. Sabían que me encantaba mi trabajo, de modo que, ¿por qué iba a dejarlo para llevar una vida basada en la incertidumbre? Yo no lo veía así. No tenía miedo; me excitaba la perspectiva de un nuevo estilo de vida, empezar desde cero, y a pesar de que me gustaba mucho mi trabajo, también había otras cosas que deseaba hacer en la vida. Al principio me planteé la posibilidad de dar clases de inglés para poder vivir en Argentina, pero en el fondo lo que realmente quería era seguir trabajando para mi empresa, solo que a distancia. El libro me dio la confianza para pensar que era posible hacerlo cuando a mi alrededor todo el mundo opinaba lo contrario.

Decidí escribir una propuesta[92] y presentársela a mi jefa, aun cuando todo el mundo me aconsejó que no lo hiciera, Si ella la rechazaba, había ahorrado suficiente dinero para vivir en Argentina durante seis meses hasta que encontrara la forma de ganarme la vida allí. No iba a renunciar a mi sueño de vivir una vida más libre y feliz, trabajando menos y con más tiempo para mí. Aunque las posibilidades eran pocas, corrí un riesgo controlado y confié en mis posibilidades. Después de presentar mi propuesta, estaba preparada para lo peor. Todo el mundo había ensayado palabras de consuelo para cuando fuera rechazada. Al salir de la reunión que mantuve con mi jefa, no podía creerlo. Aceptó mi propuesta y estaba ansiosa por comentar los pormenores; incluso me sonrió y me dijo lo fantástica que le parecía. Cuando se lo conté a la gente, no se lo podían creer. Tras superar la conmoción, me di cuenta de que podía hacerlo y me quité un gran peso de encima. La parte más difícil había terminado, y ahora podía empezar a pensar en todas las posibilidades de mi nueva vida.

Me fijé una fecha para trasladarme a Argentina: septiembre de 2008. Llegué allí el día 3 de septiembre y ahora llevo aquí seis

---

92. En las páginas 432-438 se incluye una propuesta sencilla y real.

meses. Vivo en la ciudad de Jujuy, capital de una pequeña provincia situada al noroeste del país. Trabajo entre 5-10 horas semanales y he descubierto que me concentro mucho más fuera de la oficina y trabajando sola. Tengo un profesor particular de español que me da dos horas diarias de clase, cinco días a la semana. He hecho un buen puñado de amigos, con los que paso mucho tiempo practicando mi español. Voy al gimnasio tres veces por semana y dos a yoga, algo que no hacía en Estados Unidos porque no disponía de tiempo. Como de forma más sana, porque tengo más tiempo para pensar en la dieta. Y también tengo más tiempo para pensar en otras cosas que quiero hacer con mi tiempo libre. Quiero abrir un bar o un café, de modo que puede que dentro de unos años ésa sea mi nueva meta.

Mi consejo para los lectores de *La semana laboral de 4 horas* es que aprovechen mi experiencia. Confío mucho en los consejos de mis amigos y mi familia, pero en ocasiones debes ignorar lo que te aconsejan los que te quieren para conseguir algo. Si crees que lo imposible es posible, lo lograrás.

A. K. BROOKMIRE

Quema el celular

Tengo 37 años y soy propietario de una franquicia de Subway, con 13 tiendas en funcionamiento. Llevo trabajando en ello desde hace siete años. Antes de leer *La semana laboral de 4 horas* era el rey de «¡trabajar por el bien del trabajo!». Nunca me daba «permiso» a mí mismo para comportarme de una forma distinta de la que me comportaba en el pasado, cuando solo era un empleado. Para mí, *La semana laboral de 4 horas* supuso una liberación. Literalmente, «me recuperé a mí mismo» y empecé a curarme de mi adicción a «trabajar por el bien del trabajo». Siempre estaba «conectado» y nunca estaba realmente «presente» en ningún sitio, porque trabajaba demasiado, siempre pendiente del celular en la mesa, cenando, en vez de compartir el momento con los que estaban sentados a ella. Las vacaciones solo eran una oficina a distancia para enfrentarme al tsunami de correos electrónicos. *La semana laboral de 4 horas* me proporcionó un nuevo paradigma y empecé a considerar mi negocio como un «producto», cuyo propósito (original) era proporcionarme unos ingresos desproporcionados a cambio del tiempo que invertía en él..., pero, ¿con qué finalidad? Pues para PASARLO BIEN y tener una completa autonomía sobre mi horario y mis actividades. De modo que me quité un peso de encime, me dije que estaba de acuerdo en conseguir el propósito original y esto fue lo que hice:

Dejé de lado mi «horario ininterrumpido», operativo durante toda la semana, y pasé a trabajar 20 horas repartidas en cuatro días. Sin dilación, empecé a tomarme los lunes libres, lo que me proporcionó unos fantásticos fines de semanas de tres días (¡los viernes «ESTÁN AL CAER»!). De martes a viernes trabajo de 11 de la mañana a 4 de la tarde (20 horas semanales). Con este horario, me vi obligado a valorarlo todo a través del filtro 80/20 y descubrí que el 50% de ese 80% era pura basura y que el otro 50% podía hacerlo alguien que estuviera en nómina. ¡Genial!

Ahora, lo único que hago tiene que conseguir aumentar las ventas o disminuir los gastos; en caso contrario, «es algo de lo que debe ocuparse otro». No puedes estar «medio embarazado», de modo que cuando estoy «conectado», estoy totalmente conectado, y cuando me desconecto, estoy desconectado... y le deseo mucha suerte a quien trate de ponerse en contacto conmigo. Aún sigo llevando conmigo el correo electrónico, pero me he librado del «autosync» (la cruz de los tiempos modernos en cuestión de interrupciones). Ahora está conectado entre martes y viernes, de 11 de la mañana a 4 de la tarde; fuera de ese horario, tiene que esperar.

Mi contestador automático de correos electrónicos eliminó el 50% de mis mensajes en dos semanas; la gente que me enviaba basura se hartó de leer los mensajes de mi contestador y me borró de su libreta de direcciones... ¡Me encanta! Elaboré una escueta lista de «cosas que debo hacer» y todos mis plazos figuran en mi calendario. Esto hace que me concentre más que frente a una «bandeja de entrada», porque decido de antemano los asuntos importantes que debo zanjar... Todo lo demás puede esperar.

Podría seguir, pero en general creo que este es el mensaje que quienes trabajan por cuenta propia querrían leer. Sin jefes y sin límites claros entre la vida profesional y la familiar, es muy fácil acabar trabajando por el bien del trabajo, mientras tu negocio se convierte en un rayo abductor que te arrastra inexorablemente por ese camino. ¡*La semana laboral de 4 horas* es el antídoto!

ANDREW, *trabajador autónomo en el Reino Unido*

La guerra de las galaxias, ¿alguien se apunta?

Supe que mi objetivo de alcanzar la semana laboral de 4 horas iba por buen camino cuando la profesora del jardín de infancia de mi hija le preguntó: «¿Qué clase de trabajo hace tu padre?». Mientras la profesora me contaba la historia a mí, fue la respuesta de mi hija lo que realmente me impactó. «Su hija se volvió hacia mí, me miró con expresión muy seria y dijo: "Papá se sienta a ver *La guerra de las galaxias* durante todo el día".»

Es curioso cómo esta pregunta tan simple, por no hablar de la respuesta de mi hija, me hizo ser consciente de la semana laboral de 4 horas. Como comprenderás, lo que mi hija le respondió a su profesora tiene un significado más profundo. Creo que lo que en realidad quería decir, si hubiera sido capaz de articular la frase, era: «Mi padre hace lo que le apetece hacer».

Leí *La semana laboral de 4 horas* hace casi dos años, estando de vacaciones en la playa con mi familia. Lo recuerdo perfectamente: le leía pasajes del libro a mi mujer, dándole lata constantemente. Soy gerente de una importante institución financiera en Atlanta (Georgia). Una parte de mi trabajo consiste en ocuparme del mantenimiento de los sistemas de captura de documentos que contribuí a poner en marcha. Debido a la importancia que tienen esos sistemas, se supone que debería estar localizable toda la semana, las 24 horas, 365 días al año. Eso es bueno para la seguridad de mi trabajo, pero podía ser nefasto para mi vida familiar. Tengo cuatro hijas preciosas y me esfuerzo por ser un padre «implicado» que está presente en la vida diaria de su familia. Así pues, enarbolando tu libro y con una perspectiva muy fresca (gracias a la brisa marina), me dispuse a poner en práctica muchos de los principios de *La semana laboral de 4 horas*.

Para empezar, me ocupé de cambiar mis hábitos con respecto al correo electrónico. Me concentré en la bandeja de entrada y utilicé varias de las técnicas que aparecen en el libro para eliminar toda la porquería. Establecí nuevas costumbres para revisar el correo electrónico y no me llevó mucho tiempo limpiar la bandeja de entrada con el método del «trusted trio». También apliqué la filosofía de «menos es más» para redactar mis mensajes. Me aseguré de ser lo más claro y conciso posible, expresando exactamente lo que quería al destinatario correcto y no al mundo entero. Al eliminar toda la basura de mi correo electrónico, quedó mucho más claro cuáles eran las «acciones» y las «cosas que debo hacer» verdaderamente importantes.

Las reuniones y las videoconferencias fueron mi siguiente objetivo. Examiné detenidamente todas las convocatorias de reuniones y empecé a rechazar invitaciones a diestro y siniestro. La mayoría de las veces decía que no podía asistir porque tenía mucho que hacer. Empecé a preguntar cuánto duraría la reunión o decía que me mandaran un mensaje instantáneo si tenían alguna pregunta concreta que yo debería responder. Cuando asisto a una reunión casi siempre es a través de videoconferencia. Debido a las restricciones de la sala de reuniones y a los desafíos geográficos de nuestra empresa, la mayoría de reuniones se celebran de forma virtual.

Perder el menor tiempo posible significa tener más tiempo para concentrarte en el trabajo y en los asuntos que realmente importan. Tenía la sensación de que trabajaba menos pero que hacía más cosas y con mejores resultados. La gente empezó a darse cuenta de ello, y mi capacidad para llevar a cabo mi trabajo era mejor que nunca. Había conseguido que se fijaran en mi forma de trabajar, y cuando eso ocurre la gente deja de hacer preguntas y de obsesionarse por las tareas cotidianas. Seguí demostrándoles que podía hacer mi trabajo sin interferencias. Había llegado el momento de darle un empujón a lo que realmente quería: ¡que mi trabajo fuera virtual!

En realidad, conseguir que mi trabajo fuera virtual era muy fácil. Tenía una relación muy sólida con mi jefe y con otros miembros de la cadena de mando. Casi todo mi trabajo diario estaba listo para poderse llevar a cabo a distancia. En el sótano de mi casa tengo un despacho muy bien habilitado. Está situado lejos del resto de la vivienda y está prácticamente libre de distracciones. Tengo mi propio baño, con ducha, e incluso un pequeño frigorífico y un microondas. Me atrevería a decir que ese despacho no tiene nada que envidiar a los que tienen los altos ejecutivos de mi empresa. Y, por encima de todo, tengo una esposa y una familia que me comprenden totalmente y respetan las normas que he establecido para llevar esto adelante con éxito.

Al principio, trabajaba uno o dos días a la semana desde casa, pero no pasó mucho tiempo hasta que acabaron siendo cuatro. Cuando la zona sudeste del país sufrió carestía de gas y su precio aumentó hasta alcanzar los 4 dólares por galón (4,5 litros), mi empresa institucionalizó el trabajo desde casa. De la noche a la mañana, me convertí en un modelo a seguir. Mientras mis compañeros de trabajo eran presas del pánico por no saber cómo llevar a cabo su trabajo cuando era imposible comprar gas, yo trabajaba tan contento desde casa, como si nada.

En ese momento, las cosas marchaban mucho mejor de lo que había esperado. Poniendo en práctica mis habilidades de la semana laboral de 4 horas, tenía más tiempo para ser ese padre implicado que quería ser. Me convertí en una presencia habitual en la escuela primaria. Como en la cafetería con mis niñas, ¡sobre todo el día del pollo frito! Participo en un programa llamado DEAR, que consiste en que los padres lean en clase para los alumnos. Llevo a mis hijas a la escuela y las veo cuando vuelven a casa. Estoy ahí para toda mi familia, presente en su vida diaria, y eso no tiene precio. Me sentía como si hubiera alcanzado mi objetivo. Ya estaba hecho. O eso creía yo...

Pero empezaron a ocurrir otras cosas. Sin ser consciente de ello, la gente que me rodeaba, en la escuela o en la iglesia, sentía un extraño respeto por mí. Y digo extraño porque solían tomarme erróneamente por un médico o alguna especie de millonario que se había hecho rico gracias a su esfuerzo. No estoy bromeando. Hay un tipo que me sigue llamando «doc». Supongo que la razón de todo esto es que la mayoría de la gente aún sigue agarrándose a los viejos estereotipos de lo que cree que significa ser «rico». Siempre asisto a las funciones de teatro o a las fiestas que se celebran en la escuela, normalmente vestido de forma muy informal y sin estar pendiente del tiempo o de mi celular. Hay gente que me propuso para ser miembro del comité de la Asociación de Padres de Alumnos; recientemente fui elegido para formar parte de la junta directiva de nuestro club de tenis y natación. Y lo mejor de todo es que ahora tengo tiempo para hacer todas estas cosas y aun así cumplir con mi trabajo y con mi familia. Huelga decir que, ahora más que nunca, se me están abriendo nuevas puertas.

Tras haber explicado todo esto, vuelvo a lo que le dijo mi hija a su profesora. Realmente, he llegado a un punto en que si quisiera «sentarme a ver *La guerra de las galaxias* durante todo el día», podría hacerlo. Sin embargo, empleo mi tiempo libre en hacer cosas que realmente signifiquen algo. Estar presente en la vida diaria de mi familia, realizar tareas de ayuda a la comunidad u ofrecerme como voluntario en mi iglesia. Ahora tengo un plan para llevar todo esto a otro nivel y escribir un libro. El proyecto en el que estoy trabajando se titula *Manual del empleado virtual*. Es una antología de consejos y sobre cómo utilizar todas esas herramientas que son fundamentales para un empleado virtual moderno como yo. Veremos qué tal sale. Lo que sí sé es que ni siquiera podría haber soñado con lo que tengo ahora de no haber sido por ***La semana laboral de 4 horas***.

W. HIGGINS

LECTURAS RESTRINGIDAS

Los pocos que importan

«Un hipócrita es una persona que (pero ¿quién no lo es?)...»
DON MARQUIS

Ya lo sé, ya lo sé. Dije que no leyeras demasiado. Por eso, las recomendaciones que hago aquí se restringen a los mejores entre los mejores que los entrevistados para este libro y yo hemos utilizado y que consideramos uno de los mejores libros que ha cambiado nuestras vidas.

Ninguno es esencial para llevar a cabo lo que hemos explicado en este libro. Dicho esto, seguramente te sean útiles si te quedas atascado en algún punto.

Indico el volumen de páginas. Si haces los ejercicios del Capítulo 6 «Cómo leer un 200% más rápido en 10 minutos», deberías poder leer como mínimo 2,5 páginas por minuto (100 páginas equivaldrían a 40 minutos).

En nuestra completa web encontrarás información sobre más temas, como filosofía práctica, concesión y obtención de licencias y aprendizaje de idiomas.

Los cuatro fundamentales: deja que te explique

Los cuatro fundamentales se llaman así porque son los cuatro libros que recomendaba a los aspirantes a diseñadores es antes de escribir *La semana laboral de 4 horas*. Los sigo considerando valiosísimos. Aconsejo leerlos en el siguiente orden:

La magia de pensar a lo grande (192 páginas). Viamagna Ediciones, Barcelona, 2007.

DAVID SCHWARTZ

Conocí este libro porque me lo recomendó Stephen Key, un inventor archiexitoso que ha ganado millones licenciando productos a empresas como Disney, Nestlé o Coca-Cola. Es el libro favorito de muchos supertriunfadores de todo el mundo, desde legendarios entrenadores de fútbol a consejeros delegados famosos. Tiene más de 100 críticas de 5 estrellas en Amazon. Su mensaje primordial: no sobrevalores a los demás y te infravalores a ti mismo. Todavía releo los dos primeros capítulos de este libro cuando las dudas me asaltan.

How to Make Millions with Your Ideas: An Entrepreneur's Guide [Cómo ganar millones con tus ideas: guía para el emprendedor] (272 páginas). Plume Editions, Nueva York, 1996.

DAN S. KENNEDY

Opciones a la carta para transformar ideas en millones. Me lo leí estando en el instituto y desde entonces cinco veces más. Es como esteroides para tu córtex de emprendedor. Los casos prácticos analizados, desde Domino's Pizza a casinos y productos de venta por correo, son increíbles.

El mito del emprendedor: por qué no funcionan las pequeñas empresas y qué hacer para que funcionen (288 páginas). Paidós, Barcelona, 1997.

MICHAEL E. GERBER

Gerber es un maravilloso contador de historias y este clásico de la automatización explica cómo aplicar la mentalidad de franquicia en la práctica para crear negocios escalables basados en reglas en lugar de en excelentes trabajadores. Es una guía ideal —narrada en forma de parábola— para convertirte en dueño de tu empresa en lugar de ocuparte continuamente de todo. Si estás atascado en tu negocio, este libro te desatascará en un santiamén.

Vagabonding: An Uncommon Guide to the Art of Long-Term World Travel [Vida de trotamundos: una guía inusual de introducción al arte de viajar por el mundo por tiempo indefinido] (224 páginas). Villard Books, Nueva York, 2002.
ROLF POTTS
Rolf es lo máximo. Este es el libro que hizo que dejase de poner excusas e hiciera la mochila para embarcarme en esa larguísima pausa. Toca brevemente un poco de todo, pero resulta muy útil para decidir adónde quieres ir, adaptarte a vivir rodando y volver a integrarte en la vida normal. Incluye geniales fragmentos escritos por famosos trotamundos, filósofos y exploradores, así como anécdotas de viajeros de a pie. Este es uno de los dos libros (el otro fue *Walden,* a continuación) que me llevé en mi primera minijubilación de 15 meses.

Soltar lastre emocional y material

Walden (384 páginas). Cátedra, Barcelona, 2005.
HENRY DAVID THOREAU
Muchos consideran este libro *la* obra maestra por definición de la vida sencilla y reflexiva.

Thoreau vivió a orillas de un pequeño lago en el Massachusetts rural durante dos años, construyendo él mismo un refugio y solo: un experimento de minimalismo y autodependencia. Fue al mismo tiempo un gran éxito y un fracaso, lo que hace de este libro una lectura fascinante.

Less Is More: The Art of Voluntary Poverty. An Anthology

of Ancient and Modern Voices in Praise of Simplicity [Menos es más: el arte de la pobreza voluntaria. Una antología de voces modernas y antiguas en alabanza de la simplicidad] (336 páginas). Inner Traditions, Nueva York, 1996.

Seleccionada por GOLDIAN VANDENBROECK

Colección de retazos de filosofía sobre la vida sencilla. Yo los leo para aprender a hacer el máximo con lo mínimo y eliminar necesidades artificiales, no para vivir como un monje; hay una gran diferencia. Contiene principios que se pueden poner en práctica e historias cortitas referentes a personajes como Sócrates, Benjamin Franklin o Bhagavad Gita hasta economistas modernos.

El monje y el acertijo: lecciones para un empresario en la era del comercio electrónico (192 páginas). Pearson, Barcelona, 2006.

RANDY KOMISAR

Este genial libro me lo regaló el profesor Zschau cuando terminé la carrera. Aquí aprendí la expresión «aplazar tu vida». A Randy, consejero delegado por internet y socio de la legendaria Kleiner Perkins, lo han calificado de «mezcla de mentor profesional, ministro sin cartera, inversor sin tapujos, resuelve-problemas y abre-puertas». Deja que un verdadero mago de Silicon Valley te enseñe cómo creó su vida ideal aplicando un pensamiento afinadísimo y filosofías que recuerdan al budismo. Le conozco en persona: es auténtico.

El principio del 80/20: el secreto para alcanzar el éxito consiguiendo más con menos (288 páginas). Paidós, Barcelona, 1997.

RICHARD KOCH

Este libro analiza el mundo «no lineal», profundizando en los argumentos matemáticos e históricos que avalan la validez del principio del 80/20, aportando ejemplos de aplicaciones prácticas de los mismos.

Creación de musas y aptitudes relacionadas

Casos prácticos de la Harvard Business School, www.hbsp. harvard.edu (pincha en *«school cases»*)
Uno de los secretos del éxito del método de enseñanza de la Harvard Business School es utilizar casos extraídos de la realidad que luego se debaten en clase. Estos casos te revelan los planes operativos y de marketing de 24-Hour Fitness, Southwest Airlines, Timberland y cientos de otras empresas. Pocos se dan cuenta de que se pueden comprar estos casos por menos de 10 dólares cada uno, en lugar de gastarse más de 100.000 dólares para ir a Harvard (no digo que no valga la pena). Para cualquier tipo de situación, problema o modelo de negocio que te imagines, encontrarás un caso práctico esclarecedor.

«This business has legs»: How I Used Infomercial Marketing to Create the $100,000,000 Thighmaster Craze. An Entrepreneurial Adventure Story [«Este negocio tiene piernas»: cómo me serví del publirreportaje para desatar la locura del Thighmaster y ganar 100 millones de dólares. Aventuras de un emprendedor] (206 páginas). Wiley, Nueva York, 1996.
PETER BIELER
Es la historia de un ingenuo (en el mejor sentido de la palabra) Peter Bieler que empezó sin nada —sin producto, sin experiencia y sin dinero— y consiguió levantar un imperio promocional en menos de dos años. Es un análisis, muchas veces desternillante, de esos que te abren la mente, donde se emplean cifras reales para mostrar los entresijos de todo, desde relacionarte con famosos a la comercialización del producto, la fabricación, los aspectos legales y la distribución. Ahora Peter financia la compra de medios de tu producto: www.mediafunding.com.

Secrets of Power Negotiating: Inside Secrets from a Master

Negotiator [Secretos del arte de negociar: secretos de un maestro en negociación] (256 páginas). Career Press, Nueva York, 2000.

ROGER DAWSON

Es el libro sobre negociación que me abrió los ojos y en el que encontré las herramientas prácticas que pude poner en práctica de inmediato. Escuché la adaptación para audio. Si te quedas con ganas de más, *Supere el no*, de William Ury y *Negociar con ventaja: estrategias de negociación para gente razonable*, de G. Richard Shell son excelentes. Son los únicos libros sobre negociación que necesitarás en tu vida.

Revista Response (www.responsemagazine.com)
Esta revista está dedicada a la multibillonaria industria del marketing de respuesta directa (RD), y en especial, al marketing televisivo, radiofónico y digital. Los artículos prácticos didácticos (cómo aumentar las ventas por llamada, reducir los costes en compra de medios, mejorar la distribución y la entrega, etc.) se intercalan con el análisis de casos reales de campañas exitosas (George Foreman Grill, *Girls Gone Wild*, etc.). Los mejores proveedores de servicios del ramo se anuncian también en la revista. Material excelente a un precio inmejorable: gratis.

Jordan Whitney Greensheet (www.jwgreensheet.com)
Es un secreto de iniciado del mundillo de la respuesta directa (RD). En los informes semanales y mensuales de Jordan Whitney se diseccionan las campañas de mayor éxito, detallándose ofertas, precios, garantías y frecuencia de anuncios (indicativo de gasto y, por consiguiente, de rentabilidad). La publicación mantiene además una biblioteca de cintas actualizada de la que se pueden adquirir publirreportajes televisivos y anuncios para investigar a la competencia. Muy recomendable.

Small Giants: Companies That Choose to Be Great Instead of Big [Pequeños gigantes: empresas que eligen ser geniales en lugar de grandes] (256 páginas). Portfolio Hardcover, Nueva York, 2005.

BO BURLINGHAM

El veterano redactor *freelance* de la revista *Inc.*, Bo Burlingham, compone un hermoso collage a partir del análisis de empresas interesadas en ser las mejores y no en expandirse como un cáncer hasta convertirse en enormes corporaciones. Algunas de ellas son Clif Bar Inc., Anchor Stream Microbrewery, Righteous Babe Records, propiedad de la estrella del rock Ani DiFranco y una docena más de distintos sectores. Más grande no significa mejor; este libro lo demuestra.

Negociar viajes por el mundo y prepararse para huir

Six Months Off: How to Plan, Negotiate, and Take the Break You Need Without Burning Bridges or Going Broke [Seis meses de permiso: cómo planear, negociar y tomarte el descanso que necesitas sin quemar tus naves ni quedarte sin blanca] (252 páginas)

HOPE DLUGOZIMA, JAMES SCOTT y DAVID SHARP

Éste fue el primer libro que me hizo pararme y decirme: «¡Qué c**o! ¡Esto lo puedo hacer yo!».

Hace añicos la mayoría de miedos referentes a los viajes largos y la vida nómada, a la vez que ofrece una guía paso a paso para tomarte una excedencia para viajar o hacer otras cosas sin abandonar tu profesión. Lleno de casos prácticos y útiles listas de cosas por hacer.

Verge Magazine (http://vergemagazine.com)
Esta revista, conocida anteriormente como *Transitions Abroad*, es el centro neurálgico con mayúsculas de la vida viajera alternativa, que presenta decenas de opciones increíbles para el antiturista. Tanto la versión *online* como la

impresa son estupendas como punto de partida para fantasear y encontrar miles de ideas sobre a qué dedicar el tiempo en el extranjero. ¿Qué tal suena participar en excavaciones en Jordania o hacer ecovoluntariado en el Caribe? Aquí lo tienes todo.

Desde el sitio web: «cada problema te lleva a un lugar del mundo en el que hay gente que hace cosas diferentes. Es una revista con recursos para aquellos que quieren ser voluntarios, trabajar, estudiar o ir de aventura al extranjero».

CAPÍTULOS DE REGALO

Este libro no termina aquí. Quería incluir muchas cosas, pero por falta de espacio no ha podido ser. Introduciendo a modo de contraseña las palabras escondidas en este libro tendrás acceso a parte de lo mejorcito que sé. Algunos ejemplos de información que tardé años en recabar:

Cómo conseguir 250.000 dólares en publicidad por 10.000 dólares
(incluye guiones reales)

Cómo aprender cualquier idioma en 3 meses

Cálculos para tu musa: Predecir los beneficios futuros de cualquier producto
(incluye casos reales)

Licenciar: Del Tae Bo al Teddy Ruxpin

Acuerdo de licencia real con dólares de verdad
(solo esto vale 5.000 dólares)

Planificador en línea de viaje alrededor del mundo
Todo esto y muchos más contenidos exclusivos para los lectores de este libro te espera en nuestra web complementaria,

además de un foro gratuito para ponerte manos a la obra: www.fourhourblog.com

¿Qué te parece un viaje alrededor del mundo gratis? Ven a vernos para comprobar lo fácil que es.

AGRADECIMIENTOS

En primer lugar, he de dar las gracias a los estudiantes, cuyas opiniones y preguntas dieron origen a este libro, y al emprendedor Ed Zschau, mentor entre los mentores y superhéroes, por brindarme la oportunidad de hablar con ellos. Ed, en un mundo donde lo normal es postergar los sueños, tú has sido un faro para quienes se atreven a hacer las cosas a su manera. Me descubro ante tus capacidades (y ante Karen Cindrich, la mejor mano derecha que haya existido nunca) y espero limpiar tu borrador cuando vuelvas a convocarme. ¡Aún tengo pendiente hacer de ti un culturista de 100 kilos!

Jack Canfield, eres mi inspiración. Me has demostrado que es posible triunfar a lo grande y seguir siendo un ser humano bondadoso y maravilloso. Este libro no era más que una idea hasta que tú le insuflaste vida. No puedo agradecerte lo suficiente tu sabiduría, apoyo e increíble amistad.

A Stephen Hanselman, príncipe entre los hombres y el mejor agente del mundo: gracias por «pillar» el libro a la primera y convertirme de escritor en autor. No puedo imaginarme socio mejor ni flaco más increíble. Ya tengo ganas de correr contigo muchas otras aventuras.

Desde cómo negocias a tu jazz a todas horas, me dejas asombrado. LevelFiveMedia pertenece a una nueva raza de agentes que forman a escritores primerizos hasta convertirlos en autores superventas con la precisión de un reloj suizo.

Heather Jackson, tu intuición al revisar mi texto ha hecho de escribir este libro un verdadero placer. ¡Gracias por creer en mí! Me siento honrado de ser tu escritor. Al resto del equipo de Crown, en especial a quienes molesto (porque les quiero) más de cuatro horas por semana —sobre todo a Donna Passannante y Tara Gilbride—, son los mejores del mundo editorial. ¿No duele tener el cerebro tan grande?

Este libro no podría haberse escrito sin los Nuevos Ricos que accedieron a contarme sus historias. Desde aquí mi agradecimiento en especial a Douglas «Demon Doc» Price, Steve Sims, John «DJ Vanya» Dial, Stephen Key, Hans Keeling, Mitchell Levy, Ed Murray, Jean-Marc Hachey, Tina Forsyth, Josh Steinitz, Julie Szekely, Mike Kerlin, Jen Errico, Robin Malinosky-Rummell, Ritika Sundaresan, T. T. Venkatesh, Ron Ruiz, Doreen Orion, Tracy Hintz, y las docenas que han preferido permanecer anónimos dentro de las empresas. Gracias también el equipo de elite y grandes amigos de MEC Labs, entre otros, al doctor Flint McGlaughlin, Aaron Rosenthal, Eric Stockton, Jeremiah Brookins, Jalali Hartman y Bob Kemper.

Depurar la información contenida aquí hasta hacer de mis papelotes un libro publicable ha sido un proceso lento y doloroso, ¡sobre todo para mis correctores! Reverencias profundas y mi sincero agradecimiento a Jason Burroughs, Chris Ashenden, Mike Norman, Albert Pope, Jillian Manus, Jess Portner, Mike Maples, Juan Manuel «Micho» Cambeforte, mi cerebrito de hermano Tom Ferriss, y las innumerables personas que han pulido el producto final. Le debo especial gratitud a Carol Kline —cuya penetrante mente y conciencia de sí misma transformaron este libro— y a Sherwood Forlee, gran amigo e implacable abogado del diablo.

Gracias a mis brillantes becarios, Ilena George, Lindsay Mecca, Kate Perkins Youngman y Laura Hurlbut, por cumplir los plazos de entrega e impedir que me diese un síncope en cualquier momento. ¡Ánimo a todos los editores a que los contraten antes de que lo haga la competencia!

A los escritores que me han guiado y servido de inspiración a lo largo de todo este proceso. Siempre seré su fan y estaré en deuda: John McPhee, Michael Gerber, Rolf Potts, Phil Town, Po Bronson, AJ Jacobs, Randy Komisar y Joy Bauer.

Por haber contribuido a construir escuelas en todo el mundo y haber financiado proyectos destinados a más de 15.000 alumnos de las escuelas públicas de Estados Unidos, me gustaría dar las gracias —entre otros muchos— a los siguientes lectores y amigos: Matt Mullenweg, Gina Trapani, Joe Polish, David Bellis, John Morgan, Thomas Johnson, Dean Jackson, Peter Peck y SymplyHired.com, Yanik Silver, Metroblogging, Michael Port, Jay Peters, Aaron Daniel Bennett, Andrew Rosca, Birth & Beyond, Inc., Doula Services, Noreen Roman, Joseph Hunkins, Joe Duck, Mario Milanovic, Chris Daigle, José Castro, Tina M. Pruitt Campbell, Dane Low y a todos aquellos de ustedes que creen que el capitalismo kármico es posible. Porque así es.

A todos los lectores y diseñadores de estilos de vida que han compartido sus experiencias y me han ayudado a escribir esta edición ampliada... ¡muchas gracias! No habría podido hacerlo sin ustedes: no tengo palabras para expresar su generosidad. Espero que nunca dejen de pensar a lo grande ni de llevar a cabo proyectos poco corrientes.

A Sifu Steve Goericke y el entrenador John Buxton, que me enseñaron cómo actuar a pesar del mundo y a luchar con uñas y dientes por lo que creo; este libro —y mi vida— es producto de su influencia. Dios los bendiga a los dos. Habría muchos menos problemas en el mundo si los jóvenes tuvieran más mentores como ustedes dos.

En último lugar, que no en último puesto, este libro está dedicado a mis padres, Donald y Frances Ferriss, que me han guiado, animado, querido y consolado a lo largo de su redacción. Los amo más de lo que se puede expresar con palabras.

TIMOTHY FERRIS es un emprendedor en serie, autor *bestseller* del *New York Times*, inversionista y asesor (Facebook, Twitter, Evernote, Uber y 20 más) mejor conocido por sus técnicas de aprendizaje rápido. Sus libros *La semana laboral de 4 horas*, *El cuerpo perfecto en 4 horas* y *The 4-hour chef* (Chef en 4 horas) han sido publicados en más de 30 idiomas, *La semana laboral de 4 horas* ha estado durante años en la lista de mejores vendidos del *New York Times*. Tim ha sido incluido en más de 100 publicaciones y medios, incluyendo *The New York Times*, *The Economist*, *TIME*, *Forbes*, *Fortune*, *Outside*, NBC, CBS, ABC, Fox y CNN. Su popular blog www.fourhourblog.com tiene más de un millón de lectores mensuales y su cuenta de Twitter, @tferriss, fue seleccionada por Mashable como una de las cinco cuentas a seguir para emprendedores.